Histoire du septennat giscardien

LE PHARAON
19 mai 1974 — 22 mars 1978

DU MÊME AUTEUR

LA BRETAGNE CONTRE PARIS, La Table Ronde, 1969.
LA RÉPUBLIQUE MONDAINE, Grasset, 1979.
UN PRINCE, Grasset, 1981.

Plusieurs livres d'entretiens dont :
CHOISIR, de Pierre Mendès France, Stock, 1974.

JEAN BOTHOREL

Histoire du septennat giscardien

I

LE PHARAON

19 mai 1974 — 22 mars 1978

BERNARD GRASSET
PARIS

Tous droits de traduction, de reproduction et d'adaptation
réservés pour tous pays.
© *Éditions Grasset & Fasquelle*, 1983.

A Chantal.

*A Jean Guillouzic
et Jean Le Mée.*

REMERCIEMENTS

Ma reconnaissance va d'abord à Valéry Giscard d'Estaing, à Jacques Chirac et à Raymond Barre pour les entretiens qu'ils m'ont accordés, se prêtant sans détour à mes questions.

Je remercie également les anciens ministres qui m'ont donné de leur temps : Jacques Barrot, Yvon Bourges, Jean-François Deniau, Jean-Pierre Fourcade, Jean François-Poncet, André Giraud, Olivier Guichard, Michel Guy, Jean Lecanuet, Jean-Philippe Lecat, Michel d'Ornano, Alain Peyrefitte, Michel Poniatowski, Simone Veil.

De nombreuses personnalités politiques, en particulier, Pierre Bas, Denis Baudoin, Marie-France Garaud, Yves Guéna, Michel Jobert, Raymond Marcellin, Pierre Marcilhacy, Pierre Messmer, Charles Pasqua, Michel Pinton, Jacques Toubon.

Plusieurs hauts fonctionnaires, dont surtout, Claude Pierre-Brossolette, et Jacques Wahl, anciens secrétaires généraux de la présidence ; Jean Riolacci, Jean Serisé, conseillers politiques, et Bernard Rideau, conseiller technique à l'Elysée ; Jean-Claude Casanova, chargé de mission à Matignon.

Enfin, mon confrère Jean-Marie de Morant, chef adjoint du service politique de TF 1, qui a bien voulu m'éclairer de ses conseils, et Anne Méaux chargée des relations avec la presse auprès de l'ancien président.

PRÉFACE

Devant les « meilleurs ouvriers de France », Valéry Giscard d'Estaing avoua, en février 1980, qu'il n'avait pas « l'intention d'entrer dans l'histoire ». Et il précisa : « Nous vivons désormais dans un monde sans mémoire où, comme sur la surface de l'eau, l'image chasse et chassera indéfiniment l'image. »

L'image de son septennat, recouverte par celui de François Mitterrand, a-t-elle déjà déserté notre mémoire ? Je ne le crois pas et il me semble nécessaire de revenir sur cette époque encore si proche. C'est un temps fort de notre demi-siècle. La France, entre 1974 et 1981, a vécu une métamorphose dont il était difficile, sur l'instant, de mesurer l'importance.

En effet, ce qui ne fut, en mai 1968 et dans les années qui suivirent, que l'expression d'une contestation désordonnée et multiforme, allait s'inscrire dans la réalité quotidienne et bousculer les mœurs, les habitudes, les lois de la société civile. La France, à l'instar des Etats-Unis, de l'Allemagne fédérale et de la Grande-Bretagne, perdait — cette fois sans retour — ses racines rurales, sa tradition pastorale, pour entrer dans la modernité, dans l'ère urbaine, informatique, nucléaire.

La rupture est profonde : crise de la famille, crise du couple, reflux de la religiosité, naissance de la contestation écologique, remise en cause non plus verbale mais concrète de toutes les hiérarchies. Même les « intouchables » d'hier, comme la justice, la médecine, l'armée, ne sont plus épargnés.

A cette mutation de la société civile, s'ajoute la brusque inversion de l'environnement économique : les nations occidentales, donc la France, découvrent pour la première fois depuis la seconde guerre mondiale les infortunes de la récession. Partout la croissance s'essouffle, le chômage augmente, l'inflation s'accélère.

Enfin, sur le front intérieur français, l'équilibre politique au sein de la majorité présidentielle va, très rapidement, se détériorer. A peine le septennat est-il engagé que les gaullistes et « néo-gaullistes », qui constituent « la majorité de la majorité », deviennent des rivaux objectifs du chef de l'Etat. C'est sans précédent sous la Ve République. Un phénomène qui tient, probablement, à l'usure du pouvoir. En 1974, les mêmes hommes dirigent le pays depuis seize ans. En 1981, depuis... vingt-trois ans.

Confronté à cette triple rupture — sociologique, économique, politique — Valéry Giscard d'Estaing est parvenu, il faut en convenir, à maîtriser l'accumulation des problèmes sans jamais sortir de l'épure de la démocratie libérale. Elu le dimanche 19 mai 1974, avec 50,81 % des suffrages exprimés, il doit, sept ans plus tard, le 10 mai 1981, s'incliner devant François Mitterrand qui l'emporte avec 51,75 % des voix. Rien, quelque six mois plus tôt, ne laissait présager une telle issue. Au contraire. V. G. E. apparaissait invincible aux yeux de la plupart des observateurs, que ceux-ci appartiennent à la majorité ou à l'opposition.

Que s'est-il passé ? Quelles sont les raisons, et de cette marche vers l'invulnérabilité dont on situe l'apogée au lendemain des législatives de mars 1978, et de cette lente dérive qui conduira à la chute du président ?

Etrange parcours. Mon propos est d'essayer de l'éclairer. Editorialiste du Matin de Paris, entretenant des relations suivies avec nombre de responsables gouvernementaux et de dirigeants politiques, je fus, autant pour mon plaisir que par nécessité, le témoin quotidien du septennat. J'éprouve, aujourd'hui, le sentiment de l'avoir mal apprécié dans sa complexité, ses ambiguïtés, et sa vérité.

Quel fut le véritable jeu des principaux protagonistes qui entourèrent le président de la République ? Celui de ses deux Premiers ministres, Jacques Chirac et Raymond Barre, celui des « entourages » — le couple Garaud-Juillet, Michel Poniatowski — ou encore celui de personnalités comme Alain Peyrefitte ? Jusqu'à quel point les difficultés économiques ont-elles conditionné les divergences internes à la majorité ? Les langues se sont déliées et beaucoup des informations nouvelles qu'on lira dans ces pages lèvent le voile sur certains des « mystères » de la République giscardienne.

En réalité, V. G. E. ne tombe pas sur sa politique mais sur son image personnelle, laquelle ne cesse de se détériorer. Dès septembre 1974, il est attaqué dans sa vie privée, non seulement par les médias dont c'est la vocation, mais également par la presse d'informations générales. L'homme et son patronyme — « Giscard d'Estaing » — sont magistralement déstabilisés et les coups les plus rudes, comme on le montrera, viennent de son propre camp. C'est la loi du combat politique et il lui appartenait de faire face. Il n'a pas su. Par croyance en son étoile, son intelligence ? Par souverain mépris ? Par angélisme ou naïveté ? Pour toutes ces raisons, sans doute.

Personnalité complexe qui mêle la séduction au mépris, la prévenance à la superbe, la candeur au calcul, personnage convaincu d'être le meilleur, V.G.E. s'est enfermé dans une double obstination : il s'obstinera dans ses choix stratégiques et politiques ; il s'obstinera à négliger la valeur de ses adversaires.

A la fin du septennat, toutes les difficultés qui surgissent dans le pays ne trouvent plus qu'une seule explication : « C'est la faute à Giscard. » Les jugements à l'encontre du chef de l'Etat quittent les sentiers de la raison pour emprunter ceux de l'irrationnel. L'intelligentsia, en particulier, n'accole plus le nom de Valéry Giscard d'Estaing qu'aux mots de « monarque » ou de « scandale ».

Maintenant que la gauche est installée aux affaires, chacun — à moins de s'aveugler d'idéologie — prend aisément une plus juste mesure de la réalité du pouvoir. Le miracle attendu n'a pas eu lieu. La gauche n'est rien qu'un pouvoir empêtré, comme tous ceux qui l'ont précédée, dans ses contradictions, ses espérances, ses lâchetés, ses désillusions. Saine vertu de l'alternance que de relativiser ainsi la perception des choses ! De permettre d'observer avec plus de sérénité un septennat que d'aucuns, au lendemain du 10 mai, qualifièrent « d'Ancien Régime ».

Deux ans après sa victoire, la gauche intelligente n'en est plus à proclamer qu'elle fera mieux que ses prédécesseurs. Elle promet, simplement, de ne pas faire plus mal... On le lui souhaite.

Paris, le 1ᵉʳ mars 1983.

Première partie

UN HOMME SEUL
31 mai 1973 — 19 mai 1974

Première partie

UN HOMME SEUL
31 mai 1973 — 19 mai 1974

1
L'HÉRITIER RÉSOLU

Ambiance de fête dans l'avion spécial qui, le 2 juin 1973, ramène à Paris les journalistes accrédités au Sommet franco-américain de Reykjavik, la capitale islandaise. Le champagne coule à flots, le caviar est servi à la grande cuiller...

La compagnie Air France veut-elle effacer la pénible impression laissée par le président de la République Georges Pompidou ? Cette rencontre de Reykjavik, qui a duré deux jours, vient en effet de donner le coup d'envoi à la « rumeur publique » sur la mauvaise santé du chef de l'Etat. Jusqu'à cette date, les « bruits » n'étaient sortis ni des salles de rédaction, ni du milieu politique et voilà que brusquement la France profonde découvre, sur l'écran des téléviseurs, un Georges Pompidou au visage bouffi, à la démarche lourde et incertaine, auprès d'un Richard Nixon bronzé, alerte, apparemment indifférent aux retombées de « l'affaire du Watergate » qui bat son plein.

C'est le choc. L'enjeu de l'entrevue — un examen global des problèmes européens sur la base de la « nouvelle charte de l'Atlantique » — parvient mal à masquer la seule interrogation de la presse nationale ou étrangère : l'heure de la succession a-t-elle sonné ? Dans le Boeing 707, à quelque dix mille mètres d'altitude, les conversations roulent allégrement sur ce thème. Entre les supputations, les analyses, les hypothèses et les multiples scénarios, il est au moins un point sur lequel chacun s'accorde : Jacques Chaban-Delmas et Valéry Giscard d'Estaing, alors ministre de l'Economie et des Finances, ont d'ores et déjà arrêté leur décision d'être candidats, si...

Valéry Giscard d'Estaing est du voyage de Reykjavik et l'on remarque son souci de se comporter en serviteur zélé, mais également son besoin de se poser en personnage qui se veut connu et reconnu. Il fut le seul membre de la délégation française à accompagner Georges Pompidou dans la Caravelle présidentielle entre Paris et Reykjavik.

C'est là qu'il prend vraiment conscience du mal qui ronge le chef de l'Etat. Dans la cabine aménagée pour la détente et où il l'a convié, Georges Pompidou s'est endormi devant lui comme s'endort un malade.

Valéry Giscard d'Estaing n'emporte pas d'emblée la sympathie. Le mot que l'on prête au général de Gaulle à son sujet, « son problème, c'est le peuple », est tenu pour très pertinent et les observateurs les plus avisés considèrent que « son comportement sang bleu, son style talon rouge [1] » constituent probablement des obstacles insurmontables. Si les Français l'appellent familièrement Giscard, ils le font avec l'humeur du sans-culotte pour l'aristocrate et ils éprouvent à son endroit des sentiments ambigus mêlant l'admiration, la jalousie, sans doute, aussi, la haine. S'il recueille dans les sondages d'opinion la meilleure cote de popularité, alors qu'un ministre des Finances a tout pour être impopulaire, il a pleinement conscience de la nature insidieuse de ces « taux » de sympathie.

A quarante-sept ans, il est au terme d'une première vie qu'il a méticuleusement programmée en jouant sur deux claviers. Sur l'un, il a pu tranquillement, et sans effort apparent, traduire avec brio la partition de son aisance naturelle, de son intelligence et de ses compétences. Sur l'autre, il n'a cessé de déchiffrer toutes les notes susceptibles de le rapprocher des entrailles populaires.

Un travail patient de va-et-vient entre les salons des Palais Nationaux qu'il fréquente tout à son aise, et la rue, la salle des fêtes du village, le banquet des notables ruraux, bref, cette « base » qu'il aimerait tant séduire. Un travail qui lui a permis d'accumuler une série d'atouts, le dernier, le plus prometteur, remontant à quelques semaines. Après la belle victoire remportée par la Fédération des Républicains indépendants aux élections législatives des 4 et 11 mars 1973, Georges Pompidou n'a-t-il pas évoqué « la personnalité nationale de M. Giscard d'Estaing » ? Le propos était inespéré et sera largement exploité. Depuis le début de la Ve République, le concept typiquement gaullien de « dauphin légitime » occupe l'esprit de tous les prétendants au trône, et provoque moult querelles. L'hommage de Pompidou avait valeur de passeport pour Valéry Giscard d'Estaing. Il était à la fois nécessaire et suffisant.

Un beau travail ; celui d'un orfèvre de la prise de pouvoir, à tel point que les handicaps objectifs sont retournés en avantages. L'enfant prodige, le fils du « Château », l'élève surdoué, le technocrate courtois et distant se fondent, par enchantement, dans un portrait qui prend la dimension d'un mythe. Non pas le mythe de la grandeur, du sacré ou de l'héroïsme, mais celui de l'inaccessible. La carrière et les dons de Valéry Giscard d'Estaing semblent, dans leur perfection, relever de la fiction ; or ils s'incarnent dans la réalité à travers ce personnage longiligne, racé, qui porte un nom de légende. Voilà qui gêne, qui trouble, qui agace ; voilà aussi qui fait rêver.

Tous les gens bien nés n'ont pas réalisé ce parcours idéal. A propos de Giscard, beaucoup oublient ou feignent d'oublier cette évidence, et ne veulent apprécier sa remarquable ascension qu'à l'aune de ces fameuses fées qui se sont penchées sur son berceau. Ah, les « fées de Giscard » ! Elles hantent toutes les biographies, importantes ou brèves, critiques ou hagiographiques, qui lui ont été consacrées. Ce n'est pas si simple.

Pour cet homme qui admire Joseph Caillaux — dont il connaît par cœur plusieurs discours — toute lutte politique n'est-elle pas, au bout du compte une lutte pour la vie ? Quel meilleur exemple d'acharnement contre l'adversité que le destin de Caillaux ? En politique rien n'est jamais donné sur un plateau, fût-il en or massif.

En cette année 1973, l'itinéraire sans faute de Valéry Giscard d'Estaing est bien plus celui d'un obstiné que d'un héritier. Certes son ascendance est riche de promesses et l'on conçoit qu'il faille s'y arrêter pour comprendre sa rapide promotion. Elle ne l'est guère toutefois par les d'Estaing, un nom illustre anobli par Philippe Auguste en 1214, après la bataille de Bouvines. Un d'Estaing sauva le roi de la mort et reçut, en remerciement, le droit d'orner sa Maison des armes royales. Ce privilège rarissime n'a été renouvelé qu'une fois, par Charles VI au bénéfice de Jeanne d'Arc. Un autre d'Estaing, l'amiral Jean-Baptiste, après avoir servi aux Indes sous Lally-Tollendal, prit part à la guerre d'Indépendance des Etats-Unis et fut guillotiné sous la Terreur, malgré ses convictions républicaines. Ces figures de notre histoire n'ont légué ni leur particule, ni leur patronyme aux Giscard. Par décret des 12 juin 1922 et 16 janvier 1923, Edmond Giscard, père de Valéry, fut autorisé à relever le nom des d'Estaing, disparu faute de descendant mâle ; Martial, grand-père du grand-père de Valéry, avait épousé en 1818 la fille de... Lucie Madeleine d'Estaing. Quelques années auparavant Edmond avait d'ailleurs jeté son dévolu sur une famille que l'on croyait éteinte, les La Tour Fondue, d'ancienne noblesse auvergnate. Hélas, une vieille demoiselle, héritière du titre, se manifesta avec énergie et indignation... Edmond Giscard était manifestement atteint du « syndrome » des blasons ; la remarque ne se veut nullement malveillante et relève simplement d'un constat qui allait être exploité politiquement — ô combien ! — à l'encontre du fils devenu président de la République. Dans un brusque effet de boomerang, la généalogie de ce nom — et non l'histoire de celui qui le porte — va devenir une arme redoutable entre les mains des adversaires de Giscard. Il y a peu d'exemples, dans nos Républiques, d'un tel phénomène où l'on voit les résonances négatives — ici monarchiques — d'un patronyme, gommer la dimension spécifique d'une personnalité. Ce processus s'apparente, au fond, à celui dont furent victimes nos dirigeants d'origine juive — Léon Blum ou Pierre Mendès France. Il est d'ailleurs remarquable que certains, après la victoire de François Mitterrand, le 10 mai 1981, useront de l'expression « Ancien Régime » pour qualifier le septennat giscardien.

Cet attachement d'Edmond aux symboles nobiliaires aurait pu l'inciter à tenir compte des recommandations de Montesquieu qui tenait pour un principe que la noblesse ne se liera à aucune action industrielle et financière. Augmenter ses revenus en « faisant commerce » de biens et d'argent passait pour déshonorant et entraînait la perte du titre et du rang. Ce temps-là est révolu. Edmond Giscard d'Estaing se révèle un excellent homme d'affaires. Fils et petit-fils de magistrat, il commença, en 1921, sa carrière d'inspecteur des Finances dans une direction de Haut Commissariat en Rhénanie, alors occupée par les troupes françaises. C'est ainsi que naquit, le 2 février 1926, à Coblentz, Valéry. De retour à Paris, Edmond Giscard d'Estaing, dans le sillage de son beau-père, Jacques Bardoux, « pantoufle » et s'installe à la tête des plus grandes sociétés indochinoises ; il préside la Société financière pour la France et les pays d'outre-mer et administre plusieurs compagnies : Bergougnan, Kléber-Colombes, Carbonne-Lorraine... Mais il ne sacrifiera jamais au désir d'être aussi un homme de pensée et d'idées. Membre de l'Institut, châtelain, maire de Chanonat, dans le Puy-de-Dôme, habitué au Tout-Paris, il revendique la tradition libérale et bourgeoise. C'est ce père qui, pour l'essentiel, va forger la philosophie politique de Valéry Giscard d'Estaing. Une philosophie qu'Emmanuel d'Astier de la Vigerie résuma parfaitement en 1967, dans ces quelques lignes : « Pour lui, les idéologies du XIXe siècle sont mortes. Sur le plan économique, l'opposition entre le capitalisme et le socialisme n'a plus de sens : un débat technique résoudra les problèmes de la société industrielle. Les conflits de classes sont dépassés, la révolution ne change plus rien, et met seulement en cause certaines notions occidentales de la démocratie. Giscard est indépendant par suite d'une fatalité historique. Il n'est pas réactionnaire, il n'est pas conservateur. C'est un néo-capitaliste, libéral et modéré[2]. »

Aux Bardoux, sa branche maternelle, Valéry Giscard d'Estaing doit son entrée dans l'arène politique. Il a su, là encore, rendre par touches discrètes une impression de plénitude onirique, qui entremêle l'aura d'un environnement culturel et littéraire, la fortune, la notabilité des dynasties bourgeoises. Mieux, par les Bardoux, il appartiendrait en ligne directe à la progéniture bâtarde de Louis XV — le roi aurait eu huit bâtards[3]. L'arrière-grand-père Agénor Bardoux, essayiste, ami de Gustave Flaubert, sénateur, ministre de l'Instruction publique sous Mac-Mahon, prépara la loi sur l'école laïque et gratuite. Valéry lui voue une affection particulière, presque fétichiste. La pendule que lui a laissée Agénor le suit dans tous les bureaux où il a exercé des responsabilités. Le grand-père, Jacques Bardoux, est également député et membre d'une vingtaine de conseils d'administration. « J'ai eu beaucoup de chance, devait dire Giscard d'Estaing, évoquant plus tard son adolescence... J'ai eu une jeunesse heureuse... A cette époque, il n'y avait pas de vie sociale. Les gens ne recevaient pas. Le milieu, c'était les proches ; le cadre, l'Auvergne. On ne s'interrogeait pas sur son environnement. Parmi ces proches, j'étais heureux... A vingt ans, je n'avais effectivement rien remis en cause. »

Il fait, comme il se doit, ses études secondaires à Janson-de-Sailly dans le 16ᵉ arrondissement de Paris. Trois mois à Oxford lui donnent le vernis nécessaire à toute personne de bon rang. En 1946, il est reçu deuxième au concours d'entrée à Polytechnique. Il en sort troisième en 1949 et signe sa première « remise en cause » en optant pour la toute jeune Ecole nationale d'administration — l'E.N.A. —, et non pour le prestigieux corps des Mines. C'est le temps où il confie à son ami Philippe de Vandeuvre : « Un jour, je serai ministre des Finances », où il disserte sur l'avenir du pays : « La France veut être gouvernée au centre. » Déjà. Il impressionne par la clarté, la rigueur de ses exposés, par la virtuosité avec laquelle il manie les statistiques, et les concepts économiques. Doué d'une étonnante mémoire, il peut parler sans notes, émaillant ses discours de chiffres et d'abondantes citations...

C'est donc ce modèle de technocrate qui entre, en 1951, par la porte royale de l'Inspection des Finances, dans les allées du pouvoir. Il n'a rien négligé pour être le meilleur. Heureux ? sans doute. Mais dans le savoir. Il sait danser, skier, nager, passer du piano à l'accordéon. « Il fait bien ce qu'il fait : dans l'eau, sur la mer, au salon, il planche comme au cours[4]. » Il se marie sagement, épouse Anne-Aymone Sauvage de Brantes, la petite-fille d'Eugène Schneider, des Forges du Creusot. Il aura quatre enfants et s'entoure de noms de fleurs, dignes d'un roman d'Henry James : Anne-Aymone, Valérie-Anne, Jacinthe... Comme il semble avancer avec désinvolture ! Pour son entourage politique, la naissance et la Providence le désignent, le portent. C'est le Monsieur du Château, le mondain, le charmeur. On se refuse, décidément, à voir l'obstiné, le tenace, le retors. Et il monte. En 1955, Edgar Faure, président du Conseil, l'appelle à Matignon pour être le directeur adjoint de son cabinet. Aux élections législatives de janvier 1956 — il n'a pas trente ans — il est candidat dans le Puy-de-Dôme. Son grand-père, Jacques Bardoux, quatre-vingt-deux ans, renâcle pour lui céder la place. Il n'ira pas soutenir son petit-fils. Giscard est élu et s'inscrit au groupe des Indépendants paysans que domine Antoine Pinay. Il a vite fait de comprendre la nature de ses collègues du Palais-Bourbon pour la plupart ignorants des questions économiques, inconscients de l'évolution technique qui s'amorce. Il saura les « bluffer » en accentuant son image de grand commis et d'intellectuel fier de l'être. Il va peaufiner le « mythe Giscard ». Dans cette mise en scène, Antoine Pinay ne comptera pas pour rien.

Le 9 janvier 1959, la France, en effet, se réveille dans les bras de la Ve République. La veille, Charles de Gaulle a pris officiellement ses fonctions de président et s'est installé à l'Elysée. Michel Debré vient de présenter le premier gouvernement du nouveau régime. Au côté d'Antoine Pinay, l'homme au chapeau rond, ministre des Finances, se tient « modeste encore, mais résolu déjà, un jeune secrétaire d'Etat qui a de l'avenir ; il se nomme Valéry Giscard d'Estaing[5] ». Il va avoir trente-trois ans.

Le tandem symbolise à merveille une famille politique française baptisée tantôt « libérale », tantôt « modérée », tantôt « conservatrice ». Antoine Pinay, nanti de toutes les vertus que l'on prête à l'expérience de l'âge, incarne la sagesse, le bon sens, la mesure, l'intelligence concrète des choses. C'est lui qui, parlant des anciens de l'E.N.A. et de Polytechnique à son épicière de Saint-Chamond, disait : « Ils sont savants, vous savez, ces jeunes gens. Mais connaissent-ils vraiment le prix de la crème et du fromage blanc ? » Il touche le Français moyen, le peuple des cafés du Commerce, celui qui, précisément, échappe à Valéry Giscard d'Estaing. Par ce mariage avec son contraire, le futur candidat à la Présidence accède enfin à des couches populaires qui, jusque-là, l'ignoraient. Il est le « poulain de Pinay », à la fois respectueux des convictions de la lignée, et prophète d'une politique résolument moderne. Ce qui lui permettra de se définir comme un « conservateur-progressiste ».

Il reste trois ans secrétaire d'Etat auprès d'Antoine Pinay et de Wielfrid Baumgartner. Janvier 1962, il atteint son premier sommet, le ministère des Finances et des Affaires économiques. Dès cette époque, il songe à l'après-de Gaulle. Il se méfie du messianisme gaullien, des grands desseins. Il ne s'en cache pas et laissera sans voix plusieurs de ses collègues gaullistes en les entretenant de sa vision politique. Un soir de juillet 1963, ressentant, comme beaucoup d'autres, la solitude estivale, il invite à dîner Jacques Marette, ministre des P.T.T. et lui dit tout de go : « Et vous, Marette, où irez-vous après le départ du Général ? » Et de présenter son analyse qui ne variera plus. De Gaulle disparu, le gaullisme disparaîtra avec lui et il n'y aura de place en France que pour trois grands courants politiques, les socialistes, les

Un homme seul 23

centristes libéraux — son courant — et les conservateurs. « Quant au Parti communiste, c'est, précisa-t-il, un furoncle, appelé à se vider. »

Depuis le 7 décembre 1962, Valéry Giscard d'Estaing n'a que peu quitté la rue de Rivoli dont il fait son royaume. Il n'en a été absent que de 1966 à 1969. Victime d'un accommodement de Georges Pompidou et de Michel Debré, il sera écarté le 8 janvier 1966. Le coup l'ébranle. Il encaisse, remâche dans un silence digne. Les Républicains indépendants publient un communiqué pour réaffirmer « leur attachement au président de la République et au Premier ministre », mais prennent leur distance avec l'U.N.R. Valéry Giscard d'Estaing ne sera plus l'homme lige du régime. Il devient président de la Fédération nationale des Républicains indépendants — 31 députés — et président de la Commission des Finances de l'Assemblée nationale. Le Grand Argentier d'hier se meut en arbitre, peut-être... en successeur. Il dit ce qu'il pense, et ce qu'il veut. Le 10 janvier 1967, lors d'une conférence de presse, il prend ses distances avec le gouvernement et explique, dans la perspective des élections législatives de mars, qu'il existe quatre attitudes possibles vis-à-vis de la situation politique : le « non » des communistes, le « non mais » du Centre démocrate de Jean Lecanuet ; le « oui » de l'U.N.R.-U.D.T., et le « oui mais » qu'il préconise. « Oui » parce qu'il approuve et soutient le gouvernement. « Mais » parce qu'il revendique un fonctionnement libéral des institutions, la mise en œuvre d'une véritable politique économique et sociale moderne, la construction de l'Europe, enfin un dialogue plus ouvert. L'agacement est à son comble chez les gaullistes. La riposte est immédiate. Le Général : « On ne gouverne pas avec des mais... » Georges Pompidou : « Gouverner, c'est l'art d'éliminer les mais. » Août 1967, Giscard s'en prend, cette fois directement, à de Gaulle et dénonce « l'exercice solitaire du pouvoir ». Le 23 novembre, de façon spectaculaire, il s'abstient dans le vote du collectif budgétaire et critique un texte « où réapparaissent tout à la fois l'impasse et le déficit ». Le 11 mai 1968, après la fameuse nuit des barricades, les Républicains indépendants condamnent « la brutale répression policière indigne d'un pays démocratique ». Le 17 décembre, Valéry Giscard d'Estaing annonce qu'il mènera campagne contre le principe du référendum sur les régions et le Sénat, qu'envisage de Gaulle. Et de fait, le 14 avril 1969, il se prononce pour le « non » alors que la majorité des parlementaires républicains indépendants et quatre ministres républicains indépendants sont pour le « oui ». Le *Times* de Londres écrit : « Valéry Giscard d'Estaing veut devenir président de la République française. »

Comme il sème à tout vent ses cactus dans le jardin du Général, un homme, complice et ami, l'entoure de ses conseils et l'aide à frapper juste : Michel Poniatowski. Il déteste les gaullistes qui le lui rendent bien. « Ponia serait un peu le socle sur lequel Valéry édifie sa vie. Cette base est indispensable à Giscard qui a besoin de se sentir solide », affirme à l'époque Xavier de la Fournière, animateur de Perspectives et Réalités. Cette instance de dialogue et de réflexion est née en mai 1965 dans le bureau de Michel Poniatowski alors chargé de mission au cabinet du ministre des Finances. Elle va contribuer à asseoir l'autorité de Giscard au sein de l'univers composite et flou des Républicains indépendants. Le dandysme y côtoie la simplicité rurale, l'idéologie réactionnaire voisine avec l'esthétisme intellectuel, le puritanisme croise l'hédonisme mondain. Dans le cadre des clubs Perspectives et Réalités, des gens venus d'horizons divers peuvent confronter des expériences variées. « Il convient, je crois, d'explorer largement trois directions, déclarait Giscard, en définissant la vocation de ces clubs : approfondir les exigences de justice sociale et de liberté qu'impose notre époque ; étudier la priorité à donner à l'œuvre de l'esprit ; réfléchir aux problèmes de transformations et de développement qui se posent partout dans le monde. Il faut redonner aux Français le sens des responsabilités et même un certain goût du risque, car ce sont les ressorts d'un véritable dynamisme. »

Devant les membres du club lyonnais, il a, le 24 juin 1966, ces paroles si prémonitoires de son action future et si conformes aux discours qu'il a tenus depuis : « Pour certains, le centrisme n'a aucun contenu intellectuel. C'est un marais, un point de convergence des opportunistes, un point central permettant les jeux de bascule. Nous pensons, au contraire, que le centrisme exprime une certaine manière d'appréhender les problèmes, caractérisée par le refus des extrêmes et le choix délibéré de l'action. Consolidation de la paix, progrès social, tout le monde est aujourd'hui d'accord sur les objectifs, mais de plus en plus, l'opinion publique juge moins d'après les intentions que d'après les méthodes proposées pour atteindre les buts. Ni mythe, ni étiquette, nous voulons devenir les rouages précis d'une politique au service d'une orientation claire. »

Sont ainsi scellées les idées de décrispation, de consensus et d'unité nationale, laquelle n'est plus cimentée par une idéologie partisane, mais par une pratique « précise » et « claire » du pouvoir. Dès 1966, le postulat sur lequel va s'appuyer toute l'aventure giscardienne est énoncé : la guerre idéologique n'existe pas, la droite doctrinaire n'existe plus, il existe un « vaste groupe central » que représentent la petite, moyenne et grande bourgeoisie. Giscard fait sienne la formule de Charles Péguy : « Tout le monde devient bourgeois, c'est ça la modernité. »

Entre le 8 janvier 1966 et le 22 juin 1969 — date de son retour au ministère de l'Economie et des Finances, sous la présidence de Georges Pompidou — le nombre des députés républicains indépendants va augmenter à chaque consultation pour atteindre 62 élus en juin 1968.

Après le retour du Général dans sa retraite de Colombey, « la fête référendaire est finie » — selon le mot de Michel Poniatowski. Une autre commence : la bataille présidentielle. Giscard songe un instant à se présenter. Tentation brève, vite dissipée par les députés de son groupe. Et surtout par Michel Pinton qui, avec le concours des ordinateurs, se révèle un expert des sondages. Ce Gustave Le Bon des foules électorales a rencontré Valéry Giscard d'Estaing à Princeton aux Etats-Unis en 1968. Il est venu à la politique par les mathématiques et les techniques de la communication.

Le 6 mai 1969, donc, Giscard apporte son soutien à Georges Pompidou, non sans avoir négocié son portefeuille de l'Economie et des Finances en cas de victoire. S'il ne ménage pas ses efforts durant la campagne, ce sera surtout une nouvelle occasion pour lui de s'éloigner un peu plus des gaullistes, en particulier sur deux thèmes essentiels : le renforcement de l'alliance atlantique et la construction de l'Europe en y intégrant la Grande-Bretagne. Il fait tirer une affiche aux couleurs orange, noir et blanc, avec ce slogan : « Libéral, européen, j'apporte mon soutien à Georges Pompidou. » Pour une majorité de gaullistes, une telle formule tenait lieu de provocation.

En vérité, l'homme qui médite sur son devenir, en ce début juin 1973, dans l'avion qui le ramène de Reykjavik, ne s'est pas contenté de quelques déclarations « historiques » — le « oui mais », « le pouvoir solitaire », le « non » au référendum — pour marquer sa liberté à l'intérieur de la coalition majoritaire. Il n'a eu de cesse de sonner l'alarme, de se poser en procureur, de feindre une certaine insolence. On le voit qui flirte avec Jean-Jacques Servan-Schreiber au risque de commettre, aux yeux des gaullistes, un crime de lèse-majesté. Il est sous le charme du directeur de *l'Express* et viendra parler dans les studios d'Europe 1 du *Défi américain*. C'est lui, toujours, qui écrit, dès 1966, aux 38 000 maires du pays : « Ce moment paraît venu pour la France de connaître *enfin* — c'est nous qui soulignons — une démocratie organisée et stable où les opinions se confrontent librement mais où l'action puisse s'exercer dans la durée et la continuité. » N'est-ce pas sous-entendre que de Gaulle refuse de se plier aux règles d'un régime vraiment démocratique ? C'est lui encore qui, en avril 1968, lors du débat sur l'introduction de la publicité à la télévision, n'hésite pas à remettre froidement Georges Pompidou à sa place. L'épilogue parlementaire de toutes ces passes d'armes viendra après les élections, de juin 1968 : les députés U.D.R. écartent Giscard de la présidence de la Commission des Finances.

Pourtant, quand il retrouve, le mardi 22 juin 1969, le bureau de Colbert quitté trois ans et demi plus tôt, chacun, de part et d'autre, semble décidé à l'entente cordiale.

Pour quelques semaines, le silence se fait, dans le quadrilatère du pouvoir : Elysée, rue de Rivoli, Matignon, et Palais-Bourbon. Valéry Giscard d'Estaing adopte, d'emblée, une attitude de neutralité bienveillante. Il va éviter toute intervention politicienne et forcer le trait de l'homme d'Etat à travers sa fonction de ministre de l'Economie et des Finances. En quelques mois, il change de dimension comme en témoignent les sondages. Il a réussi la dévaluation du franc de 12,5 % ; ce n'est pas un mince exploit. Il discourt à l'U.N.E.S.C.O. de philosophie économique ; il est de tous les colloques, meetings, rencontres, séminaires ou conférences sur les questions d'ordre économique et monétaire ; il accepte un face à face avec Pierre Mendès France ; il affronte Jean-Jacques Servan-Schreiber dans l'émission télévisée « A armes égales » et le contredit sèchement, éloignant, du coup, les soupçons d'une « liaison dangereuse »... Il est un jour à Moscou, un autre à Londres ou à Nairobi, le lendemain à Washington, Varsovie ou Kuala-Lumpur... Mais, où qu'il soit, quoi qu'il fasse ou qu'il dise, une forêt de micros et de caméras l'accueille.

C'est le temps béni des dieux, où il n'a plus à prouver la qualité de ses compétences — il fait autorité — et où il peut, enfin, soigner son image « près du peuple ». Il passe un chandail pour figurer sur les écrans de télévision ; il se fait photographier dans le métro ; il joue de l'accordéon dans un bal musette, à Montmorency ; il délaisse le tennis pour le « foot » ; il rappelle volontiers qu'il aime le billard... Voudrait-il exorciser un maléfice qu'il n'agirait pas autrement. « Valéry Giscard d'Estaing, écrit Jacques Duhamel[6], incarne un certain type d'homme qui n'est pas d'essence populaire, mais qui appelle l'admiration. C'est sa compétence, son autorité qui peuvent le porter... Ce n'est pas un mot du cœur, ce n'est pas une adhésion sentimentale. » Cette adhésion, il la recherche, sincèrement, gauchement. Il se sait admiré, respecté. Il veut être aimé.

Tandis qu'il se tient au-dessus de la mêlée partisane, dans les coulisses de la Fédération des Républicains indépendants, Michel Poniatowski — assisté de Roger Chinaud, Michel d'Ornano, Jean-Pierre Soisson — continue d'affirmer l'autonomie du mouvement, et travaille à parfaire les bases du changement. « Notre combat est celui de nos idées, de notre idéal libéral et européen, de notre volonté de construire une société de progrès plus humaine et plus juste », écrit-il aux responsables du parti. Michel Poniatowski ne perd jamais une occasion de sortir ses griffes. Les attaques voilées ou frontales en direction de l'U.D.R. et de certains membres du gouvernement seront son domaine réservé. Quand Michel Debré, ministre de la Défense, négocie la vente de plusieurs Mirages à la Libye, il le compare à Bazil Zaharof, le plus illustre marchand de canons d'avant guerre. Alors que le pouvoir est aux prises avec une série de scandales financiers — La Villette, Garantie Foncière, Patrimoine Foncier — il dénonce « l'affairisme qui hante certaines antichambres ministérielles » et propose la création d'une « grande fédération » regroupant tous les centristes, qu'ils soient ou non de la majorité. Quand Gabriel Aranda, ancien chargé de mission au cabinet d'Albin Chalandon, alors ministre de l'Equipement, menace le gouvernement de publier des documents compromettants si des Mirages continuent d'être livrés à la Libye, on murmure dans Paris que « Ponia » ne serait pas mécontent de salir le parti dominant. Enfin, quelques mois avant les élections législatives de mars 1973, usant sans vergogne du fumet des « scandales » pour développer l'influence des Républicains indépendants, il réclame des « élections primaires » dans 80 circonscriptions et réitère ses appels aux centristes d'opposition de Jean Lecanuet.

La majorité, néanmoins, se présentera sous le sigle unitaire de l'U.R.P. (Union des Républicains de Progrès) aux scrutins des 4 et 11 mars. Une unité tactique de façade. A l'ouverture de la session parlementaire, le 23 avril, de savantes combines — imaginées à l'Elysée — vont écarter Jacques Chaban-Delmas du perchoir au profit d'Edgar Faure. Une ambiance assez pitoyable, très IIIe République, règne dans l'hémicycle. Une ambiance, sinon de fin de règne, en tout cas d'intrigues, de rumeurs — à cette époque, la classe politique s'interroge, à mots couverts, sur la santé de Pompidou —, de trahison, de marchandage. Dans cette République des eaux troubles, la guérilla entre le mouvement gaulliste et les Républicains indépendants aurait pu aisément se noyer sans laisser de traces. Nombre de politologues jugeaient de surcroît que les affrontements ne sortaient jamais des frontières du raisonnable et qu'ils portaient essentiellement sur des thèmes — l'Europe, l'Alliance atlantique — à *faible risque*. Au fond, les Républicains indépendants n'auraient rien fait, ni plus ni moins que d'essayer de se démarquer de leur partenaire U.D.R.

Les anciens ou nouveaux gaullistes ne l'entendent pas ainsi — les années qui suivront le démontreront assez. Ils savent, de Gaulle mort, qu'une guerre sans merci est engagée entre eux et leur allié dont l'appoint électoral est, depuis 1958, nécessaire. Qui prendra la relève ?

Michel Poniatowski a, depuis 1966, acquis la conviction d'un effritement et d'un effacement de l'U.D.R. N'ayant jamais adhéré au gaullisme ni de près, ni de loin, il ne comprend rien à la complexité des réseaux de pouvoir et des courants de pensée au sein de ce parti. Le gaullisme est un concept atypique, un mouvement polymorphe où coexistent des personnalités aussi différentes que Peyrefitte et Sanguinetti, Guichard et Pasqua, Chirac et Chaban-Delmas, Couve de Murville et Labbé... Autour d'une charpente idéologique sommaire — une certaine idée de la France, une certaine idée de l'Etat, une certaine idée du progrès — le gaullisme se module selon les obstacles et les nécessités. Le projet s'adapte, privilégiant tantôt le nationalisme, tantôt le volontarisme, tantôt le tiers-mondisme, tantôt l'interdépendance des peuples... Projet fondamentalement politique, à la recherche d'un dessein, d'un destin, toujours sous-tendu par des appels à la résistance, à l'effort, au combat, à l'histoire... Les gaullistes sont-ils les héritiers des Capétiens, des jacobins, des bonapartistes, des maurrassiens ? Le gaullisme est-il une attitude, une philosophie, une doctrine, une idéologie ? Qui le sait ? Il est, il se perpétue, et ceux qui continuent de s'y référer doivent — quoi qu'on en dise — en garder quelque nostalgie et essayer de s'en inspirer.

Michel Poniatowski va confondre, en 1973, le spectacle qu'offraient les mentors de l'U.D.R. avec cette réalité profonde de la majorité gaullo-pompidolienne dont la caractéristique majeure est une exceptionnelle capacité à se remobiliser, à serrer brusquement les rangs. Il a cru pouvoir réduire l'U.D.R. alors qu'il eût fallu essayer de la séduire. Une conviction qui allait devenir le théorème de toute son action politique. Valéry Giscard d'Estaing la partageait-il ? Il affirme que non. Pourquoi a-t-il, dès lors, laissé carte blanche à son ami ? A l'époque, « Ponia » se posait complaisamment en éminence grise de Giscard, laissant dire qu'il était derrière chaque décision importante. « Valéry, vous savez, il faut le pousser », aimait-il à répéter. Sous un extérieur caressant et bonhomme, il est autoritaire, persévérant, têtu. Toujours plein de mystérieux projets, il y a, chez lui, autant d'arrogance que d'intelligence. Quand il devient ministre de la Santé dans le deuxième gouvernement Messmer, le 8 avril 1973, il devra observer les réserves d'usage. Roger Chinaud et Michel d'Ornano monteront, alors, en première ligne. L'un, tous azimuts, sous la tutelle de Ponia ; l'autre, prenant pour cible Michel Jobert et la diplomatie du gouvernement.

Ainsi, en 1973, quand Valéry Giscard d'Estaing arrête sa décision et se prépare discrètement à briguer la magistrature suprême, il est seul. Seul comme on peut l'être en politique, c'est-à-dire isolé, sans alliés sûrs, sans compagnons. Auprès de lui, une poignée de connétables,

Un homme seul

préposés à monter des coups contre l'U.D.R. « Ah ! qu'est-ce qu'il a encore dit, celui-là ! » s'exclame le ministre des Finances devant ses collègues du gouvernement, jouant la surprise et feignant l'agacement. Seul, c'est-à-dire sans « machine politique », les Républicains indépendants et les clubs Perspectives et Réalités n'ayant ni la vocation, ni les moyens de remplir ce rôle. Et Giscard sera toujours seul le 8 avril 1974, quand il annoncera, de sa mairie de Chamalières, qu'il se porte candidat. Et il sera de nouveau seul le 21 mai 1981, quand il abandonnera son bureau de l'Elysée à François Mitterrand.

Entendons-nous. Cet isolement de Valéry Giscard d'Estaing présente, dans son cas, plus d'avantages que d'inconvénients pour la *conquête* du pouvoir. Giscard a vite compris, sûrement dès 1962, qu'il serait toujours un étranger redouté à l'intérieur de l'épopée gaullienne. On le lui fera sentir chaque fois que possible. En dépit de sa relative jeunesse, il répondra par la fronde aux mesures de disgrâce. Il osera, à quarante et un ans, défier de Gaulle. Et ils étaient si peu à « oser », face au Général ! Là réside son crime inextinguible. Mais il a également compris qu'une bataille présidentielle, dans une société médiatisée, et pour un candidat libéral — de « droite » ajoutent ses adversaires — peut et doit se gagner seul, dès lors que l'on a acquis une stature nationale. Les soutiens de circonstance, des uns ou des autres, viennent d'eux-mêmes à l'heure idoine.

2
LES DIABOLIQUES MANŒUVRES

Donc, Valéry Giscard d'Estaing est seul. Ce qui lui permettra, entre la « révélation » de Reykjavik et la mort de Georges Pompidou, de n'avoir jamais à abattre ses cartes, ni devant un comité directeur de ceci, ni devant un comité central de cela. Il est ministre de l'Economie et des Finances ; c'est tout. Il ne pense plus qu'à l'Elysée ; il ne le dit pas et ne le dira pas. A qui d'ailleurs ? A Poniatowski ? A Chinaud ? A Dominati ? A Ornano ? Est-il besoin qu'il le fasse puisque, depuis belle lurette, ces derniers s'en vont murmurant de-ci, de-là, que Giscard se prépare, que Giscard est prêt... La presse évoque, semaine après semaine, ses « ambitions »... Aux journées de Vincennes des Républicains indépendants, en juin 1973, Hubert Bassot, l'organisateur des meetings, entré dans l'appareil fin 1967, proclame : « Valéry Giscard d'Estaing ira à la rencontre de la France. » La formule fait mouche et elle est aussitôt interprétée. Le ministre des Finances n'aura parlé que du bonheur des Français et du rayonnement de la France. En août, c'est Roger Chinaud qui réplique à Michel Debré, lequel a vigoureusement critiqué la politique économique du gouvernement : « On ne gouverne pas la France avec une légion d'anciens combattants. » Autant de petites phrases qui autorisent toutes les traductions, sans qu'elles entament l'attitude officielle du principal concerné. Valéry Giscard d'Estaing la rappelle le 5 octobre 1973 : « Ma seule ambition est de continuer à assumer ma tâche de mon mieux, aussi longtemps qu'elle me sera confiée. Je souhaite que chacun le comprenne et que je puisse ainsi remplir mes fonctions dans le cadre de la solidarité gouvernementale et dans celui des relations entre le gouvernement et la majorité. »

Son principal concurrent, en revanche, est moins discret. Dès le 23 mars 1973, plus de deux mois avant que l'hypothèse d'un septennat interrompu ne devienne une donnée objective du débat politique,

Jacques Chaban-Delmas affiche nettement ses intentions : « Si je considère que c'est mon devoir de me présenter, alors certainement je me présenterai. Il y a des risques à tout mais il faut choisir l'essentiel. L'essentiel est de se préparer à une activité éventuelle. » Se « présenter » ? Que l'ancien Premier ministre de Georges Pompidou emploie le verbe tabou plus de trois ans avant l'échéance normale — juin 1976 — donne une juste idée de l'ambiance qui règne alors dans les rangs de l'U.D.R. où les hérauts s'épuisent à la recherche du stratagème idéal.

Il faut s'arrêter un instant, sur un couple déjà célèbre — Juillet-Garaud — qui va tenter de récupérer, au profit de « son » candidat, cette bousculade autour du trône. Au Secrétariat général de l'Elysée, on les appelle « les diaboliques ». Marie-France Garaud et Pierre Juillet sont entrés dans l'histoire par une porte dérobée. S'ils ne désertent jamais les communs où ils peuvent bavarder sans manière, ils ont fini par occuper l'appartement du prince régnant. Georges Pompidou ne pourra plus témoigner de la nature et de l'ampleur exactes de leur influence. Pour certains — Olivier Guichard, Michel Debré, Jacques Chaban-Delmas, Alain Peyrefitte — elle fut considérable ; pour d'autres — dont Michel Jobert — elle n'eut guère de conséquence, sinon d'alimenter le babillage de la gent politique et journalistique. Une certitude : « les diaboliques » ont un favori, Jacques Chirac. Marie-France Garaud est alors âgée de trente-neuf ans. Elle a cet esprit de conversation et cette politesse distante que donnent l'usage du Tout-Paris et le sens du commandement. Elle a ce don d'aller à l'essentiel, de dégager de son savoir ce qu'il convient de... faire savoir. Symbole sophistiqué de duplicité perverse, elle mêle habilement le vrai et le faux, le principal et l'accessoire, concevant le pouvoir comme un lieu privilégié d'observation des bassesses ou des grandeurs de l'individu. De son mirador élyséen, elle teste et surveille le personnel politique et il y a peu de place chez elle pour l'attendrissement tant il y en a pour l'ambition. Elle a, depuis longtemps, fait la part entre les plaisirs certains du pouvoir et les succès illusoires. Pourquoi a-t-elle entouré Jacques Chirac d'une affection que l'on a prétendue maternelle ? Elle l'appelait, tendrement, « mon poussin un peu fou, fou », suivant chacun de ses pas, les précédant parfois pour lui enseigner l'art et la manière. Grande, belle, la peau brune et lisse, le cheveu noir et tiré, son charme et son élégance ne parviennent pas à masquer une masculinité refoulée. Là réside, probablement, en même temps que des intérêts bien compris, le mystère de cette liaison politique. Alexandre Sanguinetti, ancien secrétaire général de l'U.D.R., grognard du gaullisme, collectionneur des formules assassines, aimait à répéter dans un raccourci édifiant, en dépit de sa vulgarité : « Chaque fois qu'elle pousse Jacques, c'est elle qui bande [7]. »

Pierre Juillet a cinquante-deux ans. De l'avènement du gaullisme en 1958 au départ du Général le 27 avril 1969, il travaille auprès d'André Malraux puis de Georges Pompidou mais, à aucun moment, et sur aucun sujet, son nom n'apparaît. Dans la somme consacrée à *la République gaullienne* par Pierre Viansson-Ponté, il n'est jamais cité, tandis que l'ouvrage posthume de Georges Pompidou, *Pour rétablir une vérité*[8], qui couvre cette même période, ne lui réserve aucune place. Pierre Juillet existait-il avant les années 70 ? Ce n'est pas sûr. En tout cas, incapable de quitter les habits du père Joseph ou d'abandonner la baguette du chef d'orchestre secret, il trouve chez Jacques Chirac tout ce qui lui manque pour réussir une carrière politique : l'allant, le contact facile, le goût des meetings et des tréteaux. Juillet a une vocation pour l'ombre ; Chirac, pour les places publiques. Le premier a retenu du gaullisme un vocabulaire, un style, cette facture hautaine et sentencieuse qui emprunte aux *Mémoires d'outre-tombe* ; il croit aux vertus magiques du verbe et dans tout ce qu'il entreprend, la forme compte autant que le fond ; comme tous les professionnels de l'intrigue, du « complot », il ne conçoit les avancées de l'histoire qu'à travers les machinations de quelques manitous... Le second, qui ne sait rien — ou si peu — des affres de la vie gouvernementale, des chausse-trappes et des fausses amitiés, reçoit avec ravissement l'enseignement de son pygmalion dont Georges Pompidou dit, paraît-il, souvent : « C'est ma conscience politique. »

A l'aube de 1974, Jacques Chirac vient d'avoir quarante et un ans. Rien chez lui qui puisse être comparé avec les personnalités et de Charles de Gaulle, et de Georges Pompidou, dont il se réclame. Il n'a ni la patience, ni la détermination du premier ; il n'a ni l'intuition, ni la modernité du second. Face à la froideur hautaine d'un Valéry Giscard d'Estaing, il donne l'étrange impression de n'être pas encore adulte. Les deux hommes ont travaillé ensemble du 20 juin 1969 au 12 janvier 1971 : Giscard était ministre de l'Economie et des Finances, Chirac son secrétaire d'Etat. Se sont-ils estimés ? Plus que cela, semble-t-il : une grande connivence, une amitié vraie passait entre eux. Le secrétaire d'Etat éprouvait de l'admiration pour le ministre, lequel était comblé. Comment s'en étonner ? Jacques Chirac n'était pas fixé politiquement et ne le sera que très tard, quand il aura imposé le « chiraquisme ». Il ressentait le besoin d'une lignée et vivait par procuration. Il l'admet volontiers : « J'ai subi toutes les évolutions que peut subir un homme lorsqu'il substitue la réflexion à l'enthousiasme pur[9]. »

Et c'est vrai que l'enthousiasme le porte plus que les convictions. Dans son adolescence, il pensait plutôt à gauche et l'on sait que Michel Rocard, en personne, avait reçu son adhésion aux étudiants socialistes de Sciences Po. En 1950, élève au lycée Carnot, il avait signé l'Appel de Stockholm qui exigeait « l'interdiction absolue de l'arme atomique, arme d'épouvante et d'extermination massive des populations ». Ce texte fut, durant plusieurs années, pour les uns la pierre de touche des sentiments pacifistes, pour les autres, la preuve d'une complicité objective avec le P.C.F. C'est ainsi que ce péché de jeunesse devait lui valoir l'étiquette de communiste auprès des autorités militaires ! Le soupçon fut vite lavé. En avril 1956, Jacques Chirac est du contingent des « rappelés » de Guy Mollet. « C'est, confie-t-il, la période la plus passionnante de mon existence. C'est certainement à ce moment-là que je suis devenu " Algérie française " ; en plein bled, chef d'une unité d'intervention héliportée, sans transistor, je n'avais aucun contact avec le monde extérieur. » Toujours l'enthousiasme. L'Algérie demeurera longtemps l'exaltante aventure de sa jeunesse, en même temps qu'une douloureuse blessure. Quand, plus tard, on lui demandera s'il s'est, un jour, senti en désaccord avec le général de Gaulle, il répondra : « Une seule fois. Sur l'affaire algérienne. Et je sais, aujourd'hui, que j'ai eu tort. » Mais qu'a-t-il fait pour que l'Algérie restât française ? Est-il parmi ceux qui militent dans ce sens ? Non. Gaulliste ? Anti-gaulliste ? Il n'a pas choisi. En 1960, auditeur à la Cour des comptes, il parle, il parle, impatient, tourmenté, se laissant emporter par sa fougue et l'humeur du jour.

Le jeune loup fait ses dents. Les circonstances vont l'aider. Après le référendum du 6 avril 1962 sur les accords d'Evian, Georges Pompidou succède à Michel Debré comme Premier ministre et appelle Pierre Juillet à son cabinet. C'est le moment que choisit Marcel Dassault pour recommander à son vieil ami Juillet son jeune ami Chirac. Le célèbre avionneur et le père de Jacques Chirac ont travaillé ensemble avant la guerre et pendant l'occupation. Depuis cette époque troublée, Dassault se montre attentif à la carrière de son « petit Jacques ». Celui-ci est nommé chargé de mission auprès de Georges Pompidou.

Jacques Chirac a le pied à l'étrier. On ne retracera pas ici sa carrière, du petit bureau de Matignon aux successifs portefeuilles ministériels. On rappellera simplement les quelques temps forts qui scandent cette montée vers les sommets. 12 mars 1967 : il est élu député de la Corrèze contre un adversaire de choix, Robert Mitterrand, le frère du dirigeant socialiste. Selon la légende, il se serait présenté à la députation par hasard, sur les conseils de Georges Pompidou et il aurait cherché une circonscription. « Tout naturellement, j'ai pensé à la Corrèze et à Ussel. » Tout naturellement ? Cette candidature était préparée depuis 1963 par Pierre Juillet et son assistante, Marie-France Garaud. Elle s'inscrivait dans un plan d'ensemble de reconquête du Sud-Ouest par les « jeunes loups » de Georges Pompidou, ce « Club des huit » où ils étaient dix ou douze : Jacques Chirac, Jean Charbonnel, Jean-Pierre Dannaud, Pierre Mazeaud etc.

Le 5 décembre 1966 Georges Pompidou les avait d'ailleurs réunis à Solignac pour définir leur mission : libérer les électeurs du Limousin de l'emprise socialiste, évincer leurs élus et rénover le style politique. A Ussel, Jacques Chirac concrétisera cette rénovation en obtenant le soutien de... Charles Spinasse, soixante-treize ans, un socialiste rose tendre, ancien ministre de Léon Blum. « On ne peut plus aujourd'hui être autre part qu'à gauche ! C'est absolument horripilant, avouera Jacques Chirac. Un jour, dans ma circonscription, on m'a demandé si j'étais gaulliste et si je me situais à gauche. J'ai répondu que j'étais gaulliste et de droite... J'ai ajouté naturellement que tout en étant de droite, je l'étais sensiblement moins que tous les élus socialistes de la même région qui, eux, étaient d'extrême droite ! » Les subtilités de l'analyse sont à la mesure des convictions. L'instinct, et seulement l'instinct, le guide.

Mais il gagne en 1968 puis en 1973, élargissant, chemin faisant, sa panoplie : conseiller général, président de l'assemblée départementale. Le député ne siégera que trois fois trois semaines, « les diaboliques » couvant leur chrysalide. Le 6 avril 1967, il est nommé secrétaire d'Etat chargé des problèmes de l'emploi. Un portefeuille modeste, dernier dans la hiérarchie gouvernementale. Mais il n'a pas trente-cinq ans. Les gouvernements passent, Jacques Chirac reste. Janvier 1971 : il est promu ministre délégué auprès du Premier ministre Chaban-Delmas. Il a en charge les relations avec le Parlement et se révèle un médiocre ambassadeur auprès des élus. 7 juillet 1972 : ministre de l'Agriculture et du Développement rural dans le gouvernement Messmer. Il accède à la vraie notoriété, pour le meilleur et pour le pire. Un vif incident l'opposera à son collègue et ami des Finances.

En novembre 1973, Valéry Giscard d'Estaing décide, pour contenir l'inflation, de bloquer les marges bénéficiaires des détaillants de fruits et légumes. Après quoi il s'envole pour la Malaisie, inaugurer une foire commerciale. Pendant son absence, la riposte des commerçants s'organise : des opérations « ville morte » privent Paris et les grandes cités de légumes et de fruits frais. Georges Pompidou charge Jacques Chirac de calmer les détaillants. Le ministre de l'Agriculture promet que les contrôles de prix seront effectués avec plus de souplesse et prend, au nom du gouvernement, un prochain rendez-vous avec ses interlocuteurs... A son retour de Kuala-Lumpur Valéry Giscard d'Estaing est saisi d'une fureur froide et maintient ses directives. Convoqué chez le président, il devra s'incliner. Une passe d'armes de cette nature laisse des cicatrices. Les deux hommes s'expliqueront et leur réconciliation sera plus éclatante que leur discorde. C'est le jeu.

« Chirac a su trouver les mots qui m'ont touché », confiera Giscard à Michel Jobert.

1ᵉʳ mars 1974 : Jacques Chirac s'installe place Beauvau au ministère de l'Intérieur. Douze ans se sont écoulés depuis ce matin d'avril 1962 où il se trouva, pour la première fois, en face des trois personnes qui allaient tisser son destin : Georges Pompidou, Pierre Juillet et Marie-France Garaud. Il s'est enfermé dans une triple relation de nature affective, ce qui n'est pas banal pour un futur leader de dimension nationale ; ce qui explique aussi la pauvreté de sa pensée politique, le peu d'intérêt qu'il porte aux débats d'idées. Il est, en quelque sorte, « sous influence », ses parrains l'ayant placé sur la seule orbite qui compte à leurs yeux, le pouvoir. Et il jouit pleinement d'être l'objet d'une aussi merveilleuse manipulation. Celle-ci le porte haut et loin sans qu'il soit dupe et qu'il ait besoin de contrarier sa nature profonde. Jacques Chirac, en effet, croit en Jacques Chirac et au pouvoir. Il n'a pas d'autre religion, pas d'autre idéologie. Sous la IIIᵉ République il aurait fait un bon bourgeois radical et opportuniste, concevant la politique comme un métier, non comme une mission. Il n'a rien d'un fasciste, d'un boulangiste ou d'un bonapartiste. Autant d'étiquettes qui pourtant le poursuivront...

Le quatuor s'installe dans des jeux de rôles, lesquels ne tourneront jamais au drame, par la grâce d'un insolite cordon ombilical qui relie les acteurs. Jacques Chirac éprouvait une affection vraie pour Georges Pompidou au point que Pierre Viansson-Ponté, quelques années plus tard, lui écrira dans sa *Lettre ouverte* : « Georges Pompidou, fils d'instituteur du Cantal, le jouisseur qui aimait tant la vie, la bonne chère, les bons vins, les soirées entre amis, les artistes et la beauté, mais qui savait être aussi un très fin calculateur, un politique heureux, homme de réflexion et d'action jusqu'à ce que la maladie le frappe durement et affaiblisse son jugement, ce n'était pas seulement votre patron, c'était à bien des égards votre maître, votre modèle, presque votre père. Et vous étiez son fils, la lumière et la joie de ses dernières années, le successeur qu'il souhaitait dans le secret de son cœur et de ses confidences, pour le jour où il devrait s'effacer [10]. » Georges Pompidou, sceptique sur les hommes et le monde, avait percé le personnage de Jacques Chirac et il savait que, par-delà les foucades, l'agitation, les phrases à l'emporte-pièce, se cachait le tempérament d'un joueur ambitieux — au sens noble de ces deux termes — bientôt capable de prendre son envol.

Ce qui est troublant — et qui se révélera très important pour les années qui suivront — dans cet entrelacs de sentiments tient à son caractère univoque : Jacques Chirac est le seul à recevoir et de l'affection, et des conseils. Que donne-t-il ? Des preuves de fidélité à

Georges Pompidou ? Sûrement. Voilà, cependant, qui l'engage peu et ne présente, pour lui et son avenir, que des avantages. Hors cela, il prend et quand il aura suffisamment reçu, qu'il se sentira aguerri, le « poussin » plantera là ses précepteurs.

Quel est, entre décembre 1973 et mars 1974 le but que se donne le couple Juillet-Garaud ? A cette date, la santé du président Pompidou est devenue l'unique sujet de préoccupation des milieux politiques français. Les communiqués rassurants diffusés par les services de l'Elysée sont accueillis avec scepticisme ou incrédulité. Les Républicains indépendants — et non pas Valéry Giscard d'Estaing — multiplient les avertissements, Jacques Chaban-Delmas bat la campagne, l'U.D.R. s'agite et mobilise l'ensemble de ses militants. On songe à la fin de Charles II d'Espagne en 1700 et au récit qu'en fit Voltaire : « Les puissants qui dévoraient déjà en idée cette succession immense faisaient ce que nous voyons souvent dans la maladie d'un riche vieillard sans enfants : quelques héritiers consentent à partager ses dépouilles ; d'autres s'apprêtent à les disputer. » Dans le souci d'écarter les murs qui se resserrent autour du chef d'Etat dévoré de fatigue, Marie-France Garaud et Pierre Juillet chercheront constamment à opposer les prétendants les uns aux autres, gardant, en réserve, Jacques Chirac. Ils espèrent, en effet — comme beaucoup d'autres témoins — que Georges Pompidou ira jusqu'au terme de son septennat, sa maladie ayant cette caractéristique d'offrir d'importantes plages de rémission. Comment envisagent-ils, selon une formule d'Olivier Guichard, « d'écrire le dénouement » ?

En ce début de 1974, la France est touchée par une crise économique sans précédent depuis le début de la Ve République. D'une enquête que vient de réaliser l'I.N.S.E.E. (Institut national de statistiques et d'études économiques) il ressort que les ménages français sont plus pessimistes qu'ils ne l'ont jamais été : six sur dix estiment que leur niveau de vie va se détériorer au cours des prochains mois. L'inflation revit une ampleur exceptionnelle, inconnue depuis quinze ans : alors qu'entre 1970 et 1973 la hausse annuelle des prix n'a pas dépassé 8 %, elle passe brusquement au rythme de 12 à 13 %. La guerre du Kippour, d'octobre 1973, en facilitant l'unité des pays arabes producteurs de pétrole, provoque une flambée des prix de l'or noir et entraîne de nombreux rajustements monétaires. Le 19 janvier, le gouvernement décide de laisser flotter le franc qui perd aussitôt entre 2 et 5 %. Les grèves se multiplient dans les banques nationalisées, plusieurs usines sont occupées, la C.G.T. et la C.F.D.T. réclament le S.M.I.C. à 1 500 F... Les sondages montrent une opinion inquiète, troublée, tandis que les incertitudes des salariés se manifestent par le va-et-vient et l'hésitation dans les actions revendicatives comme dans les négociations. « L'affaire Lip », les grèves tournantes au Crédit Lyonnais et le conflit de la Saviem ont porté à son comble cette impression de brouillard. Un flottement contagieux, Antoine Pinay, lui-même, manifestant ses états d'âme ! Le matin du 7 janvier, dans *France-Soir* il déclare : « On n'est pas gouverné... On ne se sent pas gouverné par une main ferme. » L'après-midi, il nuance son propos : « J'ai dit que, dans la situation actuelle, il était nécessaire que le gouvernement fasse preuve d'énergie et de fermeté. » Et le lendemain : « Je n'attaque pas le gouvernement, pas plus que je ne le juge. Ce serait une infamie sans nom. » Quant à Jean Lecanuet il veut réaliser un accord sur un « programme minimum de salut public »...

Jean-Jacques Servan-Schreiber, président du Parti radical, patron de l'*Express*, alchimiste des « réformateurs », annonce, à la « une » de son journal du 3 février : « Pompidou choisit Giscard. » Et on apprend que le président entend nommer, avant la fin du mois, son « dauphin » au poste de Premier ministre afin de le préparer à la succession ! Ce « ballon d'essai » a-t-il reçu l'approbation du ministre des Finances ? Trois raisons, au moins, permettent d'en douter. La première relève du bon sens élémentaire : Valéry Giscard d'Estaing n'était pas sans savoir que le chef de l'Etat, de plus en plus irrité par la guerre de succession, éviterait soigneusement de placer quelqu'un en position de « dauphin ». La deuxième tient de l'analyse tactique : Giscard n'avait aucun intérêt, ni publicitaire, ni politique, à s'avancer sur ce terrain ; sinon à vouloir braquer un peu plus l'U.D.R. et à être soupçonné par l'opinion de forcer, avec l'aide de l'*Express*, la décision de Pompidou. La troisième est plus fondamentale : un Premier ministre en exercice est-il dans une position idéale pour conduire une bataille présidentielle ? S'installer à Matignon n'était-ce pas se ligoter et devenir le pôle de cristallisation de tous les mécontentements ?

En réalité, Paris est tout bruissant des rumeurs colportées de dîners en rencontres, subtilement distillées par Juillet et Garaud. Ils embrouillent à dessein. Ils ont un objectif aussi simple à formuler que difficile à réaliser, et ils vont tenter une partie de poker très serrée — qu'ils perdront : convaincre Georges Pompidou d'installer Jacques Chirac à Matignon. A l'inverse de Valéry Giscard d'Estaing ou de Pierre Messmer qui s'interrogent sur les qualités de cette rampe de lancement, ils ne connaissent pas d'autre voie royale. Leur poulain sera sacré « héritier légitime » et aura — si le président va jusqu'au terme de son septennat — deux ans pour se forger une image d'homme d'Etat. En 1983, Marie-France Garaud et Pierre Juillet jurent sur l'Evangile qu'ils n'ont jamais concocté ce projet, arguant de la jeunesse et de l'inexpérience de Chirac. Celui-ci, le 28 mai 1974, aura-t-il tant vieilli qu'il puisse devenir le Premier ministre du premier gouvernement de Valéry Giscard d'Estaing ? L'aggravation de notre situation économique et sociale, les intrigues renaissantes, les jeux de coulisses et les conflits d'ambitions engendrent en ces mois de janvier et de février des conditions susceptibles de servir leur visée. Chaque jour, l'atmosphère s'alourdit et très vite, Georges Pompidou sera contraint de trouver une parade politique. Il n'en existe qu'une : modifier l'équipe gouvernementale. Il convient de sonner l'heure des décisions courageuses et d'une vigoureuse reprise en main. Il faut changer de Premier ministre.

Déjà, en décembre 1973, *le Point* titrait : « Messmer doit partir », et depuis, les bruits de la ville annoncent quotidiennement un remaniement ministériel. A l'Elysée, « les diaboliques » font le siège du président, avancent le nom de leur favori, laissant, néanmoins, clairement entendre qu'ils l'assisteront et l'aideront dans sa lourde tâche. C'est « non ». Les conseillers proposent un autre scénario : que Jacques Chirac aille aux Finances — un ministère également prometteur pour quiconque vise l'Elysée — et Giscard aux Affaires étrangères. Cette formule, comme allait le révéler Raymond Marcellin en 1978[11], fut envisagée dès le remaniement qui suivit les législatives de 1973, pour être finalement repoussée. Onze mois plus tard, c'est encore « non ». Ce second plan, toutefois, fera un bout de chemin puisque Pierre Messmer sera, en effet, averti que Valéry Giscard d'Estaing accepterait, éventuellement, d'aller au Quai d'Orsay. Eventuellement... On est aux environs du 10 février. Le 7, l'Elysée a publié un bulletin officiel concernant l'état de santé du président de la République : il est atteint d'une « infection grippale » et doit se reposer quelques jours. La perplexité et l'inquiétude dans l'opinion s'amplifient. En revanche, et très curieusement, il n'est plus question, dans la presse, de « remaniement ». Après le double refus qu'elle vient — avec son complice — d'essuyer auprès de Georges Pompidou, Marie-France Garaud n'est plus d'humeur à défaire et à refaire le gouvernement devant les journalistes... Au contraire. Le couple redécouvre, subitement, des vertus à Pierre Messmer. « C'est un homme que l'on aimerait servir », dit, de nouveau, Juillet à Edouard Balladur, secrétaire général de l'Elysée, après avoir huit ou dix mois durant boudé le Premier ministre.

Quand, le matin du 27 février, Messmer présente la démission de son gouvernement au président de la République, l'étonnement est aussi grand dans le bureau de Juillet-Garaud que dans les salles de rédaction. Le soir, Messmer se succède à lui-même et Georges Pompidou lui donne, comme directive, de réunir « une équipe ministérielle peu nombreuse, c'est-à-dire ayant la meilleure cohésion et la meilleure efficacité possible pour décider et pour agir ». Le 1er mars, Pierre

Messmer présente la composition de son gouvernement : il ne compte que quinze ministres et treize secrétaires d'Etat. Aucune personnalité nouvelle n'a été appelée. Valéry Giscard d'Estaing est promu ministre d'Etat chargé de l'Economie et des Finances. Jacques Chirac et Raymond Marcellin permutent : le premier passe à l'Intérieur, le second à l'Agriculture. L'arrivée de Jacques Chirac place Beauvau est remarquée ; elle n'est pas remarquable.

C'est la dernière concession de Georges Pompidou à ses deux conseillers Marie-France Garaud et Pierre Juillet qui ne veulent, décidément, pas s'incliner et lâcheront, l'air entendu, des « indiscrétions » dont la presse hebdomadaire — *l'Express, le Nouvel Observateur, le Point* — se fera l'écho. Plusieurs articles soulignent, non seulement l'ascension de Jacques Chirac, mais surtout sa probable installation à Matignon d'ici à un an environ...

Il n'est pas possible de comprendre le septennat giscardien si l'on ne garde pas en mémoire cette « affaire » du troisième gouvernement Messmer. Rien, en effet, durant ce premier trimestre 1974, n'autorise à parier sur la mort imminente du chef de l'Etat. Le 6 mars, d'ailleurs, la télévision est autorisée à filmer le début de la réunion du Conseil des ministres et les Français sont ainsi les témoins d'une étonnante admonestation de Georges Pompidou : « Il est essentiel de respecter strictement la solidarité ministérielle... Nous ne devons pas, vous ne devez pas courber l'échine, laisser passer, attendre que l'orage nous ait abandonnés. » On parle de réformes profondes concernant l'avortement, la taxe professionnelle, l'enseignement secondaire ; on évoque la réduction du mandat présidentiel à cinq ans, l'institution d'un vice-président de la République, le choix de ce vice-président, etc.

Il n'était donc pas insensé pour un prétendant à la magistrature suprême et pour ses supporters d'imaginer une stratégie à moyen terme. Ce que firent Marie-France Garaud et Pierre Juillet, en essayant toujours d'agir avec l'assentiment du président malade. Ils voulaient barrer la route à l'ancien Premier ministre Jacques Chaban-Delmas pour des raisons personnelles — Juillet hait les « barons » du gaullisme qui l'ont par trop ignoré — et parce qu'ils ne lui pardonnent pas d'avoir mené, seul, une politique libérale — centre gauche — entre 1969 et 1972 ; depuis son passage à la tête du R.P.F. des départements de la Creuse, de la Corrèze et de la Haute-Vienne dans les années 50, Pierre Juillet s'attache à quelques principes qui sont ses Tables de la Loi : tenir compte de la sensibilité conservatrice, jouer la carte « majorité silencieuse », oui aux ralliements, non aux alliances, se méfier de toutes les tentations social-démocrates.

Garaud et Juillet tenaient Valéry Giscard d'Estaing pour un personnage fragile et rejoignaient, en cela, maints observateurs de la vie politique ; ils estimaient, là aussi à l'instar de beaucoup d'autres, que le leader des Républicains indépendants manquait de ce « plus » indéfinissable mais qui emporte l'adhésion et la victoire. Ils n'accordaient, enfin, aucune chance de succès à Pierre Messmer, ce en quoi ils n'avaient pas tort ; de surcroît, et contrairement à la fable, le Premier ministre s'était, très vite, dégagé de leur tutelle et ils en avaient pris ombrage. Comment avaient-ils pu songer, un instant, qu'ils se joueraient de Messmer comme d'une marionnette, et investiraient Matignon ? Fallait-il qu'ils se soient laissé abuser par la collection de clichés qui servaient à définir le Premier ministre : un brave homme courageux et loyal, un Joseph Prudhomme de la politique, alors qu'il est plus proche d'un Monsieur Homais doublant sa suffisance d'une forte dose de calcul. Dans ses fonctions, Pierre Messmer va se révéler matois, déterminé et secret.

Assurément, l'aube de ce mois de mars est lugubre pour Jacques Chirac et pour ses complices : leur plan a échoué et la perspective d'engager le combat présidentiel sous leur propre couleur paraît définitivement compromise. Pourtant, ils ne désarmeront pas et utiliseront de façon optimale la carte qu'ils gardent dans leur manche : le jeune ministre de l'Intérieur se met, d'emblée, en situation de négocier son concours, si jamais le pire advenait brusquement ; il entreprend une réorganisation de son ministère, il provoque un vaste mouvement préfectoral, il évince l'état-major de son prédécesseur, Raymond Marcellin.

L'échec de leur plan contraint également Marie-France Garaud et Pierre Juillet à s'appuyer sur une nouvelle stratégie, laquelle sera, très naturellement, dictée par les sondages d'opinion. Jacques Chaban-Delmas et Valéry Giscard d'Estaing sont à égalité de chances. Dans une élection présidentielle simulée, un sondage de la SOFRES, effectué en février, accorde 29 % des suffrages au maire de Bordeaux et 28 % au ministre de l'Economie et des Finances. Les deux hommes ont la même popularité : en mars, d'après l'I.F.O.P., Chaban recueille 61 % de bonnes opinions (contre 27 % de mauvaises), Giscard 60 % (contre 26 %). Selon la SOFRES encore, les Français accordent à Giscard le plus de chances de succéder à Georges Pompidou : 40 %, contre 28 % à Chaban et 17 % à François Mitterrand. Pierre Messmer n'a pas su s'imposer dans l'opinion publique ; il mécontente beaucoup plus qu'il ne satisfait ; on lui donne très peu « d'avenir » (20 % seulement des Français lui font ce crédit). La pluralité des candidatures est acceptée par l'électorat de la majorité : selon la SOFRES, 54 % de ses électeurs souhaitent avoir le choix entre deux candidats, 38 % préférant une candidature unique. A gauche, en revanche, une écrasante proportion de l'électorat a arrêté son choix sur la seule personne de François Mitterrand.

Comment, devant de tels chiffres, le ministre de l'Economie et des Finances accepterait-il de renoncer à courir sa chance, si subitement, la succession était ouverte ? Comment surtout, pouvait-on tenir pour raisonnable une candidature d'union, sur le nom de Pierre Messmer ? « La véritable sélection, les véritables " primaires " sont en dernière analyse les sondages qui situent régulièrement la cote des partants possibles », écrira André Laurens dans le Monde[12].

Quand, le 2 avril à 20 h 58, le chef de l'Etat s'éteint dans son appartement privé du quai de Béthune, les principaux protagonistes de la majorité sortante ont définitivement arrêté leur décision. Jacques Chaban-Delmas sera candidat. Valéry Giscard d'Estaing sera candidat. Confrontés à ces deux données incontournables qui n'ont rien, à l'évidence, pour les surprendre, Marie-France Garaud et Pierre Juillet n'auront plus qu'une obsession : donner coûte que coûte à Jacques Chirac la carrure d'une pièce maîtresse dans une bataille qui s'annonce difficile. Et ils inventeront « l'opération Messmer », durant laquelle une cascade de mensonges servira de fil conducteur à une piteuse mise en scène. La pièce va se jouer en quatre actes... Quand le rideau se lève, le décor politique dans le camp majoritaire est très confus : le jeudi 4 avril, à 16 h 9, à peine le cercueil de Georges Pompidou est-il descendu dans le caveau d'Orvilliers que Jacques Chaban-Delmas, par une dépêche de l'A.F.P. fait acte de candidature ; le 5 à 16 heures, c'est au tour d'Edgar Faure ; à ces deux personnalités il faut ajouter Christian Fouchet, ancien ministre, ex-député U.D.R. président du Mouvement pour l'avenir du peuple français.

Acte I. Au comité central de l'U.D.R. du dimanche 7 avril, qui apporte son soutien unanime à Jacques Chaban-Delmas et qui annonce que le mouvement lancera tout le poids de ses moyens dans la balance — « Nous sommes les plus nombreux, les mieux organisés, et les plus forts », affirme Alexandre Sanguinetti —, Jacques Chirac saura habilement se distinguer tout en s'alignant sur la position officielle de ses amis. Alexandre Sanguinetti, au cours de sa conférence de presse, précisera : « M. Jacques Chirac, en tant que ministre de l'Intérieur, a fait remarquer à juste titre — et nous en sommes tous convaincus — combien il était regrettable qu'il ne soit pas possible, en l'état actuel des choses, qu'il n'y ait pas d'unité de candidature de la majorité face à l'unité de candidature de l'Union de la gauche. Nous mesurons ce que cela ajoute de difficultés, nous en sommes tous conscients, et nous le regrettons. »

Acte II. De sa mairie de Chamalières, Valéry Giscard d'Estaing se met sur les rangs, lundi 8 à 12 heures, dans une déclaration qui ne laisse planer aucun doute sur son intention d'aller jusqu'au bout : « Il y a moins d'une semaine, disparaissait le président Georges Pompidou. J'ai pensé, je pense encore que ceux qui s'inspirent de sa mémoire devaient s'associer au deuil du peuple français avant de se préoccuper de sa succession. Je m'adresse à vous aujourd'hui, ici, dans cette mairie de province d'Auvergne, pour vous dire que je suis candidat à la présidence de la République... Depuis des années, j'affirme que la France a besoin d'une majorité élargie... C'est pourquoi je m'adresse à vous tous, électeurs U.D.R., Républicains indépendants, centristes, réformateurs... Je n'attaquerai personne, qu'il s'agisse, bien entendu, des candidats de la majorité présidentielle d'hier, qu'il s'agisse aussi des candidats de l'opposition... Et maintenant que chaque candidat propose sa politique et qu'à la fin, ce soit la France qui gagne. » Le concept de « majorité élargie » — ou de « majorité nouvelle » — est officialisé.

Acte III. Le mardi 9, peu après 11 heures, Pierre Messmer entre en lice : « Devant la situation créée par plusieurs candidatures de la majorité de Georges Pompidou, en raison des risques qu'une telle division fait courir à la France, je suis résolu à me présenter aux suffrages des Français si ces candidats se retirent. Je le leur demande... Si un autre est mieux placé que moi pour rassembler autour de lui tous ceux qui pensent d'abord à la France, je m'en réjouirai, car je ne suis animé d'aucune ambition personnelle. Je fais mon devoir. J'espère que mon appel sera entendu. » L'ensemble du texte est émaillé de formules qui révèlent la « patte » de Pierre Juillet, « coalition socio-communiste », « restaurer et assurer l'indépendance nationale », « périls graves », « sursaut national »... Depuis la mort du président, Jacques Chirac et ses deux directeurs de conscience se sont dépensés sans relâche pour convaincre le Premier ministre de se mettre sur les rangs. Ils expliquent, brandissant de prétendus sondages, que seule une candidature unique permettra la survie de la Ve République et qu'il revient à Messmer, de par son autorité de Premier ministre, d'empêcher la dislocation de la majorité. Dès le lendemain de la mort du chef de l'Etat, le mercredi 3 avril à 10 heures, Jean Taittinger, garde des sceaux, avait affirmé dans une réunion de ministres U.D.R. à l'hôtel Matignon — ni Messmer, ni Guichard n'étaient là — que la majorité présidentielle de 1969 devait continuer derrière l'étendard de Pierre Messmer. Jacques Chirac ajouta qu'il serait opportun que, dès 12 heures, le Premier ministre fasse une déclaration à la télévision, et s'affiche « solennellement » comme le chef de la majorité. Raymond Marcellin s'opposera vigoureusement à l'idée d'une telle déclaration, dès qu'il en sera averti, et emportera la conviction d'une majorité de ses collègues.

Le triumvirat Chirac-Juillet-Garaud repart néanmoins en croisade : sans Messmer, point de salut ! Il pousse la comédie jusqu'à suggérer que Valéry Giscard d'Estaing partage cette analyse. Le jeudi 4, un déjeuner dans le salon Napoléon III du ministère des Finances a réuni Giscard, Poniatowski, Chirac, Garaud, Juillet et, au cours de cet entretien privé, le leader des Républicains indépendants a dit : « Si Chaban se retire au profit de Messmer, je ne me présenterai pas. » Le propos avait le double mérite de la courtoisie et de la gratuité ; il s'annulait dans l'instant même où il était prononcé puisque le maire de Bordeaux serait, quoi qu'il arrive, candidat. Mieux. Si ces cinq personnages ont jamais eu en commun une certitude, c'est bien celle de la décision irrévocable de Jacques Chaban-Delmas. D'ailleurs, en septembre 1974, dans le magazine *l'Expansion,* Pierre Messmer racontera qu'il n'ignorait rien, dès le 3 avril, de cette ferme détermination. Mieux encore : ce déjeuner privé ne ligotait personne et si, par un retournement spectaculaire de situation, Chaban avait baissé pavillon, Giscard se serait maintenu face à Messmer.

Qui en doutait ? Qu'importe. Jacques Chirac, Marie-France Garaud et Pierre Juillet clament, se drapant dans le mythe gaullien du rassemblement, la force d'entraînement de Messmer, rappellent la stratégie unitaire des législatives de 1973, invoquent la nécessité d'une campagne d'équipe. Ils font circuler dans les couloirs de l'Assemblée nationale l'idée selon laquelle Messmer est le mieux servi par l'émotion que provoque la disparition de Georges Pompidou et qu'il faut, par conséquent, organiser le scrutin présidentiel dans les plus brefs délais. Or, au Conseil des ministres du 5 avril, qui obtient que le premier tour de l'élection soit fixé le 5 mai, c'est-à-dire à la date la plus éloignée possible ? Jacques Chirac...

L'acte III, donc, se déroule, sans surprise, en cette journée du 9. A 15 heures, Jacques Chaban-Delmas est reçu à Matignon par Pierre Messmer. L'entretien dure moins de cinq minutes. Il est de pure forme. A 17 h 45, un communiqué du Premier ministre tombe sur les téléscripteurs de l'A.F.P. « Les conditions posées n'ayant pas été réunies, j'ai décidé de ne pas poser ma candidature à la présidence de la République. Ma décision est irrévocable. » Le bilan de cette folle journée ? Pierre Messmer passe dans les coulisses, Jacques Chirac s'installe sur la scène. Pour les médias, il devient le « leader pompidolien ». Il existe, politiquement, au-delà de ses fonctions de ministre de l'Intérieur. Il est, en effet, apparu comme l'instigateur d'une proposition de ralliement, comme le prophète aussi de la dangereuse aventure chabaniste. Le maire de Bordeaux est rendu, de manière explicite, responsable de la division de la majorité. Quant à Valéry Giscard d'Estaing, qui a rappelé à 16 h 30 qu'il était toujours prêt à s'effacer en faveur du Premier ministre, il retire le bénéfice de son loyalisme apparent. Son communiqué tombe quatre-vingt-dix minutes après l'entrevue éclair Messmer-Chaban...

On peut évidemment s'interroger sur les raisons qui ont incité Pierre Messmer à s'abaisser en se prêtant à une telle palinodie. Ce glorieux combattant de la France libre, ancien haut fonctionnaire de nos territoires d'outre-mer, proche de Gaston Defferre sous la IVe République, n'a jamais appartenu au baronnage du gaullisme, bien qu'il fût ministre des Armées du 5 février 1960 au 20 juin 1969. Au fond, il rejoignait le trio Chirac-Garaud-Juillet dans la détestation des « barons » — Debré, Guichard, Frey, Foccard, Chaban-Delmas — et il alla au plus pressé : couper les ailes au candidat officiel de l'U.D.R. Il savait dans quel mépris intellectuel — le plus impardonnable — les « barons » le tenaient, et il a pris, ces dix premiers jours d'avril, une revanche, ne se souciant nullement de préserver l'unité de l'U.D.R., à défaut de celle de la majorité. Dans cette période marquée par une authentique hystérie politicienne, les rapports interpersonnels ont éclipsé toutes les autres considérations. Paris était une barbotière où pouvaient aisément s'épanouir les talents de Marie-France Garaud et de Pierre Juillet.

Acte IV. La principale inconnue comme l'enjeu essentiel du premier tour, le 5 mai, ressortissaient au rapport de force entre Valéry Giscard d'Estaing et Jacques Chaban-Delmas. Lequel des deux candidats arrivera en tête ? A la veille du week-end de Pâques, le vendredi 12 avril, l'examen croisé de plusieurs sondages d'opinion permet aux « experts » des différents états-majors d'avoir une connaissance très précise des tendances : Chaban parti avec quelque 30 % des intentions de vote est tombé en trois ou quatre jours à 25 %, tandis que Giscard s'est stabilisé à 26-27 %. Cet effet de « ciseaux » paraît irréversible à tous les esprits lucides des deux clans. Le ministre de l'Intérieur qui, plus que personne, dispose de toutes ces études chiffrées, décide, alors, de donner le coup de grâce au maire de Bordeaux sans toutefois s'allier publiquement au ministre de l'Economie et des Finances. Celui-ci a été prévenu de la manœuvre : « Jacques Chirac, vient lui dire Pierre Juillet, ne peut vous rallier sans provoquer une crise interne à l'U.D.R., ce qui n'est pas souhaitable ; en revanche, vous pouvez, vous, vous appuyer sur lui en approuvant par exemple, une de ses initiatives. » Cette « initiative », ce sera « l'appel des 43 », rendu public le samedi 13 avril en fin de soirée par trois ministres, Jacques Chirac (U.D.R.), Jean-Philippe Lecat (U.D.R.), Jean Taittinger (U.D.R.), un secrétaire d'Etat, Olivier Stirn (U.D.R.) et trente-neuf députés dont trois centristes de la majorité, deux Républicains indépendants et un apparenté réformateur.

Le matin de ce samedi, Jacques Chirac a rendu visite à Valéry Giscard d'Estaing au ministère des Finances. Ce sera leur seule rencontre, en tête à tête, durant la campagne électorale.

Jacques Chirac affirme que le ministre d'Etat chargé des Finances l'a reçu dans ces termes, après qu'il lui eut exposé sa stratégie : « Je pense à vous comme Premier ministre. » Il aurait décliné la proposition, expliquant qu'une telle nomination ne manquerait pas de braquer, « dangereusement », une partie de l'U.D.R. Ce qui le gênait au niveau des principes et ce qui lui paraissait malhabile au niveau tactique [13]. Valéry Giscard d'Estaing infirme totalement cette présentation de leur rencontre. Ils n'ont fait qu'évoquer « l'appel des 43 ».

« Les élus soussignés, stipule " l'appel ", ont vivement souhaité une candidature d'union, afin de faire échec à la coalition socialo-communiste en respectant l'esprit de rassemblement de la Ve République. C'est pourquoi ils ont soutenu de tout cœur les efforts de Pierre Messmer, Premier ministre et chef de la majorité, pour y parvenir... Ils appellent une dernière fois l'attention des candidats issus de la majorité sur les risques que présente cette situation que le pays ne comprend guère et admet mal... » Trois jours plus tard, V. G. E. déclare : « Je comprends et j'approuve " l'appel des 43 ". »

Bien entendu, les signataires du document se défendent de mener une offensive contre Chaban-Delmas et continuent de présenter Messmer comme le seul recours possible du gaullisme en cas de difficulté. Le député U.D.R. Hector Rolland, surnommé « Spartacus », qui ambitionne de représenter les « élus de la base », explique qu'il convient, pour préserver l'avenir de l'U.D.R., de ne pas la compromettre davantage dans une aventure électorale qui la divise déjà. Entre les deux tours, quand il faudra mobiliser l'appareil gaulliste au service de Giscard d'Estaing, qui, mieux que Messmer, pourra galvaniser des troupes déchirées par le duel auquel assiste le pays ? interroge le même Hector Rolland. Alexandre Sanguinetti, secrétaire général de l'U.D.R., chaud partisan de Chaban-Delmas, n'a-t-il pas révélé qu'il voterait pour François Mitterrand, plutôt que pour Valéry Giscard d'Estaing ? En réalité, les « 43 » viennent d'embarquer Pierre Messmer sur un bateau dont Jacques Chirac tient la barre. Le Premier ministre, qui se refuse à désavouer formellement l'initiative de son ministre de l'Intérieur, est définitivement compromis et n'a plus aucune chance d'être un recours éventuel en cas de défaite de la majorité ou d'incarner le symbole d'un gaullisme intact. Il a cautionné ceux-là même que Jacques Foccard, André Fanton, Michel Debré, Alain Peyrefitte ou Robert-André Vivien devaient baptiser, au lendemain du premier tour, les « fractionnistes ».

Ce micmac des « 43 » pose une autre question : ses inspirateurs parient-ils vraiment sur la victoire de Valéry Giscard d'Estaing ? Certains d'entre eux, tel Jean-Philippe Lecat, sûrement. Mais les autres ? En ce samedi pascal, aucune pythonisse des officines partisanes n'oserait un pronostic sur l'issue finale du scrutin. Par contre, les conditions dans lesquelles la majorité sortante conduit sa bataille commencent à susciter interrogations et perplexité dans l'entourage, et de Giscard et de Mitterrand. Que veut « le gang Chirac » (la formule est de Chaban-Delmas) ? Se place-t-il délibérément dans la perspective d'un succès du dirigeant de la gauche et prépare-t-il, froidement, l'après-gaullo-pompidolisme ? Cette hypothèse n'est, à l'époque, nullement d'école et elle a été plusieurs fois évoquée, par les « chabanistes », bien sûr, mais aussi par les giscardiens et les socialistes.

Tout, objectivement, dans les agissements de Jacques Chirac, Marie-France Garaud et Pierre Juillet conforte la thèse d'un double jeu. Le trio qui évoque à l'envi le concept d'unité majoritaire est en effet parvenu, moins de deux semaines après la mort de Pompidou, a déstabiliser l'U.D.R. Le choc est maintenant inévitable entre Chaban et Giscard, l'un revendiquant l'avènement d'une « nouvelle société » et l'autre d'une « majorité nouvelle ». Une dualité qui pourrait engendrer des aigreurs fâcheuses dans l'électorat et interdire un bon report des voix au second tour. Si la multiplicité des candidatures n'est pas, en soi, préjudiciable, un affrontement trop brutal entre les postulants n'irait pas sans danger. Quelle sera l'attitude des dirigeants de l'U.D.R. au soir du 5 mai si Jacques Chaban-Delmas arrive derrière Valéry Giscard d'Estaing ? Pourront-ils rallier l'adversaire d'hier dans l'allégresse ? Pour la première fois depuis l'avènement de la Ve République, un groupe, à l'intérieur du mouvement gaulliste, s'est constitué en tendance, a siégé à part, a exposé formellement une position divergente. Et c'est avec raison qu'André Passeron note dans *le Monde* : « Alors que jadis les épreuves de l'histoire et de la politique renforçaient la cohésion des élus de l'U.N.R. puis de l'U.D.R., qui ne perdaient guère dans ces crises que de rares adhérents, le trouble est, cette fois-ci, beaucoup plus grave [14] ». Le ver est dans le fruit ; il y a été mis sciemment. Et partout l'on se demande : pour le bénéfice de qui ?

Marie-France Garaud et Pierre Juillet, avec une maestria enviable, se sont employés à brouiller et à biseauter toutes les cartes. Une atmosphère de suspicion empoisonne le camp majoritaire. Le maire de Bordeaux a été trahi par plusieurs des siens ; le Premier ministre a été joué ; le ministre de l'Economie et des Finances est circonspect à l'endroit de ce dernier carré de pompidoliens qui roule, apparemment, pour lui. Toutes les guerres de succession sont cruelles ; celle-ci s'annonce féroce et fougueuse. Au fond, Christian Fouchet n'était pas

loin de la vérité quand il lança, drapé de l'autorité du Commandeur :
« L'après-gaullisme s'est ouvert et s'est déroulé dans l'équivoque...
L'après-pompidolisme s'ouvre, lui, dans le cliquetis des ambitions
inutiles, et comme j'ai déjà eu l'occasion de le dire, dans le retour à la
pratique des assassinats du sérail et des marchandages du temple. »

Valéry Giscard d'Estaing et Jacques Chirac viennent, au cours de ce
spectacle en quatre actes, de signer le prologue du futur septennat.
Celui-ci sera entaché du vice qui scelle ses premières fondations : le
mensonge. Les deux hommes se sont mentis, se mentent, et ne
cesseront plus de se mentir. Toute l'histoire de la République
giscardienne doit se lire à la lumière de ces onze jours qui séparent la
mort de Georges Pompidou de « l'appel des 43 ».

3

LA VICTOIRE

La campagne électorale s'ouvre officiellement le 19 avril. En fait, la bataille bat déjà son plein et l'on devine qu'elle sera féroce, du côté de la majorité sortante. La dramatisation du duel Chaban-Giscard, soigneusement orchestrée par qui l'on sait, concrétisée par « l'appel des 43 » et par l'opération Messmer, aura eu néanmoins un mérite : elle provoque le retrait définitif d'Edgar Faure.

Le paysage, du coup, s'éclaire pour l'ensemble des formations centristes ou réformatrices. Restés jusque-là en dehors des tribulations, les centristes, abandonnés par Edgar, reviennent sous les projecteurs : vont-ils apporter leur appui à l'un des deux principaux candidats de la majorité, ou présenter l'un des leurs ? Le 9 avril, le comité directeur du Centre Démocratie et Progrès (centristes de la majorité) a confirmé son soutien à Jacques Chaban-Delmas par 35 voix contre 7 et deux abstentions : « La première ouverture politique faite en 1969 par le président Pompidou avait alors conduit à la désignation de M. Jacques Chaban-Delmas comme Premier ministre. Le C.D.P. veut qu'elle soit maintenant prolongée. » C'est clair, mais sans enthousiasme. Le C.D.P. est tiraillé, ce qui n'est pas nouveau. Il a mal supporté les attaques de l'U.D.R. via le quotidien *la Nation* sur la fin du quinquennat pompidolien. Bernard Stasi, ministre des T.O.M.-D.O.M., fut critiqué quand il proposa une formule de « participation » dans les territoires et départements d'outre-mer. « Le plus inquiétant dans cette campagne, déclara Jacques Duhamel[15], président du C.D.P., c'est qu'elle met en cause l'esprit de tolérance qui nous anime. La tolérance, décidément, est de moins en moins tolérée... » Quant aux Républicains indépendants, ils n'ont pas, pour le C.D.P., vocation à rassembler les centristes : « Ils peuvent attirer la partie la plus conservatrice de l'électorat de l'opposition, mais c'est celle qui ne nous intéresse pas. Les autres nous rejoindront automatiquement le jour voulu, sans négociation occulte préalable. »

« Les autres » ? Ce sont les centristes dits « d'opposition » qui, dans l'immédiat, rejoindront Valéry Giscard d'Estaing sous la bannière de Jean Lecanuet, ou, à l'instar de Jean-Jacques Servan-Schreiber, attendront pour se prononcer.

Le « Mouvement des Réformateurs », né le 3 novembre 1971 de l'alliance entre le Centre démocrate que préside le maire de Rouen et les radicaux favorables au directeur de *l'Express* n'a pas, en effet, résisté une seconde aux remous d'avril 1974. Sollicité par une délégation de dirigeants centristes, Alain Poher, président de la République par intérim, se récuse, à la différence de 1969, et entend rester en dehors — et au-dessus — du jeu politique : « Je ne serai pas candidat et je ne soutiendrai aucun candidat. Mon souci sera d'assurer l'équité entre les candidats. Je possède les armes nécessaires à cela et, le cas échéant, je les utiliserai. » Pris dans la tourmente du duel Chaban-Giscard, le candidat centriste, quel qu'il soit, n'eût été qu'un figurant. D'où le refus de Poher. Mais il est des « figurants » qui peuvent, par la suite, énormément compter, et plusieurs supporters de Jean Lecanuet essayèrent d'entraîner celui-ci dans la bataille. Au C.N.P.F., en particulier, Jean Lecanuet avait de farouches partisans. D'ailleurs, un plan de financement de sa campagne était prêt. Dans l'esprit des dirigeants du patronat, le maire de Rouen mordrait sur l'électorat de Giscard et permettrait, ainsi, à Chaban de devancer son principal concurrent. Le C.N.P.F. en effet, influencé par quelques fortes personnalités — comme Ambroise Roux, président de la C.G.E. — préférait d'emblée le maire de Bordeaux au ministre des Finances. La manœuvre, début avril, n'était pas insensée dans la mesure où rien ne laissait prévoir le spectaculaire effondrement de Chaban. C'est, précisément, ce risque d'écarter Giscard que Lecanuet a refusé de prendre. Tout, à l'évidence, le séparait de Chaban alors incarnation du gaullisme orthodoxe.

La logique, néanmoins, aurait voulu que le président du Centre démocrate, héritier de cette tradition sociale spécifique à la démocratie chrétienne, prenne date et accepte d'évaluer son territoire électoral, fût-il de 6 ou 7 %. Quelques jours avant la mort de Pompidou, n'affirmait-il pas : « Le courant réformateur devra être présent dans la bataille » ? Le centrisme dans ses multiples composantes n'a guère, à l'intérieur du système institutionnel et électoral de la Ve République, qu'une occasion de *se* peser et de peser : celle du scrutin présidentiel.

Pourtant, au conseil politique du Centre démocrate, le 10 avril, le maire de Rouen — qui rejoignait sur ce point Michel Poniatowski — fit une autre démonstration et estima que l'éclatement de la famille gaullo-pompidolienne ouvrait des perspectives susceptibles d'apporter « une transformation de la vie politique française et un changement de majorité ». Il créditait, par conséquent, la thèse d'une « majorité élargie » et tirait un trait sur ce rôle d'arbitre auquel il se raccrochait depuis dix ans.

Pour défendre l'accord qu'il avait conclu avec Valéry Giscard d'Estaing et que l'instance dirigeante du Centre démocrate ratifia par 157 voix contre 84, Jean Lecanuet insista sur la clause mentionnant la nécessité d'introduire le scrutin à la proportionnelle aux élections législatives et municipales. C'était la seule mesure concrète évoquée par l'accord — elle n'eut pas de suite —, lequel, pour le reste, tenait lieu d'intentions généreuses en matière sociale, et de proclamations plus « européennes », plus « atlantistes », moins « nationalistes » sur le front de la diplomatie.

En fait, l' « accord » était tactique et Giscard, qui le considérait comme tel, ne songeait pas tant à un « changement de majorité » qu'à s'assurer l'électorat centriste flottant. Un vieil objectif! En 1966, il déclarait aux parlementaires Républicains indépendants : « Notre premier objectif est de retrouver l'électorat modéré traditionnel. Notre seconde ambition est d'attirer tous ceux qui, au centre, estiment que pour avoir un régime de stabilité et d'efficacité, il convient d'apporter son concours à la majorité. »

En 1974, il obtient ce concours, sans contrepartie, sans compromis et surtout sans qu'il ait besoin, au soir du premier tour, de marchander les suffrages d'un candidat centriste. Quant à Jean Lecanuet, après la victoire de Valéry Giscard d'Estaing, de quels moyens tangibles de négociation pourrait-il se prévaloir? De son appui total, de sa loyauté d'attitude à l'endroit du nouvel élu? N'est-ce pas de peu de poids dans l'installation d'un pouvoir?

Force virtuelle de la vie politique nationale depuis l'arrivée du général de Gaulle en juin 1958, les centristes ont peut-être laissé passer, en avril 1974, leur dernière chance d'exister comme une puissance patente. On reconnaîtra à Jean-Jacques Servan-Schreiber de l'avoir pressenti. Le président du Parti radical, qui est aussi député de Nancy, avait dès les 16 et 17 mars, aux journées nationales du Mouvement réformateur, dessiné sa stratégie : que le candidat centriste discute « au plus offrant » son soutien au second tour par une « mise aux enchères publiques » des réformes qu'il propose. Si une telle méthode, conforme au tempérament provocateur du directeur de *l'Express*, n'avait aucune chance d'être retenue, elle n'en posait pas moins clairement le problème des « centristes ».

Dans le même esprit, il écrivait encore : « La mutation politique fondamentale, manquée aux législatives, sera-t-elle le produit de la prochaine élection présidentielle ? C'est l'ardente obligation. De cette espérance, aucun préjugé ne doit empêcher l'éclosion ni aucun dogmatisme entraver la marche. Les Français, à l'évidence, veulent le changement. Qui le leur refusera ? Cette interpellation pressante doit dominer la réflexion de tout homme et de toute femme qui contribue, par son mandat, sa responsabilité, son expression et son rôle, à forger le destin collectif. Voici qu'approche, et plus vite qu'on ne l'attendait, l'heure d'un certain courage [16]. » Son courage, à l'heure dite, sera de ne rallier aucun candidat avant le premier tour ; en revanche, son désir ardent eût été de se mettre sur les rangs. Mais, comme il en fait lui-même la constatation, lors de sa conférence de presse du mardi 16 avril, « les choses étant ce qu'elles sont », il ne pourrait pas être élu. Jean-Jacques Servan-Schreiber choisit alors — tout en rappelant son obsession d'arracher le pays aux injustices et au gaspillage de l'Etat-U.D.R. — de s'installer dans le fauteuil du témoin, du sage, et d'écouter, de mesurer l'évolution des deux candidats qui, à ses yeux, peuvent servir la France : François Mitterrand et Valéry Giscard d'Estaing. Comment le premier se dégagera-t-il du Programme commun ? Comment le second s'écartera-t-il de l'Etat-U.D.R. ?

L'observation sereine et tranquille de la bataille du premier tour permettra de répondre à ces questions, estime le député de Nancy. Après quoi, seulement, il s'engagera. Cette position d'attente, dictée par l'incertitude du scrutin, avantage objectivement Giscard, pour les raisons déjà évoquées : toute candidature centriste contrarierait le concept de « majorité nouvelle » — ou de « majorité élargie » — qui sert de clé de voûte à la stratégie du ministre des Finances. Au demeurant, les réformateurs Michel Durafour, député-maire de Saint-Etienne, et Gabriel Peronnet, député de l'Allier, l'avaient fort bien compris et se félicitèrent de l'attitude de Servan-Schreiber.

Il n'y a donc plus de « centrisme », il a été, en une dizaine de jours, pulvérisé. La branche Duhamel-Fontanet a rallié Chaban dans la morosité ; la branche Lecanuet — la plus représentative — s'est mise sans ambiguïté au service de Giscard ; les autres branches ou ramilles — celles de Jean-Jacques Servan-Schreiber, Max Lejeune, André Rossi, Jacques Barrot, Michel Durafour, André Diligent, Jacques Pelletier, Pierre Méhaignerie, etc. — se contorsionnent, prises entre l'orientation officielle de leur parti, qui le C.D.P., qui le Centre démocrate, qui le Parti radical, qui le Centre républicain, et leur penchant naturel ou réfléchi. Durafour et Rossi attendront le 23 avril, par exemple, pour apporter leur soutien à Giscard d'Estaing. Pour accompagner et donner à cet enterrement du centrisme une note humoristique, l'une de ses composantes, le Mouvement socialiste et démocrate de France, décide le 11 avril d'avoir son propre candidat : Emile Muller, député-maire de Mulhouse.

Si le « centrisme » est mort, le « centre » dans son acception la plus vague va surgir, et il porte les couleurs de Valéry Giscard d'Estaing. Celui-ci n'en usera pas abusivement. Il ne s'agit pas, pour le ministre des Finances, de se positionner au centre, ce qui le définirait comme centriste. Il ne le veut pas. Le mot « centre » doit s'entendre comme une *méthode* de gouvernement, nullement comme une *idéologie* de pouvoir. « La France doit être gouvernée au centre », avait-il déclaré à Charenton, le 8 octobre 1972, exprimant publiquement une idée qu'il exposait à ses amis Républicains indépendants depuis 1962. Il n'a jamais défini et ne définira jamais ce centre idéologiquement ou négativement, par rapport à la droite ou à la gauche, par rapport au gaullisme ou au communisme ; il le présentera toujours comme une ligne de conduite, celle du « juste milieu » — réminiscence de la monarchie de Juillet ? —, une ligne non pas neutre, « mais une ligne de paix et d'entente. »

Son approche est conforme au courant libéral d'une bourgeoisie d'affaires, brillante, moderne, cosmopolite, mal comprise des Français, souvent redoutée et qui a la nostalgie du modèle démocratique anglo-saxon. Une bourgeoisie assez insensible aux changements dans les structures et les rapports sociaux, relativement indifférente aux problèmes de l'éducation et de la culture de masse, mais qui, en revanche, rêve d'un fonctionnement policé, souple, des règles du jeu politique. Le « changement » giscardien, replacé dans cette perspective, concerne moins la maîtrise de l'inflation, de la croissance, de l'emploi, le programme des équipements collectifs, ou le resserrement de l'éventail des revenus, que le style et la manière de gouverner le pays.

Dès ses premières interventions de candidat, le 11 avril, Valéry Giscard d'Estaing marque on ne peut plus nettement les frontières de son « changement » et se pose en homme de bon ton, de mesure, en gentleman courtois et sympathique, plus qu'en « réformateur ». Ce qu'il dit ce jour-là — dans une conférence de presse et à Europe 1 — du général de Gaulle ou de Georges Pompidou, au nom de la continuité est, au fond, sans importance ; les circonstances et les nécessités tactiques lui imposaient un tel hommage. Ce qu'il dit, en revanche, sur un ton posé, évitant tout jugement excessif à l'encontre de François Mitterrand — un « homme d'Etat » dont le programme est « inacceptable » —, ce qu'il dit de l'information, de la durée du mandat présidentiel — « sept ans c'est trop long » —, de la pratique des écoutes téléphoniques, et surtout de son regret, la France étant ce qu'elle est, de ne pas pouvoir rencontrer les responsables de l'opposition, bref, ce qu'il dit de notre système politique n'est rien de plus ni de moins qu'une illustration de sa pensée : « gouverner au centre ». Bien qu'il n'ait pas usé du mot, la « décrispation » est d'ores et déjà inscrite en filigrane dans ses propos de pré-campagne. Il faut — en conservant les acquis de la Ve République, « la dignité de la France, la stabilité des institutions, le progrès économique et social » — construire « un pays plus ouvert, plus détendu, qui soit un modèle de démocratie, de liberté, de justice ». Le « style Giscard » commençait de naître.

Celui-ci, évidemment, n'allait pas sans calcul. Il contrastait avec le « style Chaban » et le contraste était voulu, recherché. En particulier, pour le maire de Bordeaux, l'anticommunisme tenait lieu de vertu cardinale. D'entrée, Jacques Chaban-Delmas avait proclamé : « Monsieur Mitterrand et ses amis communistes nous conduisent à l'enfer... le risque mortel c'est le candidat unique de la gauche », et précisé qu'il se situait entre « un parti communiste qui se cache et une droite qui se révèle ». A ce prophète de l'apocalypse, Valéry Giscard d'Estaing répond, indirectement, en annonçant qu'il ne veut pas « organiser autour de lui le rassemblement de la peur ». On assistera à plusieurs passes d'armes de cette nature, le ministre des Finances s'efforçant d'exploiter les outrances du candidat U.D.R. pour mieux souligner son fair-play, son goût du libéralisme. En dépit de cette dimension purement tacticienne du « style Giscard » on ne peut, toutefois, faire a priori, le procès des intentions affichées par le leader des Républicains indépendants : la volonté de dédramatiser la situation politique française, en s'appuyant sur une « nouvelle majorité présidentielle ».

Avant donc que ne s'ouvre officiellement, le vendredi 19 avril, la campagne du premier tour, la France de Georges Pompidou s'est estompée, recouverte par le bruit des grandes manœuvres partisanes. Le bénéficiaire de cette page de notre histoire qui vient d'être tournée n'est ni un mouvement, ni un parti, ni un clan. C'est un homme seul : Valéry Giscard d'Estaing. La confiance est dans le camp de la gauche unie derrière François Mitterrand, le doute dans celui de la majorité sortante, mais l'avantage est au ministre de l'Economie et des Finances. A l'appui de cette évolution, *le Figaro* et *France-Soir* publient le 18 avril un sondage réalisé respectivement par la SOFRES et l'I.F.O.P. François Mitterrand arrive en tête avec 40, ou 41 % des suffrages exprimés, tandis que Valéry Giscard d'Estaing, avec 28 ou 27 %, devance de deux points Jacques Chaban-Delmas. Ce que les états-majors politiques savaient, ou pressentaient, est maintenant public.

Trois faits capitaux, touchant directement au sort futur du dirigeant des Républicains indépendants, se sont produits en dix-sept jours.

Une personnalité s'est affirmée, discrètement, maniant le symbolisme presque désuet — « dans le myosotis, il y a le bonheur et dans le muguet la contribution du travail au bonheur », déclarait Giscard le 11 avril, assis derrière une table décorée d'une branche de myosotis et de brins de muguet —, peaufinant une image aux contours idéologiques volontairement flous, refusant, enfin, tous les anathèmes.

Le parti dominant de la majorité, l'U.D.R., est saisi par le pessimisme et le ballottement. Une initiative de Jean-Philippe Lecat, ministre de l'Information, porte-parole du gouvernement, illustre jusqu'à la caricature ce désarroi des gaullistes : il a créé dans son département de la Côte-d'Or un « Comité de liaison de la majorité nouvelle » dans lequel coexistent deux comités de soutien, l'un en faveur de Chaban, l'autre de Giscard. Ce souci de préserver l'avenir sera, de plus en plus, partagé dans les rangs de l'U.D.R. Le maire de Bordeaux n'a pas su endosser le costume du successeur incontesté et légitime. Le pouvait-il ? La filiation gaullienne, dès lors qu'elle est revendiquée et affichée, réclame une aura personnelle, appelle le sortilège, le mythe, le secret. Il n'y a, chez Chaban-Delmas, aucun de ces signes qui attestent une quelconque parenté avec l'héritage du Général. C'est un bon politicien qui aurait, sous la IIIe ou la IVe République, normalement terminé sa carrière à l'Elysée.

En 1974, il a, au contraire, brandi son historique ascendance, et l'opinion, étonnée, agacée, pour finir, amusée, le vit qui flottait dans l'habit. Les interventions grandiloquentes de Michel Debré, les déclarations emphatiques de Claude Labbé poussèrent le ridicule à son comble. Il semble que Chaban n'ait pas pris la juste mesure des coups que lui portèrent Jacques Chirac, Marie-France Garaud et Pierre Juillet. Il a vu la main d'une funeste et diabolique stratégie dans ce qui n'était que « gesticulation ». Dans l'art de la guerre, la « gesticulation », explique Clausewitz, peut être une tactique pour semer, un temps, la confusion : ce n'est jamais une stratégie. A la « gesticulation » du trio, l'ancien Premier ministre, dépourvu de la moindre autorité charismatique, répondit par une autre « gesticulation », et au lieu de désamorcer la vindicte du « gang Chirac », il l'alimenta.

L'électorat centriste est orphelin. Il peut se découvrir un « père » chez les trois principaux candidats. Chaban et Mitterrand cherchent à le séduire d'une manière que l'on pourrait qualifier d'archaïque, c'est-à-dire en ajustant, sur quelques points, leur programme aux souhaits traditionnels du centrisme, tels qu'ils sont évoqués par Jean Lecanuet, Jacques Duhamel ou Jean-Jacques Servan-Schreiber. Giscard ne croit plus à cette formule de séduction, à base de retouches programmatiques ; il mise sur le langage. Il a compris que l'on ne gagne pas les voix centristes par un « programme », aussi séduisant soit-il, mais par un langage, par une image. « On communique avec l'électorat centriste ; on ne le convainc pas par des promesses », dira-t-il[17].

Sept ans plus tard, quelqu'un aura retenu la leçon : François Mitterrand. De février à mai 1981, la campagne du dirigeant socialiste sera largement menée selon des principes et des techniques de marketing : éviter l'idéologie et le programme : construire une image conforme à l'attente — dûment mesurée — de l'électorat modéré et flottant. Docilement, et avec beaucoup de talent, le Premier secrétaire du Parti socialiste, l'héritier de Jaurès et de Blum, se conformera à cette stratégie de communication.

Encadrant ces trois faits, une déclaration, celle de Chamalières, le 8 avril, déjà citée ; un discours, celui de Rouen, le 22. Et tout n'est-il pas dit ? Le 8 avril, descendant de son Mystère 20, le tome II de *Guerre et Paix* dans la main, Valéry Giscard d'Estaing s'avance vers sa mairie, sous un soleil printanier, et promet, détachant soigneusement la phrase : « Je voudrais regarder la France au fond des yeux, lui dire mon message et écouter le sien. » A Rouen, le lundi 22, en présence du maire de la ville, Jean Lecanuet, s'adressant formellement à tous les Français, il annonce : « Dans l'histoire et la politique d'un pays, tout change et tout changera pour le bien et pour le moins bien. La France a connu depuis quinze ans un rythme extraordinaire de changement : changement dans sa politique extérieure, changement dans ses institutions, changement dans son économie, et elle aspire à un changement dans sa politique intérieure. S'il était possible de scruter les esprits et les cœurs des unes et des autres, ce soir, vous avez tous cette aspiration à un certain changement, et ce changement, les élections présidentielles doivent en être l'occasion. Eh bien, ce que je souhaite, c'est que ce soit un changement dans le sens de nos croyances, c'est-à-dire dans le respect des libertés, dans le sens du progrès à dimension humaine, dans la recherche d'une société plus fraternelle, plus libre, plus démocratique et, en réalité, cela ne dépend que de vous. »

Que véhicule de concret ce type d'énoncé ? A l'évidence, rien. Eclaire-t-il l'action future du candidat ? Non. Giscard ne cherche pas à convaincre son auditoire : plutôt à l'hypnotiser. Il connaît le pouvoir de son regard qui se fixe et scande son discours, comme une ponctuation module un texte. Il sait que le citoyen normalement informé retient, tout au plus, huit à dix formules ou mots, et c'est sur ceux-là qu'il s'arrête, immobilisant ses yeux, perçant son public. Les Français, sur le petit écran, apprendront à connaître son regard. Ils mettront du temps à comprendre ce qui les fascine, les trouble ou les gêne dans ce visage qui, soudain, se fige tel un masque marmoréen, après avoir laissé tomber : « Ce que je vous propose c'est le changement (pause) sans la rupture et sans le risque (masque et regard puissant, persuasif). » La recette, dans notre univers médiatisé, paraît aussi simple qu'évidente. Elle nécessite une parfaite maîtrise de l'instrument télévisuel. « Aucun candidat, selon Michel Bassi et André Campana [18], depuis qu'existe la télévision politique, n'a eu, autant que Giscard, cette faculté de regarder l'objectif avec une telle intensité. Tous les professionnels savent à quel point il est difficile d'imaginer, derrière ce grand machin noir braqué sur vous, les millions de gens qui vous regardent et qui vous écoutent. Giscard, lui, les voit. » Il devine qu'ici, sous la lumière des lampes flood, tout n'est qu'impression, subjectivité et que chacun des millions de téléspectateurs le juge avec ses lunettes, n'entend que ce qu'il veut entendre. Confiance, estime, sympathie ou, au contraire, défiance, crainte, hostilité : bien plus que des démonstrations, et réfutations, les arguments et objections, c'est cela qui reste.

Son style : répétition des mots et focalisation sur ces mots. Son moyen : la télévision. La forme devient l'essentiel ; le fond, l'accessoire. Ce n'est pas qu'il n'ait rien à dire — que disent ses adversaires de plus profond ? — c'est qu'il ne veut pas dire grand-chose, convaincu que sa victoire passe par une simplification extrême de ses ambitions, convictions et conceptions politiques. A l'issue d'une analyse thématique de ses dix allocutions télévisées (six, avant le premier tour du 5 mai, quatre après), Jean-Marie Cotteret et son équipe [19] sont parvenus, sans parti pris, à une conclusion pleine d'enseignement. « S'il fallait, écrivent-ils, systématiser le programme de M. Giscard d'Estaing en un minimum de mots et en empruntant à l'orateur son propre vocabulaire, on proposerait la formule suivante : *Un changement profond et sans risque mais dans l'ouverture politique et sociale pour une société française plus juste, plus égale et plus fraternelle.*

« On constatera combien ce vocabulaire est simple dans le choix des signifiants et ambigu au plan des signifiés. Simple, car ce sont des mots du vocabulaire courant, ambigu parce que chaque électeur pourra projeter sa propre image du changement, de l'ouverture et de la justice. Cette technique de persuasion permet d'être apparemment comprise tout en réservant une marge d'interprétation suffisante au récepteur du message. Le général de Gaulle avait été un précurseur en la matière, mais c'est là un des rares points de comparaison entre les deux hommes. »

Cette similitude apparemment très mince permet en réalité de mieux comprendre la stratégie de Valéry Giscard d'Estaing. Puisqu'il veut conduire sa bataille en homme seul, qu'il ne croit pas à l'efficacité des organisations, des appareils, ou des partis politiques, qu'il n'attend rien de bon d'un « programme » ou d'une « plate-forme », il doit constamment rechercher le face-à-face avec les Français. Il refuse, par conséquent, tout relais, tout porte-parole entre lui et la masse des citoyens. Sa position est fondamentalement gaullienne, et de fait, il ne laissera jamais un de ses lieutenants, s'appellerait-il Michel Poniatowski ou Jean Lecanuet, se glisser peu ou prou dans son rôle. Chaban a des pairs qui, chaque jour, parlent pour lui, parfois plus fort que lui : Debré, Guichard, Peyrefitte, Sanguinetti. Mitterrand a les siens qui portent aux quatre coins de la France l'espérance socialiste et celle du Programme commun : Defferre, Mauroy, Marchais, Fabre...

Seul, ce qui veut dire, puisqu'il n'a pas la dimension historique et charismatique du général de Gaulle, qu'il lui faut inventer une « mythologie Giscard » susceptible d'emporter l'adhésion. Et il met en avant sa jeunesse, ses diplômes, sa famille heureuse. Jeune ? Il a, en effet, quarante-huit ans, et il n'a exercé de fonctions ministérielles que sous la Ve République. Dans le portrait qu'il brosse de lui-même, à la télévision, lors de sa seconde intervention de candidat, il souligne : « En janvier 1959, le général de Gaulle m'a nommé secrétaire d'Etat aux Finances, auprès de M. Pinay qui était ministre d'Etat, ministre des Finances et je suis devenu ainsi le plus jeune ministre de la Ve République. » A Charenton, il promet, s'il est élu : « Le gouvernement que je constituerai sera le plus jeune des pays comparables. » Ses diplômes ? Il ne se contente pas de les énumérer, il précise « J'ai passé le concours d'entrée à l'Ecole polytechnique (pause) ; c'est un concours, tout le monde le sait (pause), et je suis entré, en sortant de l'X, à l'Ecole nationale d'administration... » Sa famille ? « Je voudrais ajouter que je suis marié, que nous avons quatre enfants, deux filles et deux fils ; les deux filles ont vingt ans et treize ans, et les deux fils ont dix-sept et quinze ans. » Quoi de plus tendre, de plus harmonieux ? La France se recouvre d'affiches pour « un vrai président » ; sur l'une d'elles, Giscard est en compagnie de sa plus jeune fille, Jacinthe. L'aînée, Valérie-Anne, est à la une des journaux, arborant un tee-shirt frappé du slogan : « Giscard à la barre ». Très vite le courant passe.

Seul, ce qui veut dire que rien ne doit lui échapper. A quarante-huit ans, il est incontestablement en possession de tous ses moyens et aucun des fidèles ou des collaborateurs de son état-major n'a un quelconque pouvoir d'inflexion sur son comportement ou son action. Il pense, il conçoit, il décide. Valéry Giscard d'Estaing n'est jamais plus à l'aise que dans ces situations où, pour un temps donné, sur un objectif précis, il devient l'unique artisan de son destin. Quelques années plus tard, « l'opération Kolwezi » lui offrira une nouvelle occasion d'être ainsi pleinement lui-même. Kolwezi deviendra dans sa mémoire son Verdun. En 1981, il misera sur cette même capacité à tendre tous les ressorts de ses compétences et de son imagination, pour les lâcher, soudainement, et coiffer, au poteau, ses concurrents ; mais il surestimera ses forces et sous-évaluera l'usure et le poids de sept années de pouvoir.

En 1974, son quartier général, au 41 rue de la Bienfaisance, dans le 8e arrondissement de Paris, ne s'occupe que d'intendance. Il y a placé quatre hommes avec chacun desquels il a un rapport privilégié de nature différente, appliquant le vieux principe « diviser pour régner ». Michel Poniatowski est « l'assistant spécial » du candidat, sans attributions bien définies. Lucien Lanier, cinquante-cinq ans, qui accepte, alors qu'il venait d'être nommé préfet du Pas-de-Calais et qu'il ne s'était jamais « compromis » politiquement, de jouer sa carrière à quitte ou double. Jean Serisé, cinquante-quatre ans, le fidèle parmi les fidèles. Il travaille dans l'ombre de Giscard depuis douze ans. Ancien militant de la S.F.I.O., ancien membre du cabinet de Pierre Mendès France en 1954, Serisé, qui ne manque ni d'humour ni de chaleur, a une conception monacale de sa fonction. Il est disponible, 24 heures sur 24. Il croit en Giscard comme il a cru en Mendès. Michel d'Ornano, cinquante ans, tutoie « Valéry ». Député-maire de Deauville, secrétaire général des Républicains indépendants, il est une figure des « modérés ». Il compte trois maréchaux de France dans ses ancêtres, ce qui n'est pas pour déplaire à Giscard. Sa femme, Anne d'Ornano, a inventé le slogan : « Giscard à la barre ».

Au siège des Républicains indépendants, boulevard Saint-Germain, une autre structure a été mise en place sous la responsabilité d'Hubert Bassot. Pierre Schaeffer l'assiste. Ce Lorrain silencieux, d'un calme imperturbable, ancien journaliste, fournit « avec le même sang-froid le papier carbone et les Mystère 20[20] ». Au Conseil de Paris, Bernard Plasait, trente-trois ans, orfèvre de la place des Vosges, animateur de la Fédération parisienne des Républicains indépendants, installe une antenne plus populaire et se charge de « gonfler » les supporters, sur le modèle des habitués du stade : « Allez, Valy, allez... » Enfin, de leur côté, les clubs Perspectives et Réalités se mobilisent.

Et la campagne commence. Ils sont douze candidats, autorisés par le Conseil constitutionnel à poursuivre la grande aventure. Le 19 mars, trois — Mitterrand, Giscard, Chaban — peuvent encore prétendre à la victoire. Le 25 avril, ils ne sont plus que deux : le candidat socialiste et le ministre des Finances. Le maire de Bordeaux s'est effondré. Enquêtes, sondages le confirment. Valéry Giscard d'Estaing déclare : « Dès à présent, le vrai problème, le seul grand problème c'est le problème du second tour. » Il va ignorer le candidat U.D.R. et ne prendre en considération que François Mitterrand. La compétition Giscard-Chaban, par lieutenants interposés, s'est durcie. Le 20 avril, à Montereau, Alain Peyrefitte qualifie Giscard d'Estaing de « symbole de la droite réactionnaire » et interroge : « Croit-on que les milieux modestes parmi lesquels se recrute l'électorat de Jacques Chaban-Delmas voteraient aisément pour Giscard d'Estaing au second tour ? » Le 21 avril, Michel Poniatowski réplique et conforte les rumeurs qui atteignent Chaban : sa feuille d'impôts, son divorce et son remariage, ses liens avec les milieux d'affaires, sa « fragilité ».

Le maire de L'Isle-Adam, ministre de la Santé, sait voler à basse altitude. Le maire de Bordeaux est dépassé et participe en personne à ce durcissement. Il « se barde de cautions gaullistes [21] », fait donner André Malraux, lequel se livre à un numéro surréaliste, dérisoire, ou burlesque — on ne sait — devant les téléspectateurs abasourdis. Il est question d'enseignement, d'ordinateurs, de monarchistes, de télévision, de Jules Ferry ; Chaban quitte le plateau, assommé, transparent, sans contours. Il dramatise. Flamberge au vent, il dénonce en Giscard « la droite badigeonnée, ripolinée ».

Après le débat radiodiffusé qui oppose sur Europe 1, le 25 avril, François Mitterrand au ministre des Finances, il estime : « C'était vraiment l'opposition d'une classe contre l'autre », et prophétise un dur affrontement entre la droite et la gauche, « auprès de quoi, je vous garantis, mai 68 apparaîtra comme une aimable plaisanterie ». François Mitterrand n'en attendait pas tant, qui veut précisément réduire la bataille au clivage gauche-droite. « Je suis le candidat de la gauche. Vous êtes le candidat de la droite. On ne pouvait rêver situation plus claire », dira-t-il durant le face à face d'Europe 1. Pourtant, ni le gaulliste ni le socialiste ne parviendront à attirer Giscard sur ce terrain qu'ils ont choisi. Leur adversaire a banni de son vocabulaire les étiquettes « droite » et « gauche » et il refuse la dramatisation. « Quel affrontement ? répond-il, sans le nommer, à Chaban. Une élection est un débat démocratique normal. Il ne faut pas avoir peur de ces élections. Il s'agit d'un choix. »

Un choix que les sondages chiffrent avec une précision de plus en plus accablante pour le maire de Bordeaux. L'événement de ce premier tour de l'élection présidentielle sera l'absence d'événement : une semaine avant le verdict populaire, les jeux étaient faits. Une situation inédite dans le cadre d'une consultation de cette importance.

Le dimanche 5 mai, à 20 heures, le verdict tombe. C'est exactement celui des sondages :

Mitterrand, 43,2 % ;
Giscard, 32,6 % ;
Chaban, 25,1 %.

Etrange nuit d'élections, tellement prémonitoire de la période qui va bientôt s'ouvrir, où la France des profondeurs, du folklore, des libations — canard laqué à R.T.L., cassoulet à Europe 1, saucissonchampagne à l'O.R.T.F. — vient de croiser celle des sondages, des ordinateurs, de la « télématique » (un mot qu'inventera le giscardisme). Cette « télématique » est bien le vainqueur incontesté du scrutin. « D'une élection à une autre, écrit Jacques Fauvet [22], on en admire la technique et la réussite. Puis on s'inquiète. On en vient même à douter du suffrage universel et du gouvernement démocratique. Des informaticiens au service de technocrates finiront par y suppléer, si ce n'est déjà fait. »

Pour Valéry Giscard d'Estaing, les résultats du premier tour sont, en tout point, conformes au pari qu'il faisait dès l'appel de Chamalières : passer la barre des 30 %. Ils sanctionnent, également, ce qu'il craignait depuis « l'opération des 43 ». Celle-ci, à l'évidence, l'a servi ; elle n'en a pas moins dérapé et la débandade de l'U.D.R. risque d'engendrer des rancœurs préjudiciables au report des voix. C'est, évidemment, la grande question. Or, Jacques Chaban-Delmas se retire de la compétition sans se désister pour le ministre des Finances et se borne à réaffirmer son « opposition résolue » à la candidature de François Mitterrand. Giscard, néanmoins, ne cherchera pas à approcher le maire de Bordeaux. « Début avril, nous avions, comme on sait, convenu d'un pacte de non-agression. Mon idée, à cette époque, eût été, sans que je l'aie, bien entendu, explicitée devant quiconque, de prendre Chaban comme Premier ministre, si j'étais élu. Le climat de nos rapports s'est considérablement dégradé, et il mena une fin de campagne très heurtée. Que nous puissions renouer était inconcevable. Il fallait laisser faire le temps [23]. »

Etait-ce vraiment inconcevable ? Ne s'agit-il pas plutôt, de sa part, d'un choix délibéré, toujours inspiré par sa stratégie de départ : gagner seul, après on verra ? Lui qui manie si bien les chiffres, veut oublier dans la dernière ligne droite l'arithmétique parlementaire que des mauvais coucheurs lui murmurent à l'oreille. Comment le Premier ministre qu'il désignera pourra-t-il avec cinquante-cinq députés Républicains indépendants, une quarantaine de réformateurs ou centristes, quelques transfuges du gaullisme, atteindre la majorité de deux cent quarante-six voix sans l'apport massif des élus inscrits au groupe U.D.R. ? Ne sera-t-il pas l'otage, dans une France plus que jamais coupée en deux, d'un soutien contraint et circonspect du mouvement gaulliste ? Choquée, divisée, hantée par les risques de sa disparition, l'U.D.R. n'a plus qu'une obsession, sa survie. Le triptyque « U.D.R.-Etat-pouvoir » qui fondait la légitimité de l'histoire gaullienne est brisé. Les intérêts du mouvement seront donc la priorité des priorités et passeront avant ceux de la nation et du pouvoir, quand bien même l'U.D.R. aurait sa part du gâteau. Insidieusement, sournoisement, et sous l'impulsion des vieux ou jeunes dirigeants de l'U.D.R., la Ve

Un homme seul

République est en passe de redécouvrir les délices et les perversions du « régime des partis ». L'U.D.R. veut se sauver, et pour se sauver, elle existera comme un « vulgaire » parti politique. Valéry Giscard d'Estaing — et plus encore son entourage — allait totalement mésestimer ce tournant qui marque la vraie mort du gaullisme.

Quoi qu'il en soit, le 6 mai, le bureau exécutif de l'U.D.R., les députés du groupe parlementaire et les fameux « 43 » décident successivement d'apporter leur soutien à Giscard, en raison d'un choix de société. Au groupe, « ce fut affreux », raconte Louis Joxe. Huées, quolibets, sifflets jaillissent à l'adresse, principalement, de Pierre Messmer, présent, et de Jacques Chirac, absent. De mémoire de gaulliste, le mouvement n'a jamais offert un tel spectacle de règlements de compte.

Les ralliements en faveur du candidat modéré s'accélèrent, sans aucune négociation. Trois candidats du premier tour, Jean Royer, le croisé de l'antipornographie, Jean-Marie Le Pen, le symbole de la droite nationale, Emile Muller, le « réformateur socialiste », accourent ; ils « pèsent » 4,63 % des voix. Edgar Faure et ses amis du Nouveau Contrat social, Michel Jobert, le C.D.P. de Jacques Duhamel rejoignent également le ministre des Finances. Rien dans cela que de très naturel aux clivages politiques français. Une personnalité ne s'est pas encore découverte, Jean-Jacques Servan-Schreiber. Le directeur de *l'Express* poursuit sa méditation au fil de ses éditoriaux.

Le vendredi 10 mai à 20 h 30, la France s'est arrêtée, les cafés sont vides, les cinémas déserts. Près de vingt-cinq millions de téléspectateurs assistent au point culminant de la campagne : le face à face Giscard-Mitterrand. Un peu figée, cette démonstration de démocratie moderne, qui démarre lentement sur les institutions, va s'animer sur la politique politicienne, et s'enliser quand seront abordées les questions économiques et sociales. Le match, toutefois, fera date pour une passe d'armes :

MITTERRAND — Voyez-vous, le « changement sans risques » dont vous avez parlé, il est sans risques, naturellement, pour des gens comme vous.
GISCARD — Qu'appelez-vous, monsieur Mitterrand, « des gens comme vous » ?
MITTERRAND — C'est-à-dire des gens qui appartiennent à une certaine caste sociale, qui n'ont pas, en effet, à se trouver affrontés, comme le sont la plupart des femmes et des hommes qui ont voté pour moi...
GISCARD — Monsieur Mitterrand, vous n'avez pas le droit de dire des choses pareilles.
MITTERRAND — Je vous en prie...

Il marquera pour une formule amenée par le candidat modéré :

« Vous n'avez pas, monsieur Mitterrand, le monopole du cœur. J'ai un cœur comme le vôtre, un cœur qui bat sa cadence, et qui est le mien. Vous n'avez pas le monopole du cœur et ne parlez pas aux Français de cette façon, si blessante pour les autres. »

Il frappera, enfin, quelques millions de citoyens, Giscard ayant évoqué la présence de sept ministres communistes dans un gouvernement de gauche ; Mitterrand ne le reprendra pas sur cette précision.

A la sortie de ce tournoi « historique », le ministre des Finances est crédité de 51,5 % des intentions de vote. Mais à quatre jours du scrutin, le baromètre des sondages révèle la plus totale incertitude, 50-50. Les deux candidats durcissent et personnalisent leurs attaques. Jacques Chaban-Delmas rend plus explicite son ralliement. Jean-Jacques Servan-Schreiber se prononce, enfin, en faveur de Giscard. « Une voix de plus », laisse tomber, ironique, Olivier Guichard. Le député de Nancy a, au front, tous les plis de la gravité et du sérieux : « Il ne s'agit pas d'un pari. Il s'agit maintenant d'une conviction qui s'est forgée. Elle est ferme. » Valéry Giscard d'Estaing, qui ne veut rien négliger, récupère la balle : « Cette communauté de vues dissipera le mythe empoisonné selon lequel la campagne présidentielle de 1974 serait un combat entre la droite et la gauche. »

Le vendredi soir 17 mai, c'est l'adieu des challengers. Un quart d'heure de monologue pour chacun. « Bonne chance, la France », conclut Giscard. « J'aime la France comme un paysan », termine Mitterrand, livrant ainsi des convictions pastorales qui allaient, sept ans plus tard, servir admirablement sa troisième campagne présidentielle.

Les ordinateurs attendent que les premières données exploitables viennent nourrir le labyrinthe de leurs circuits. Il fait beau sur Paris ce dimanche 19 mai. Rue de la Bienfaisance le compte à rebours a commencé dans une atmosphère feutrée. Une journée presque sans paroles. Giscard ? Mitterrand ?

20 heures. C'est Giscard. L'immeuble du huitième arrondissement s'anime en quelques secondes, envahi par les invités. Dans la rue, quatre tentes à raies rouges et blanches abritent les buffets campagnards. A 23 heures, quand arrive le vainqueur précédé de Poniatowski et Ornano, c'est le délire.

Avec 50,8 % des suffrages exprimés, Valéry Giscard d'Estaing est élu président de la République. 425 599 voix seulement le séparent de son challenger. Mais il ne doit pas son succès aux départements d'outre-mer. Il est aussi l'élu de la France métropolitaine avec 50,66 % des suffrages. Plus des quatre cinquièmes de l'électorat de Chaban-Delmas a voté pour lui. Enfin, les Français ont participé massivement au scrutin : avec 12,06 % d'abstention, le record du 5 décembre 1965 (14,99 %) est pulvérisé.

Valéry Giscard d'Estaing a gagné ce qui fut la première vraie bataille présidentielle ; celle de 1965 fut trop dominée par le général de Gaulle ; celle de 1969 fut faussée par l'absence de la gauche, déchirée après mai 68. Il va inaugurer, le lundi 27 mai, ce qui sera le premier vrai septennat de la Ve République. Il a conduit sa bataille en solitaire. Il ne pourra pas gouverner, seul, le pays. Alors, avec qui ?

Deuxième partie

« UNE ÈRE NOUVELLE »
20 mai 1974 — 14 décembre 1974

1

UN SI JEUNE TANDEM

La France est là. C'est elle qui le regarde au fond des yeux pendant cette lente remontée des Champs-Elysées. Il est gêné, emprunté, se contraignant à traîner le pas comme un bon élève appliqué. Une foule amicale, riante, émue, se presse et il ne sait quel comportement adopter. Elle attend qu'il vienne vers elle, qu'il saisisse chaleureusement quelques mains, qu'il la touche et sans doute rêve-t-il, en cet instant, d'être emporté par la liesse populaire. A-t-il envie de lever les deux bras à la Kennedy ou à la Bouttier ? Rien ne passe. Il paraît étranger jusqu'à lui-même. Valéry Giscard d'Estaing, vingtième président de la République depuis Louis-Napoléon Bonaparte, s'avance vers l'Arc de Triomphe, raide, gauche, et l'on se dit que, décidément, cet homme jeune au visage bronzé qui vient d'épouser la France devra apprendre à aimer les Français.

Pourtant, il n'a pas ménagé ses efforts pour se rapprocher du peuple, et il a, depuis le début de cette journée d'intronisation, lundi 27 mai, multiplié les gestes symboliques qui vont dans ce sens. Cette remontée à pied des Champs-Elysées — l'usage était de les descendre, debout, dans la voiture présidentielle — pour aller fleurir la tombe du soldat inconnu, est le bouquet final d'une série d'entorses aux rites d'hier. Au soir de la victoire, de sa permanence de la rue de la Bienfaisance, il avait promis : « Vous ne serez pas déçus, car c'est bien le changement que je conduirai avec vous. Je sais que de ce jour, date une ère nouvelle de la politique française, celle du rajeunissement et du changement de la France. »

Comment, dès le premier matin de son septennat, concrétiser cette volonté de changement, sinon en faisant du symbole ? Il a décidé de commencer par une attaque en règle du protocole. Sur ce point, il a été très clair : « Il faut imprimer à nos habitudes politiques un style moins guindé et moins cérémonieux. » A la veille de son élection, il avouait sa préoccupation majeure : « Etre ce que l'on est, c'est-à-dire le plus semblable aux autres. »

Ce lundi 27 mai donc, à 10 h 20, il a mis pied à terre, avenue de Marigny, et a cheminé tranquillement jusqu'au palais présidentiel. En entrant à l'Elysée comme tout un chacun, il voulait signifier que le peuple y entrait avec lui. Le message a-t-il été compris ? De ce changement, en découle un autre : la suppression de la jaquette. Un homme en jaquette ne marche pas dans la rue. Le piéton de l'Elysée, dans son costume gris anthracite, traverse la cour d'honneur accompagné par Pierre Messmer — qui accomplit sa dernière tâche de Premier ministre — lui aussi en complet-veston, tandis que la fanfare entame *le Chant du départ.* Il est accueilli sur le perron par Alain Poher. Ici, autre entorse à la tradition : recevant la grand-croix de la Légion d'honneur des mains d'André Chamson, il ne revêt pas le lourd collier et se contente d'accrocher l'insigne rouge à sa boutonnière. Précédé des huissiers, suivi de Poher, Messmer et Edgar Faure, il entre alors dans la salle des fêtes où l'attend une assistance beaucoup plus nombreuse que d'habitude. Aux corps constitués, aux membres du gouvernement sortant, à l'Académie française, se sont joints, cette fois, les présidents des groupes parlementaires — les communistes, néanmoins, ont récusé l'invitation —, ceux des conseils régionaux, des assemblées d'université, et trente élèves des écoles publiques de Courbevoie sous l'œil attendri de leurs maîtres et maîtresses.

La salle des fêtes de l'Elysée. Lieu magique du pouvoir de nos Républiques. Plus que le salon Murat où se tient le Conseil des ministres. C'est là, dans ce décor Napoléon III, surchargé d'or et de rouge, sous les lustres et entre les colonnes, que débute vraiment tout nouveau régime. Formellement, bien sûr, puisque le président du Conseil constitutionnel — Roger Frey en la circonstance — rappelle les résultats de l'élection. C'est l'acte d'intronisation et le président de la République signe, sur le livre d'or de l'ordre de la Légion d'honneur, le procès-verbal de sa réception.

Voilà pour la forme. Il y a, surtout, le fond. Le discours du récipiendaire, qui est sa première allocution officielle comme chef de l'Etat. La cérémonie sera retransmise, en direct ou en différé, tout au long de la journée, par les radios et la télévision. Valéry Giscard d'Estaing s'avance vers le milieu de la salle. Il parle lentement, détachant certains mots, selon cette pratique qui lui est si coutumière, n'hésitant pas à répéter ce qu'il a déjà eu l'occasion de dire quinze ou cent fois.

« De ce jour, date une ère nouvelle de la politique française. Ce n'est pas seulement dû à la proclamation du résultat... ni aux 13 396 208 femmes et hommes qui m'ont fait la confiance de me

Une ère nouvelle

désigner... C'est dû, en réalité, à la totalité des suffrages du 19 mai 1974, des suffrages égaux, selon la règle démocratique, qu'il s'agisse de ceux des femmes et des hommes, des jeunes et des moins jeunes, des travailleurs et des inactifs qui se sont prononcés, chacun à leur manière et selon leurs préférences en témoignant leur volonté du changement. » Saluant au passage ses deux principaux concurrents, François Mitterrand et Jacques Chaban-Delmas, il va ensuite à l'essentiel et résume les principes sur lesquels il veut fonder son septennat : « Ainsi, c'est moi qui conduirai le changement. Mais je ne le conduirai pas seul. Si j'entends assumer pleinement la tâche de président et si j'accepte, à cet égard, les responsabilités qu'une telle attitude implique, l'action à entreprendre associera le gouvernement dans ses initiatives et le Parlement dans son contrôle et dans ses droits.

« Je ne le conduirai pas seul, parce que j'écoute et que j'entends encore l'immense rumeur du peuple qui nous a demandé le changement. Nous ferons ce changement avec lui, pour lui, tel qu'il est dans son nombre et sa diversité. Et nous le conduirons, en particulier, avec sa jeunesse qui porte, comme des torches, la gaieté et l'avenir...

« ... Voilà que s'ouvre le livre du temps avec le vertige de ses pages blanches. Ensemble, comme un grand peuple uni et fraternel, abordons l'ère nouvelle de la politique française... »

A aucun moment, le nom ou l'œuvre des deux précédents présidents de la Ve République n'ont été évoqués. Sur le livre du temps de Valéry Giscard d'Estaing, les pages écrites par d'autres sont définitivement tournées.

Et elles le sont, en effet. Le pouvoir, c'est aussi — peut-être surtout — un langage. Et celui du chef de l'Etat rompt avec l'art oratoire de naguère qui mêlait dialectique, sensibilité et procédés stylistiques. De Jules Grévy à Georges Pompidou la République allait au rythme, au souffle de la rhétorique. Giscard renonce, dès son entrée à l'Elysée, à la magie du verbe des fins de banquets pour découvrir la force des chiffres. Sa politique, ce sera d'abord « les choses de la vie » ; ces réalités du quotidien, simples ou tristes, cruelles ou gaies.

L'éthique de la conviction s'estompe derrière l'éthique de la responsabilité ; la morale s'incline devant la raison. Le « grand peuple uni et fraternel » est une addition, une « totalité » de femmes, d'hommes, de vieux, de jeunes, d'actifs, d'inactifs, etc. Inutile de rêver, le rêve est là, quotidien, à construire et il s'appelle « ère nouvelle », « changement ». De façon délibérée, le chef de l'Etat vient de donner le « la » à un langage où ne seront retenus que les mots qui ne soulèvent dans la population aucune interrogation, aucun enchantement, aucune contestation. Un didactisme plat, des démonstrations qui se veulent rigoureuses, un besoin d'enfouir l'histoire pour neutraliser les angoisses dont elle pourrait être porteuse. La pauvreté, sinon la maladresse, des métaphores — « le livre du temps », « jeunesse qui porte, comme des torches, la gaieté »... —, loin d'atténuer la dimension concrète et rationnelle du discours, ne fait que l'amplifier.

Rares sont ceux qui, dans la classe politique, mesureront cette spécificité du « changement » giscardien. On retient, avant toute chose, la tonalité très « présidentialiste » du propos : « Ainsi, c'est moi qui conduirai le changement. »

L'analyse qui prévaut, alors, et qui est assez curieuse, découle des intentions affichées par le candidat-ministre des Finances : réduction du mandat présidentiel et nomination d'un vice-président. Ces idées, dans l'air sous Georges Pompidou, ressortissaient, à cette époque, à des soucis purement tactiques qui consistaient, pour les gaullo-pompidoliens, à trouver le meilleur moyen de garder le pouvoir. Le 27 mai 1974, cette situation est obsolète. Les fervents d'une réforme constitutionnelle de ce type n'ont guère été très nombreux dans la coalition majoritaire qui a gouverné le pays depuis 1958. Si Giscard a vaguement caressé le projet de se rapprocher du modèle institutionnel américain, il n'a jamais arrêté le moindre scénario d'une telle inflexion. Sauf à recourir au référendum, il n'a pas les moyens de l'imposer.

Son « présidentialisme » s'inscrit parfaitement dans la continuité de celui de ses prédécesseurs. Le Premier ministre qui « dirige l'action du gouvernement » ne peut être qu'un *second* et non un complément. La constitution de 1958 ne souffre aucune entorse à cette articulation foncièrement hiérarchique. Le président n'existe comme véritable pouvoir d'impulsion et de décision qu'autant que cette règle constitutionnelle est strictement appliquée et observée. A l'inverse de Matignon, l'Elysée, en effet, ne se suffit pas à lui-même, il n'est pas en phase, en prise directe avec l'énorme machinerie des rouages de l'Etat. D'où la totale et constante vigilance dont doit faire preuve le président pour ne pas être entamé ; d'où la nécessaire loyauté et l'obligatoire allégeance du Premier ministre.

C'est, par conséquent, logiquement et légitimement que Valéry Giscard d'Estaing affiche une ambition d'exploiter ses fonctions dans leur plénitude. Il veut également gouverner directement, en s'appuyant sur l'opinion publique, par-dessus la tête des intermédiaires politiques. Comme il s'en va rendre une visite de courtoisie à Mme Claude Pompidou dans son appartement du quai de Béthune, il dit aux journalistes : « Je commenterai moi-même la composition du nouveau gouvernement mercredi soir à la télévision. » La bataille présidentielle n'a pu que le renforcer dans ses intentions. N'est-ce pas par le contact direct avec le corps électoral — à travers ses meetings, la radio et la télévision — qu'il a surmonté ses handicaps de départ ?

Ayant ainsi manifesté ses convictions « présidentialistes » il lui restait à révéler le nom de son Premier ministre. C'est chose faite, comme promis, dès le lundi 27 : il s'appelle Jacques Chirac. Le mardi après-midi 21 et le mercredi 22 mai, quelques heures après son élection, Giscard s'était replié à la campagne, avec Michel Poniatowski, pour réfléchir sur la composition gouvernementale. Outre son désir de montrer aux Français qu'il souhaitait un « démarrage immédiat de l'action », selon un « timing précis », il avait surtout insisté sur l'aspect « surprenant » de la future équipe gouvernementale. Pour une surprise, c'est une surprise. Une rumeur répandue par Marie-France Garaud, dès le jeudi de l'Ascension — le 23 — allait bien dans ce sens ; les journalistes les mieux en cour restaient sceptiques. Et ce n'est que le samedi que la nouvelle est tenue pour sûre.

Pourquoi ce choix ? De nombreuses justifications en seront données, à postériori, par les acteurs eux-mêmes. Pour l'heure, cette nomination de Jacques Chirac fut dénoncée, par plusieurs responsables des Républicains indépendants — dont Raymond Marcellin — et du Centre démocrate, comme une erreur aussi grossière qu'impardonnable. Certes, le candidat Giscard avait rendu, le 22 avril à Yvetot, un hommage appuyé au ministre de l'Intérieur : « Jacques Chirac fait partie de cette génération d'hommes politiques qui sont ou seront appelés à exercer des responsabilités importantes. » Cette petite phrase servira après coup, à éclairer les lanternes et d'aucuns prétendent qu'elle fut glissée dans le discours sur les bons conseils de Pierre Juillet. Y a-t-il eu un « deal » entre Giscard et Juillet à propos de Matignon, dès Yvetot ? Les « deals » de ce genre, et dans ces circonstances, fleurissent dans toutes les imaginations. Pierre Messmer, aussi, « s'y croyait »... Et Jean Lecanuet ? D'ailleurs, après le scrutin du 19 mai, la presse est très prudente dans ses pronostics. On parle de Michel Jobert, de Jean Taittinger, Olivier Guichard qui attendra dans sa résidence de La Baule le coup de fil qui ne viendra jamais.

On s'accorde surtout pour considérer que l'effet de surprise serait certain si, au lieu de puiser dans le vivier des politiques, le président désignait un grand commis de l'Etat. *L'Humanité* du 21 mai évoque le nom de... Raymond Barre. Celui-ci a bel et bien de chauds partisans à l'Elysée. C'est un gaulliste qui n'appartient ni au sérail des « historiques », ni à l'U.D.R. ; c'est un technicien plus qu'un technocrate. Voilà beaucoup d'atouts. Il lui manque une carte, l'expérience politique. En pleine euphorie de la victoire, il vient de déclarer, déjà très barriste : « Il faudra réduire la consommation tant individuelle que collective. »

D'autres journaux citent Paul Delouvrier, Claude Pierre-Brossolette... Robert Galley, aussi, avait ses supporters. Cinquante-deux ans, ministre des Armées dans le gouvernement sortant de Pierre Messmer, député-maire U.D.R. de Troyes, Galley avait eu la responsabilité de plusieurs ministères depuis 1967, dont l'Equipement, la Recherche scientifique et les P.T.T. C'était un pompidolien respecté des gaullistes. Giscard avait appris à le connaître et il en appréciait le professionnalisme, l'ambition mesurée, la capacité de plaire.

Nul besoin d'être un grand prêtre des combinaisons politiciennes pour formuler l'alternative devant laquelle se trouvait placé Giscard d'Estaing. Ou bien il décidait de dissoudre l'Assemblée nationale et tentait, dans la foulée du scrutin présidentiel, de bâtir une « majorité nouvelle », courant sous ses propres couleurs ; mais, pas plus qu'il ne recourra au référendum, il lui était impossible, par tempérament, de rompre avec le cours normal de la législature. Ou bien, il s'appuyait sur la majorité en place et, contraint de prendre un premier ministre U.D.R., il nommait un personnage consciencieux, aimable, docile, qui n'avait trempé dans aucun des « combats de chefs » du mouvement gaulliste. Robert Galley réunissait toutes ces conditions. Michel Poniatowski partageait lui aussi cette analyse, mais, impatient de liquider l'U.D.R., il était disposé à étudier une autre « formule sérieuse ».

Cette formule existe. Le chef de l'Etat et son « lieutenant » la connaissent. Pierre Juillet la leur a exposée ; celui-ci voit beaucoup Giscard qui, d'ailleurs, lui a proposé la Défense et les Affaires étrangères. Mais Juillet ne veut rien. Sinon le fauteuil présidentiel ? Il est assez difficile, il faut en convenir, de trouver les ressorts de ce couple des plus insolites. Qu'ont-ils en commun ? La terre du Massif Central ? Plus sûrement l'amour de la chasse. Cela crée des liens.

En tout cas, Pierre Juillet était parvenu, dans les jours qui précédèrent le second tour, à convaincre Poniatowski et le chef de l'Etat sur trois points :

1° Les barons de l'U.D.R. et les chabanistes feront tout pour dissuader quiconque des leurs d'accepter Matignon. Il n'y a rien de bon à attendre de ce côté-là. D'ailleurs, au bureau exécutif de l'U.D.R. qui vient de se réunir, plusieurs responsables n'ont-ils pas d'ores et déjà envisagé une transformation du mouvement ? On s'achemine vers la nomination d'un président de l'U.D.R., vers un renforcement de la « vie démocratique » des instances, enfin vers une grande vigilance à l'endroit du « nouveau pouvoir ». L'U.D.R. se constitue en parti sous la houlette des barons. « Attention », dit Pierre Juillet au chef de l'Etat. Sous-entendu, pour contrer ou récupérer cette dangereuse évolution il faut quelqu'un de très fiable. Jacques Chirac serait parfait.

2° La confusion et le malaise étant ce qu'ils sont au sein de l'U.D.R., ce serait une maladresse d'aller chercher quelqu'un ailleurs que chez les « 43 ». Et chez ceux-ci, qui d'autre que Chirac ?

3° Il faut, dès maintenant, vider l'abcès concernant la « trahison » de Chirac à l'endroit de Chaban. Et comment le faire, sinon en plaçant Chirac à Matignon ? La provocation sera si évidente qu'elle obligera chaque député à choisir : ou il s'incline, ou il entre franchement dans l'opposition. Et ils s'inclineront tous, promet Juillet.

La démonstration est séduisante. Elle ne contredit pas, sur le fond — seulement sur la méthode —, la stratégie du chef de l'Etat. l'intention de celui-ci n'était pas, contrairement à ce qui a été dit et redit, de briser, de réduire, de séduire ou de « giscardiser » l'U.D.R. Il voulait s'assurer du soutien du groupe parlementaire gaulliste. C'est tout. Valéry Giscard d'Estaing — on l'a écrit — ne sent pas le besoin de s'appuyer sur une structure partisane ; il recherche toujours le lien direct avec les responsables, et non avec les appareils ; il ne croit pas à l'efficience d'une organisation, d'un parti ou d'un mouvement politiques et s'en méfie ; il ne voit pas, dans notre société médiatisée, l'archaïsme des instances militantes embrayer sur l'opinion. La « mobilisation » orchestrée par l'appareil partisan implique un langage spécifique et, pour lui, ce langage est mort, est ridicule. L'époque appelle beaucoup plus de subtilité, d'intelligence dans les moyens de propagande, et c'est d'ailleurs la raison pour laquelle il ne doute pas — à l'inverse des gaullistes — de la lente disparition du Parti communiste.

Déjeunant le dimanche 19 mai avec quelques journalistes — Patrice Duhamel, Patrick Poivre d'Arvor... — ceux-ci, évidemment, jouent à découvrir le futur Premier ministre, s'il est élu. Ils citent une dizaine de noms, excepté celui de Chirac. « C'est curieux, leur dit V. G. E., vous n'avez pas nommé le seul possible. »

Ce sera Chirac. Depuis le samedi 13 avril — le jour de l' « appel des 43 » — V. G. E. ne l'a pas revu. Le mardi 21 mai il lui téléphone et l'invite à déjeuner chez Michel Poniatowski à Neuilly. Ils seront en tête à tête, sans Ponia. Giscard propose Matignon à Chirac. Ce dernier dit que cette fois encore il aurait refusé la promotion. Il ne peut pas accepter le « salaire de la trahison » ; il ne veut pas prendre le risque de provoquer une crise profonde, voire une rupture, au sein de l'U.D.R. Non, décidément non, le meilleur choix, c'est Poniatowski. En 1983, V. G. E. ne se souvient pas de telles réticences. Que Jacques Chirac ait posé quelques conditions de fond et de forme, qu'il ait demandé un temps de réflexion, c'était dans la logique des choses. Mais, selon V. G. E., il n'aurait jamais refusé le poste de cette manière explicite. En tout cas, ce sera Chirac. Quelques heures plus tard, le député de Corrèze dira : « Oui. » Il a rencontré Pierre Juillet qui a reformulé à l'usage de son poulain le raisonnement qu'il tient depuis plusieurs jours au président et à Ponia. Il ne met guère longtemps à le ramener à la raison. Inquiet à 14 heures de briser l'U.D.R., Jacques Chirac est persuadé à 19 heures d'être le seul à pouvoir sauver le mouvement gaulliste.

Etonnante métamorphose ? Non. Il s'agit plutôt d'un épisode édifiant, si spécifique à la Ve République, qui éclaire d'une lumière crue le rôle et les jeux des « entourages ».

Marie-France Garaud et Pierre Juillet sont des gens de cabinet qui ont remarquablement assimilé une des données importantes du jeu politique sous la Ve République : la puissance considérable des « entourages », et du chef de l'Etat, et du Premier ministre. La guerre des cabinets au sommet leur est sans mystère. Ils sont nés à la politique, ils ont grandi, ils ont servi auprès d'un homme, Georges Pompidou, qui comme eux n'a connu le pouvoir qu'à travers le prisme des affrontements entre l'Elysée et Matignon. Pompidou, en effet, n'a pas été ministre. Directeur de cabinet du général de Gaulle pendant le second semestre de 1958, il sera nommé Premier ministre le 16 avril 1962 à la stupéfaction de tout le monde : la classe politique, les gaullistes, la France entière. C'est la récompense de six mois de dévouement inconditionnel à l'ombre du géant : six mois où il fut l'homme-orchestre et l'homme invisible du grand public. L'homme de cabinet. Sous la Ve république, les « anti-chambres » des deux pôles de l'exécutif ont souvent pris, dans le domaine des nominations, le relais de la Chambre des députés sous les IIIe et IVe Républiques. Quand on est naturellement doté d'un aplomb invraisemblable et d'un activisme débordant comme le sont Juillet et Garaud, l' « anti-chambre » peut circonvenir le pouvoir suprême. Surtout au début, quand celui-ci manque encore d'assurance et d'expérience.

L'influence persuasive, aussi habile fût-elle, des deux éminences grises ne suffit pas, néanmoins, à expliquer l'attitude du chef de l'Etat. Il y a un autre élément à prendre en compte et il est déterminant : le mépris qu'éprouve Giscard pour Chirac. Un mépris habillé de la condescendance du précepteur pour son élève. Il tient Jacques Chirac pour un agité, un esprit très léger. Il le sait arriviste — qui l'ignore ? — et croit que cet arrivisme sera un gage de fidélité. En lui offrant Matignon, ne comble-t-il pas son appétit ? L'Elysée étant occupé, et bien occupé, à quoi d'autre peut prétendre Jacques Chirac ?

Chacun finit par s'accorder sur l'extrême habileté de l'opération. Le chef de l'Etat pousse son avantage et façonne sa stratégie « présidentialiste ». Le gouvernement qu'il sort de son chapeau, le 28 mai, a la même épaisseur politique que celle qu'il prête à son Premier ministre. C'est-à-dire sans épaisseur aucune. Les places ont été comptées au plus juste : quinze ministres dont un « ministre d'Etat, ministre de l'Intérieur », Michel Poniatowski. Le maire de Rouen, Jean Lecanuet, est garde des Sceaux, sans recevoir le titre de « ministre d'Etat ». La famille des réformateurs centristes n'obtient pas ses lettres de noblesse dans le dosage des forces politiques au sein du gouvernement. L'équilibre est à deux têtes : l'U.D.R. à travers le Premier ministre, les Républicains indépendants à travers le ministre d'Etat. Et l'on verra que, très vite, Michel Poniatowski, « l'anti-chambre » de V. G. E., va s'installer dans le rôle d'une sorte de « madame Première ». Aucun leader historique, ni du gaullisme, ni de l'U.D.R., ne figure au gouvernement. Le chef de l'Etat ne voulait d'aucune personnalité qui « ait l'air d'un tuteur gaulliste ». Jacques Soufflet, soixante-deux ans, ancien commandant du groupe Lorraine des Forces aériennes de la France Libre, ministre de la Défense nationale, numéro quatre dans la hiérarchie gouvernementale, est une pâle figure du Sénat. André Jarrot, soixante-cinq ans, ministre de la Qualité de la vie, député-maire de Montceau-les-Mines, est un illustre inconnu, sauf du microcosme des « gaullistes de gauche » ; il avait signé « l'appel des 43 ». Vincent Ansquer, ministre du Commerce et de l'Artisanat, quarante-neuf ans, est un bon représentant des députés de « la base », élu, de surcroît, dans une région, la Vendée, où les électorats gaullistes, indépendants paysans, et modérés, se confondent dans l'allégresse. Quant à Robert Galley, s'il pouvait, à Matignon, rassurer quelques caciques de l'U.D.R., il n'est, en passant à l'Equipement, qu'un ministre parmi les ministres.

A cette sous-représentation éclatante des gaullo-pompidoliens, s'ajoute une provocation, la nomination de Jean-Jacques Servan-Schreiber aux Réformes, et une subtilité, l'âge des ministres. Le député de Nancy, de nouveau, « bluffe » et amuse Giscard d'Estaing. Son poids dans l'échiquier politique du pays confine au degré zéro ; en revanche, il a ce don — et son cas est unique — de déclencher un violent prurigo chez tous les élus U.D.R., jeunes ou vieux, hommes ou femmes. En créant, spécialement pour Jean-Jacques Servan-Schreiber, le « ministère des Réformes », le chef de l'Etat confie à son protégé un portefeuille vide de moyens en argent et en effectifs, mais s'offre un joli pied de nez en direction de l'U.D.R. Il s'agit d'une décision dénuée de toute arrière-pensée stratégique et qui relève du caprice, de cette « fantaisie du prince », à seule fin de hérisser les gaullistes. En moins de dix jours, J. J. S. S. l'apprendra, à ses dépens. Promu le 28 mai, le ministre des Réformes est démissionné le 9 juin. Le ministère est supprimé. Le député de Nancy avait cru son heure venue et s'apprêtait à infléchir le cours de notre histoire. Il se persuade que le président de la République souhaite abandonner les essais nucléaires et quand ceux-ci reprennent, il convoque la presse, le dimanche 9 juin, dans sa ville de

Nancy, et affirme : « Le gouvernement n'a pas été consulté, et l'autorité militaire a mis le gouvernement devant le fait accompli. » Visiblement, le directeur de *l'Express* confond les instances gouvernementales avec le dernier salon où l'on cause. Il est aussitôt démenti par son collègue de la Défense : un communiqué du 8 juin de la présidence de la République apporte la preuve que les militaires n'ont fait qu'exécuter les ordres. J. J. S. S. est prié de rendre son tablier. Cette « affaire », toutefois, sera bizarrement exploitée, comme on le verra plus loin.

L'âge des ministres est une donnée d'une tout autre importance. Valéry Giscard d'Estaing voulait un gouvernement très jeune et avait décidé qu'aucun de ses ministres « modérés » ne dépasserait les soixante ans. Il aura fallu toute la diplomatie de Jean Lecanuet pour qu'il accepte de nommer Pierre Abelin à la Coopération. Le vice-président du Centre démocrate vient, le 16 mai, de franchir la barre des... 65 ans. Mais sur la jeunesse des quatre représentants du giscardisme orthodoxe, il ne fléchira pas. Leur moyenne d'âge est de cinquante ans, le plus vieux, Christian Bonnet, ayant cinquante-quatre ans. Michel Poniatowski a cinquante-deux ans, Jean-Pierre Fourcade quarante-cinq ans, Michel d'Ornano cinquante ans. En revanche, pour accuser le contraste, les ministres U.D.R. se voient flanqués de Jarrot et Soufflet ! Ne sont-ils pas, en dépit du juvénile Jacques Chirac, qui n'a pas encore quarante-deux ans, l'incarnation d'une époque révolue ?

Enfin, autre signe des temps et du « changement », trois femmes entrent au gouvernement, dont une est ministre à part entière, Simone Veil, quarante-sept ans, qui a en charge la Santé. C'est une innovation.

On peut se demander si le gouvernement n'a pas été constitué *contre* la coalition majoritaire. En réalité, le président de la République, qui n'a pas voulu dissoudre l'Assemblée nationale et qui estime avoir ainsi témoigné de son respect pour le Parlement, n'attend de ses députés qu'une soumission constructive, filiale ou résignée. On n'est pas resté six ans ministre du général de Gaulle pour oublier, une fois installé à l'Elysée, ce postulat de la Ve République. D'autre part, Valéry Giscard d'Estaing entend poursuivre dans la logique du processus déjà très bien engagé par ses deux prédécesseurs : cumuler les fonctions de chef d'Etat et de chef de gouvernement. L'hôte de Matignon est le premier des ministres, et non le Premier ministre. L'équipe gouvernementale est conçue comme l'état-major d'une énorme entreprise et Giscard parle volontiers de ses ministres comme de ses « collaborateurs ». C'est lui qui les a choisis, pour l'essentiel, et c'est lui — tel un président des Etats-Unis — qui les a présentés aux Français. Les « techniciens » qu'il a placés à des postes aussi importants que les Finances — Jean-Pierre Fourcade —, les Affaires étrangères — Jean Sauvagnargues —, et l'Education nationale — René Haby — seront évidemment tentés de lui rendre directement des comptes, par-dessus la tête du Premier ministre.

Jacques Chirac est-il le personnage idéal de cette situation ? Dès le 2 juin, Jean Boissonnat, peu sensible aux potins et à la lune de miel que vivrait le jeune tandem, note dans *la Croix* : « M. Chirac... est un homme actif, ambitieux, vigoureux et compétent. On voit mal qu'il se résigne durablement à jouer les intermédiaires accommodants, fonction pour laquelle il est d'ailleurs peu fait. »

Manquant d'humilité, confiant dans sa seule intelligence, incapable d'approcher les êtres et les événements de manière instinctive, Giscard ne pouvait que très mal cerner la réalité du tempérament de Jacques Chirac qui semble être son contraire. Pendant la campagne présidentielle, le jeune ministre de l'Intérieur s'est aguerri, a vieilli. Se posant en fils légitime de Pompidou, il s'est affirmé comme l'un des interlocuteurs privilégiés d'Alain Poher durant la durée de l'intérim. Au sortir de cette période, il n'est plus le « poussin un peu fou, fou » de la chère Marie-France Garaud. Quant à la séduction qu'exercerait sur lui l'intelligence de Giscard, elle a fait long feu depuis belle lurette. Au mépris conceptualisé du chef de l'Etat, il répond par un mépris instinctif. Catherine Nay[1], dans un brillant et vivant ouvrage où elle essaie de cerner la vérité du couple Giscard-Chirac, conclut sur une « double méprise ». La formule est trop tendre. N'est-ce pas, plus banalement, d'un double mépris qu'il faudrait parler ?

En tout cas, quand il commente à la télévision, le mercredi 29 mai, le premier gouvernement de son septennat, Valéry Giscard d'Estaing est intimement persuadé d'avoir fait le bon choix.

Les événements paraissent lui donner raison. Le Premier ministre va, loyalement, remplir son contrat et « tenir » le groupe U.D.R. Ce dernier, précisément, s'est réuni le 27, au soir, à l'Assemblée nationale et a décidé de suivre son électorat, lequel, on le sait, a voté Giscard au second tour. Jacques Chaban-Delmas, lui-même, après avoir critiqué durement ceux qui l'ont lâché durant la campagne, sonne les trompettes du ralliement, « à la condition que le gouvernement se conforme à nos vœux ». Quelqu'un cite le mot de Maurice Faure, après l'O.P.A. de J. J. S. S. sur le parti radical : « Nous n'avons le choix qu'entre le viol et le suicide. Allons-y pour le viol ! »

Le nouveau promu, Jacques Chirac, est battu froid. Mal à l'aise, il se tient dans un coin de la salle Colbert, ne sachant s'il doit intervenir ou s'en aller. Finalement, il se raccroche à Yves Guéna : « Tu pars ? Bon, bon, je pars avec toi... » Quelques élus n'acceptent pas ce ralliement équivoque et le groupe enregistre ses premières défections, dont en particulier celle de Henri Torre, député U.D.R. de l'Ardèche. Torre était, il est vrai, secrétaire d'Etat auprès du... ministre des Finances dans le troisième gouvernement de Pierre Messmer. Réélu député aux élections législatives partielles du 6 octobre 1974 il ralliera les Républicains indépendants.

Une drôle de lune de miel ! La nécessité « d'aller à la soupe » et d'avaler la couleuvre giscardienne s'accompagne d'aigreurs, de déceptions, d'interrogations, à tel point que le groupe U.D.R. préfère éviter, pour l'instant, tout autre rencontre plénière. « Nous sommes, commente un député, des pirates et des voyageurs sur un radeau. Mais il n'y a qu'un seul radeau... Force est de s'entendre... »

Comme le gouvernement se met en place, la présidence de la République s'organise. Jean Serisé, bien sûr, a suivi Giscard. Il occupe un bureau sans âme, dans l'aile nord de l'Elysée, assez loin du « dieu ». Sa situation géographique et son titre de conseiller reflètent mal la réalité de son pouvoir. Serisé est la seule personne que le chef de l'Etat, pendant toute la durée de son septennat, garde auprès de lui et consulte sur l'ensemble de ses activités : politique intérieure, économie, diplomatie, défense etc. Claude Pierre-Brossolette, quarante-six ans, est secrétaire général de la Présidence. Fils du héros de la résistance, Pierre Brossolette, et de Gilberte Brossolette, sénateur S.F.I.O. de 1946 à 1958, il a dérivé lentement du socialisme vers le giscardisme. Il connaît le chef de l'Etat depuis 1960. Il n'est ni le fidèle, comme Serisé, ni l'ami comme Poniatowski. Il est, à la fois, moins et plus, c'est-à-dire le copain, mêlant l'affection et l'ironie, le respect et le scepticisme. Il ne se fera pas vraiment à sa fonction, laquelle est très ambiguë, schizophrénique : le secrétaire général qui voit tous les dossiers, qui reçoit toutes les informations, qui est en contact direct et constant avec les ministres n'a pas, néanmoins, de réels pouvoirs et il se doit, surtout, de ne jamais se confondre avec la réalité du pouvoir. Yves Cannac, trente-huit ans, secrétaire adjoint, a lui aussi flirté avec la gauche, puis avec le gaullisme auprès de Jacques Chaban-Delmas, qui l'appelait son « diamant noir ». Ce giscardien tardif est l'archétype du brillant sujet dont aime à s'entourer le chef de l'Etat : premier prix de français au concours général, cacique à Normale Sup, premier à l'agrégation d'histoire, major à l'E.N.A.

Auprès de ces trois hauts fonctionnaires, d'autres conseillers ont l'oreille du président. L'un s'entoure de mystère, Victor Chapot, cinquante-huit ans, trésorier-payeur général, « chargé de mission », à l'Elysée. Depuis 1966, il gère les finances des Républicains indépendants. On lui prête des pouvoirs occultes. Lionel Stoleru, trente-sept ans, ancien élève de Polytechnique, est tenu pour le principal conseiller économique du président. Timide, issu d'un milieu social très modeste, marqué par sa judéité, Stoléru communique son « mal être » plus qu'il ne fait partager sa belle intelligence. Il s'est probablement gâché dans les allées du pouvoir, manquant de « cuir » et de cynisme. René Journiac, cinquante-trois ans, a, dès le début du septennat, la charge du délicat dossier des relations entre la France et l'Afrique noire. Xavier Gouyou-Beauchamps, enfin, trente-sept ans, énarque, tiraillé entre un dandysme désinvolte et un professionnalisme affecté, est le porte-parole du président.

« L'ère nouvelle » est inséparable du profil de ces quelques hommes installés au sommet de la pyramide du pouvoir. Si l'on distingue mal la doctrine politique de Giscard, on voit se mettre en place, sans complexe, une techno-structure énarchique. L'Ecole nationale d'administration n'a pas attendu mai 1974 pour investir le pouvoir d'Etat et imposer cet « esprit de corps » qui réunit ses anciens élèves. Aujourd'hui, elle s'affiche.

Dans l'histoire brève encore de la Ve République, c'est la première fois que l'E.N.A. porte en elle la légitimité, les projets, les décisions. Valéry Giscard d'Estaing, E.N.A. ; Jacques Chirac, E.N.A. ; Michel Poniatowski, E.N.A. ; Claude Pierre-Brossolette, E.N.A. ; Jean Serisé, E.N.A. ; Yves Cannac, E.N.A... « Technocrate » est un mot galvaudé qui a pris une tonalité péjorative. Peut-on en inventer un autre qui définisse mieux ce serviteur de l'Etat, zélé, rationnel, pragmatique ? Le technocrate, rompu à l'analyse approfondie des mécanismes économiques et sociaux, confond sa légitimité avec son efficacité, celle-ci se suffisant à elle-même. Ce qui est efficace est puissant, et la puissance constitue le moyen par excellence d'assurer le bonheur des hommes. Dès lors, la pratique technocratique, qui va bientôt se confondre avec la pratique giscardienne, s'affirme elle-même, et avec arrogance, comme une nécessité absolue ; elle s'autojustifie, elle se donne une dimension d'objectivité, d'infaillibilité scientifiques. Le technocrate ne doute pas, et sous sa domination, il est interdit de douter. Il se considère comme le gardien de l'intérêt national et estime jouer un rôle apolitique de gestionnaire.

Les Français réputés pour avoir gardé en eux la passion des joutes partisanes se feront-ils à cette valeur suprême du technocrate, la raison ?

La France a beaucoup changé, en ces années 1970. Quelle est-elle, si l'on cherche à la résumer ? C'est celle des enfants de la dernière guerre qui avaient entre quinze et vingt ans en 1958, entre vingt-cinq et trente ans en 1968 et qui prétendent désormais, pour quelques-uns d'entre eux, accéder aux affaires. Ils n'ont pas créé la Ve République ; ils l'ont modelée à l'image d'une génération qui vit de plain-pied dans la société de consommation et de gaspillage. Qui tente aussi de concilier les punks et le tiercé, le juke-box et la coupe de football, les embouteillages et l'écologie, le hash et le café crème, bref la tradition et le changement. Une génération un peu blasée ; qui a bien mangé, bien bu, bien fait l'amour et qui se penche sur elle-même et ses problèmes, armée du microscope de l'anthropologiste. La mode « rétro » envahit tous les domaines de la vie et sert à désigner les phénomènes les plus divers : le retour de la ligne des années trente, le succès des « fringues » d'occasion, la renaissance du rock, la vogue des travestis, la réinterprétation du nazisme par le théâtre et le cinéma...

C'est le temps aussi où la drogue fait la une des journaux ; où le « quatrième âge » devient un sujet d'étude ; où le sexe passionne l'opinion. Chaque jour sur R.T.L., Ménie Grégoire, assistée d'un sexologue, conseille ses auditrices et auditeurs en difficulté, dans son émission « Radio-Sexe ». Le cinéma érotique atteint le grand public et se réclame de la culture avec *Emmanuelle* de Just Jaeckin, *Les Contes immoraux* de Borowczyk, *les Mille et Une Nuits* de Pasolini. *Emmanuelle,* qui fait 14 386 entrées le jour de sa sortie, le 12 juin, sera le plus grand succès du cinéma français, battant les records d'entrées de *la Grande Vadrouille.* En juillet, le premier congrès mondial de sexologie se tient à Paris et rassemble plus d'un millier de participants venus de cinquante pays. Gisèle Halimi publie *la Cause des femmes,* Françoise Parturier *Lettre ouverte aux femmes.* Enfin, *les Valseuses* de Bertrand Blier, mêlant, à l'écran, la bonne santé, le sadisme, la violence, la tendresse, résume assez bien les craquements, les aspirations et les désillusions du temps. Le couple, elle, lui, moi...

La France se narcissise. Le citoyen veut vivre ; il rêve peu ; il pense de moins en moins « idéologie », de plus en plus « réalités quotidiennes ». Le best-seller de l'année s'appelle, il est vrai, *l'Archipel du Goulag* d'Alexandre Soljénitsyne.

N'est-il pas naturel que cette France ait rencontré Valéry Giscard d'Estaing et qu'elle s'apprête à se doter d'un système politique au diapason de son paysage sociologique ?

Le 5 juin, les choses sérieuses commencent. Jacques Chirac devant l'Assemblée nationale, cravaté de noir (il porte le deuil de Georges Pompidou), présente son programme de gouvernement. Curieuse séance que celle-là où l'on attendait, dans une fébrilité toute politicienne, un jeune champion pugnace et où l'on découvre un homme tendu, presque grave, refrénant ses instincts. Son discours, prononcé d'une voix neutre, est un chef-d'œuvre d'équilibre, balançant entre la continuité et le changement.

Est-il bien accueilli par les députés de la majorité ? Très, très bien... Les élus U.D.R. ne cessent de se trouver de bonnes raisons d'applaudir ! Oui, vraiment, une très curieuse séance. Une semaine auparavant, quand Edgar Faure eut à lire le « message » du nouveau président —

celui-ci avait demandé que son « message » fût écouté assis, et non plus debout selon la tradition — bruits, murmures, cris indistincts, qui ne venaient pas seulement des bancs de la gauche, accompagnèrent son intervention.

Le Premier ministre aurait-il apporté de sensibles inflexions aux thèmes abordés par le chef de l'Etat ? Ce qui frappe, c'est au contraire la parfaite similitude des deux textes sur les projets « sensibles » : l'indépendance nationale, l'Europe, la décrispation politique, la lutte contre l'inflation. Chacun insiste sur l'objectif de l'indépendance. Giscard avait parlé du « renforcement de la construction européenne », Chirac déclare que renoncer à l'Europe « ce serait renoncer à l'essentiel ». Giscard avait annoncé l'abaissement de l'âge du vote, la révision de la constitution afin d'offrir à l'opposition le droit de saisir le Conseil constitutionnel sur la constitutionnalité de certaines lois, et il avait promis : « J'informerai les dirigeants de l'opposition des éléments qui déterminent certaines grandes décisions nationales. Je le ferai sans rien ignorer du droit absolu qu'ils exercent de ne pas approuver ou de contester ces décisions. » Chirac affirme que son gouvernement satisfera la « volonté de progrès et de changement » des Français et qu'il s'agit « de faire de la société française un modèle de démocratie libérale » ; ainsi, « l'âge du droit de vote sera abaissé à dix-huit ans au cours de la prochaine session ». Sur le front économique, le chef de l'Etat avait assuré : « Il faut, en luttant avec énergie contre l'inflation, poursuivre le développement de notre économie et aborder hardiment la transformation de la société française. Ces tâches sont complémentaires et non contradictoires. » Le Premier ministre fait savoir qu'il arrêtera, le 12 juin, des mesures ayant pour but de ralentir l'inflation sans compromettre la croissance.

Renouant avec une pratique parlementaire oubliée par ses prédécesseurs, bien qu'elle soit conforme à la Constitution, Jacques Chirac engage sa responsabilité sur son programme de politique générale devant l'Assemblée nationale, mais aussi devant le Sénat où Jean Lecanuet le représente. Il est approuvé par 297 députés contre 181. Il y a eu deux abstentions. Après la lecture du « message » de Giscard, la morosité des élus U.D.R. était si grande dans les couloirs du Palais-Bourbon qu'un journaliste de radio avait lancé à Maurice Couve de Murville :

« Enfin, êtes-vous, oui ou non, dans l'opposition ?

— Vous le saurez la semaine prochaine », avait répliqué l'ancien Premier ministre du Général.

On le sait, en effet. Pas une voix n'a manqué à l'appel. Le président Pompidou est passé, sa majorité reste et elle s'est mise à la disposition de Valéry Giscard d'Estaing. A la réunion du comité central de l'U.D.R., qui se tient deux jours plus tard, on grommelle, on feint de redouter le pire, mais on s'aligne. Le comité central décide de préparer son rajeunissement et son renouvellement structurel. Pour montrer qu'à sa manière il est capable d'ouvrir « le livre du temps », André Fanton, député de Paris, interpelle ses collègues et demande que l'U.D.R. « cesse d'être le musée Grévin du gaullisme... »

Ainsi la majorité parlementaire, par-delà la rogne et la grogne, se présente comme une dépendance des institutions et ne constitue pas une force politique capable de donner une charpente au régime. Aujourd'hui comme hier, c'est le régime, dominé par la fonction présidentielle, qui fabrique la majorité dont il a besoin. L'électorat majoritaire n'est la propriété d'aucun parti, mais s'identifie dans la personne du président et dans « un ensemble » — le mot est de Giscard — de formations partisanes. Tout, apparemment, est en ordre. Le chef de l'Etat peut lancer son train de réformes.

2

IL Y A DU MENDÈS DANS CE GISCARD...

« Quand il a pris conscience des conditions de sa victoire et qu'il en a dégagé la leçon — les Français s'étaient, à l'entendre, prononcés en faveur d'un changement — c'est à coup sûr aux Français qui n'avaient pas voté pour lui qu'il pensait. Il ne s'attendait visiblement pas que, malgré le style et le ton de sa campagne, ils fussent si nombreux. C'est à un Français sur deux, à ses opposants, qu'il a promis un " changement rapide ". Pour les autres, les siens, la plupart avaient atteint leur but, qui était d'empêcher François Mitterrand de vaincre et non d'attendre quoi que ce soit de son vainqueur. » Cette appréciation de Jean Daniel[2] sur l'élection de Valéry Giscard d'Estaing allait être vérifiée, plus rapidement peut-être que ne le pensait l'éditorialiste du *Nouvel Observateur*.

Alors qu'un sondage démontre que les jeunes ont voté dans une large proportion pour le candidat socialiste — 59% des « 21-34 ans » — le Conseil des ministres du 10 juin se prononce pour l'abaissement à dix-huit ans de la majorité électorale. En élargissant la participation populaire à une catégorie démographique qui ne lui est pas, a priori, favorable, Valéry Giscard d'Estaing prend une initiative dont il mesure très mal les effets déstabilisateurs. Il offre à 2 400 000 électeurs potentiels la possibilité d'une participation effective à la vie politique du pays. Il sort du champ des changements symboliques — ou des « gadgets » — pour entrer dans celui des changements importants, risqués. La réforme est menée tambour battant : déposé sur le bureau de l'Assemblée nationale le 13 juin, le projet, après déclaration d'urgence, est adopté par les députés le 24 juin. Le Parlement dépassera l'objectif gouvernemental qui était le seul abaissement de la majorité électorale, et procédera simultanément à l'abaissement de la majorité civile. La loi s'alignait sur les mœurs : notre époque est marquée, à l'égard des adolescents, par le déclin de l'autorité parentale.

En France, la majorité civile avait été fixée à vingt et un ans accomplis par la loi du 20 septembre 1792 et n'avait jamais été modifiée. Quant à la majorité électorale, elle était, depuis la Constitution de 1848, établie, elle aussi, à vingt et un ans. Dans les faits et dans les lois, on assista, après 1945, à une légère évolution. Il faudra attendre les événements de mai 1968 pour que les revendications en faveur d'un abaissement de l'âge de la majorité électorale ou civile atteignent la classe politique. Huit propositions de loi émanant de tous les groupes furent déposées devant l'Assemblée nationale élue en juin 1968 ; elles n'eurent pas de suite. Le coup de pouce décisif sera donné par la bataille présidentielle au cours de laquelle les candidats prirent tous l'engagement d'abaisser, soit à dix-huit, soit à dix-neuf ans, l'âge de l'électorat.

La majorité à vingt et un ans était conforme à une certaine vision bourgeoise de l'insertion sociale, le jeune poursuivant ses études avec l'aide et sous la tutelle de ses parents. Dans les milieux populaires, où l'on entre plus vite dans la vie professionnelle, la majorité s'impose d'elle-même à dix-huit ans, parfois plus tôt. En termes marxistes, cette réforme n'est-elle pas une victoire des normes de la « masse laborieuse » sur celles de la bourgeoisie ? Le chef de l'Etat, on s'en doute, n'en sera nullement remercié par ses « adversaires de classe »...

Deuxième front : l'O.R.T.F., l'Office de radio-télévision française. On s'agite beaucoup dans les milieux de la radio et de la télévision. L'O.R.T.F., bénéficiaire du monopole d'Etat, est une « machine énorme » qui gère quatre chaînes de radio, trois chaînes de télévision, emploie près de 17 000 personnes et dispose d'un budget d'environ 23 milliards de francs. Au produit de la redevance que l'usager doit payer chaque année est venue s'ajouter la publicité de marque, introduite trois ans plus tôt. Mais rien n'a été résolu : l'Office, année après année, est en déficit.

L'élection de Valéry Giscard d'Estaing a redonné espoir aux partisans d'une véritable privatisation : Roger Chinaud, député Républicain indépendant de Paris, qui a travaillé avec une ardeur sans faille à la victoire de son « patron », vient précisément, au nom de la Commission de contrôle de la gestion financière de l'O.R.T.F., de publier un rapport sans complaisance sur les pratiques laxistes de la grande maison ronde : irresponsabilité, gaspillage, mauvaises habitudes... Il cite des cas précis : celui du lancement de la troisième chaîne qui a coûté beaucoup plus cher que prévu, celui de certaines dramatiques, comme *la Belle au bois dormant,* dont le devis s'est trouvé augmenté de 485 000 F, celui des revenus annuels de quelques « vedettes » du petit écran... Des émissions sont « tournées » mais restent dans les tiroirs; des émissions créées par l'O.R.T.F. pour l'Education nationale, les Affaires culturelles, les Affaires étrangères, ne sont pas rétribuées ou ridiculement ; des collaborateurs « extérieurs » assurent des tâches que pourraient remplir des agents inactifs de l'Office.

Le rapport Chinaud provoque des remous chez les intéressés. D'autant que Denis Baudoin, délégué à l'Information auprès du gouvernement — le portefeuille de ministre ou de secrétaire d'Etat chargé de l'Information a été supprimé — ne cache pas son opinion sur la crise de l'O.R.T.F. : l'Etat n'ayant plus les moyens de faire face aux besoins financiers de l'Office, il doit abandonner une chaîne au secteur privé.

Giscard partage les convictions de Baudouin et dit clairement son intention de rompre avec le monopole. Début juin, Denis Baudoin lui propose de privatiser la troisième chaîne et s'engage à lui fournir un projet précis — cahier des charges, montage financier, articulation avec les deux autres chaînes — en octobre. Moins de trois semaines après qu'il a commencé son étude, Baudoin est abandonné au milieu du gué. Jacques Chirac en effet s'oppose violemment à tout grignotage du monopole. Son opposition n'est pas de principe : il estime que le moment est particulièrement inopportun d'affronter le groupe U.D.R. Sur ce thème, le groupe ne suivra pas le gouvernement. Le chef de l'Etat se range à l'argument. S'est-il pour autant incliné ?

Le 4 juillet, Jacques Chirac trace les grandes lignes du projet de loi : le caractère de service public et le maintien du monopole sont réaffirmés ; l'O.R.T.F. disparaît et sera remplacé par plusieurs sociétés nationales de programmes concurrentes ; la production lourde est regroupée dans une société à capitaux publics mais de gestion privée ; la diffusion est confiée à un établissement public. Le Premier ministre n'a fait que reprendre les propositions d'un rapport présenté, en 1970, par la « Commission d'étude du statut de l'O.R.T.F. » présidée par Lucien Paye. Concrètement, l'O.R.T.F. éclate en « sept unités » dont quatre intéressent quotidiennement les citoyens : Radio-France, TF 1, Antenne 2, et France-Régions 3 (FR 3) à vocation régionale.

Mais, contrairement aux recommandations de la Commission Paye et aux vœux de Jacques Chirac, ces sept sociétés ne seront pas coiffées par un holding devant assurer leur coordination. Le chef de l'Etat entend ainsi rompre avec toutes les formes de centralisation qui ont toujours fini par s'imposer, depuis qu'existe la radio-télévision. Sa volonté est d'instaurer une concurrence afin d'encourager une émulation créative entre les chaînes et de rationaliser leur fonctionnement. C'est pourquoi la répartition des fonds fournis par la redevance tiendra compte de l'audience des programmes.

N'est-ce pas une manière de contourner le monopole ? La gauche et les syndicats vont pourfendre ces nouvelles conditions qui, expliquent-ils, donneront aux responsables de chaînes une mentalité commerciale. Chacun sera tenté de faire du racolage pour bénéficier de la meilleure audience, quitte à abaisser le niveau culturel des programmes. La liberté de l'information, l'indépendance des journalistes par rapport au pouvoir politique, la mainmise d'intérêts économiques sur l'appareil audiovisuel sont les termes largement repris par les élus socialistes ou communistes.

Pour l'Elysée, cette réforme est celle de la « dernière chance du monopole » et doit « éviter » la privatisation même partielle de certaines des sociétés. Dans la majorité, les Républicains indépendants, favorables par « idéologie » à une relative privatisation, mesurent les risques politiques d'une suppression officielle du monopole ; la forme retenue, par son ambiguïté même — concurrence dans le maintien du monopole —, leur sied à merveille. Les élus de l'U.D.R. sont plus sceptiques, mais pour eux aussi, la réforme est suffisamment équivoque, voie contradictoire pour que tout paraisse possible. D'un côté, des « sociétés autonomes », de l'autre un ministre des Finances chargé de répartir la redevance : n'y a-t-il pas dans cette articulation « chaînes concurrentes-Etat » la source de conflits insolubles ? Et que valent les proclamations « d'indépendance à l'égard du gouvernement » ou « de liberté totale d'initiative des responsables de chaînes » ? L'U.D.R. n'a pas dépassé le schéma gaullo-pompidolien dans lequel le service national audiovisuel est, d'une part, l'instrument de propagande du pouvoir et du parti dominant, d'autre part, « la voix de la France ». Dans sa conférence de presse du 21 septembre 1972, Georges Pompidou avait déclaré : « Qu'on le veuille ou non, le journaliste de télévision n'est pas tout à fait un journaliste comme les autres. Qu'on le veuille ou non, la télévision est considérée comme la voix de la France et par les Français et à l'étranger. » En vérité, les responsables U.D.R. et ceux de la gauche croient que, d'une manière ou d'une autre, le système renouera avec ce schéma que les premiers connaissent et défendent et que les seconds ont subi et combattent. La loi est votée le 7 août dans l'indifférence la plus totale de l'opinion publique.

Englués dans leurs obsessions du passé, les élus de tout bord ne verront pas ce qu'il y a d'essentiel dans la réforme qu'ils viennent d'approuver : toutes les conditions sont réunies pour que l'appareil audiovisuel fonctionne hors des forces politiques classiques, et devienne l'instrument d'une subtile normalisation, l'instance suprême de régulation. Il y a, dans cette réforme, toute la patte de Valéry Giscard d'Estaing : ses convictions libérales, sa quête d'un pluralisme

« tempéré », ce qualificatif renvoyant irrésistiblement au « Clavecin bien tempéré ».

C'est la raison pour laquelle il faut parler de *normalisation* et non de propagande ou de manipulation. Pour le chef de l'Etat, la démagogie, intrinsèque à tout pouvoir, se doit de considérablement s'affiner pour dépasser les procédés anciens du double langage. Excitée par une réelle concurrence entre les chaînes, la circulation de l'information, de la culture, des loisirs, va s'apparenter à la circulation des objets et des marchandises telle qu'elle fonctionne selon les lois du libéralisme économique. *Normalisation, régulation, dépolitisation* du message : c'est le but délibéré de la réforme. Et il sera magistralement atteint. Laissant au marché de l'offre et de la demande le soin d'opérer les choix les plus judicieux, les plus spectaculaires et les moins dangereux, invitant le journaliste à être un technicien des « faits sûrs, des faits nus [3] », un spécialiste du traitement des événements, Giscard renoncera à gendarmer ou à surveiller le « monstre » audiovisuel pour concentrer tous ses moyens à faire passer, dans le flot des informations nationales et mondiales, l'information gouvernementale. « La philosophie du président, explique Jean-Philippe Lecat qui sera, en 1977, porte-parole de l'Elysée, était limpide. Il n'acceptait pas que la télévision soit un instrument d'opposition ou de propagande ; il voulait qu'elle soit un moyen d'explication et d'expression pour les différents courants politiques, étant entendu que le pouvoir puisse occuper prioritairement le terrain. Nous n'étions pas des naïfs et c'est vrai que nous avions bonne conscience [4]. » Une philosophie qui va reléguer les partis de la majorité au second plan, la légitimité pédagogique et informative revenant à l'Exécutif. Les yeux des dirigeants de l'U.D.R. et des Républicains indépendants vont s'écarquiller de stupeur quand l'impétueux député gaulliste Robert-André Vivien produira, à la fin de l'été 1975, un constat d'huissier sur le temps de passage des représentants du pouvoir et des partis politiques sur Antenne 2 entre le 6 janvier et le 31 août.

Le président de la République, le Premier ministre et les ministres, c'est-à-dire l'Exécutif, totalisent quinze heures quarante-quatre minutes. L'opposition : sept heures dont quatre heures dix minutes pour le parti socialiste et deux heures quarante minutes pour le parti communiste. Quant à la coalition majoritaire, elle doit se contenter de trois heures treize minutes réparties entre l'U.D.R. (une heure quarante), les centristes réformistes (une heure dix) et les Républicains indépendants (vingt-trois minutes).

La fin de l'O.R.T.F marque ainsi la fin de l'équation : radio-télévision = U.D.R. Les gaullistes qui refusent d'être assimilés au pouvoir se plaindront de n'être pas suffisamment pris en compte de manière spécifique et se poseront en victimes d'un ostracisme giscardien. Les responsables de l'U.D.R. allaient tenir pour une manœuvre dirigée contre eux ce qui procédait d'une stratégie d'ensemble : amener le dispositif audiovisuel à soutenir, très naturellement, le pouvoir, celui-ci étant perçu comme une pratique positive, raisonnable. D'où cette volonté de gommer, le plus possible, les tensions permanentes véhiculées par les vieilles querelles des partis.

Si les débats politiques se multiplient, comme jamais, à travers les « face à face » ou autres formules de ce genre, les confrontations, conjointement, se personnalisent. Sur le petit écran, les hommes politiques se défient « les mains nues », débarrassés de leurs oripeaux idéologiques. Georges Marchais, secrétaire général du P.C.F., n'échappera pas à cette règle. Le langage se neutralise, se banalise ; le jeu démocratique « en direct » renvoie l'image d'un spectacle réconfortant, rassurant, constructif. C'est le libéralisme tel que le souhaite, tel que le rêve Valéry Giscard d'Estaing.

En août 1974, on n'en est pas à réfléchir sur l'esquisse future de la communication giscardienne. Les syndicats de l'Office (F.S.U., Autonome, F.O., C.F.D.T., C.G.T.) n'acceptent pas ce qu'ils nomment « le démantèlement de l'O.R.T.F. ». Ils y voient une menace pour l'emploi. L'entrée en vigueur de la loi est prévue pour le 6 janvier 1975 et pendant six mois, de Cognacq-Jay à la Maison du quai Kennedy, on vivra dans une atmosphère de grève, de « programme minimum », de fièvre, de mécontentement, d'exaspération. Deux magistrats ont été commis d'office par le Conseil d'Etat pour appliquer la loi et pour répartir au mieux les 16 800 agents de feu l'O.R.T.F. dans les nouvelles sociétés. Un travail aussi ingrat que redoutable. Quels critères de répartition faut-il prendre ? L'aptitude professionnelle ? L'ancienneté ? La situation de famille ? Et comment mesurer l'aptitude professionnelle d'un journaliste ? Il a fallu trouver un moyen : celui de la notation par le supérieur hiérarchique est retenu. Sur 1 061 journalistes, 171 se trouveront écartés. De ce côté-là, « l'ère nouvelle » débute sous de sombres auspices. L'intersyndicale des journalistes, animée par Edouard Guibert, organise conférence de presse sur conférence de presse.

Rumeurs, inquiétudes, fantasmes, alimentent les conversations de couloir. Les dossiers sont ouverts. Des journalistes très bien notés par leur « chef » se retrouvent « non répartis » ; celui-ci estime qu'il est sanctionné pour ses activités syndicales ; celui-là, pour son adhésion à un parti politique ; d'autres pensent qu'ils « ne plaisent pas », tout simplement. « On vit en pleine incohérence et cette incohérence est inacceptable », répète Edouard Guibert.

Il n'est pas jusqu'à Erwin Guldner, l'un des deux magistrats de la

Une ère nouvelle

« commission de répartition », qui n'avoue ressentir « l'impression d'une loi trop vite votée qui, comme toutes les lois portant de grandes réformes, a des difficultés à se mettre en place[5]. »

La réforme passe très mal et personne, alors, ne prendrait de pari sur son avenir. Elle allait, pourtant, produire l'une des mécaniques institutionnelles les mieux huilées, les mieux maîtrisées du septennat giscardien. A l'Elysée, on restera de marbre devant l'agitation que suscite le « démantèlement ». Le chef de l'Etat a donné ses instructions à Marceau Long, son « major » à l'E.N.A., directeur de l'O.R.T.F. depuis 1972 et qui garde la haute main sur l'opération chirurgicale en cours : les nouvelles sociétés doivent démarrer dans les meilleures conditions à la date prévue du 6 janvier. Le 8, Giscard expliquera la réforme sur France Inter et dira, à l'adresse des présidents de chaîne : « Les pouvoirs publics n'entendent pas gérer votre société par votre intermédiaire. Ils vous en délèguent entièrement le rôle jusqu'à expiration de votre mandat... Sans jamais intervenir dans vos responsabilités de gestion et d'information. Si vous constatez un manquement à ce principe, que je considère comme fondamental, je vous demande de m'en rendre compte. » Et il ajoutera : « Les organismes de radio et de télévision ne sont pas la voix de la France. Les journalistes de la télévision sont des journalistes comme les autres. »

Benjamin Disraëli disait qu'il fallait savoir prendre les habits de ses adversaires politiques. Giscard les endosse décidément sans complexes. S'il s'est en effet engagé personnellement dans l'abaissement de l'âge civique à dix-huit ans, s'il a pensé et conçu le cadre général de la réforme de l'O.R.T.F., s'il s'apprête à modifier sur un point fondamental la Constitution de 1958 — les modalités de saisine du Conseil constitutionnel —, son gouvernement prépare une « libéralisation » du régime des prisons, étudie les modalités du divorce par consentement mutuel et met au point un texte sur l'interruption volontaire de grossesse. Ces « changements » menés au pas de charge déroutent et agacent son propre électorat. En juillet, selon un sondage I.F.O.P., 48 % seulement des Français sont satisfaits du nouveau président. Georges Pompidou recueillait, deux mois après son installation, l'assentiment de 55 % des citoyens ; le général de Gaulle 60 % ; François Mitterrand 54 %.

Lors de sa première conférence de presse le 25 juillet — où l'on remarque l'absence de Jacques Chirac — le chef de l'Etat, qui perçoit le flottement de sa base électorale, va cependant assumer la totale responsabilité du « changement » et se présenter comme l'initiateur de toutes les réformes. Mais à quoi sert Matignon ? s'interroge la presse. Debout devant un pupitre, décoré d'un bouquet tricolore de myosotis — ses prédécesseurs étaient assis derrière une table vierge —, le chef de l'Etat s'est mis « à la disposition des journalistes », en homme simple, cherchant manifestement à trancher avec la raideur solennelle de naguère.

Une causerie à bâtons rompus dans laquelle les questions sérieuses ou pressantes auraient paru déplacées. Soucieux de faire « libéral », il ne respectera pas l'ordre des sujets, tel qu'il l'avait proposé : questions politiques, questions sociales, questions économiques. Le président, face aux questionneurs, se disperse en ministre à têtes multiples, descend dans le détail. « Courant avec sveltesse, il prend ses poses et livre ses images, écrit Paul Guilbert dans *le Quotidien de Paris*[6]. Ici il explique, comme sur le rapport des prix de production et de consommation, plus loin il est franchement érudit, avec la loi de 1920 sur l'avortement, ou bien il marque son souci de l'originalité, l'originalité de notre Constitution, l'originalité de la réforme de l'O.R.T.F. en comparaison des modèles étrangers. Il affirme aussi son goût de faire sauter les barrières, celle de l'âge électoral, de rapprocher les éléments qui ont tendance à s'ignorer, le peuple et l'armée, le citoyen et sa défense. Sur ce chemin-là, le promeneur est infatigable : " J'irai là où j'ai décidé d'aller ". M. Giscard d'Estaing, parce qu'il a le sens de la compétition et la soif des responsabilités, voudrait que les Français soient des êtres compétitifs et responsables : il les appelle à lui ressembler. »

Au nom des soixante jours écoulés durant lesquels le gouvernement a, selon lui, donné toutes les preuves de sa volonté de changement, il souhaite que l'opinion lui accorde la grâce des « cinq cents jours » pour achever les premières réformes. Un délai raisonnable mais très parlant, un calendrier précis d'actions, un souci d'explication, voilà une méthode de gouvernement qui n'est pas sans rappeler celle d'un illustre président du Conseil, Pierre Mendès France. Y aurait-il du Mendès dans ce Giscard ? L'interrogation est dans l'air, timidement formulée tant elle paraît sacrilège, prégnante pourtant, surtout après cette conférence de presse où il est apparu, encore frêle César, en homme soucieux de construire son personnage et en pédagogue, simplifiant volontairement les problèmes pour être compris de tous les Français. Laissons-lui le mot de la fin, grandiose dans sa logique polytechnicienne : « Je suis un traditionaliste qui aime le changement. Comme la France était un pays traditionaliste qui avait besoin de changement, il était naturel que nous nous rencontrions. » De fait, les « rencontres » se poursuivent.

Certaines n'étaient pas prévues. La mutinerie du 20 juillet à la prison de Clairvaux qui fait deux morts et quinze blessés. L'agitation qui s'étend aussitôt à de nombreux établissements pénitentiaires — le 1er août un détenu est tué à Saint-Martin-en-Ré —, oblige Jean Lecanuet, garde des sceaux, dès le conseil des ministres du 7 août, à proposer une série de mesures à court et moyen termes. Après les émeutes d'ampleur nationale de 1971 et 1972 — plus de cent vingt mobilisations collectives de détenus en deux ans — un premier train de mesures avait « libéralisé » le régime des prisons et amélioré quelque peu les liens entre milieu carcéral et milieu ouvert. Depuis ces mouvements, l'opinion, jusque-là indifférente à la situation des prisons, s'effarouche — parfois s'émeut — tandis que le pouvoir se doit d'ouvrir l'épineux dossier. Pour répondre à cette sensibilisation, le gouvernement de Jacques Chirac s'est d'ailleurs doté d'un secrétaire d'Etat chargé de la condition pénitentiaire, un portefeuille confié à une femme, Hélène Dorlhac. Celle-ci néanmoins n'occupera guère le devant de la scène, après l'explosion de Clairvaux, cédant la place au maire de Rouen. Jean Lecanuet n'inventera pas grand-chose et sortira du tiroir le rapport Schmelk, rédigé après la mutinerie de Toul en 1971 et les rapports Arpaillange de juillet 1972 et de février 1973. Il faut parer au plus pressé : revaloriser le sort des 7 500 « surveillants en uniforme » qui gagnent moins qu'un agent de police et se sentent déconsidérés ; désengorger les prisons surpeuplées et tout faire pour que n'y entrent que ceux qu'il est indispensable d'y envoyer. Des mesures sont à l'étude : la détention préventive pourrait être limitée à six mois pour certains types de délit, de même que les juges ne prononceraient plus de petites peines de prison : on sait pertinemment que ces « courtes peines » sont plus néfastes qu'utiles et sans aucune valeur de « rééducation ». Parallèlement, tout un volet de la réforme projetée visera la prévention de la délinquance, prévention éloignée par des mesures destinées aux jeunes en danger moral et prévention rapprochée en faisant appel à la vigilance de la police. Il faut aussi faire communiquer entre eux les services judiciaires et pénitentiaires qui s'ignorent trop souvent (un comité de coordination sera créé dans cet esprit). Enfin, le ministre de la Justice ne rejette pas l'idée d'un « statut du détenu » qui déboucherait sur un aménagement de certains droits privés — le mariage par exemple — et, surtout, sur un accroissement du droit à l'information. Et puis, plus tard, des textes aborderont les problèmes de fond : le casier judiciaire, l'assurance vieillesse des détenus, le pécule alloué à ceux qui travaillent, la sortie de prison, etc.

Les ambitions de Jean Lecanuet sont aussi généreuses qu'immenses. Jusqu'où ira-t-il ? On sait depuis qu'il n'alla pas très loin. Dès août 1974, c'était prévisible : les gardiens de prison refusaient toute évolution, les magistrats étaient méfiants à l'endroit du pouvoir, l'opinion publique dans ses tréfonds redoutait une relative « libéralisation » et répugnait à regarder ce problème. Quant aux détenus, de quelles mesures pourraient-ils se satisfaire ? « De toute façon, dit Jean-Marie Domenach, l'un des animateurs du groupe d'information sur les prisons, nous n'en sortirons pas tant que nous n'aurons pas compris que l'idée même de la prison est dépassée. Il faut maintenant inventer une autre façon de concevoir la justice adaptée à notre temps, à nos mentalités, à nos capacités... Il faut d'abord réconcilier l'homme et la société, rétablir la confiance entre l'un et l'autre. C'est ce qu'il y a de nouveau dans la révolte des prisons actuelle : elle est un appel, un appel au monde extérieur pour qu'il prenne conscience de ces inégalités profondes[7]. » On assistera au processus inverse : il ne s'agira plus de reconnaître les détenus, les délinquants, mais de les « parquer » dans des établissements pénitentiaires plus ou moins convenables. On inventera les Q.H.S. (quartiers de haute sécurité). Un processus inhérent à ce besoin de sécurité ressenti par une majorité de plus en plus large des citoyens, un processus qui se prolongera avec l'arrivée de la gauche au pouvoir, en 1981. Pourtant, le 10 août, montant une fois de plus en ligne, Valéry Giscard d'Estaing effectue une visite surprise dans les prisons lyonnaises de Saint-Paul et de Saint-Joseph et s'entretient avec les détenus sur leurs conditions de vie, démarche qui étonne, voire stupéfait. Démagogie ? Alors le terrain serait des plus mal choisis. L'idée d'un tel geste lui a été soufflée par des proches — nullement par des amis politiques — dans le but de manifester de façon spectaculaire sa volonté d'être le président de tous les Français, celui des élus comme celui des bannis de la société.

L'idée l'a séduit, elle s'apparente à cette autre initiative qu'il annoncera six mois plus tard, ses dîners dans les familles françaises. « Sachez, déclare-t-il, que l'expérience française intéresse le monde entier, que cet aspect beaucoup plus naturel, beaucoup plus aéré, beaucoup plus direct de la conduite des affaires publiques apparaît à d'autres comme étant sans doute la solution de demain[8]... » La France un modèle ? Un exemple ? Le chef de l'Etat nourrit cette ambition et il a en tête cette France du XVIIIe siècle, un des plus hauts moments de notre histoire, qui aurait pu passer de la monarchie déclinante à la démocratie sans l'épreuve de la Révolution de 1789. Vision tocquevillienne empreinte de nostalgie dans les valeurs aristocratiques et de foi dans les vertus démocratiques. Giscard aime ce siècle de Louis XV superbement résumé par Pierre Gaxotte : « Louis XV n'a pas régné sur une France misérable, mais sur une France en pleine prospérité. Des grâces de bonbonnières, des fadeurs, des abbés de cour, des billets doux, des perversités de boudoirs ? Ce siècle est plus grand. C'est un siècle de laboureurs, d'hommes d'affaires, de maîtres de forges, d'agents de change, d'armateurs, et de grands commis. De la dépravation, certes, mais sans hypocrisie. Alceste et Tartuffe sont heureusement enterrés ; Werther, René, Chatterton et Rolla sont encore à naître. On ne sermonne plus ; on ne pleure pas encore. On sait l'art de vivre et on vit. »

Qu'enfin les Français vivent, tranquillement, paisiblement ! C'est la sincère hantise du chef de l'Etat, et il inventera ce concept, surprenant dans sa bouche, de « république populaire ». Il n'emploiera qu'une seule fois cette insolite formule, le 8 janvier 1975 dans le cadre des différentes émissions célébrant le centième anniversaire de la République[9]. Elle sonnait comme « démocratie populaire », alors que Giscard n'y voyait que l'expression métaphorique d'une unité nationale, d'un consensus né de l'élection du président au suffrage universel. « La société française se transforme. Elle doit porter en elle le sentiment de son unité en tant que peuple, et la République doit refléter cette unité, favorisée au demeurant par la télévision... La république populaire signifie : le peuple français tel qu'il est, la réalité populaire telle qu'elle est[10]. »

En tout cas, la réforme parmi les réformes, la « révolution » pourrait-on écrire, qui va révéler la fragilité de cette « unité populaire » à laquelle il aspire, est encore devant lui : c'est la fameuse loi Veil sur l'avortement.

Dans un entretien avec James Reston, vice-président du *New York Times*, il avait souligné : « Le changement culturel de notre temps viendra sans doute par les femmes », et c'est à une femme, Simone Veil, quarante-sept ans, ministre de la Santé, qu'il demande de rédiger un projet de loi libéralisant l'avortement. Depuis trois ans, la controverse sur ce sujet est à la une de l'actualité. La presse, dans l'ensemble favorable à la modification de la législation, suivait avec une attention soutenue les débats, polémiques, manifestations... D'un côté, « Choisir », créé en 1971, et le M.L.A.C. (Mouvement pour la liberté de l'avortement et de la contraception), constitué en 1973, mènent au nom de la liberté de la femme des actions illégales. De l'autre « Laissez-les vivre » et plusieurs associations pour le respect de la vie déploient un activisme débordant.

Dans cette atmosphère enflammée, Jean Taittinger, ministre de la Justice dans le deuxième gouvernement Messmer, avait déposé un premier projet de loi en juin 1973. La formule relevait du compromis : elle autorisait l'interruption volontaire de la grossesse par un médecin dans certains cas limitativement énumérés, dont l'un, assez vague, concernait le risque d'une atteinte à la « santé psychique de la femme ». Discuté devant l'Assemblée nationale en décembre 1973, le projet suscita de telles passions qu'il fallut le renvoyer en commission. Un an plus tard, le climat est toujours à la frénésie.

Il revenait normalement au garde des sceaux, Jean Lecanuet, de reprendre la périlleuse affaire. Des élus de la majorité, farouchement hostiles au projet Veil, ne manqueront pas de souligner « l'absence du ministre de la Justice ». En réalité, Jean Lecanuet interviendra avec courage, prenant le risque de heurter son électorat chrétien, le 28 novembre à l'Assemblée nationale, pour contester l'argumentation de Jean Foyer (R.P.R.) et repousser plusieurs amendements : « A ceux qui ont sollicité mon avis, à ceux qui hésitent encore, je dirais que je suis entièrement solidaire du gouvernement et de Madame le ministre de la Santé pour vous demander d'écarter des amendements qui détruisent l'œuvre sage du gouvernement. Le problème est douloureux pour beaucoup de consciences, pour la mienne en particulier, mais je vous parle en prenant mes responsabilités de ministre de la Justice. »

« Sur le fond, Jean Lecanuet était pour la loi, expliquera Simone Veil, mais il aurait voulu la présenter lui-même, sous une forme plus proche du projet Taittinger. Il s'est senti politiquement dépossédé du dossier et n'a donc pas voulu, d'entrée de jeu, se mouiller [11]. » Le chef de l'Etat se tient lui aussi en retrait. S'il ressentait la nécessité de la réforme, celle-ci n'entrait pas dans ses sphères mentales de préoccupations. C'était le problème du ministre de la Santé. A celui-ci de s'en sortir. Jacques Chirac, en revanche, soutiendra de bout en bout son ministre et sera présent dans l'hémicycle à tous les moments décisifs.

C'est donc Simone Veil qui conduira la bataille. Son projet, nettement inspiré de considérations médicales — et non plus morales — autorise l'avortement à condition qu'il soit précoce et laisse à la femme, dûment éclairée, la totale responsabilité de sa décision.

Dieu sait ce que la postérité retiendra du septennat giscardien ! A tout le moins, elle devrait réserver une page à Simone Veil, la première femme-ministre de la Ve République et aussi la première, sept ans durant, au hit-parade de la popularité. Elle a ce charme d'autrefois, cette élégance désuète et rassurante, cette présence tranquille. Qui la connaissait avant sa nomination comme ministre de la Santé le 28 mai 1974 ? Personne, sinon le cercle étroit des initiés qui font et défont les carrières. Elle appartient à ce personnel politique — hauts fonctionnaires ou responsables des secteurs bancaires ou industriels — qui n'a jamais brigué le suffrage électoral et qu'affectionne le giscardisme. Depuis l'époque où son mari, Antoine Veil, inspecteur des Finances, P.-D.G. de la compagnie aérienne U.T.A., conseillait Pierre-Henri Teitgen (1947-1948), Alain Poher (1948-1949) ou Joseph Fontanet (1959-1961), l'ascension de Simone Veil est aussi assurée que silencieuse. Les dîners chez les Veil ont beaucoup compté. Elle en convient. « Nous avions un réseau d'amis, et puis les choses font boule de neige. Le président Alain Poher nous a beaucoup aidés. » Au temps du gaullisme triomphant qui détestait on ne peut plus l'axe Poher-Fontanet, ce réseau n'a pu fonctionner à sa mesure. Un observateur perspicace et pertinent du ballet politique, des promotions, aurait pu, cependant, repérer qu'elle n'était jamais très loin des princes.

Quand il fallut nommer une femme dans un domaine jusque-là réservé aux hommes, c'est à Simone Veil que pensa, très naturellement, le pouvoir. Elle entra ainsi au Conseil supérieur de la magistrature, puis au Conseil d'aministration de feu l'O.R.T.F. ; elle fut aussi l'une des rares femmes à réfléchir, avec des « experts », sur la croissance économique.

Quand Valéry Giscard d'Estaing gagne l'Elysée, quand Jacques Chirac — « c'est vrai, c'est un ami » — s'installe à Matignon, l'horizon se dégage brusquement et la voilà aussitôt investie ministre à part entière. Pour son premier « conseil », elle n'est pas en terre étrangère. « Il est certain que je connaissais autour de la table bien plus de gens que d'autres collègues parlementaires, comme moi nouveaux promus. »

La Santé est ce que l'on appelle un « grand ministère technique ». Sous-entendu, sa dimension politique et son prestige sont modestes. Il n'était pas inconvenant que le chef de l'Etat puisse en confier la charge à une femme. Pourtant, la bataille de l'avortement allait conférer à cette femme un charisme d'un genre nouveau, un charisme que beaucoup de dirigeants politiques lui envieront. Simone Veil fera front. La France va la découvrir ce mardi 26 novembre 1974, date d'ouverture des débats devant les députés. Au banc du gouvernement, la plupart des ministres sont présents. Dehors, des militants de « Laissez-les vivre » distribuent des tracts, tandis qu'une vingtaine de femmes conduites par un prêtre s'avancent lentement vers le Palais-Bourbon en égrenant leur chapelet. Le Conseil de l'ordre des médecins dans une lettre publique et les évêques de France, dans une déclaration, ont marqué leur totale hostilité à la réforme.

Simone Veil monte à la tribune. En tailleur Chanel, émue, contractée, elle paraît terriblement seule devant ce cénacle de mâles. 481 hommes et... 9 femmes. Ce qui frappe d'abord, c'est la brillance des yeux bleus ; la détermination qui s'en dégage. Et puis, il y a cette voix étrangement grave. Le silence se fait. Elle rappelle un principe, celui du respect de tout être humain dès le commencement de la vie et affirme qu'il ne saurait y être porté atteinte qu'en cas de nécessité et selon les conditions définies par la loi. L'avortement doit « rester l'exception, l'ultime recours ». Pour « des situations de détresse ». Mais la loi, précise d'entrée le ministre de la Santé, n'a pas à expliciter cette notion de détresse en raison même de son caractère subjectif. C'est à la femme qu'il revient d'apprécier librement et en conscience sa détresse. Là se situe le véritable tournant qui rompt avec la loi de 1920 : « Le gouvernement a renoncé à la voie de la facilité qui aurait consisté à ne pas intervenir... La situation actuelle est mauvaise. Elle est déplorable et même dramatique, parce que la réglementation de 1920 est ouvertement bafouée, pire même, ridiculisée... Les avortements légaux remplaceront en fait les avortements clandestins. » Aucun effet de manche, aucune envolée philosophico-lyrique dans son intervention. Simone Veil est sérieuse et se voit comme telle. Le fait, le précis, le concret comptent plus que le conceptuel.

A la sobriété de son discours, les élus de toutes tendances, partisans ou adversaires du projet, vont répondre par une incroyable inflation du verbe, par une cacophonie sans pareille. Les gaullistes sont déchaînés, plusieurs giscardiens aussi. « N'en doutez pas, lance pathétique l'ancien ministre gaulliste Jean Foyer, les capitaux s'investiront dans l'industrie de l'avortement, et le temps n'est pas loin où nous verrons en France des avortoirs, ces abattoirs où s'entassent les petits d'hommes... Votre projet viole la Convention des droits de l'homme. » Hector Rolland, l'un des initiateurs de « l'appel des 43 », fait du porte à porte pour convaincre ses collègues U.D.R. de voter contre. « Personnellement abandonné lorsque j'étais dans les langes, je suis très heureux... Je ne participerai pas à une Saint-Barthélemy où des enfants en puissance seraient journellement sacrifiés. » Pierre Bas, député gaulliste de Paris, pousse encore plus loin le bouchon des comparaisons historiques : « Faut-il souhaiter, comme l'organisation néo-nazie qui ravage l'intelligence française, qu'il n'y ait plus que des Vénus et des Hermès et sacrifier Socrate, Scarron, Beethoven et Toulouse-Lautrec ? » Plus pragmatique que rhétoricien, en fidèle giscardien qu'il est, René Feit, député maire R.I. de Lons-le-Saunier, chirurgien gynécologue, sort de sa serviette un magnétophone au micro de la tribune et invite ses collègues à écouter les battements du cœur d'un fœtus de huit semaines et deux jours. Il est 23 h 34. Cette fois, c'en est trop, un malaise mêlé d'écœurement, de culpabilité trouble, envahit l'hémicycle. Et quand, deux jours plus tard, le giscardien Emmanuel Hamiel voudra répéter l'expérience, le président de séance, Edouard Schloesing (C.D.S.), interrompra l'audition, sans ménagement.

Soixante-quatorze orateurs se succéderont. Tous les élus de l'opposition, les femmes-députés et quelques rares représentants de la majorité — l'U.D.R. et médecin Bernard Pons en particulier — défendront en recourant aux mêmes artifices, à la même enflure, le projet Veil. La troisième et dernière journée de débat, la plus longue, se termine à

3 h 40 du matin. Silencieux, Jacques Chirac et Michel Poniatowski sont toujours à leur banc, marquant par leur présence la détermination du gouvernement. Simone Veil se fait plus véhémente, s'engage plus avant et présente son texte comme « le reflet de ses convictions personnelles ». Elle conclut : « Tout n'a-t-il pas été dit ?... Le gouvernement a pris ses responsabilités. Le Parlement doit prendre les siennes. » La loi est votée, sans modification sensible du texte gouvernemental, par 285 députés dont 179 élus de l'opposition sur 180. A 5 heures du matin, Simone Veil reçoit dans son appartement privé de la place Vauban une gerbe de fleurs accompagnée d'un mot de félicitations. Il est signé Jacques Chirac. Au Sénat, la réforme est acquise par 182 voix contre 91 ; Giscard ne croyait pas — il ne l'avait pas caché au ministre de la Santé — qu'elle pût passer devant les sénateurs. Les adversaires de la loi ne désarmeront pas et ils formeront devant le Conseil constitutionnel un recours qui sera rejeté le 1er janvier 1975. La loi Veil est publiée au *Journal officiel* du 18 janvier.

Amer épilogue pour le chef de l'Etat ! La réforme du droit de saisine du Conseil constitutionnel voulue par lui est inaugurée contre lui par ses propres alliés. Quant à « la majorité d'idée » qui s'est dégagée au Parlement et qui va dans le sens de la « décrispation », de « l'ouverture », elle sera sans suite. Les frontières entre « droite » et « gauche » ont été bousculées le temps d'un vote, sur un sujet précis, mais rien dans la réalité des clivages traditionnels n'est changé. Au contraire, c'est au moment où ils s'apprêtent à voter le texte de Simone Veil que les élus socialistes réunis à Cachan réaffirment, après deux mois de vives polémiques P.S.-P.C.F., leur fidélité au Programme commun et à l'Union de la gauche. Enfin, au sein de la majorité, la bataille de l'avortement laissera des cicatrices. C'est le « débat honteux » auquel, à de rares exceptions — Jean Foyer, Michel Debré —, les ténors de l'U.D.R., des centristes ou des R.I., se mêleront, finalement, très peu. Une attitude de Ponce Pilate qui est sans risque puisque le projet gouvernemental reçoit la caution explicite et unanime de la gauche. Sur ce sujet, le P.S. et le P.C.F. pouvaient-ils s'abstenir et provoquer, de facto, une crise ouverte entre l'exécutif et sa majorité ? Pouvait-il par exemple se montrer plus maximaliste que le ministre de la Santé ? Non. Tous les sondages d'opinion encourageaient les dirigeants socialistes et communistes à soutenir loyalement la réforme. Celle-ci répondait au vœu de 65 % des Français et rejoignait le combat de la gauche.

En revanche, cette confrontation — l'une des plus violentes de la vie parlementaire du septennat — fut l'apanage des « élus de base ». Entre eux et le pouvoir un fossé est définitivement creusé. En particulier les fameux signataires de « l'appel des 43 », ces élus de l'U.D.R. qui acceptèrent, derrière Chirac, d'appuyer le candidat Giscard, ont massivement voté contre « la loi Veil ». L'impression d'avoir été floué est largement ressentie par beaucoup de ces députés anonymes. Et pourtant, ce vote ressemble dans l'instant à une parenthèse : un lâche soulagement pour quelques-uns, un dossier enfin réglé et honorablement pour d'autres. On ne voit pas qu'il puisse avoir un quelconque prolongement politique. En effet, les préoccupations des différents états-majors, en cet hiver de 1974, sont ailleurs, et concernent des sujets bien éloignés de « l'interruption volontaire de grossesse ».

« Je change, donc je suis [12]. » La formule vaut tous les commentaires sur l'état d'esprit qui règne à l'Elysée. Outre les réformes que l'on vient d'évoquer, le président continue de travailler son « style » et son image de marque. A son goût, la fête du 14 juillet « s'est un peu éloignée de la gaieté et du contact populaire ». Et pour l'en rapprocher, il décide d'organiser le défilé traditionnel non aux Champs-Elysées mais à la Bastille. L'expérience ne sera pas renouvelée. Il demande d'assouplir le tempo de la *Marseillaise* pour atténuer son rythme guerrier. Sur le drapeau qui flotte au mât de l'Elysée, il fait broder son blason, allégorie de la sagesse antique : des faisceaux de licteur encadrés de branches de laurier. Il n'occupe pas le bureau du général de Gaulle et de Georges Pompidou, mais le salon voisin, plus petit, plus intime... Le paysage bouge par touches impressionnistes. On le croit. « Et si c'était vrai ? » s'interroge Pierre Viansson-Ponté dans *le Monde ?* « Faut-il prendre Giscard au sérieux ? » se demande Jean Daniel dans *le Nouvel Observateur*.

En politique toutefois, l'activité concrète — celle où se règlent les comptes, se préparent les frondes ou les guerres — s'est toujours déployée en dehors de ces réflexions d'intellectuels, de ces débats d'idées. Les prix, les impôts, le chômage, voilà où la classe politique attend le pouvoir ; voilà où elle est à l'aise pour attaquer, critiquer, conseiller. Interrogé sur les raisons de son silence, depuis l'élection présidentielle, François Mitterrand, au journal télévisé du 29 août, va parfaitement résumer les pensées qui agitent les états-majors partisans de la majorité et de l'opposition. « Je dis qu'il faut distinguer deux sortes de mesures : celles qui touchent aux mœurs, aux traditions de notre vieux pays, et celles qui concernent la vie, les structures économiques de notre société. L'âge civique à dix-huit ans, la contraception, le divorce par consentement mutuel, la fin des écoutes téléphoniques, tant mieux, c'est une bonne chose. La gauche le demandait, la droite n'en voulait pas... Quant aux mesures économiques, je ne les connais pas. Monsieur Valéry Giscard d'Estaing a été très discret là-dessus. » Ce n'est pas tout à fait juste.

Une ère nouvelle

A chacun sa vérité, la fameuse pièce de Pirandello, est au programme de la rentrée économique et sociale du septennat. Héroïnes du drame : la hausse des prix et la montée du chômage. Le 12 juin, Jean-Pierre Fourcade, ministre de l'Economie et des Finances, a présenté son plan de « refroidissement de l'inflation » en seize points. Deux heures plus tard, dans une allocution radio-télévisée, le chef de l'Etat venait soutenir l'action de son ministre et affirmer : « Cet effort est conduit dans un esprit de justice... L'essentiel de l'effort est attendu des entreprises... Et lorsqu'un effort est demandé aux contribuables... ce sont surtout les revenus moyens et supérieurs qui apporteront une contribution en fonction de leurs ressources. »

Le plan de « refroidissement » prévoit essentiellement une majoration de l'impôt sur les revenus des sociétés et des gros contribuables, une mesure encore aggravée le 5 juillet lors de l'adoption du collectif budgétaire ; un relèvement du taux d'intérêt de l'épargne ; le maintien d'un strict encadrement du crédit ; des économies budgétaires ; des économies d'énergie ; une hausse de 3,5 à 10 % de divers tarifs publics. Jean-Pierre Fourcade se donne dix-huit mois pour rétablir l'équilibre de la balance extérieure de la France, et pour réduire notablement l'inflation. « A la fin de l'année, déclare le ministre de l'Economie, nous devons nous retrouver avec des prix qui n'augmenteront pas de plus de 1 % en moyenne par mois. » Le pari est ambitieux. Depuis janvier, l'inflation va au rythme mensuel de quelque 1,5 %. A ce train-là, l'année se soldera par une hausse des prix de... 18 % ! Le record absolu de l'après-guerre. Une perspective insoutenable pour un président de la République qui fut neuf ans ministre des Finances.

L'inflation que connaît la France de 1974 est un phénomène sans précédent. On ne peut pas comparer des hausses de prix de 6 % ou 7 % qui sont parfaitement assimilables par la société, aux hausses de 12 % à 15 %. Il est vrai que le pays a connu plusieurs poussées inflationnistes : en 1947-1948 ou en 1956, par exemple. Mais nous étions alors les seuls à subir cette inflation ; à la même époque, les prix restaient quasi stables en Allemagne ou aux Etats-Unis. La grande nouveauté, qui ajoute à la gravité de la situation présente, c'est qu'aujourd'hui tous les pays du monde, y compris les Etats-Unis, ont une inflation qui tourne autour de 10 à 12 %. Jamais dans l'histoire des U.S.A., sauf peut-être durant la guerre de Sécession (1861-1865), on n'avait connu un tel phénomène. Trois causes, au moins, sont à l'origine de cette inflation de caractère mondial : le désordre monétaire international ; la crise des matières premières et celle du pétrole, révélée par la guerre israélo-égyptienne d'octobre 1973 ; la chute de l'épargne : quand on offre 5 % à 7 % d'intérêt et que l'inflation est de 15 %, il est évident que l'on épargne moins, puisque tout placement se traduit par une perte de capital. Et s'il n'y a plus d'épargne, comment financer les investissements ? En créant de la monnaie, en faisant jouer à plein les crédits bancaires. Créer de la monnaie, c'est renforcer l'inflation. Ainsi, l'inflation alimente elle-même sa progression. C'est le cercle infernal.

Les Français et les Occidentaux sortent d'un rêve extraordinaire de vingt ans, où tout leur était facile, où l'épargne était abondante, où le pétrole et les matières premières étaient bon marché. Un rêve qui fut aussi le cauchemar des pays pauvres, producteurs de matières premières... Cela n'est plus possible. Le pouvoir le sait. L'opposition aussi, mais ne veut pas le savoir ; c'est la règle du jeu. Quant aux différentes catégories socioprofessionnelles, elles ne sont nullement disposées à entendre le langage de la vérité. La tâche du ministre de l'Economie et des Finances tient de la véritable acrobatie. Il lui faut, tout à la fois, lutter contre l'inflation, préserver l'emploi, financer les mesures sociales promises et donner un coup de fouet à nos exportations. Ce dernier point, en particulier, donne lieu à de nombreux commentaires. Le chef de l'Etat, alors qu'il n'était que ministre, avait, dans ses vœux de Nouvel An, demandé aux Français de « travailler un treizième mois pour l'exportation. » Son souhait n'a pas été exaucé : la balance des paiements est largement déficitaire et l'O.C.D.E. chiffre à 30 milliards de francs le déséquilibre probable, en 1974. Ce serait, également, sans précédent.

D'un naturel optimiste, du moins il se présente ainsi, Jean-Pierre Fourcade, avant d'avoir concrètement engagé le fer dans les nombreuses plaies, donne le sentiment qu'il a déjà gagné. Carré d'épaules, de tête, de lunettes, le cheveu ras, cet homme de quarante-cinq ans a une belle assurance qu'il sait communiquer à ses interlocuteurs. La presse le présente volontiers comme la « révélation » du nouveau gouvernement. Inspecteur des Finances, il a derrière lui une brillante carrière de haut fonctionnaire (au cabinet du ministre Giscard d'Estaing) et de « grand patron » puisqu'il était directeur général de la première banque privée française, le Crédit industriel et commercial. Il n'a rien perdu de ses allures de manager qui préfère la rapidité, la précision, les « coups » aux finasseries, aux remèdes en douceur de la classe politique. Ainsi son « plan de refroidissement » a provoqué des vagues chez les P.M.E. Il s'est fixé dix-huit mois pour réussir. De nombreux patrons comme des élus de sa majorité auraient préféré qu'il se donnât trois ans. Il ne les a pas écoutés. Il avance. Sûr de lui. « Malgré leur grogne, les entreprises ont versé ponctuellement le supplément de 18 % d'impôt sur les bénéfices », lance-t-il, triomphant, au mois d'août. Il pense que les Français consomment trop et il propose une phase de relative austérité, une pause pour ralentir la machine économique surchauffée. Il est convaincu que le pays est disposé à accepter cette rigueur mâtinée Poincaré/Pinay. Entretenant une « vieille amitié » avec le chef de l'Etat et une « complicité » avec le Premier ministre, il ne doute pas un instant de leur soutien total. N'ont-ils pas travaillé ensemble « jour et nuit » à son plan de refroidissement ? Giscard n'a-t-il pas souligné devant des millions de téléspectateurs que la France vivait « à l'heure actuelle des temps difficiles » ? N'a-t-il pas, lui, sacrifié pour s'installer rue de Rivoli les deux tiers de son traitement de banquier, préférant le pouvoir et le service de l'Etat à l'argent ? Un choix presque unique dans les annales administratives et qu'il fait quand s'amoncellent de sombres nuages.

Giscardien acquis au « libéralisme éclairé », Fourcade se frotte au suffrage universel en 1971 et enlève de haute lutte la mairie de Saint-Cloud. Il récidive, en 1973, pour entrer cette fois au Conseil général des Hauts-de-Seine. Ce n'est pourtant ni un « politique », encore moins un politicien. Un œil sur l'indice des prix, un autre sur la balance du commerce extérieur, il creusera son sillon insensible à l'agitation sociale qui s'amplifie.

Or, dès l'automne 1974, les préoccupations de Matignon sont rigoureusement opposées. Elles sont, avant tout, de nature politique. Tous les ministres le savent, qui entendent Marie-France Garaud ou Pierre Juillet s'inquiéter, d'une part des effets du « changement » — le « style », les réformes touchant aux mœurs, la décrispation — sur l'électorat conservateur, d'autre part, des conséquences du « plan d'austérité » sur l'opinion dans son ensemble. Ce n'est pas que Jacques Chirac soit pour ou contre le programme arrêté par son ministre des Finances ; il ne s'est pas réellement forgé une « doctrine » en la matière. Extrêmement attentif aux sautes d'humeur des citoyens, il n'apprécie la qualité d'une politique économique qu'à travers le prisme du climat social. A l'inverse de Jean-Pierre Fourcade et du chef de l'Etat, dont la démarche est de séparer, avec netteté, le traitement des questions économiques de la résolution des difficultés sociales, donc de savoir résister aux pressions de la rue, Jacques Chirac tend à confondre les problèmes et à choisir la détente sur le front des revendications, aux dépens, s'il le faut, de la rigueur sur le terrain de la gestion. Le Premier ministre est un laxiste qui se cache derrière un langage volontariste et autoritaire. On l'a dit, c'est un bon « radical-proconsulaire ». Dès l'été 1974, il redoute « l'austérité », le « refroidissement » et rêve d'une « relance ». Il y viendra à l'automne 1975, désavouant la politique menée depuis quinze mois par Fourcade. « Il y aura toujours, écrira celui-ci, des hommes politiques pour évoquer les bienfaits d'une politique de relance ; oserai-je dire qu'ils devraient effectuer un recyclage dans leurs connaissances économiques et mieux approfondir leur raisonnement [13] ? »

L'été 1974, il est vrai, est particulièrement agité. Elu « dans un mouchoir », mal perçu, selon les sondages, par l'opinion, le chef de l'Etat a quelque raison de douter de la solidité de son pouvoir. D'ailleurs, plusieurs observateurs s'interrogent sur sa « fragilité », se demandent si la pagaille ambiante ne tient pas, d'abord, à son incapacité de maîtriser la situation. Au lendemain de la deuxième « réunion de presse », le 24 octobre 1974, où le chef de l'Etat esquisse le concept de « société libérale avancée » et brosse un très sombre tableau d'un monde « qui va à la catastrophe », le quotidien *l'Aurore*, peu suspect d'antigiscardisme primaire, s'interroge sur la détermination présidentielle et écrit qu' « il est aussi un temps pour la décision ». Sous-entendu...

Oui, quel été ! Le 18 juillet, débutent d'importantes manifestations paysannes. Elles se prolongeront jusqu'à la réunion des ministres de l'Agriculture des Neuf, à Bruxelles, le 17 septembre. Michel Debatisse, président de la F.N.S.E.A., proclame que le monde agricole est prêt « à une violence sans précédent » s'il n'obtient pas les 8 % d'augmentation des prix qu'il revendique. Les commerçants grognent. L'opération « coup de frein sur les prix » lancée par le ministre des Finances, qui leur demande une baisse de 5 % sur certains produits, « est de la poudre aux yeux » selon Etienne Régnier, le successeur de Gérard Nicoud à la tête du CID-UNATI.

La grande affaire de l'époque est la bataille que mène le commerce de détail contre les grandes surfaces. Avec, en toile de fond, la « loi Royer » qui a institué un sévère dispositif de contrôle des implantations de supermarchés. Le 22 août, une violente bagarre entre les partisans du CID-UNATI et ceux d'Edouard Leclerc fait plusieurs blessés. Quarante-huit ans, volubile, narquois, sérieux, outré, coléreux, le héros de Landerneau tient l'affiche depuis douze ans. Du grand théâtre. Des accents de sérénité. Il aime les fresques, l'envolée lyrique. La loi Royer ? « Elle est anticonstitutionnelle. C'est un retour aux privilèges, au corporatisme, une marche vers l'échafaud qui engendrera les luttes civiles. » Les petits commerçants ? « Des riches mendiants. Il y a une minorité de commerçants qui souffrent. Mais le reste ? » Etrange personnage, très discuté, qui tape tous azimuts avec comme point de mire la distribution et les prix. Giscard et Fourcade ont lancé un défi ; il les aidera à le relever. C'est acquis.

Reste le petit commerce qui compose 65 % de la distribution (contre 90 % en 1950). Sur ce pourcentage, la moitié est derrière le CID-UNATI, et le CID-UNATI n'est pas très loin de plusieurs élus de l'U.D.R. Plus près, en tout cas, que des élus centristes, réformateurs, ou même gaullistes de la vieille garde. Eugène Claudius-Petit, Jean-Jacques Servan-Schreiber et Michel Debré ne s'étaient-ils pas abstenus lors du vote de la loi Royer en décembre 1973 ? Et qui s'était le plus dépensé pour faire passer les textes, sinon Marie-France Garaud et Pierre Juillet ? Entre le ministre des Finances de l'époque — Giscard — et Royer, l'affrontement était constant, vif, soigneusement alimenté par les « diaboliques ».

Du côté des P.M.E. aussi, on se remue. La stature imposante, le visage jovial, le langage fleuri, René Bernasconi, 58 ans, vice-président de la Confédération générale des Petites et Moyennes Entreprises. (C.G.P.M.E.), a vécu l'été le plus chaud de sa vie. Il a plaidé le dossier des P.M.E. auprès du ministre des Finances. En vain. La majoration de l'impôt sur les sociétés est maintenu ; le crédit bancaire limité. Forte de ses 90 000 adhérents, la C.G.P.M.E. représente 6 millions et demi de salariés. Et 60 % de l'activité économique du pays. Dépôts de bilan, règlements judiciaires, faillites ont une fâcheuse tendance à se multiplier. Quelque deux mille dossiers d'entreprises en difficulté se trouvent en instance de « sauvetage » auprès de comités ad hoc. C'est peu. Mais cela suffit pour entretenir l'inquiétude, la colère, l'amertume. Dans l'industrie du bâtiment et des travaux publics — 250 000 entreprises dont 8 sur 10 ont moins de 5 salariés — on assiste à une cascade de difficultés : la flambée des matières premières comme le ciment, le bois et l'acier, la chute brutale des ventes d'appartements, le coup de frein au programme des travaux publics de l'Etat...

Les paysans, les commerçants, les artisans, les P.M.E., n'est-ce pas précisément cette « majorité silencieuse » — aujourd'hui fort bruyante — qu'affectionnent le Premier ministre et ses deux conseillers les plus proches ? On se souvient de Jacques Chirac aux assises U.D.R. de Nantes en 1973, s'apprêtant à relever ce qu'il nommait le « défi de subversion morale » et en appelant à la « majorité silencieuse ».

Cette France du travail, de l'effort, de l'argent, des vertus affichées, ne se retrouve pas dans l'image que renvoie de lui-même le chef de l'Etat. Le hiatus est profond. Valéry Giscard d'Estaing y a vu « la queue de comète des pesanteurs sociologiques, l'illustration normale des antagonismes inhérents à toute société soumise à une évolution rapide et forcée, de par la crise [14]. » Il a cru pouvoir sauter l'obstacle. Très vite, c'est-à-dire dès le second semestre 1975, il révisait son jugement : « La crise provoquait un effet de ciseaux qui, d'un côté, braquait une partie de l'électorat naturel de la majorité — la bourgeoisie moyenne, commerçante ou industrielle — contre la politique économique du gouvernement, de l'autre, interdisait une ouverture vers la gauche non communiste [15]. »

Jacques Chirac redoute ce hiatus, cet « effet de ciseaux ». C'est, de ce point de vue, un « pompidolien », très attentif à la France profonde. Il n'y adhère pas vraiment, mais il ne veut pas la brusquer. Or, objectivement et concrètement, les orientations de politique économique de l'Elysée et de la rue de Rivoli entrent dans une logique de redistribution sociale. Par le biais des prélèvements fiscaux et parafiscaux — impôts et cotisations diverses —, le « libéralisme avancé » est né. Durant le septennat giscardien, l'ensemble des prélèvements obligatoires passera de 37 % de notre richesse nationale à 43 %. Il n'y a pas d'équivalent, dans les démocraties occidentales, d'une progression aussi spectaculaire. Cette politique redistributive qui s'amorce en 1974 heurte les tenants du libéralisme classique, qui y voient un « socialisme déguisé ». C'est en s'appuyant sur ces derniers que le « chiraquisme », au fil des mois, va s'affirmer, et mettre en lumière ce qu'il tient pour le risque essentiel du « libéralisme avancé » : la stérilisation de l'esprit d'initiative, de responsabilité, et de créativité, au profit d'une étatisation rampante baptisée « redistribution ». Marie-France Garaud et Pierre Juillet veillent au grain. Ils connaissent, pour l'avoir mignotée sous Pompidou, cette clientèle électorale — commerçants, paysans, P.M.E. — qui voulait prendre « Fiscard » en 1973.

A ce malaise que provoque, au sein de l'électorat présidentiel, le plan « Fourcade », s'ajoute une série de difficultés qui plonge le pays dans une atmosphère apparemment morose. Les indices de la « crise » — le mot est désormais d'un usage courant — se multiplient. Il y a Titan-Coder dont le tribunal de Paris a prononcé la liquidation des biens. Juridiquement, Titan-Coder n'existe plus. Les 2 700 salariés de la firme occupent les trois usines de Marseille, Maubeuge et Villefranche-sur-Saône. Les manifestations se durcissent. Il y a l'automobile, le secteur de loin le plus touché par la flambée du prix du pétrole. Citroën annonce la suppression de 2 700 emplois au cours de l'année 1975. Deux semaines après son installation au ministère de l'Industrie, Michel d'Ornano avait reçu le président de Citroën, qui lui annonça tout de go : « Je vous apporte la faillite de Citroën. Nous perdons 100 millions de francs par mois. Nous ne ferons pas l'échéance du 15 juillet [16]. » Il y a la S.N.I.A.S. de Toulouse où rien ne va plus. Le programme Concorde est très ralenti. La fabrication des Airbus Corvette démarre lentement. Résultat : une situation de demi-chômage. Il y a « l'affaire du *France* ». Le désarmement du célèbre paquebot est annoncé, ce qui prend valeur de symbole et va occuper les médias pendant des semaines.

Il y a, surtout, la grève des agents des P.T.T. qui débute le 6 octobre au centre de tri de Paris-Brune, pour rapidement s'étendre à tout le pays. Cette grève des postiers, qui durera sept semaines, illustre les douloureuses contradictions du temps : l'adaptation obligée des P.T.T. aux techniques informatisées passe par la réduction d'un certain personnel. Les postiers innovent : ils déclenchent leur grève sans préavis. Le secrétaire d'Etat chargé des P.T.T., Pierre Lelong, et le gouvernement, accumuleront les maladresses tout au long de ce conflit. En particulier l'intervention de la police dans les centres de tri crée un mouvement de solidarité de toute la classe ouvrière et permet aux directions syndicales de prendre le train en marche. La grève, en effet, a été déclenchée par la base, indépendamment de la C.G.T., de la C.F.D.T. ou de F.O., et se donne pour principal objectif la titularisation progressive de 93 000 auxiliaires. Le gouvernement finira par s'incliner en s'efforçant, toutefois, de globaliser le problème bien qu'officiellement le « conflit des P.T.T. n'a pas lieu d'être réglé dans un cadre autre que celui des P.T.T. », selon Matignon.

En réalité, en cet hiver 1974, le Premier ministre ne voit plus que les inconvénients politiques du « plan Fourcade » de refroidissement et veut en ignorer les avantages. Le chef de l'Etat également s'inquiète de la montée du désordre et annonce, dans sa première causerie mensuelle au coin du feu, une série de mesures pour préserver l'emploi et garantir une progression du pouvoir d'achat. Une discussion concernant le sort de 180 000 fonctionnaires va s'ouvrir, tandis que le dispositif de protection contre le chômage se précise : « Dès le mois de juin, c'est-à-dire au lendemain de l'élection présidentielle, rappelle le président, j'ai pris l'initiative de demander aux syndicats et patronat de se réunir pour mettre au point une garantie de salaire de douze mois pour les travailleurs licenciés par suite de changement dans les conditions économiques. » En 1969, un arrangement syndicats-patronat avait déjà été conclu, à propos des licenciements pour cause économique. Par lettre, en juin 1974, Jacques Chirac invitait les partenaires sociaux à l'améliorer. Les négociations aboutirent, en novembre, et furent consignées dans une loi du 3 janvier 1975.

Le licenciement pour cause économique est désormais subordonné à une autorisation de l'Inspection du travail. Conjointement, un accord du 14 octobre 1974 crée « l'allocation supplémentaire d'attente » (A.S.A.) qui permet aux travailleurs licenciés pour des raisons économiques de conserver, pendant un an au maximum, 90 % de leur salaire brut antérieur. Avec cette loi et cet accord, la France disposait du système le plus protecteur de la C.E.E.

Progrès social ou « socialisme rampant » ? La question revient, lancinante, dans les couloirs de Matignon, chez les militants U.D.R. et chez les élus de « base ». Ces réformes économiques importantes, qui viennent s'ajouter aux nouvelles lois touchant les mœurs et la morale établie, provoquent un trouble grandissant. Jacques Chirac saura le capter, l'exploiter et le canaliser. Six mois vont lui suffire pour devenir maître de l'U.D.R., à la barbe de l'Elysée et des « barons ».

3

« JE VOUS APPORTE L'U.D.R.
SUR UN PLATEAU... »

« Le gouvernement actuel est vraiment un des meilleurs que nous ayons eus. » Ce propos de Jacques Chirac au micro de Radio Monte-Carlo, le 8 août 1974, témoigne de la part du Premier ministre d'une grande confiance comme d'un bel optimisme en lui-même et en son équipe. Il indique également le bonheur que paraît éprouver Chirac à servir le chef de l'Etat. Moins d'un an plus tard, le 12 juin 1975, il prononce une autre phrase chargée de ce même loyalisme à l'endroit de V. G. E. : « La France, en n'élisant pas François Mitterrand à la présidence de la République, a échappé à l'un des plus grands drames de son histoire. »

Dès cette époque, une question importante est pourtant en suspens : quelle est la nature exacte des ambitions du Premier ministre ? Les opinions divergent. Si l'on s'en tient aux ministres — observateurs privilégiés — ceux-ci sont enclins à penser que Chirac est plein de bonnes intentions, et ils analysent ses rapports avec Giscard en utilisant le modèle du « couple ». Les deux hommes ont une « très grande attirance » l'un pour l'autre. Et jusqu'au mois de juillet 1975, le « couple », en dépit des frictions inhérentes à toute vie maritale, est bien assorti. Dans sa conférence de presse du 24 octobre, le président avait accordé à son chef de gouvernement le label « excellent ».

Le point d'orgue de cette harmonieuse liaison se situe le mardi 24 décembre 1974. Au Conseil des ministres, avancé d'un jour en raison des fêtes de Noël, tous les présents furent frappés de la chaleur des éloges adressés par le chef de l'Etat à Jacques Chirac. Celui-ci rentrait d'un voyage en Iran où il avait signé des contrats pour un montant total de 35 milliards de francs. Tirant un profit personnel de ces fabuleux accords, qui ne furent jamais concrétisés et qui étaient, en réalité, l'aboutissement de négociations engagées depuis des années, Chirac avait déclaré à son retour : « La France deviendra le premier

fournisseur de l'Iran alors qu'elle est aujourd'hui au quatrième rang. »
Visiblement, Giscard était très soucieux du succès de cette coopération
franco-iranienne. Au cours de ce Conseil, il releva les « mérites » et
souligna l'action positive de son Premier ministre.

Enfin, pour marquer sa reconnaissance de manière plus solennelle, il
prit l'initiative, dans la foulée de cette matinée décidément
exemplaire — il l'a commencée en invitant quatre éboueurs à sa table
— de décorer Jacques Chirac : « Monsieur le Premier ministre, dit le
président dans le Salon des Ambassadeurs, je vous décore de la grand-
croix de l'ordre national du Mérite ». Les deux hommes s'embrassè-
rent longuement sous les applaudissements du gouvernement. Pour
célébrer l'événement, l'Elysée anticipa de quelques heures sur le
réveillon de Noël : foie gras, dinde et bûche. A la sortie du déjeuner,
où ni la politique, ni à plus forte raison la crise ne furent évoquées,
Michel Poniatowski, la mine réjouie, annonça : « La trêve des
confiseurs sera respectée jusqu'au 1er janvier. » Ses collègues, déten-
dus, rieurs, répétèrent à l'envi aux journalistes accrédités à la
Présidence combien les rapports entre le chef de l'Etat et son Premier
ministre étaient fructueux, décontractés, riches de promesses pour le
pays. N'avait-on pas forcé un peu sur la mise en scène ? « Monsieur
Chirac, ainsi honoré, n'était-il pas un rien inquiet ? » se demandait
Paul Guilbert dans *le Quotidien de Paris*.

Sans vouloir minimiser les données psychologiques et affectives du
« couple », sans vouloir mettre en doute la sincérité des ministres qui
ont parié sur sa « bonne entente, née d'une admiration réciproque » —
c'est en particulier le point de vue de Simone Veil, de Michel
Poniatowski, de Jean-François Deniau, de Jean-Pierre Fourcade —, il
y a les faits qui, dès l'été 1974, contrarient cette vision idyllique,
largement partagée. Des faits qui ne concernent pas les choix fondamentaux du régime. Matignon, bon gré mal gré, exécute, on l'a vu, la
politique gouvernementale décidée, dans ses grandes orientations, à
l'Elysée.

Le différend, qui conduira à la crispation, enfin à la rupture, prend
sa source sur un tout autre terrain : celui de la réorganisation de
l'U.D.R. Giscard mettra plusieurs mois à prendre la juste mesure des
atouts dont dispose, sans aucun contrôle et dans un arbitraire absolu,
son Premier ministre pour « tenir » l'appareil gaulliste. Il n'a, en effet,
jamais occupé le fauteuil de Matignon et s'il perçoit intellectuellement
toute l'importance stratégique de ce lieu de pouvoir, il connaît mal son
fonctionnement. Jacques Chirac aussi.

En revanche, Marie-France Garaud et Pierre Juillet n'ignorent rien
des rouages de la « maison ». Ils savent que les moyens de répandre la
manne qui apaise les aigreurs, les ambitions de quelques-uns, ou même

Une ère nouvelle 109

qui convainc quelques autres, se trouvent là et nulle part ailleurs. C'est Matignon, en particulier, qui dispose des « fonds secrets ». Ceux-ci, à l'échelle du budget de l'Etat, ne représentent rien ; à l'échelle des besoins d'une formation politique, ils constituent un trésor de guerre. Or les deux conseillers, depuis plus d'un an, n'ont eu de cesse de mettre la main sur l'U.D.R. Ils n'ont pas réussi à écarter Alexandre Sanguinetti qui plaît aux militants par sa combativité et qui sert les « barons ».

En 1973, Pierre Juillet et Marie-France Garaud estimaient qu'un long travail en profondeur était à entreprendre pour reconquérir le mouvement gaulliste. Ils avaient dans la place deux Corses, René Tomasini et Charles Pasqua, chargés de « marquer » le troisième, Sanguinetti. La nomination de Jacques Chirac comme Premier ministre change évidemment les données du jeu. La conquête risque de se transformer en Blitzkrieg. Alexandre Sanguinetti et quelques barons sentent le danger. Alain Peyrefitte, au comité central de l'U.D.R., le dimanche 9 juin, met en garde ses compagnons contre « tel ou tel qui va peut-être essayer de s'approprier la méthode gaullienne ». Chirac est directement visé. Pour lever tous les doutes, Peyrefitte ajoute qu'il faudra « imposer, au besoin contre les entourages, les transformations indispensables des rapports de l'U.D.R. et du pouvoir ». Contre les entourages ? Qui peut s'atteler à cette tâche ? Sanguinetti, mandaté par ses pairs, se tourne vers Michel Jobert. L'ancien secrétaire général de l'Elysée, l'ancien ministre des Affaires étrangères incarne l'exigence gaullienne et la fidélité à Pompidou. Il est connu pour son aversion des « diaboliques », il fait, de surcroît, recette dans les meetings de l'U.D.R. Bref, un contrepoids idéal au trio Chirac-Garaud-Juillet. Sanguinetti lui propose la direction du mouvement, et précise, pour mieux le séduire : « On changera de sigle. » La réponse de Jobert fut brève : « Changer de sigle ? Non. Changez d'abord de politique. » Ils en restèrent là.

Au-delà de cet aspect des choses, Michel Jobert a mesuré l'essentiel : celui qui va désormais diriger l'U.D.R. est à Matignon puisqu'il tient les cordons de la bourse et qu'il distribue les postes. Inutile, par conséquent, de s'illusionner sur l'avenir du mouvement : il va rapidement tomber sous la coupe du Premier ministre et de ses cornacs.

Chacun des témoins de cette période, qu'ils soient ou non politiquement proches des chiraquiens, s'accordent sur un point : l'influence considérable de Marie-France Garaud et de Pierre Juillet sur Jacques Chirac est à ce niveau du pouvoir un phénomène probablement unique dans l'histoire de nos Républiques. Officiellement, la première est conseiller référendaire à la Cour des Comptes. Le second, P.D.G. de la Compagnie générale des Voitures à Paris, éleveur de moutons à ses heures de loisirs, ne reparaîtra — officiellement, s'entend! — au cabinet de Matignon qu'en mars 1976, après les élections cantonales. En fait, jour après jour, ils sont omniprésents, omniscients auprès de leur « poussin ». Et jamais ils n'oublient les objectifs qu'ils se sont assignés : phagocyter la direction de l'U.D.R. ; éliminer les « barons » ; s'appuyer à l'Assemblée nationale sur un groupe d'inconditionnels.

Un objectif d'autant plus urgent à réaliser que l'autorité réelle de Jacques Chirac sur les grandes orientations nationales est réduite au rôle d'un chef d'état-major civil, comme disait René Capitant. « Je travaillerai directement avec mes ministres », avait annoncé le président au cours du premier Conseil. Garaud et Juillet, misant sur le dilettantisme et la fragilité qu'ils prêtaient à Giscard, avaient parié sur une évolution contraire : la réalité du pouvoir serait à Matignon, l'apparence du pouvoir à l'Elysée. Ils n'étaient pas les seuls à penser ainsi. En moins de huit jours, ils déchanteront. Le « présidentialisme » ne recule pas, il s'accentue : interférences constantes de l'Elysée, établissement de rapports directs et réguliers entre le chef de l'Etat et un certain nombre de ministres — Poniatowski, Fourcade, Ornano — augmentation sensible du nombre des conseils restreints *. Premier des ministres de Giscard, simple supplétif dans la victoire du 19 mai 1974 en s'étant mis à la tête des 43 « Saxons ** », Jacques Chirac ne pourra, à l'évidence, supporter longtemps ce rôle marginal. Il flaire aussitôt le piège. Pour s'en sortir, pour maintenir ses positions électorales et préserver son avenir — en clair son « destin national » — il n'a qu'une issue : s'assurer l'U.D.R. Jacques Chirac ne cherchera nullement à cacher son ambition et il l'habillera des meilleures intentions. « L'U.D.R. doit faire un bond en avant, lance-t-il aux parlementaires réunis à Vélizy. Mais ce n'est pas par une modification des statuts que nous sortirons des difficultés que nous connaissons. Tout cela est marginal. Quand un organisme en est à étudier ses statuts, c'est qu'il est moribond. Ou nous suivons le même chemin, ou nous irons au fossé ensemble. » Il a pour lui un grand principe gaullien, qu'il énonce à l'envi : le mouvement doit toujours trouver son chef naturel dans la personne du Premier ministre, et cela pour éviter toute tentation d'indépendance à l'endroit du pouvoir.

* L'adjectif « restreint » s'explique par opposition au Conseil des ministres : seuls quelques membres du gouvernement sont là. Mais la présence de hauts fonctionnaires civils ou militaires peut faire — surtout pour le Conseil de défense et le Conseil central de planification — qu'une quinzaine de personnes sont réunies autour de la table.
** Le mot est du député gaulliste Jean Fabre qui refusa de signer « l'appel des 43 » ; c'est une allusion à la bataille de Leipzig en 1813 : les Saxons trahirent Napoléon et passèrent du côté des alliés. Sous la IIIe République, le terme « Saxon » qualifiait les défections d'un groupe à l'occasion d'un vote important à la Chambre.

Rompant avec ce principe, Alexandre Sanguinetti et les « barons » avaient imaginé, dans un sursaut d'émancipation après la victoire de Giscard, une réforme statutaire de leur formation, réforme qui devait aboutir, mi-novembre, à des assises extraordinaires, à la nomination d'un nouveau comité central et à l'élection « démocratique » d'un secrétaire général libéré de la tutelle du pouvoir.

Ces changements, souhaités par les militants, allaient être contrariés et abandonnés en quelques mois. Le président et son ministre de l'Intérieur ne verront rien de la manœuvre en cours. Au contraire, Michel Poniatowski, relançant avec l'appui de Jean Lecanuet l'idée d'un rapprochement entre les centristes, les réformateurs et les Républicains indépendants — le garde des Sceaux évoque, le 24 juin, l'existence de « liens privilégiés » —, s'emploie délibérément a exciter les élus gaullistes. Il s'en tient à son postulat : il faut réduire l'U.D.R. pour consolider le régime giscardien. Le chef de l'Etat reste indifférent à cette montée des agaceries politiciennes entre les alliés de la majorité ; il ne comprend pas — ou ne veut pas comprendre — que chaque pierre jetée par « Ponia » dans le jardin de l'U.D.R. favorise Jacques Chirac. « Attention, attention, ils vont vous bouffer », prévient Marie-France Garaud, l'œil noir.

Pour résoudre son équation — s'approprier l'U.D.R. —, le Premier ministre va agir très subtilement. D'une part à visage découvert en jouant de son loyalisme à l'égard du président et de sa fidélité aux évangiles gaullistes. D'autre part de manière souterraine en gonflant artificiellement certains problèmes — la démission de J. J. S. S., l' « affaire Stehlin » — et en tenant, par l'argent, les responsables de l'appareil du parti.

D'abord donc, la partie visible de l'iceberg. On sait déjà que Jacques Chirac, sur le front des réformes engagées depuis le début du septennat, peut se prévaloir, auprès de l'Elysée, de bien tenir le groupe parlementaire U.D.R. Au point d'être plus d'une fois la cible des quolibets et des critiques amères lancés par les « barons » ou leurs féaux. Pierre Charpy n'écrivait-il pas dans *la Nation* du 28 mai 1974 : « Si le président de la République est entré à l'Elysée en complet-veston, son premier ministre ne sait pas dans quel état il sortira de Matignon. » La veille, pourtant, Jacques Chirac avait voulu rassurer ses compagnons, affirmant : « Je m'inspirerai, dans l'action à venir, du principe et des idéaux qui ont déterminé mon adhésion au groupe U.D.R., le premier jour de ma vie parlementaire. » A cette date, Alexandre Sanguinetti, approuvé par Claude Labbé, le président du groupe à l'Assemblée nationale, en est encore à la thèse d'un aggiornamento de l'U.D.R. assise sur un raisonnement logique : désormais le Premier ministre, nommé par un président choisi en dehors du gaullisme, ne peut être considéré comme le leader naturel du mouvement. Un mois plus tard, « Sangui » baisse pavillon. Commentaire de Pasqua : « Sanguinetti est la p... de luxe la plus chère de Paris. » Matignon lui assure sa retraite. Les jeudi 11 et vendredi 12 juillet, il a de longs entretiens à Matignon et en sort pour annoncer son « soutien total » au Premier ministre. Il confirme son adhésion inconditionnelle dans un enregistrement sur minicassette qui est adressé aux cadres de l'U.D.R.[17]. Les déclarations de Jacques Chirac confirmant sa maîtrise du mouvement iront alors crescendo. « On disait que l'U.D.R. grognerait et ne voudrait pas s'associer, qu'il y aurait une petite guerre. La réalité est toute différente[18]. » « Il faut que cessent les petites batailles, les chicaneries un peu ridicules qui n'ont rien à voir dans la politique moderne que je souhaite voir s'instaurer dans notre pays[19]. » Il rejette toute modification du mode de scrutin et dit clairement que son « ambition » est de conduire la majorité aux élections législatives, et « de faire en sorte qu'elle les gagne[20]. » C'est lui qui distribuera les investitures des candidats « uniques » de la majorité et ils seront « au moins » cent cinquante U.D.R., promet-il. Cela, il le répétera jusqu'en juillet 1976. Et toute son action, pendant son séjour à Matignon, visera, comme certains l'avaient pressenti, « à préserver l'acquis, c'est-à-dire à conserver le système électoral qui a si bien servi l'U.D.R.[21] ».

Le charme opère. Qu'y a-t-il de plus agréable à l'oreille d'un parlementaire que d'entendre quelqu'un qui veut lui garantir sa réélection ? Conjointement, le Premier ministre donne des gages de fidélité à l'orthodoxie gaulliste.

Marie-France Garaud s'en mêle et monte deux « coups ». Le premier s'apparente davantage à une « niche ». Quelques journalistes apprennent que Giscard, sous la pression de J. J. S. S., aurait demandé à Jacques Chirac de « modifier quelque peu » le texte de sa déclaration de politique générale, à l'Assemblée nationale, pour mieux l'adapter au thème du « changement ». Ainsi, l'Elysée aurait reproché au Premier ministre d'être trop gaullo-pompidolien. Bien sûr, ajoutent les mêmes sources, Jacques n'a pas cédé ! Le deuxième, qui met encore en scène le directeur de *l'Express,* ministre des Réformes, concerne un domaine autrement essentiel, celui des essais nucléaires. On se souvient que J.J.S.S., après avoir accusé publiquement les autorités militaires de procéder à des essais sans l'aval du gouvernement, est renvoyé dans ses foyers le jour même. C'était un dimanche. La rumeur se répandit que cette démission ne fut acquise qu'après l'intervention directe de Chirac auprès de Giscard : « Si J. J. S. S. ne part pas, c'est moi qui m'en vais[22]. »

Le nucléaire, la force de frappe, la dissuasion, autant de questions sur lesquelles l'U.D.R. ne transige pas. Semer le doute sur les

Une ère nouvelle 113

intentions réelles du chef de l'Etat dans ce domaine est habile. Et l'on voit qu'en effet les élus gaullistes s'interrogent. V. G. E. se prépare-t-il à abandonner les expériences nucléaires ? Il a, durant sa campagne présidentielle, affirmé que la France poursuivrait les « essais nucléaires indispensables », précisant par ailleurs : « L'effort et les moyens de dissuasion français doivent être conservés. Ils doivent être conservés et perfectionnés dans la proportion où leur perfectionnement est nécessaire à leur effet de dissuasion. Il n'y a aucune équivoque parce que, à l'heure actuelle, il n'y a aucun substitut à ces moyens de dissuasion, quel qu'en soit le caractère relativement limité par référence au type de conflit que nous pouvons connaître. Donc, ils doivent être maintenus, et s'ils le sont, perfectionnés[23]. » Veut-il modifier cette doctrine ? Michel Poniatowski, prompt à saisir toutes les occasions d'agresser l'U.D.R., jette de l'huile sur le feu et explique à qui veut l'entendre, que « le président regrettait d'avoir eu à se séparer de son ministre des Réformes ». En 1983, V. G. E. dément catégoriquement toute pression de Jacques Chirac dans cette affaire. Le départ de J. J. S. S. a été arrêté dès la publication du communiqué du ministre de la Défense, le dimanche après-midi. Le Premier ministre, absent de Paris, en a été informé le dimanche soir, à son retour de Corrèze ; après quoi, seulement, la nouvelle pouvait être rendue publique.

L'occasion, néanmoins, était trop belle pour qu'elle pût échapper à la perspicacité des « conseillers » de Matignon... Le doute est dans les esprits et la vigilance des responsables gaullistes ira croissant. Insensiblement, l'U.D.R. va prendre l'habitude de distinguer l'action du chef de l'Etat de celle de son Premier ministre ; en particulier dans les secteurs de la défense et de la diplomatie. Le 24 octobre par exemple, à l'issue de la conférence de presse de Giscard, le bureau exécutif de l'U.D.R. décide, pour la première fois dans l'histoire de la Ve République, de dévoiler l'opinion des dirigeants du mouvement sur une déclaration présidentielle, celle qui concerne la politique étrangère.

Le 6 novembre, éclate une autre « affaire ». La veille, curieusement, de la « croisière » que doit effectuer V. G. E. à bord du *Terrible,* sous-marin nucléaire lance-missiles de la force atlantique stratégique basée à l'île Longue. Le président veut manifester officiellement son intérêt pour les problèmes de défense nationale et son adhésion au principe de la force de dissuasion. Or, on apprend que circule dans les milieux de l'O.T.A.N. et dans les capitales belge, néerlandaise, danoise et norvégienne, copie d'une « note » du général Stehlin au président de la République. Dans ce document, Paul Stehlin, député réformateur de Paris, vice-président de l'Assemblée nationale, ancien chef d'état-major de l'armée de l'Air, exprime sa préférence pour les chasseurs américains YF 16 et YF 17 contre l'avion français Mirage F1E*. La publication de cette « note » provoque de vives réactions, en particulier dans les milieux gaullistes. On parle de « coup de couteau » dans le dos de notre industrie aéronautique. En acceptant, dans l'après-midi du 7, de donner sa démission du groupe des réformateurs et de résilier ses fonctions de vice-président de l'Assemblée, Paul Stehlin met un terme à « l'affaire » mais laisse ouverte la polémique entre « atlantistes » et « nationalistes ».

Aux députés qui avaient mis en cause l'honorabilité ou le patriotisme du général Stehlin, J. J. S. S. (encore lui) a cette réponse : « Je ne sais pas ce que c'est que l'étranger[24]. » Certains gaullistes entendent profiter de « l'affaire ». Pour tenter de désamorcer les attaques, le chef de l'Etat déclare dès le 8 : « La diffusion de la lettre est condamnable et nuisible aux intérêts du pays. » Le 9, à l'occasion d'un pèlerinage à Colombey-les-Deux-Eglises pour l'anniversaire de la mort du général de Gaulle, il précise sa pensée en parlant de « défense nationale autonome », en insistant sur l'effort purement national qui a permis de réaliser les sous-marins nucléaires.

Subsiste toutefois un malaise dans les rangs de l'U.D.R. Marie-France Garaud, qui a retrouvé son bureau de Matignon, loin de panser les plaies, s'applique à y verser quelques gouttes d'acide. C'est le président qui est visé, nullement le Premier ministre, soigneusement tenu à l'écart de « l'affaire Stehlin ».

Pourtant, toutes ces preuves d'orthodoxie gaulliste produites par Matignon n'ont pas suffi à gommer la suspicion qu'entretiennent beaucoup d'élus et de dirigeants U.D.R. à l'endroit du « clan chiraquien », une appellation maintenant courante.

Aux journées d'étude des parlementaires U.D.R. à Cagnes-sur-Mer, les 26 et 27 septembre, les élus continuent de s'interroger sur la portée du ralliement de leur parti à la majorité nouvelle et à Jacques Chirac.

En rappelant leurs craintes de voir certains principes fondamentaux (institutions, indépendance nationale, encadrement de l'économie, participation) remis en cause par le chef de l'Etat, ils reprochent vivement à Alexandre Sanguinetti son engagement sans nuances et sans avoir été mandaté par les instances dirigeantes, bureau exécutif ou comité central. Ils affirment que, sans la cohésion dont ils ont fait preuve, l'U.D.R. aurait disparu. Ils revendiquent enfin la responsabilité de l'action politique permanente, le parti étant, lui, chargé de fixer la doctrine à long terme : les élus doivent garder intacte leur force de

---

* Ces trois avions sont opposés pour le remplacement de 350 avions de combat des armées de l'Air de Belgique, des Pays-Bas, de Norvège et du Danemark. La compétition est acharnée pour ce que l'on appelle le « marché du siècle ».

propositions et de critiques et être le principal porte-parole du mouvement auprès du pouvoir et du Premier ministre.

Rien, apparemment, n'est joué. C'est oublier la partie cachée de l'iceberg.

Tandis que les médias commentent l'appel lancé par Jean Charbonnel — maire de Brives, ancien ministre de Georges Pompidou, ancien chef de file des « jeunes loups de l'U.D.R. » avec Jacques Chirac — en faveur d'un rassemblement des gaullistes de progrès antigiscardiens et d'une ouverture vers les personnalités du centre gauche ; tandis que des délégations du Mouvement de la Jeunesse communiste et de l'Union des Jeunes pour le Progrès (gaullistes de gauche) se rencontrent pour étudier d'éventuelles actions communes ; tandis que l'entreprise de rénovation du parti radical à l'ombre de J.J.S.S. provoque des ricanements mêlés d'inquiétude au sein de l'U.D.R. ; bref, tandis que les milieux politiques de la majorité s'agitent à propos des futurs regroupements, ralliement ou réforme des statuts, Jacques Chirac et ses conseillers ont déjà tissé le filet dans lequel va tomber l'U.D.R. La tactique utilisée est banale : « assoiffer » pendant quelques mois l'appareil du mouvement, c'est-à-dire lui couper les vivres. La conjoncture s'y prêtait. A la sortie de la campagne des législatives de mars 1973, l'U.D.R. était criblée de dettes. La bataille présidentielle de 1974 a encore aggravé cette situation ; Jacques Chaban-Delmas, acculé, a dû liquider quelques avoirs personnels. Pendant tout l'été, les secrétaires départementaux et fédéraux de l'U.D.R., qui représentent l'encadrement local, la base militante, défilent à Matignon, la mine déconfite. Qu'ils viennent de Dordogne, du Finistère, des Bouches-du-Rhône, ou de Moselle, ils n'ont qu'une phrase à la bouche : « Les caisses sont vides. » Le Premier ministre les fera revenir. Charles Pasqua entreprend une tournée provinciale. Les temps ne sont-ils pas durs pour tout le monde ? Les responsables du parti sont invités à se discipliner, à s'unir derrière Jacques Chirac. Le quotidien *la Nation* est supprimé et remplacé par quatre feuillets dactylographiés, *la Lettre de la Nation.* En septembre, le fruit est mûr : les « apparatchiks » de l'U.D.R., la langue pendante, ont compris qu'ils ne peuvent échapper à la tutelle de Jacques Chirac pour « toucher ». Le 8 du même mois, à la réunion des secrétaires de l'U.D.R., le Premier ministre est chaleureusement accueilli. Il gagne la totale confiance de ceux qui n'avaient pas apprécié son attitude pendant les élections présidentielles et qui étaient prêts à le tenir pour responsable des difficultés de l'U.D.R. Il rend hommage à Alexandre Sanguinetti et souhaite que « les éléments de division soient écartés ». Le propos visait Charbonnel et les « barons » tels que Debré, Peyrefitte, Guichard. Le Premier ministre lève toutes les équivoques : la rénovation du mouvement passe par un renouvellement des hommes.

Quand trois semaines plus tard à Cagnes-sur-Mer les sénateurs et députés U.D.R. manifestent, non sans emphase, leur souci d'indépendance à l'égard du chef du gouvernement et du président de la République, Marie-France Garaud et Pierre Juillet les observent, goguenards : ils savent que le groupe parlementaire ne dispose plus depuis quelques jours du moindre moyen de pression sur l'appareil du parti, c'est-à-dire le secrétariat général et le comité central. Ils se sont également assuré les amitiés, chez les élus, de neuf députés. Coiffés par Hector Rolland, ils animent un cercle de réflexion et proposition (les fameux « élus de la base ») et se voient promus « parlementaires en mission ». Ce qui leur vaut une voiture avec chauffeur, une secrétaire, un bureau... Quant à Claude Labbé, le président du groupe U.D.R. à l'Assemblée nationale, il s'est soudainement rapproché de Matignon ; « ce pauvre et brave Labbé », comme dit Marie-France Garaud. Le personnage n'a pas la réputation d'un aigle. S'il lui arrive de prendre des initiatives inopportunes, ou trop peu réfléchies, il est taillable et corvéable à merci.

En cet automne 1974, l'appareil de l'U.D.R. est par conséquent sous la coupe du triumvirat Chirac-Garaud-Juillet. L'habileté de cette conquête tient dans la tactique adoptée. Le Premier ministre n'a nullement cherché à casser le train-train des rivalités entre les clans ; les Debré, Guichard, Messmer, Peyrefitte, Sanguinetti, Charbonnel continuent d'alimenter la chronique quotidienne et rien, au fond, pour l'opinion, n'a changé dans l'organisation du mouvement gaulliste. Il n'a pas non plus cherché l'affrontement public avec les « barons ». Il a pris un chemin de traverse auquel, visiblement, ni ses adversaires au sein de l'U.D.R., ni Giscard, ni Poniatowski, n'ont songé une seconde : il a modifié l'équilibre des forces entre les cent membres qui forment le comité central dont la fonction essentielle — sinon unique — est d'élire le secrétaire général. Jusqu'à la mort de Georges Pompidou, le comité central était aux ordres des « barons », composé essentiellement de parlementaires et de personnalités diverses qui, depuis le scrutin présidentiel, se partagent à peu près également entre partisans et opposants à Jacques Chirac. Il compte aussi une vingtaine de « secrétaires fédéraux » désormais arbitres de toute élection. Or, pour les raisons que l'on sait et grâce aux interventions persuasives du missi dominici, Charles Pasqua, les « secrétaires fédéraux » sont acquis au Premier ministre. En résumé, Chirac et ses amis disposent d'une large majorité de voix au comité central du parti. A l'heure voulue, ils pourront faire élire le candidat de leur choix au poste de secrétaire général. Comment se peut-il que le chef de l'Etat et son ministre de l'Intérieur aient été à ce point aveugles ? Comment se peut-il que les « barons » aient été si aisément abusés ?

Le mandat d'Alexandre Sanguinetti n'expire normalement qu'en février 1975. Une date trop lointaine au goût de Marie-France Garaud et Pierre Juillet qui veulent que tout soit réglé avant la fin de l'année. Qui prendra la place de Sangui ? Jacques Chirac lui-même. L'idée est ancienne dans l'esprit des « diaboliques » ; qu'il soit Premier ministre n'est pas un handicap, c'est un atout : aucun des « barons », explique Garaud, ne subodorera une telle opération contraire à la tradition du mouvement. L'effet de surprise sera total. Il le fut.

De réunions en journées parlementaires, de dîners en déjeuners, les « barons » ont jeté les bases de la « réforme du mouvement ». La direction collégiale réclamée par Michel Debré a été abandonnée et l'on s'achemine vers le remplacement d'Alexandre Sanguinetti par Olivier Guichard, en février. Pour informer Jacques Chirac de leurs intentions, ils l'invitent le jeudi 12 décembre à dîner sous les lustres du Conseil constitutionnel, résidence de Roger Frey. Ils sont tous là, autour du président du Conseil constitutionnel : Jacques Foccard, Michel Debré, Olivier Guichard, Jacques Chaban-Delmas, Maurice Couve de Murville, Pierre Messmer. Quelle sera la réaction du Premier ministre à leur projet ?

Il y a deux réponses, celle des « barons » et celle de l'entourage chiraquien.

Selon Olivier Guichard et ses « compagnons », Jacques Chirac a exprimé d'importantes réserves ; mais, à aucun moment, il n'a évoqué de façon directe, allusive ou ironique, l'hypothèse qu'il puisse être lui-même candidat à la succession de Sanguinetti. « Jamais il n'en a parlé, et s'il l'avait fait, nous n'aurions certainement pas pris son propos avec légèreté[25] ! »

Selon Marie-France Garaud, Pierre Juillet fait demander par téléphone Jacques Chirac, alors que le dîner n'est pas encore terminé. Le Premier ministre lui expose la situation et lui indique qu'un accord s'est établi sur la candidature d'Olivier Guichard. Pour Juillet, l'occasion est trop belle : « Dites-leur que vous êtes candidat. » En se levant pour prendre congé de ses hôtes, Chirac lance, narquois : « Eh bien ! s'il le faut je serai secrétaire général. » Des rires incrédules accueillent la tirade.

Laquelle des deux versions est la vraie ? Si l'on s'en tient aux faits, Olivier Guichard n'ajourne pas son déplacement prévu dans sa circonscription de la Loire-Atlantique ; il quitte Paris le vendredi pour La Baule où il doit, le lendemain, inaugurer sa nouvelle mairie en présence de Michel Poniatowski. Ceux qui l'ont vu durant cette journée confirment, tous, qu'il ne paraissait nullement préoccupé. Le soir, à 23 heures, quand il apprendra au téléphone le « coup de force » qui se prépare, de la bouche même du Premier ministre, il restera sans voix.

En tout cas, quand il quitte ses hôtes du Conseil constitutionnel, Jacques Chirac se rend à Matignon où l'attendent Pierre Juillet, Marie-France Garaud et René Tomasini. Alexandre Sanguinetti les y rejoint. Le scénario est arrêté : convocation immédiate des cent membres, par téléphone et télégramme, du comité central en réunion extraodinaire pour le samedi 14.

La manœuvre ne présente aucun risque et rien ne viendra troubler son déroulement. Le Premier ministre, l'après-midi du vendredi, après que les convocations auront été lancées, préviendra, par courtoisie, le ministre d'Etat Michel Poniatowski, et quelques « barons ». Le samedi, Sanguinetti démissionne. Chirac annonce : « Je suis candidat. » L'atmosphère s'électrise ; les formules à l'emporte-pièce fusent. Chaban : « Pantalonnade. » Robert-André Vivien : « Est-ce un 18 brumaire ou un 1er avril ? » Robert Boulin : « Mais c'est un hold-up ! » On vote. Jacques Chirac est élu par 57 voix contre 27 à Jacques Legendre, député-maire de Cambrai, candidat pour le principe. Un « coup de force » ? Un « coup de maître » ? Un « hold-up » ? Peut-être tout cela à la fois. Certainement pas un « coup de poker ». Tout était joué d'avance.

Cette intronisation inédite marque un tournant dans l'histoire du mouvement gaulliste qui va bien au-delà des rivalités de personnes. Elle accentue l'évolution amorcée dès « l'appel des 43 ». L'U.D.R. est une formation partisane soucieuse de perdurer, de survivre en tant que parti, et non plus un lieu de rassemblement des bonnes volontés au service d'un pouvoir dominé par le président de la République. Elle sort du modèle qui servait de fondement au régime gaulliste : l'adéquation plus ou moins parfaite, mais réelle, entre la majorité parlementaire, le Premier ministre et le chef de l'Etat.

Devenu chef d'un parti, Jacques Chirac ne peut être le chef de la coalition majoritaire ; il « roule » pour l'U.D.R. et pour lui. Dès lors, l'équilibre entre les deux têtes de l'Exécutif est directement menacé. Le Premier ministre s'appuie sur la formation dominante de la majorité à des fins personnelles et ne s'en cache pas : « J'ai besoin, aujourd'hui, et dans les semaines à venir, d'être indissolublement lié à notre mouvement. J'ai pensé que j'aurai le devoir et la responsabilité, si je veux conduire les affaires du gouvernement à ma place, dans l'esprit que j'ai toujours défendu, d'obtenir l'aide de l'ensemble du mouvement. Voilà mon ambition. Quelles que soient les difficultés, j'atteindrai le but qui est le mien, c'est-à-dire le gaullisme[26]. » Jacques Chirac pouvait-il mieux se démarquer de V. G. E. ? Le président de la République, quant à lui, n'est plus que le chef d'une minorité dans la majorité. Une telle situation contient à l'évidence tous les germes d'un affrontement entre les deux courants majoritaires. « Le régime, écrit François Mitterrand, ayant désormais une dyarchie Giscard-Chirac, a tout simplement changé de nature. »

S'il fallait dater la mort du gaullisme comme pratique du pouvoir, sinon comme courant politique, il faudrait retenir ce samedi 14 décembre 1974. Ni de Gaulle, ni Georges Pompidou, n'auraient, bien entendu, toléré que leur Premier ministre coiffe un parti qui ne soit pas le leur. Mieux, ils n'auraient pas accepté que l'U.D.R. puisse s'émanciper de quelque façon que ce soit. En 1973, quand les « barons » envisagèrent de créer la fonction de « président de l'U.D.R. », pour y placer Michel Debré, Pompidou entra dans une rage folle, parla de trahison, estimant que l'U.D.R. n'avait nul besoin de président, puisque le président c'était lui. A cette époque, Marie-France Garaud et Pierre Juillet étaient, au nom des grandes options du gaullisme, les champions de la ligne pompidolienne. Le 14 décembre 1974, au nom des mêmes « grandes options », ils font élire le Premier ministre à la tête de l'U.D.R. ; deux ans plus tard, le 5 décembre 1976, ils installeront le député de la Corrèze à la présidence du R.P.R. (Rassemblement pour la République)... Le doute alors ne sera plus permis. Jacques Chirac briguera l'Elysée en 1981.

Le « coup » du 14 décembre le laissait prévoir. V. G. E., pourtant, ne manifestera ni sa mauvaise humeur ni ses craintes. Le chef de l'Etat effectue un voyage officiel de quatre jours aux Antilles avant d'y rencontrer le président américain Gerald Ford. Il a reçu un accueil contrasté : chaleureux à Basse-Terre, chef-lieu de la Guadeloupe, mitigé à Pointe-à-Pitre dans la même île, enthousiaste place de la Savane à Fort-de-France en Martinique. La visite au député-maire de Fort-de-France, Aimé Césaire, a été annulée. Giscard craignait d'être trop froidement accueilli. C'est en Martinique que le Premier ministre l'informe de sa promotion au sein de l'U.D.R. En privé, tant auprès de ceux qui l'accompagnent qu'auprès de Claude Pierre-Brossolette, secrétaire général de l'Elysée, et de Michel Poniatowski qu'il joint par téléphone à Paris, il dit son étonnement et son irritation. Sans plus. En public, il marque une relative satisfaction. Il adresse un télégramme de félicitations à Jacques Chirac et il déclare aux journalistes : « Je ne vois aucune anomalie dans le cumul des fonctions de Premier ministre et de secrétaire général de l'U.D.R. Je vous signale qu'il y a dans le monde un certain nombre de très grands dirigeants que j'ai rencontrés qui sont secrétaires généraux de partis politiques. Il ne faut pas voir d'anomalie dans une nomination de cette nature. Le chef de l'Etat n'a pas à indiquer leur conduite aux organisations de la majorité. Il n'a pas à intervenir dans leur vie. »

De retour de Martinique, le chef de l'Etat reçoit son Premier ministre qui ne s'encombre pas de circonvolutions et qui lui explique l'objectif de son « O.P.A. » sur l'U.D.R. : « Je vous apporte le mouvement sur un plateau, mais à condition que vous respectiez les principes essentiels du gaullisme, que vous respectiez notre sensibilité. Sinon, je retire le plateau[27]... » Le président répond, goguenard : « Je serai vraiment convaincu de vos bonnes intentions quand vos amis cesseront de m'attaquer quotidiennement... » Visiblement, toutes les tribulations partisanes de son Premier ministre ou de Poniatowski et consorts retiennent peu son attention.

V. G. E. n'entend pas dévier du concept de « majorité présidentielle » utilisé dès le 29 mai 1974[28]. Minoritaire au Parlement, il ne veut pas, pour l'instant, prendre en compte cette situation nouvelle dans l'histoire de la Ve République. Il agit comme si la « majorité présidentielle » était homogène et avait à caractériser les orientations du gouvernement. Cette notion de « majorité présidentielle », appliquée officiellement comme label politique à partir du remaniement ministériel du 11 janvier 1976, apparaîtra une dernière fois dans les propos du chef de l'Etat le 21 octobre et sera, enfin, abandonnée à l'occasion de la conférence de presse du 17 janvier 1977 : « La nature, la conception, et la fonction de la majorité ont changé depuis qu'il n'y a plus identification du parti dominant au chef de l'Exécutif ; désormais la majorité doit être pluraliste. » Il aura donc fallu attendre presque trois ans pour que le président de la République tire la leçon politique d'une donnée remontant au jour de son élection.

Cette position constitutionnelle de Giscard jusque janvier 1977 n'est-elle pas incompréhensible, voire incohérente ? La marche vers un présidentialisme affirmé et réaffirmé — « Je conduis les affaires de la France » est une formule très employée par Giscard — n'est possible qu'avec un Premier ministre et un gouvernement qui acceptent d'abandonner entre les mains du chef de l'Etat leur droit de déterminer et de conduire les affaires de la Nation. Or, un tel abandon n'est jamais allé de soi, y compris sous de Gaulle ou Pompidou quand le président et son Premier ministre appartenaient pourtant à la même famille partisane.

Comment dès lors V. G. E. a-t-il pu parier sur l'effacement volontaire de Chirac, lequel revendiquait une sensibilité politique différente de la sienne ? Comment a-t-il cru pouvoir concilier l'inconciliable ? Pour les mêmes raisons qui l'ont conduit à nommer Jacques

Une ère nouvelle

Chirac à Matignon : il sous-estime son Premier ministre, il reste convaincu que « celui-ci n'ira pas loin », comme il aime à le répéter.

Objectivement, les faits lui donnaient raison. Jacques Chirac, tous les collaborateurs du président en conviennent, fut un Premier ministre modèle : il exécutait sans discuter et ne cherchait d'ailleurs pas la discussion. Prenant ses fonctions, il avait déclaré en juillet 1974, dans un bel hommage lige : « C'est le chef de l'Etat qui est directement responsable de l'orientation générale de la politique. C'est lui qui doit donner les directives servant à l'action quotidienne du gouvernement. Cela implique qu'il ne peut y avoir de discussion sur les orientations qu'il nous donne. Mais que le Premier ministre, par définition, doit adhérer aux actions du président de la République ou se retirer. » Jacques Chirac adhère ; mais il avale aussi de nombreuses couleuvres. Et il ne se passe guère de semaine où il ne se fasse « sonner les cloches » — son directeur de cabinet Jérôme Monod le racontera plus tard à Jean Serisé — par Marie-France Garaud, ou par quelques mentors de l'U.D.R. que celle-ci appelait à la rescousse. V. G. E. pouvait-il ignorer ce travail de sape de Garaud ? Claude Pierre-Brossolette essaya de l'en prévenir ; les allusions du secrétaire général de la Présidence étaient toujours mal reçues. Il y avait à l'Elysée une consigne : interdiction de dénigrer en quoi que ce soit le Premier ministre. Alors qu'il devrait être vigilant à mettre de l'huile dans les rouages de la majorité, à soigner les relations entre l'Exécutif et le Législatif, V. G. E. s'enferme dans son rôle de deus ex machina et semble indifférent à l'agitation sociale comme aux agissements de l'U.D.R.

Singulière attitude, dans une période où le malaise économique et les remous politiques atteignent directement sa personne. Six mois seulement après son installation à l'Elysée, de nombreux journalistes s'interrogent sur ses « absences imprévues », évoquent ses sorties nocturnes, commentent sans aménité son souci de garder secrètes ses allées et venues. Aussi bien *le Monde* du 27 novembre, sous le titre « Un certain exercice solitaire du pouvoir », que l'*Economist* de Londres, l'*International Herald Tribune* ou *le Point* s'attardent sur le mode de vie du président de la République.

Le Tout-Paris va s'amuser d'un écho paru dans *le Canard enchaîné*[29] : V. G. E., en galante compagnie, aurait eu un accident à 5 heures du matin. C'est « l'affaire du laitier » dont Michel Poniatowski a acquis, depuis, la conviction qu'elle a été lancée par Marie-France Garaud. Les « folles nuits » du président deviennent le sujet favori des dîners en ville, avant que ce ne soit sa passion cynégétique et son goût pour la psychanalyse.

Mais rien, apparemment, n'atteint le chef de l'Etat. Alexandre

Sanguinetti, tout à la fois séduit et agacé par cette distance naturelle qu'il met entre lui et les autres, par ses poses, par son visage hiératique, l'appelle le « Pharaon »*. Superbe analogie que Sangui laissera très vite, au profit de métaphores moins gratifiantes.

---

* L'image lui est venue après la première allocution officielle du chef de l'Etat dans la salle des fêtes de l'Elysée, le 27 mai 1974. On se souvient que V. G. E. ne fit référence à aucun de ses prédécesseurs. Il gommait le passé, selon les pratiques d'anciennes dynasties pharaoniques.

Troisième partie

LE TOURNANT DU SEPTENNAT
15 décembre 1974 – 12 janvier 1976

1
L'EUPHORIE DANS LA TEMPÊTE

Né à la politique avec la télévision, V. G. E. a vite compris que le sacre, aujourd'hui, ne se fait pas à Reims mais sur le petit écran. Moyen puissant et inévitable de gouvernement des hommes, il va l'employer de façon constante aux fins qu'il assigne au chef de l'Etat dans ses rapports avec le pays : détendre, rassurer, sécuriser, apaiser, lénifier, décrisper, en un mot, dédramatiser. Il dirige le pays sous « anesthésie », le mot fera fortune. Mais beaucoup plus tard.

En cet hiver 1974-1975, les allocutions radio-télévisées se succèdent avec régularité et brio, les déclarations à la presse sur les sujets les plus variés se multiplient, et pourtant, il est difficile de discerner l'image que Giscard se fait de la France et celle qu'il veut donner de lui-même. Il y a chez lui quelque chose qui déroute les observateurs.

Dans le climat de morosité de la rentrée de septembre, alors que la presse et la classe politique s'inquiètent de sa « fragilité », il franchit, pour la première fois, la barre des 50 % : 53 % au sondage mensuel de popularité I.F.O.P. *France-Soir*. Et puis, comme s'affirme sa popularité, il déclare le 26 novembre : « Dans les difficultés que nous traversons, je sais que vous avez besoin d'explications et, puisque vous avez besoin d'explications, je viendrai vous les apporter tous les mois et, puisque ce sera l'hiver, je vous les apporterai au coin du feu pour que vous sachiez qui vous conduit et où vous allez. » Veut-il couper court aux rumeurs qui circulent alors sur sa vie privée et aux commentaires qui déplorent sa « tentation monarchique » ?

Ce ton de confidence n'est pas du goût de tout le monde. Il rappelle celui de Pierre Mendès France inaugurant, en juin 1954, la série de ses « causeries » radiophoniques du samedi, qui allaient nouer entre lui et l'opinion publique « des liens assez chaleureux pour exaspérer le gros de la classe politique », comme l'écrit Jean Lacouture[1]. « Mon intention, déclara l'illustre président du Conseil, est de m'adresser régulièrement à vous pour vous parler en toute simplicité et vous tenir au courant de chaque fait et de ce que pense le gouvernement qui est votre gouvernement, je crois que c'est l'une de mes tâches d'expliquer à l'opinion la signification et la portée de nos actes. »

Comme Mendès, Giscard pense que les abstractions sont des prisons. Il est à la recherche, non de slogans, mais de formules. Il s'en était longuement expliqué avec Jacques Chancel au cours de son premier show télévisé du 15 mai 1974, trois jours avant son élection : « On réfléchit à un sujet et tout à coup la formule vient. Regardez par exemple quelqu'un, enfin des grands hommes d'Etat comme Churchill ou Roosevelt, ils ont cherché des formules, de Gaulle a trouvé des formules... A un certain moment, la formule illustre et permet à la population, à l'opinion, de comprendre quel est l'essentiel ou quelle est la direction qu'on lui propose de choisir. » Il va se poser en pédagogue des masses, s'efforçant de faire comprendre n'importe quoi à n'importe qui. La première émission du genre, intitulée « En direct de l'Elysée », a lieu le 10 décembre, avec quatre journalistes, et dure cinquante minutes. Le président reprend un sujet déjà abordé lors de sa réunion de presse du 24 octobre, le « mondialisme », et insiste sur la nécessaire « conciliation » entre tous les Français. Le thème de l'unité nationale qui reviendra de manière obsédante dans la plupart des interviews de V. G. E. est posé comme le principe essentiel du septennat.

Conscient que le tempérament, le ton, l'allure, bref le style, comptent désormais — on le répète à l'envi — plus que la force des convictions, le chef de l'Etat va pendant plusieurs mois peaufiner son image en fonction des nouvelles données du jeu politique. Quand un président de la République veut s'adresser en même temps à 25 millions de citoyens et non plus, comme il y a moins de trente ans, à quelques centaines, ce n'est pas la dimension de son auditoire qui est différente, c'est la nature de son action. Quand les grandes affaires se règlent au jour le jour, toutes portes closes, sans délai et sans intermédiaire, dans les « sommets » et rencontres directes des responsables suprêmes des camps rivaux ou ennemis, ou bien à coups de télétype Maison-Blanche-Kremlin, il ne s'agit pas de nouvelles méthodes diplomatiques, mais d'une autre manière de gouverner le monde. Quand le citoyen est aussi informé, et parfois même davantage, d'une guerre ou d'une révolution qui se déroule à 10 000 kilomètres que de ce qui se passe dans sa rue, ce n'est pas son opinion qui en est affectée, c'est toute sa vision de l'univers, de son pays, de lui-même, qui s'en trouve bouleversée. Devant quoi, Giscard veut dédramatiser et s'emploie à exposer en termes simples, posément, de façon didactique, l'état de l'économie, la situation du monde, l'esprit de sa gestion et les raisons de ses décisions. A l'écouter, à le voir, les Français se sentent

Le tournant du septennat 127

intelligents. Ils se soucient peu, alors, de savoir s'il a ou non une doctrine, une idéologie et ce qu'elles sont.

En toute occasion, la décrispation devient le mot d'ordre de l'Elysée. Ainsi, les sénateurs, tenus à l'écart, souvent méprisés sous de Gaulle et Pompidou, reçoivent-ils l'assurance d'être mieux associés à l'action gouvernementale et de débattre sur une déclaration de politique générale. Cette consécration du rôle du Sénat se fera en trois étapes. Le 10 juin 1975, Jacques Chirac demande l'approbation d'une déclaration portant sur la politique étrangère ; seul le Sénat est concerné. Le 30 mars 1977, Raymond Barre alors Premier ministre demande l'approbation, cette fois, d'une déclaration de politique générale ; seul, néanmoins, le Sénat est concerné. Enfin le 11 mai 1978, Raymond Barre, au moment de la constitution de son gouvernement et au début de la législature, demande l'approbation d'une déclaration de politique générale devant les deux assemblées parlementaires, le Palais-Bourbon et le Palais du Luxembourg. C'est la première fois dans l'histoire du Sénat et de la Ve République. « Désormais, devait déclarer Alain Poher, président du Sénat, l'article 49 de la Constitution ne comporte plus de disposition inutilisée. Je pense, mes chers collègues, qu'il était nécessaire de marquer cet événement d'une pierre blanche et nous vous sommes reconnaissants, monsieur le Premier ministre, d'en avoir été l'artisan. »

Dans l'esprit du chef de l'Etat il s'agissait de redonner au Sénat sa fonction de soutien à l'Exécutif. D'ailleurs un communiqué de l'Elysée du 19 avril 1975 spécifia qu'il était « utile » que le gouvernement sache qu'il peut compter « dans les deux assemblées sur le soutien actif de la majorité des élus du pays ».

Cette attitude à l'endroit du Sénat rejoint la réforme du droit de saisine du Conseil constitutionnel. Ce dernier exerçait un contrôle sur les lois ordinaires[2] à l'initiative du président de la République, du Premier ministre, du président de l'Assemblée nationale ou du président du Sénat. Concrètement, le droit de saisine était dans les seules mains de la majorité, Alain Poher n'étant pas, objectivement, un opposant. Pour que le contrôle du Conseil constitutionnel puisse réellement s'exercer, il fallait que la minorité, c'est-à-dire l'opposition, ait les moyens de le déclencher. Cette réforme, souhaitée et accélérée par V. G. E., fut réalisée par la loi constitutionnelle du 29 octobre 1974 qui ouvrait à 60 députés ou 60 sénateurs le droit de saisir le Conseil. Alors que, durant les quinze ans qui vont de 1959 à 1974, le contrôle de conformité des lois à la Constitution avait donné lieu à neuf saisines seulement, on compte quarante-neuf saisines depuis la révision de 1974 jusqu'au 10 mai 1981. Quarante-sept viennent de l'opposition et, à plusieurs reprises, le Conseil a prononcé des déclarations de non-conformité. « Accueillie avec un mépris qui se révéla une méprise, écrit Pierre Avril [3], la prétendue « réformette » ne devait pas tarder à révéler sa portée... »

Décrispation encore, de nature plus politicienne, à travers l'ambition affichée de nouer un dialogue avec les leaders de la gauche comme avec l'électorat que ceux-ci représentent. L'intention de V. G. E. d'informer « les dirigeants de l'opposition des éléments qui déterminent certaines grandes décisions nationales » s'est heurtée au refus des personnes concernées. Georges Marchais qui, le 23 août, avait accepté le principe d'une rencontre, se ravisa au lendemain de la conférence de presse du 24 octobre 1974, à la surprise de François Mitterrand. Le numéro un du P.S., par solidarité avec son homologue du P.C.F., n'alla donc pas à l'Elysée...

Les chefs de l'opposition refusant de le rencontrer, Giscard ne renonce pas et cherche à séduire leurs électeurs. « L'année 1975, dit-il dans sa présentation des vœux, sera celle de la fraternité. » Il incite les Français à ne pas oublier la misère du monde. Il salue les travailleurs immigrés, il évoque les difficultés des praticiens et du personnel hospitalier, il insiste sur l'action en faveur des catégories les plus défavorisées, il cite ceux qui passeront leur nuit de Nouvel An en prison. Une allusion d'autant plus méritoire que sa poignée de main à un détenu reste, de tous ses gestes symboliques, celui qui avait suscité les commentaires les plus acerbes.

Auprès des corps constitués, il développe la distinction entre l'Etat et la nation, affirmant qu'il ne s'agit pas de servir l'Etat mais la nation. Ce n'est pas sans arrière-pensée : il se souvient de l'expression « l'Etat U.D.R. » qui a coûté cher à ses alliés et rivaux gaullistes.

Il y a, toutefois, dans l'approche présidentielle, plus qu'une tactique, plus qu'une comparaison avec un récent passé. Subordonner l'Etat à la nation est un principe essentiel de la démocratie, surtout dans un pays qui vient d'être « coupé en deux » à l'issue d'une bataille électorale.

Décrispation toujours quand V. G. E. adresse une lettre — que publie *le Figaro* — au poète Pierre Emmanuel et au romancier François-Régis Bastide, dans laquelle il évoque les difficultés matérielles que rencontrent les écrivains et dit son regret de ne pouvoir pas se consacrer davantage aux travaux de plume. Quand il dîne le mercredi soir 22 janvier chez un artisan du 7e arrondissement de Paris, M. Cucchiarini, et concrétise ainsi sa promesse d'aller dîner périodiquement dans les familles françaises de toute condition. Un métreur en couverture, un contremaître imprimeur, un kinésithérapeute, deux étudiants partagent avec lui le potage au cresson, le bar à la mousseline, la côte de bœuf et la charlotte aux fraises. « On n'arrivait pas tout à fait à y croire », déclarera Mme Cucchiarini. Quand il visite les pensionnaires de l'hospice d'Ivry dans le Val-de-Marne, ou qu'il invite des éboueurs à sa table.

Quand il se rend inopinément à Marseille le 27 février dans les cités d'urgence de la ville, en compagnie de Paul Dijoud, secrétaire d'Etat chargé de l'Immigration et de... Gaston Defferre, certains en tirent des conclusions un peu hâtives sur les ambitions de Dijoud dans la cité phocéenne et sur la complaisance de Defferre. Claude Estier, secrétaire national du P.S., est plus prudent : « Je ne comprends pas l'énervement des journalistes. Le président de la République est à Marseille. Il est normal que le maire de la ville le reçoive. Cela s'appelle de la courtoisie. D'autant plus que le problème des immigrés tient à cœur à Gaston Defferre. »

Les Français observent toutes ces illustrations du « changement », ravis, agacés ou perplexes. Dans la classe politique, les milieux syndicaux, on ricane ou on condamne. « Chaque époque a ses dames patronnesses », ironise la C.F.D.T. Le P.C.F. crie : « Démagogie ! démagogie ! » Le P.S. dénonce l'hypocrisie de « gadgets publicitaires ». Pierre Charpy, dans *la Lettre de la Nation,* écrit ce que pensent ses amis de l'U.D.R. : « Valéry Giscard d'Estaing a donc choisi d'inviter les éboueurs du carré Marigny. Comme ils n'étaient plus en grève, ils sont venus. C'est très bien. Mais, quoique n'ayant pas de conseils à donner au président de la République, personnellement j'aurais d'abord invité les pompiers, puis les agents de la circulation. Et il resterait encore les facteurs, les égoutiers, tous les représentants de ces petits métiers sans lesquels la vie ne serait plus ce qu'elle est. Heureusement, notre calendrier est riche en jours de fête. Il y en aura pour tout le monde. Et ce sera très bien. »

Le chef de l'Etat reste indifférent aux critiques. Parmi les dirigeants étrangers qu'il est amené à rencontrer, beaucoup lui parlent de ses invitations et sont très curieux de connaître les impressions et les analyses qu'il tire de ces contacts directs avec quelques citoyens. Gerald Ford et Jimmy Carter, Harold Wilson comme Helmut Schmidt l'interrogent et s'interrogent sur son art et sa manière. En 1983, V. G. E. ne regrette rien et tient pour essentiel ce que ses adversaires qualifiaient de dérisoire. « J'ai voulu dépoussiérer la fonction, j'ai voulu rétablir l'humain dans les points de vue entre le citoyen et le pouvoir suprême. Je crois avoir réussi parce que ma politique n'a jamais été perçue comme une politique de classe. Et cela en dépit des violentes attaques contre ma personne[4]. »

L'objectif du chef de l'Etat n'est pas de confondre la majorité avec l'opposition mais d'établir entre les « deux France » des relations moins abruptes. Il veut transformer la nature du débat national et sortir le pays de cette espèce de « guerre civile froide » dans laquelle il paraît se complaire. Louable ambition. Etait-elle, toutefois, compatible avec les réalités politiques de l'instant ? N'était-elle pas en contradiction avec les principales caractéristiques du régime giscardien naissant, c'est-à-dire la démarche présidentialiste de V. G. E. et les fortes tensions à l'intérieur du camp majoritaire ? Le présidentialisme heurtait à la fois la gauche et les partisans de Jacques Chirac ; il alimentait, par conséquent, la grogne de l'U.D.R. et fragilisait la coalition gouvernementale.

Dans ce contexte, les dirigeants de l'opposition n'avaient évidemment aucun intérêt à donner le change au chef de l'Etat tout à sa recherche de l'unité nationale, du consensus. Au surplus, les formules intempestives de Roger Chinaud, Michel Poniatowski ou Jacques Chirac ne les incitaient pas à la décrispation.

Que V. G. E. eût de la Constitution de 1958 une interprétation présidentialiste n'avait en soi rien d'original. En 1969, Georges Pompidou, alors président de la République, confiait à Alain Peyrefitte : « Le patron, c'est moi. Ce que le général aura légué de meilleur à la France, c'est la prééminence du président. Laisser le pouvoir suprême repasser la Seine, permettre que les grandes décisions qui commandent l'avenir se prennent à Matignon et non à l'Elysée, cela voudrait dire à brève échéance que l'Assemblée reprendrait le dessus. On reviendrait au régime des partis et à l'instabilité ministérielle. Ce serait renouveler la mésaventure des débuts de la IIIe République. Je ne serai ni Mac-Mahon ni Jules Grévy. Je maintiendrai[5]. »

Giscard maintenait. Mais il maintient dans le malentendu, n'étant plus le maître incontesté et incontestable de la majorité parlementaire. Et le malentendu l'emportera sur la décrispation.

Lors de « l'aménagement ministériel » du 31 janvier, il maintient. Si le Premier ministre a été normalement consulté et informé, la décision de modifier l'attelage gouvernemental a été prise par le président. Le mercredi 29, V. G. E. a reçu un à un les quatre nouveaux promus : Yvon Bourges (U.D.R.) remplace Soufflet à la Défense nationale, et il sera assisté du général Bigeard, secrétaire d'Etat chargé de la condition militaire et du service national ; Aymar-Achille Fould (C.D.P.), secrétaire d'Etat aux P.T.T., remplace Pierre Lelong que ses échecs avaient condamné ; Jean-François Deniau, secrétaire d'Etat à l'Agriculture, auprès de Christian Bonnet qui a des ennuis de santé. Bien que Jacques Chirac ait écarté quinze jours auparavant l'idée d'un quelconque remaniement et repoussé ces « supputations ridicules », bien que Michel Poniatowski ait renchéri dans le même sens, on s'attendait, dans les milieux politiques, à cette opération.

Le remaniement est directement lié aux événements de l'actualité. D'une part l'agitation dans les casernes, qui fait la « une des journaux ». Le 6 janvier, plusieurs milliers de personnes, précédées des représentants de la C.G.T. et de la C.F.D.T., marqueront leur soutien aux trois jeunes appelés jugés à Marseille pour leur participation à la manifestation de Draguignan en septembre 1974. Deux des meneurs sont condamnés à un an de prison dont huit mois avec sursis, le troisième est acquitté. Un verdict de clémence. Le 13, dans les rues de Karlsruhe cette fois, des soldats du contingent défilent comme à Draguignan, pour réclamer une amélioration de leurs conditions de vie et une solde décente. La grogne est mal reçue dans les états-majors. Le général Jacques Mitterrand (le frère du dirigeant socialiste) dénonce dans *Valeurs actuelles* « l'antimilitarisme du 16ᵉ arrondissement ». Bigeard lui emboîte le pas, estimant que « ce sont essentiellement les enfants de la bourgeoisie qui font profession d'antimilitarisme ». A Bigeard, le « non-conformiste », revient donc le soin de remettre un peu d'ordre dans les casernes.

De même, le départ de Lelong s'explique par l'interminable conflit des postiers. Le 20 décembre, les négociations ont une fois encore échoué sur une maladresse du secrétaire d'Etat qui décide d'étaler sur quatre mois les retenues des journées de grève. La mesure est ressentie par les employés comme une « vengeance du secrétariat d'Etat ». Postiers et agents des télécommunications ripostent en refusant de faire des heures supplémentaires pour les fêtes de fin d'année et en réduisant considérablement leur cadence. A plusieurs reprises l'Elysée a manifesté son impatience devant les fausses manœuvres de Pierre Lelong. Exit.

Si V. G. E. « maintient », Jacques Chirac aussi. Dans l'ambiguïté. Dans un entretien donné au *Nouvel Observateur*[6] il développe une théorie des plus floues qui fera froncer le sourcil, et de Michel Poniatowski et du chef de l'Etat.

« Mais pourquoi ce besoin de vous réaffirmer en tant qu'U.D.R. ? Qu'est-ce qui vous différencie de vos partenaires ? interroge Georges Mamy.

— D'abord, je suis U.D.R. et, par conséquent, il est naturel que je m'occupe de l'avenir et de la place du mouvement auquel j'appartiens. Les diverses composantes de la majorité présidentielle représentent plusieurs courants de l'opinion publique...

« ... Il est donc normal que le chef du gouvernement, qui a vocation de chef de la majorité parlementaire, s'assure que chacune des composantes de cette majorité poursuit une action cohérente. C'est dans cet esprit que j'ai estimé que l'U.D.R...

— A partir de là, on a donc le droit de dire que, s'il n'y a pas, je le crois volontiers, poursuit Mamy, antagonisme quotidien entre ces diverses familles, il y a néanmoins compétition virtuelle entre elles.

Croyez-vous dès lors que si, à l'occasion des législatives de 1978, la formation se réclamant directement du président de la République restait minoritaire à l'intérieur de la « majorité », cela serait supportable par cette mécanique présidentielle ? Vous croyez qu'un Pompidou ou un de Gaulle auraient accepté que l'U.D.R. se trouvât dans une situation semblable, minoritaire à côté de giscardiens en masse ?

— ... Il n'y a pas d'antagonisme entre les composantes de la majorité : même jugement sur la société, même confiance apportée à l'homme qui a été désigné par le suffrage universel.

« Compétition ? Tout dépend du sens qu'on donne au mot. Si vous voulez dire que chacun défendant des thèses analogues essaie d'être le meilleur, alors oui. Mais c'est une compétition fraternelle...

— ... Il y a bien compétition devant l'électeur aussi ?

— Certes, mais dans le cadre d'une majorité qui est organisée. Vous dites : un parti giscardien. Le président de la République est, en fait, le chef de l'ensemble de la majorité, il n'est pas le chef d'un parti. Il est issu d'un parti, c'est vrai. Mais c'est l'ensemble de la majorité qui le soutient. C'est la cohérence de notre majorité, celle du président, qui est essentielle. »

A la lecture des propos du Premier ministre, la majorité a deux chefs. Il y en a un de trop. Et le spectacle qu'offre la majorité est le reflet de cette dyarchie, le reflet aussi de la routine, tant il est vrai que l'année qui commence sera d'une rare platitude sur le terrain de la politique. Le rituel des petites phrases alimentera la chronique et illustrera le contraste entre la décrispation rêvée par le président et la guéguerre entretenue par le responsable des partis. Michel Poniatowski déclare-t-il le 2 février vouloir faire des R.I. « le premier parti de France », qu'aussitôt Jacques Chirac au comité central de l'U.D.R. lui réplique : « Nous avons la prétention de demeurer le premier parti de la majorité. » La scène se répétera en octobre. Poniatowski affirme sans complexes que les R.I. « constituent désormais le premier parti de la majorité présidentielle ». Chirac constate comme une évidence que son mouvement est « le plus important, le mieux organisé », ajoutant : « Nous avons la sérénité des forts[7] ». Mais qui croira jamais que les démêlés de Jacques Chirac avec Poniatowski, Chinaud, Ornano, Abelin, Lecanuet, Dominati ou Françoise Giroud tissent l'histoire ?

Le 7 avril V. G. E. réunit ses ministres pour un séminaire de 48 heures à Rambouillet et dispense à chacun compliments et félicitations pour son action en faveur d'une « majorité nouvelle ». Réunion familiale de réflexion au cours de laquelle Jacques Chirac comme Michel Poniatowski, Jean Lecanuet comme Michel Durafour, sont chaleureusement invités à coiffer leur casquette de chef de parti dans une saine et fraternelle émulation. D'aucuns — Jean Lecanuet surtout —

s'étonneront de ce brusque intérêt pour les formations politiques mais personne n'est dupe du jeu : le président regarde avec une pointe d'ironique mépris les micros-tempêtes qui troublent le camp majoritaire.

Certes, au lendemain des assises de l'U.D.R. à Nice, le 19 juin, au cours desquelles Jacques Chirac s'était présenté comme le principal supporter et le garant de l'union majoritaire, V. G. E. avait dévoilé, en conseil des ministres, ses dernières intentions : « Le Premier ministre a mis fin à ses fonctions de secrétaire général de l'U.D.R. : c'est une sage décision. Des réformateurs ont mis sur pied une organisation commune. C'est une initiative utile, mais il faudra aller plus loin et envisager, le moment venu, une organisation d'ensemble de la majorité présidentielle permettant aux Françaises et aux Français d'apporter leur soutien personnel au mouvement vers une société libérale avancée[8]. »

L'idée est signée Michel Poniatowski ; elle témoigne d'une relative inquiétude du président devant les agissements de son Premier ministre trop enclin à se poser en chef, en arbitre et en animateur de la majorité, par-dessus les alliés de l'U.D.R.

Certes, le 25 mars, en consacrant sa « causerie au coin du feu » aux problèmes de défense, V. G. E. a voulu signifier à l'U.D.R. qu'il se plaçait dans l'orthodoxie gaulliste. Il a repoussé les tentations atlantistes — auxquelles certains centristes du gouvernement étaient prêts à céder — pour se rallier à la thèse U.D.R. et conserver l'héritage du général de Gaulle. La France ne regagnera pas l'organisation militaire de l'Alliance atlantique ; de plus elle conservera précieusement l'arme nucléaire qui garantit cette indépendance nationale et elle maintiendra, enfin, l'impôt du service militaire. A plusieurs reprises, le chef de l'Etat avait lâché quelques petites phrases qui allaient dans ce sens. Ce qui manquait au tableau, c'était une déclaration qui engageât solennellement la France dans la voie de la continuité. C'est à présent chose faite.

Certes, les « petits déjeuners » du mardi réunissent, à Matignon, les membres du gouvernement représentant les quatre formations de la majorité : Jacques Chirac (U.D.R.), Michel Poniatowski (R.I.), Jean Lecanuet (Centre démocrate) et Michel Durafour (Centre républicain). On s'efforce, ensemble, d'harmoniser les chevaux de l'attelage. Il est clair, pour les participants, que Jacques Chirac, après l'opération du 14 décembre, ne lâchera plus les rênes de l'U.D.R. et que son souci de maîtriser l'appareil gaulliste l'emportera sur tous les autres. A ceci près que ni Poniatowski ni Lecanuet n'ont su deviner sa stratégie à long terme, tant l'ambiance de ces « petits déjeuners » était changeante. Chirac passait du découragement à l'excitation, des supplices aux menaces, son comportement étant toujours dicté par l'actualité la plus immédiate, ou par le dernier « mot » de celui-ci ou de celui-là.

Toute cette alchimie politicienne relève du subalterne pour l'Elysée. Les « causeries au coin du feu » ont pris leur rythme de croisière, réunissant tous les artifices du spectacle : la bûche dans la cheminée, les tableaux de chiffres, les jeux de main autour du visage. Si V. G. E. reste, sans lassitude, fidèle à son projet d'explication télévisée mensuelle, il se prépare à quelque quatre-vingt-quatre rendez-vous avec les Français... Après son intervention du 23 février (sa deuxième « causerie »), Jean Boissonnat note dans *la Croix :* « Pour la première fois depuis son élection à la présidence, M. Giscard d'Estaing nous a semblé débarrassé de ses complexes d'adolescent prolongé. Complexes qu'il liquidait — mal — par des coquetteries enfantines. L'homme prend du poids. Après avoir contemplé sa tunique de chef de l'Etat, comme un enfant gâté contemple son dernier train électrique, il entre dedans. L'élu devient président... La façon dont M. Giscard d'Estaing a parlé de ceux qui l'ont élu pour " conserver " et qui s'émeuvent aujourd'hui de ce qu'il veut " changer ", sonnait juste. Le ton, les mots étaient judicieusement choisis. M. Giscard d'Estaing ne donnait plus seulement l'impression d'être un homme intelligent et un habile politique ; il manifestait une compréhension plus en profondeur de son auditoire et des problèmes de son temps[9]. » L'heure est à l'euphorie. Le baromètre I.F.O.P. *France-Soir* cote 56 %[10]. Selon le *Sunday Times* de Londres, V. G. E. est « un produit sans défaut de la classe dirigeante française... Il y a trois élites en France : celle du sang, le faubourg Saint-Germain, celle de l'argent, le 16e arrondissement de Paris, celle de l'esprit, l'Ecole nationale d'administration. V. G. E. appartient aux trois[11] ».

A l'Elysée on se prépare à célébrer le premier anniversaire de l'élection présidentielle dans un climat de satisfaction. Pour l'entourage du chef de l'Etat, ce premier parcours de douze mois est un « bon parcours ». Pourquoi ? L'analyse est à peu près la suivante : ayant été élu à une majorité très faible dans un climat économique et social difficile, Giscard a réussi à éviter le pire malgré une accumulation accélérée des nuages noirs. Les prophètes de l'apocalypse en sont, jusqu'à présent, pour leurs frais. Par deux fois, et en dépit des difficultés économiques et sociales, le mot « réforme » a fait la une de tous les journaux, ces dernières semaines. Alors que les premières réformes du septennat touchaient essentiellement aux mœurs, celles qu'engage le gouvernement entrent dans le domaine des remises en cause structurelles : réforme de l'enseignement avec la loi Haby, réforme de l'entreprise avec le rapport Sudreau. Seule toutefois, la réforme Haby est votée. Les amendements l'ayant pratiquement vidée de son contenu initial, on ne sait alors ce qu'il en adviendra. Les intentions sont simplement affichées.

Pierre Sudreau, animateur du Comité pour l'étude de la réforme de l'entreprise, a remis, le 7 février, au chef de l'Etat un document de 196 pages qui ne compte pas moins de 69 propositions. Rendu public, le rapport devrait donner lieu, c'est le vœu de l'Elysée, à un grand débat devant l'opinion. A la suite de quoi, le gouvernement mettra au point un projet de loi qui pourrait être proposé aux députés à la session d'automne. Réaliste et raisonnable, le rapport Sudreau essaie de redéfinir le concept usé de « participation » et inaugure la « co-surveillance ». Une représentation minoritaire des salariés dans les conseils de surveillance et dans beaucoup de conseils d'administration prendrait la signification d'une co-surveillance ; celle-ci respecterait l'autonomie de décision du chef d'entreprise. Pour le patronat, il s'agit d'une « co-gestion » déguisée. Pour les principaux syndicats, il n'est pas question, « dans le système économique actuel », de participer à la gestion des entreprises ; il souhaite au contraire l'institution d'un « contre-pouvoir » de surveillance. Huit ou dix recommandations concernent l'information dans l'entreprise, une vingtaine s'attachent à repenser le statut juridique des entreprises et à remettre à jour, à simplifier tout ce qui touche aux S.A.R.L., aux syndics, aux chambres de commerce, aux droits des actionnaires, etc.

Que peut-il sortir de concret de ce rapport ? Dans les milieux salariés, on est partagé : « S'il y a beaucoup de bon sens et de pragmatisme, le Rapport est aussi une imposante compilation de lieux communs, dit-on à la C.F.D.T. et à la C.G.T. Le Rapport n'innove en rien et il y en a eu des dizaines avant lui. » Par contre, à la C.F.T.C., à F.O. et à la C.G.C., on accueille assez favorablement le travail de Pierre Sudreau. Au C.N.P.F., ce n'est pas l'euphorie. « On accepte le débat sur le Rapport, pas question de blocage, de crispation. La discussion est ouverte à une condition : l'efficacité économique ne doit pas être sacrifiée. »

Le fameux Rapport qui fera couler tant d'encre et qui fut interprété comme une illustration de la volonté de changement du chef de l'Etat sera d'abord freiné par l'U.D.R. qui ne veut pas effaroucher le moyen et petit patronat, puis enterré par Raymond Barre, sur la foi d'un argument fort simple : « On est dans la crise, donc ça suffit comme ça... Vous n'allez pas ajouter à nos ennuis, avec cette réforme dont les Français au fond, n'ont rien à f... » Jean Lecanuet et ses amis évoqueront à plusieurs reprises la nécessité de « donner du qualitatif » aux travailleurs, mais ce sera en vain.

En mai 1975, tous les espoirs restent permis, c'est tranquillement que V.G.E. va souffler sa première bougie de président. Oubliée la vive agitation à la Régie Renault au mois de mars, qui avait condamné Jacques Chirac à tenir des propos peu conformes à la « décrispation » : « Le parti communiste veut créer chez Renault une espèce d'agitation sociale afin de redorer un blason qui a tendance à se faner. » Oubliées les nombreuses manifestations à Marseille. Le 18 mars, Mohamed Saïd Moussa, ouvrier algérien, est grièvement blessé d'une balle de revolver. Ses avocats reçoivent une lettre : « Mort aux Algériens et à ceux qui les défendent. » Oublié le chômage qui s'amplifie et qui oblige Jean-Pierre Fourcade à réviser ses prévisions. Le 9 janvier, le ministre des Finances avait rappelé ses objectifs pour 1975 : croissance économique de 4 %, hausse des prix limitée à 8 %, poursuite de la baisse des taux d'intérêts. Fin avril il doit convenir : « Je n'exclus pas que le million de chômeurs soit atteint cette année, mais je ne le pense pas. » Oubliés la colère des viticulteurs du Midi, le conflit du *Parisien libéré* qui démarre.

Tout peut s'oublier, même quand on occupe la magistrature suprême, et Giscard va, de façon magistrale, en apporter la preuve, en acceptant une heure d'entretien en direct avec Jacques Chancel sur Antenne 2 le 22 mai. « Il avait dans cette aventure, écrit Pierre Viansson-Ponté, plus à perdre qu'à gagner. Le dialogue portait, c'était entendu, sur lui-même, son tempérament, sa personnalité. Les risques étaient donc grands d'apparaître aux yeux de millions de Français qui le guettaient, et pour beaucoup sans bienveillance, soit insuffisant, soit prétentieux, soit encore trop réservé. Or il a choisi de se livrer et d'être lui-même. Comment l'a-t-on perçu ? Ici, c'est l'affaire de chacun, et tout jugement ne peut être que profondément subjectif. S'il fallait tenter de ramener l'impression ressentie à trois adjectifs, on pourrait dire qu'il a semblé sincère, naïf et fragile [12]. »

Fragile ? Décidément, le qualificatif revient, lancinant. Etrange « télescopie » surtout, presque surréaliste dans cette période caractérisée par la brusque aggravation de la crise, la persistance de l'inflation et la montée du chômage : 425 000 demandeurs d'emploi en avril 1974, 795 000 en avril 1975. Un niveau que la France n'avait jamais connu, même pendant la grande dépression des années 30.

Avec Jacques Chancel, le président parle du temps : « Pour moi le temps est une matière que l'on travaillerait comme on travaillerait une autre matière, parce que je crois que toutes les transformations passent par une prise de conscience (...). Dans le calendrier de l'action, je me dis toujours : comment faut-il se servir du temps, quel est le rythme qui correspond ? Et pour réaliser une réforme, il faut beaucoup de temps... » De la solitude : « C'est beaucoup plus la solitude de la personne que de la fonction. » De la postérité : « Je suis sûr que la postérité ne gardera aucune image de moi... » De l'opposition : « Il y a un grand vide. Le socialisme à l'allemande n'est pas organisé en France. A mon avis, il se passera quelque chose : soit que la majorité déplace son centre de gravité, soit qu'au sein de l'opposition naissent des initiatives... Si j'étais dans l'opposition, j'accepterais le dialogue démocratique. »

Question de Jacques Chancel : « Vous avez l'impression d'être plus aimé qu'il y a un an ?
— Oui.
— Ça vous fait chaud au cœur ?
— Ah oui ! Bien sûr. »

Nous voilà bien loin des sommets gaulliens où soufflent les vents épiques de l'histoire et la bise glacée de la raison d'Etat.

Naïf ? On verra, avec les années, qu'il y a, en effet, chez lui, cette part de naïveté, qui le conduira à méjuger certains « coups » bien ajustés. Naïveté ou suprême mépris ? Croit-il vraiment, comme il le dit encore à Chancel, que l'on puisse connaître une vie politique « propre » où l'on ne se salit pas les mains ?

Le premier anniversaire sera également l'occasion d'affiner « le style Giscard », de « surprendre les Français », selon un titre du *Journal du dimanche.* Dans un message qu'il adresse au Conseil européen, V. G. E. fait part de sa décision de ne plus commémorer officiellement la victoire du 8 mai 1945 : il propose de remplacer cette fête par une journée de l'Europe. Sa décision suscite de nombreuses protestations, tant en France que dans les pays concernés. Les associations d'anciens combattants se déchaînent, l'U.D.R., par la voix de *la Lettre de la Nation,* dit son mécontentement ; le P.C.F., à travers l'éditorial de *l'Humanité*[13], est sublime dans la nuance : « Où est cette " politique d'indépendance et de grandeur " qu'il voulait donner à la France ? Honteusement, il lui fait réintégrer l'O.T.A.N. et la lie chaque jour davantage au char de l'impérialisme américain. Déjà des tractations sont engagées pour construire une organisation militaire ouest-européenne, ce qui mettrait l'armement nucléaire français entre les mains des généraux de l'Allemagne fédérale. Et pour faciliter le rassemblement de toutes les forces réactionnaires de la petite Europe (nostalgiques du nazisme compris), on n'a pas hésité à supprimer d'un trait le 8 mai. »

Quant au président, il reste apparemment de marbre : « Je ne regrette aucune des choses que j'ai faites... » avoue-t-il à *l'Aurore*[14].

2

FLOTTEMENT AUTOUR DE LA « RELANCE »

Oui, étrange point d'orgue que cette « télescopie », ou que cette décision à propos du 8 mai, quand la France entre dans une période de vive récession. A Matignon, d'ailleurs, on n'a de cesse de convaincre le chef de l'Etat de relancer l'économie. C'est le moment aussi où Jacques Chirac, très sérieusement, pense qu'il peut jouer un grand rôle, et dans un délai plus rapproché que prévu. Marie-France Garaud, raconte, mêlant l'amusement et la gravité, que « Jacques » commence à s'interroger sur les qualités que l'on prête à Giscard en matière économique. Le Premier ministre s'attendait-il à ce que le chef de l'Etat fasse des miracles ? La ficelle est grosse. Plusieurs journaux s'y prennent les pieds.

Jacques Chirac veut la relance, et il le dit. Jean-Pierre Fourcade n'en veut pas, et il le proclame. V. G. E. n'a pas arrêté sa doctrine. Il va chercher le compromis. Après que le président a déclaré le 25 mars, hommage à Fourcade, « la France est en train de gagner la bataille contre l'inflation », le Conseil des ministres des 2 et 23 avril, satisfecit à Chirac, prend un train de mesures pour « stimuler l'économie », dont le coût s'élève à 15,5 milliards de francs. La panoplie est classique et il ne s'agit que d'un coup de pouce : remboursement d'une partie de l'impôt exceptionnel prélevée en 1974, emprunt de 5 milliards de francs, prêt complémentaire aux institutions publiques, système de dégrèvement fiscal pour les biens d'équipement, crédit pour le développement régional.

Au conseil du 23, Chirac et Fourcade s'affrontent dans des termes peu amènes. Comme les autres membres du gouvernement ignorent la position du président dans ce conflit — relance ou pas — chacun observe, prudent. Il n'en sera pas de même au Conseil des ministres du 30 juillet. La veille, V. G. E. a reconnu que l'évolution de la situation économique n'a pas été conforme aux prévisions. Si le bilan est positif en matière de commerce extérieur et de contrôle des prix, il est négatif dans les domaines de la croissance et de l'emploi. Le nombre des chômeurs — 900 000 — risque d'augmenter à l'automne avec l'arrivée des jeunes sur le marché du travail. Et d'annoncer pour septembre un plan gouvernemental de soutien à l'économie. Saisissant la balle au bond, le 30 juillet, Jacques Chirac se montre très dur à l'endroit de son ministre des Finances et parle « d'une grave erreur d'appréciation de la réalité ». Michel Poniatowski et Christian Bonnet surenchérissent et s'alignent sur les thèses du Premier ministre. Jean-Pierre Fourcade se sent lâché par le président ; il continue d'affirmer que la lutte contre l'inflation reste la priorité des priorités.

Que s'est-il passé entre mars et août ? Prenant prétexte des « mesures de stimulation » d'avril, Jacques Chirac considère que ses thèses sont en passe de s'imposer, ce qui place Jean-Pierre Fourcade dans une position de plus en plus inconfortable. Y a-t-il eu alors malentendu sur l'idée de relance entre Matignon et l'Elysée, comme le soutient Michel Poniatowski [15] ? Le mot « relance » n'appartient pas au vocabulaire du président. Chirac a-t-il par trop tiré la couverture de son côté ? Visiblement le chef de l'Etat garde plusieurs fers au feu, tout en sachant que le compromis entre Matignon et la rue de Rivoli sera difficile à trouver. Fourcade n'a pas l'échine « très politique » et se refuse à prendre des marges de manœuvre dans les discussions. « C'est tout noir ou tout blanc, dit Poniatowski, donc il a l'impression d'être trahi si on ne le suit pas sur toute la ligne. » En tout cas, en annonçant le retour du franc dans le serpent monétaire européen, le 9 mai, le président donne raison à son ministre des Finances contre l'avis du Premier ministre. Pour les experts de Matignon, cette rentrée dans le serpent va en réalité retarder la reprise. V. G. E. renouait avec une constante de la France sur le plan des principes monétaires. Le gouvernement français, par la voix de ses représentants officiels, n'a jamais varié dans ses préférences — il est contre le système des changes flottants — même lorsqu'il s'est vu contraint par l'environnement international de laisser flotter sa monnaie en janvier 1974.

Par-delà les divergences de vues entre Matignon et la rue de Rivoli, il y a les faits que ne peut ignorer éternellement l'Elysée. Dès mai, « L'inquiétude revient », titrait *le Figaro* en s'appuyant sur un dernier sondage SOFRES. Voilà que l'on renoue avec la grisaille. Plus encore que le pouls de l'opinion, d'autres chiffres montrent que la reprise économique tant attendue ressemble aux mirages sahariens. Le chômage, pour lequel le ministère du Travail pronostiquait un tassement en mars, accuse une progression de 5,2 % par rapport à février. Dans le même temps, ce qui est plus grave, la chute des offres d'emploi se poursuit au rythme mensuel de 9 % et le niveau de 110 700 offres est le plus bas jamais enregistré depuis quinze ans. Les cadres sont de plus en plus touchés. Cette détérioration du marché du travail confirme deux enquêtes, l'une de l'I.N.S.E.E. (Institut national de la Statistique), l'autre du C.N.P.F. « Alors que les prévisions des entreprises, écrit l'I.N.S.E.E. que l'on ne peut pas accuser de parti pris, étaient bonnes au cours de janvier et février, le climat général s'est nettement détérioré en mars. » L'organisation patronale répond comme un écho à ce point de vue : recul de la production d'acier (20 % de moins qu'en décembre 1973 !), même chose dans le textile où l'activité est tombée de 15 à 20 % en un an et où 100 000 salariés sont en chômage partiel, situation très médiocre dans la construction mécanique. Seul clignotant vert qui paraît combler d'aise le ministre des Finances : l'équilibre de notre balance commerciale se confirme. Il y a cependant deux manières de regarder cet équilibre : ou bien on est convaincu, comme Jean-Pierre Fourcade, qu'il faut encore rester très prudent sur la relance, et dans ce cas la diminution de nos achats à l'étranger est une chose positive ; ou bien on considère que cet équilibre, dû essentiellement à la baisse de nos achats, est une démonstration supplémentaire de la récession, et dans ce cas, faut-il se réjouir ?

Toutes les pièces qui forment le puzzle très complexe de la machine économique — activité industrielle, commerce extérieur, chômage, prix, investissements, etc. — n'arrivent plus à trouver leur place et en viennent, au contraire, chaque jour davantage à s'opposer.

Sur ce fond de crise, le 30 juin, le président, pour sa causerie mensuelle, non plus au coin du feu, mais dans un décor estival, reste conforme à lui-même : « Mes chers amis, je voudrais que, pendant ces vacances, vous soyez sans inquiétude. L'inquiétude est un sentiment qui ronge, et c'est un sentiment qui gâche. Or, il n'y a pas lieu d'éprouver d'inquiétude en France à l'heure actuelle. » Cette opération chloroforme apparaîtra très vite comme une sérieuse boulette et pour la première fois depuis son élection, le chef de l'Etat fera son autocritique devant ses collaborateurs. « Valéry-les-Flots et son climat sédatif », titre *le Quotidien de Paris*. Le P.C.F. demande un droit de réponse. « Giscard : la France au Bois dormant », lit-on en couverture du *Point*. Ces propos apaisants ont scandalisé les uns, frappés ou menacés par la crise et le chômage, et mécontenté les autres, qui aspirent davantage à être gouvernés que rassurés.

Fâcheux intermède. V. G. E. avait en main toutes les cartes pour apprécier la gravité de la situation. Pourquoi a-t-il voulu forcer sur la note émolliente ?

Il ne parvient pas à trancher le débat qui secoue l'équipe gouvernementale : faut-il relancer ? Et si oui, comment relancer ? Pour mieux comprendre les hésitations du chef de l'Etat il faut s'arrêter un instant sur un organisme qu'il a mis en place, le Conseil central de la planification, qui se réunit tous les mois sous sa présidence. C'est ce conseil qui a décidé, le 1er février, de la nouvelle politique énergétique et du rythme de construction des centrales nucléaires : la France mettra en chantier, durant les deux années 1976 et 1977, douze tranches de mille mégawatts. La part d'électricité d'origine nucléaire devrait représenter, en 1985, 25 % de notre approvisionnement énergétique ; celle provenant du pétrole serait ramenée de 66 à 40 %.

Tout au long du septennat, Giscard sera très attentif aux travaux de ce Conseil central de planification et y prendra part très activement. C'est là qu'il va affiner l'idée de « nouvelle croissance » : « Qu'on ne s'y trompe pas, avait-il déclaré aux secrétaires d'Etat le 25 septembre 1974, nous sommes entrés dans une autre époque de la croissance économique : le temps de la croissance sauvage, fondée sur le gaspillage des ressources bon marché, est terminé. L'énergie sera pour très longtemps chère et rare. A certains égards, la nouvelle époque corrigera les excès de la précédente : l'exaltation démesurée de la consommation, les secousses brutales apportées aux conditions de vie, l'urbanisation désordonnée. Il va falloir définir et conduire une nouvelle croissance : la croissance modérée dans le plein emploi. »

Le rapport sur les orientations préliminaires du VIIe plan publié dans les premiers jours de juillet va très largement dans ce sens. Les notions de « redéploiement » de l'économie, de croissance « optimale » sont débattues dans la presse. Elles restent néanmoins imprécises quant aux fins sinon aux moyens et certains estiment — ils ont les faveurs de Matignon et de l'U.D.R. — que la « nouvelle croissance » peut être inaugurée sans que les finalités de l'expansion actuelle soient remises en cause.

C'est ce qui ressort, en particulier, d'une étude du Commissariat général au Plan, rédigée par Edmond Malinvaud. Contrairement au rapport sur les orientations préliminaires du VIIe Plan, Edmond Malinvaud insiste sur le caractère temporaire des difficultés traversées et estime que les perspectives d'une croissance forte pour notre pays sont parfaitement envisageables et raisonnables. Une modification de notre modèle de production, un « redéploiement » en vue d'assurer des emplois supplémentaires n'impliquent, selon Malinvaud, aucune modification dans notre logique de développement, étant entendu que seule une croissance soutenue peut résoudre certains problèmes d'urgence.

Traduits en termes politiques, les thèses de Malinvaud invitent à la relance, alors que le concept de « nouvelle croissance » invite à soutenir et à réorienter l'activité économique, plus qu'à la relancer.

Entre ces deux stratégies, le Premier ministre a choisi : il veut la relance. Le chef de l'Etat préférerait une voie médiane. Le ministre de l'Economie et des Finances, on le sait, s'en tient à la stabilisation.

V. G. E. tergiverse encore durant juillet. Et puis, brusquement, il intervient le mardi 29. « Tout bon stratège, écrit Georges Valence dans *l'Express*[16], essaie de s'assurer deux avantages : le choix du terrain et de l'heure. Le terrain miné par la crise et le chômage semble peu favorable à M. Giscard d'Estaing. Celui-ci entend du moins imposer son timing, tenir les Français en haleine et l'opposition dans l'incertitude en étalant la mise au point du plan de relance : après le diagnostic dressé mardi dernier, les mesures concrètes seront précisées au Conseil des ministres du 27 août, décidées au Conseil du 4 septembre et soumises aussitôt après au Parlement, convoqué en session extraordinaire le 9 septembre... En fait, le gouvernement redoute avant tout une offensive politique communiste et même socialiste à l'automne qui pourrait déboucher sur une crise grave provoquant des élections anticipées, dans un mauvais climat. »

Giscard a tranché, mais il est convaincu que l'ère de la croissance sauvage est passée, que l'équilibre entre la « reprise économique » et le cercle infernal inflation-récession-chômage restera l'exercice périlleux qu'auront à résoudre pendant longtemps les gouvernements. Il annonce « une nouvelle croissance », un « changement de cap », précisant notamment que peu à peu les Français devront retrouver le goût d'un travail manuel revalorisé et mieux rémunéré. Autant de thèmes qui deviendront sa doctrine économique et qui prendront définitivement corps dans son discours pour le 75e anniversaire de l'Assemblée des présidents de chambres de commerce et d'industrie, le 28 novembre 1975 :

« Je dirais que le fait nouveau est la prise de conscience par les Françaises et par les Français eux-mêmes de ce que n'importe quel type de croissance n'est pas de nature à répondre à leurs aspirations.

« De quoi s'agit-il ?

« La croissance doit être conçue et conduite pour l'homme tout entier. Il ne s'agit pas de satisfaire dans l'individu le seul consommateur, si ce doit être au prix de conditions de travail excessivement pénibles imposées au même individu en sa qualité de producteur, ou d'un cadre de vie qui ne permette pas son épanouissement personnel ou familial. C'est pourquoi la nouvelle croissance, qu'il s'agit progressivement de mettre en œuvre, doit être attentive en premier lieu à l'amélioration du contenu et des conditions de la vie laborieuse.

« La revalorisation de la condition des travailleurs manuels, la réforme de l'entreprise, une plus juste répartition de l'effort fiscal sont, dans ces perspectives, des objectifs fondamentaux de l'action gouvernementale...

« La nouvelle croissance, c'est aussi nécessairement une croissance. La dimension de certains besoins non encore satisfaits, l'ampleur de nos ambitions collectives, de toute nature, comme les perspectives d'augmentation de notre population active dans les prochaines années, ne pourraient pas s'accommoder du marasme économique et du repliement sur soi. »

Tout est dit. A Matignon, au lendemain du 29 juillet, on ne manifeste pas d'enthousiasme excessif. Si Jacques Chirac a marqué un point, s'il a pu tancer Jean-Pierre Fourcade, il entretient peu d'espoir sur les effets immédiats du plan de soutien. Celui-ci intervient trop tard pour améliorer dès cette année la situation. Quand Chirac déclare le 17 août, en Corrèze : « Nous sommes repartis sur une meilleure voie, nous apercevons la sortie du tunnel », il force sa nature. Depuis qu'André Bord lui a succédé au secrétariat général de l'U.D.R. — le 28 juin — il n'est plus officiellement impliqué dans la fronde du mouvement gaulliste, une fronde qui va pouvoir, plus aisément, se déployer.

De fait, ce plan de soutien sera d'abord, sinon uniquement, celui du président de la République. Ce sera sa chose. Il a pris lui-même en main la définition du Plan. Il s'en est entretenu à Bonn lors du sommet franco-allemand les 25 et 26 juillet, avec le chancelier Helmut Schmidt ; il compte beaucoup sur la coordination internationale et Schmidt a promis de promouvoir, parallèlement au plan français, un plan de relance de l'économie allemande. Après le conseil des ministres du 4 septembre, c'est lui qui présentera au pays ce qu'il baptise « programme de développement économique ».

Son intervention répond à quatre questions. Pourquoi ce programme ? « Nous traversons la plus grande secousse que l'économie mondiale ait connue en temps de paix depuis quarante-cinq ans. » Pourquoi maintenant ? Parce que l'inflation, « sans être supprimée », se trouve jugulée. Quel est le contenu ? Après avoir affirmé que ce programme possède trois caractéristiques essentielles — global, immédiatement efficace, strictement circonstanciel — il précise que 5 milliards de francs seront dévolus à la consommation sociale par l'octroi d'une aide exceptionnelle aux personnes âgées et aux familles ; l'enveloppe pour les achats et les commandes de l'Etat se montera à 13 milliards, principalement destinés au réseau routier, aux grands ports, au train à grande vitesse Paris-Lyon, au logement ; enfin, 3,6 milliards seront consacrés à l'investissement et à la restructuration industrielle. Quels résultats en attendre ? D'abord la stimulation de l'activité économique, ce qui devrait permettre aux chefs d'entreprises et aux cadres de retrouver « le langage de la confiance et de l'avenir, qui est le langage de leur fonction ». Ensuite, l'orientation du pays vers une « nouvelle croissance », vers une société « plus juste, plus humaine, plus équilibrée, plus économe ». Le chef de l'Etat promet, dans la perspective d'une revalorisation du travail manuel, la réduction de la durée du travail et l'abaissement de l'âge de la retraite. Il conclut : ce programme « constitue une chance d'améliorer le sort de la France, à condition que nous décidions ensemble de la saisir et de l'accomplir ».

Les réactions de l'opposition et des syndicats sont conformes à l'usage. « Tentative de mystification » pour Georges Marchais ; « plan touche-à-tout » pour Robert Fabre, le président du M.R.G. Pour tous, une jonglerie inutile de mots et de chiffres.

Du côté de l'U.D.R., après l'approbation liminaire indispensable, c'est le scepticisme. Au reste, le « compagnon Jacques Chirac » n'est nullement monté en première ligne pour défendre le programme élyséen. Quant à André Bord, il réserve son jugement : « L'U.D.R. approuve particulièrement les mesures prises dans le secteur public et au niveau des entreprises, afin de favoriser les créations d'emplois... Il estime que la rapidité d'exécution de ces mesures est un facteur décisif de la réussite. » Le « particulièrement » laissait entendre de manière élégante que l'U.D.R. n'approuve pas toutes les dispositions du Plan.

Quand le Premier ministre, en lever de rideau de la session extraordinaire du Parlement du 9 septembre, présente aux députés le programme de soutien, il souligne la gravité du chômage, insiste sur la nécessité d'une relance de l'activité et d'une reprise de l'embauche. Il n'est visiblement pas question, dans son esprit, de « nouvelle croissance », mais bien de redémarrage rapide de l'économie, de croissance forte. Il faut bloquer le processus de dégradation de l'emploi ; l'augmentation du chômage est le seul et vrai danger politique qui menace la majorité.

Le chef de l'Etat ne partage pas cette analyse. Il la partagera de moins en moins, comme en témoigne une « note confidentielle » du Conseil central de planification sur l'emploi*, du 29 mai 1979, qu'il approuve de sa main :

« Le Conseil a délibéré sur la situation de l'emploi au cours des prochaines années. Il a constaté la permanence du problème posé par l'emploi, tout en rappelant l'incertitude des prévisions. Il a souligné

---

* Participaient au Conseil : MM. Raymond Barre, Premier ministre ; Robert Boulin ministre du Travail ; René Monory, ministre de l'Economie ; Maurice Papon, ministre du Budget ; Jacques Barrot, ministre du Commerce et de l'Artisanat ; Mme Monique Pelletier, ministre délégué auprès du Premier ministre, chargé de la Condition féminine ; MM. Jacques Dominati, secrétaire d'Etat auprès du Premier ministre ; Jacques Legendre, secrétaire d'Etat auprès du ministre du Travail (formation professionnelle) ; Lionel Stoléru, secrétaire d'Etat auprès du ministre du Travail (travailleurs manuels et immigrés) et Michel Albert.

Le tournant du septennat

que la situation réelle était mal appréciée et que les solutions généralement proposées étaient inadaptées.

« Le nombre des demandeurs d'emploi auquel correspond une situation de plein emploi est, dans une économie moderne, plus élevé que ne le pensent les Français qui raisonnent par rapport à la situation de suremploi que notre pays a connue jusqu'en 1975. Le chiffre actuel de 1 350 000 demandeurs d'emploi correspond à une situation plus proche du plein emploi que du chômage critique.

« L'objectif est de réinsérer dans le système productif les quelques centaines de milliers de demandeurs d'emploi qui font la différence par rapport à une situation de plein emploi.

« En effet, la richesse nationale dépend du nombre de personnes actives employées et de la durée de leur travail. C'est pourquoi la réduction de la durée du travail ne constitue pas une solution au problème posé par l'emploi, même si la limitation de la durée du travail dans certains cas, pour des raisons sociales, n'est pas à exclure.

« De même, vouloir empêcher les femmes de travailler constitue une erreur. Il faut cependant prévoir des modalités d'organisation du travail adaptées aux demandes spécifiques des femmes.

« Certaines réformes peuvent contribuer à améliorer la situation de l'emploi. Le problème essentiel de la formation professionnelle des jeunes n'est toujours pas résolu en raison des défauts de l'appareil éducatif. Le fonctionnement défectueux de l'A.N.P.E. rend aussi plus difficile l'ajustement des offres et des demandes d'emploi.

« Le recrutement de chômeurs par la collectivité est la plus mauvaise de toutes les mesures envisageables.

« La bonne démarche pour le gouvernement consiste à :
— définir le niveau d'emploi auquel il est souhaitable de parvenir ;
— étudier les moyens qui permettent de s'en approcher.

« L'effort de réflexion doit porter sur la situation réelle, qu'analysent mal les statistiques dont la présentation doit être modifiée. »

En 1975, V. G. E. développe déjà ce type de raisonnement qui effraie nombre d'élus de la majorité et que Jacques Chirac ne peut pas accepter, lui qui se pose en volontariste. « Il n'y a pas de fatalité de la crise », tel est le mot d'ordre de Matignon.

En dépit de ses convictions, le président continue de balancer pour finalement donner raison aux tenants d'une franche relance. Après que l'assemblée et le Sénat ont adopté le texte des nouvelles mesures, le gouvernement va l'appliquer tambour battant.

Le 10 septembre, le Conseil des ministres fixe un calendrier d'exécution du programme, et établit un dispositif propre à en vérifier le respect. Le lendemain, les 22 préfets de région sont reçus successivement à Matignon et à l'Elysée. Le chef du gouvernement, puis le chef de l'Etat leur demandent de tenir la main à une application rapide et visible du Plan de façon que la population sente son effet. Souci démagogique, bien sûr, mais également la preuve que V. G. E., en acceptant de provoquer un choc psychologique sur les consommateurs, s'est laissé convaincre de la nécessité d'une relance économique spectaculaire.

Et de fait, la relance sera spectaculaire. Entre octobre 1975 et avril 1976, la reprise est très rapide et atteint, en taux annuel de croissance, le rythme de 18 %. Une reprise artificielle qui ne résout nullement les problèmes du chômage — celui-ci continue d'augmenter — et qui se solde par une inflation des prix de 10 % en 1976. Un résultat meilleur que celui de 1974 (13,7 %) et 1975 (11,8 %), mais très médiocre par rapport aux pays à monnaie forte : en 1976 la hausse des prix est de 5 % aux Etats-Unis, de 4 % en R.F.A. et de 2 % en Suisse.

A peine le « plan de relance » était-il lancé, que la rue de Rivoli pronostiquait les piètres résultats à en attendre et que l'Elysée faisait la grimace, conscient de la précarité et des dangers de ce « redémarrage ».

Dès ce moment, l'impossible cohabitation entre le président de la République et le Premier ministre devient évidente pour la plupart des observateurs. V. G. E. s'est engagé personnellement pour défendre son « programme de développement économique ». Jacques Chirac ne se mobilise pas : « Giscard, explique-t-il à ses amis de l'U.D.R., ne peut tout de même pas nous faire endosser la responsabilité d'une politique qu'il a directement concoctée avec les ministres, par-dessus Matignon. » Le malentendu est total, puisque aussi bien Jean-Pierre Fourcade explique, avec son franc-parler habituel, que le « programme » est superfétatoire, le redémarrage devant de toute façon se produire pour des raisons de conjoncture internationale (reprise au Japon et aux Etats-Unis, fort accroissement des commandes des pays producteurs de pétrole), et nationale (la fin du déstockage massif auquel avaient procédé les chefs d'entreprise). « Je demandais quinze milliards de francs, on en a mis trente-huit ! » grogne Fourcade.

V. G. E. s'apercevra surtout qu'il s'est laissé influencer par le climat politique, et il n'aime pas être « sous influence », comme il n'aime pas suivre, dans son émotion, l'opinion publique. Plusieurs événements, il est vrai, sont venus troubler la quiétude onirique du président de la République.

3

DE « L'ÉTÉ CORSE » A
« L'AFFAIRE CLAUSTRE »

Un ciel voilé, une atmosphère chaude et humide ; il fait, ce lundi 1er septembre, un temps de colonie tropicale sur la Corse arrêtée par la grève. Place Saint-Nicolas à Bastia, tous les rideaux de fer sont baissés. Sous les allées d'arbres qui bordent la mer, quelques Bastiais jouent à la pétanque. « La grève ? Hé, tout le monde la suit, c'était à prévoir ! Moi, j'ai fermé parce que je ne tiens pas à ce qu'on me fasse des ennuis... »

Ce « on » anonyme, ce sont les militants de l'ex-A.R.C. (Action pour la Renaissance de la Corse), ce sont les autonomistes-socialistes du P.P.C.A. (Parti paysan pour la Corse autonome). Ce sont les nationalistes, ce sont les clandestins de *Ghustizia Paolina* ou du F.P.C.L. (Front paysan corse de Libération), deux mouvements « durs » de la revendication corse. Depuis des années, tous ces groupes plus ou moins structurés crient haut et fort que le peuple corse existe et qu'il veut vivre. Ce peuple, la France stupéfaite vient de le rencontrer, le 22 août, à la fusillade d'Aléria et la nuit du 27, au cours de « l'émeute de Bastia ».

A l'Elysée, on garde son calme. Comment sortir de l'impasse ? Rien n'est moins simple, car le vrai maquis corse c'est le maquis des idées, des partis, des clans, des influences, des luttes familiales. Pourtant, le temps presse, comme le rappelle sur un mur de Bastia ce slogan à la peinture noire : « Corse : 2, France : 0. » Il s'agit des deux policiers tués à Aléria. Un match avec mise à mort ?

L'été 1975 restera, dans la mémoire de beaucoup de vacanciers, « l'été corse ». Tout a commencé chez Depeille, un rapatrié d'Algérie, gros viticulteur, accusé par les autonomistes de trafics et de fraudes énormes. C'est chez lui que s'est déroulé le drame d'Aléria. L'affaire n'est pas très claire et a servi de prétexte. Les pouvoirs publics n'ignoraient pas qu'un sentiment de rancœur et de rage germait depuis longtemps dans le cœur de nombreux Corses, face au débarquement des « étrangers » sur leur île.

Premiers visés, les rapatriés sont inquiets. Ils ne comprennent rien. Tous ont été voilà dix, douze ans, accueillis avec chaleur, avec amitié. Beaucoup se sont mariés avec des Corses. Un tissu de relations s'est créé. Il y a eu des tentatives d'apaisement entre l'ex-A.R.C. et des représentants de rapatriés. Ils ont essayé de mettre au point un communiqué commun. Mais pour les autonomistes, trop de rapatriés sont du côté des clans et de Paris. Pour l'observateur, les rapatriés ont accompli un gros travail de défrichement... Leur présence n'a pas été négative.

Devant cette cascade de difficultés qui s'emboîtent les unes dans les autres — clans, rapatriés, particularisme renforcé par l'insularité, problème d'ethnie — une question reste posée : est-ce que vraiment une action anticolonialiste semblable à celle qui a fleuri depuis trente ans dans tout le tiers monde est engagée ?

« Paris doit comprendre notre volonté d'autonomie, répète Max Siméoni dont le frère, Edmond, est incarcéré à Fresnes. Pour nous comme pour une immense partie de l'opinion, le premier geste de compréhension sera la libération de mon frère et des patriotes corses. Ils ne sont pas coupables. »

Autonomie ? La complexité du phénomène corse est telle que le combat pour l'autonomie semble encore trop chargé d'ambiguïtés pour emporter l'adhésion.

Mgr Jean-Charles Thomas, évêque d'Ajaccio, a adressé une lettre ouverte au président de la République pour lui exposer ses vues sur le problème corse. Il écrit notamment : « Il existe un problème de psychologie qui touche à l'âme du peuple corse... Pour peu qu'on vive en Corse et avec des Corses, on saisit et on comprend que la Corse n'est pas seulement un département français parmi d'autres. Elle l'est. Mais en même temps, et je crois prioritairement, elle est aussi une autre réalité : une histoire corse, un style, un ensemble d'aspirations humaines et d'habitudes. Avant d'être un département français, la Corse est psychologiquement " la Corse "... Or, de cela qui sous-entend les réactions de chaque habitant de la Corse, il est urgent aussi de tenir compte.

« Comment ?

« ... Sans entraver les actions, nécessaires et plus lentes, de la justice, c'est le dialogue direct, l'appel à ceux qui ont vécu le drame, à ceux qui peuvent aussi parler au nom de leur peuple, qui doit être lancé. »

Le 12 septembre, V. G. E. écrira à Jacques Chirac : « Je vous demande de tenir compte de la sensibilité particulière de l'âme corse. »

Entre-temps, pour apaiser les esprits, Jean Riolacci — qui deviendra plus tard conseiller à l'Elysée —, fils d'un douanier corse, est nommé préfet de l'île de Beauté. A son arrivée, il déclare : « L'idée régionale ne me fait pas peur ; je crois que l'on peut aller très loin, mais je me place dans le cadre des lois existantes. » Quelques nuits plus tard, des dizaines de blessés et des dégâts matériels, se chiffrant par millions de francs, laissent peu d'illusions sur la capacité des pouvoirs publics à maîtriser le problème corse, et démontrent l'inadaptation du système politique français à certaines situations.

La gauche et une partie de la majorité — autour de J. J. S. S. et de Jean Lecanuet — vont suggérer de tenter, en Corse, une expérience régionale particulière. L'Elysée fera la sourde oreille. V. G. E., par tradition, par sa formation de grand commis de l'Etat, est farouchement contre l'idée de « régionalisation ». Sa philosophie en la matière est celle de la « décentralisation », sans remise en cause des structures historiques de l'Etat, la commune et le département, les seules collectivités locales qui doivent être revigorées.

Du côté de Matignon, on se cabre. Jacques Chirac, devant les parlementaires U.D.R., réfute sèchement les thèses régionalistes : « Seuls des rêveurs ou des irresponsables peuvent préconiser des parlements et des exécutifs régionaux élus. » Dix jours après, le 5 octobre, Jean Lecanuet, tout en rappelant l'attachement du Centre démocrate « à la personnalité régionale », doit admettre, un peu piteusement, « l'existence d'un débat au sein de la majorité sur ce point ». Tout le monde comprend que le dossier est au fond des tiroirs. Il y restera jusqu'au 10 mai 1981.

Après l'été corse, « l'affaire Claustre ». Ce qui va devenir une interminable et souvent rocambolesque histoire a commencé au Tchad, le 12 avril 1974, dans le désert du Tibesti, au nord du pays. Un groupe de rebelles toubous conduit par Hissène Habré — un chef de bande, diplômé de Sciences Po — exécute un coup de main sur la petite oasis de Bardaï et s'empare de deux ressortissants français, Françoise Claustre, chargée de mission au C.N.R.S., Marc Combe, un coopérant, enfin un Allemand, le docteur Christopher Staewen. Deux mois après l'opération, le docteur Staewen est relâché et rapatrié à la suite de négociations directes entre Bonn et Hissène Habré et le versement d'une rançon de 5,4 millions de francs. Pour libérer les Français, Habré demande, en plus d'une forte rançon, l'élargissement de prisonniers politiques détenus par les Tchadiens. Le gouvernement tchadien se fait prier et exige qu'un officier français, qui dirigea ses services de renseignements, le commandant Galopin, se joigne aux négociateurs.

L'officier qui se trouve à Paris accepte dans des conditions de grande légèreté. En août 1974, dans des circonstances qui demeureront mal éclaircies, il est à son tour capturé. En avril 1975, il est fusillé par ses gardiens. Marc Combe craint désormais pour sa vie : il réussit à s'évader à la fin du même mois.

Quand le chef de l'Etat décide de prendre officiellement lui-même l'affaire en main, le bilan est déjà très lourd. D'autant qu'officieusement, l'Elysée s'occupe depuis quelques mois du sort de Françoise Claustre. L'expédition extravagante de Raymond Thiry, alors gérant de la compagnie aérienne privée Vargas Aviation, laisse, de ce point de vue, peu de doute. Donnons la parole à Thiry [17] :

« Le 2 juillet 1975, Pierre Claustre — l'époux de Françoise Claustre — entra en contact avec moi pour la première fois et me remit des documents (certificat d'immatriculation, certificat de navigabilité, C.D.N.) relatifs au DC 4 immatriculé FBMMI, qui se trouvait dans les ateliers de Rousseau Aviation, à Dinard, pour y subir une grande visite. Ma compagnie envisageait d'acquérir cet appareil, mais rien n'était encore signé et nous n'avions fait aucune demande pour l'obtention des documents afférents à cet appareil, qui d'ailleurs n'était pas en état de vol ; tous ces papiers, datés du 2 juillet 1975, se trouvaient être en possession de Pierre Claustre, alors que cet appareil n'avait même pas effectué un seul contrôle en vol.

« Pierre Claustre me fit savoir que je devais me rendre au Tibesti avec ce DC 4 pour y récupérer les trois journalistes de l'Agence Gamma, à savoir : Marie-Laure de Decker, Raymond Depardon, Jérôme Hinstin, ainsi que de livrer un certain matériel à la rébellion toubou exigé par Hissène Habré.

« Au cours des heures qui suivirent mon entretien avec Pierre Claustre, je compris vite qu'il se trouvait être la courroie de transmission du ministère de la Coopération, qui nous épaula à tous moments, par son intermédiaire, pour faciliter la mise en état de vol du DC 4, faire intervenir les services techniques d'U.T.A., obtenir les documents administratifs qui pouvaient nous manquer, etc. afin de nous permettre de décoller pour le Tibesti au plus vite.

« Le 7 juillet, à 11 h 50, le DC 4 décolla du Bourget à destination du Tibesti, via Accra (Ghana), pour y charger le matériel exigé par Hissène Habré avec à son bord un commandant, un copilote, un mécanicien et deux négociants d'armes.

« M. Benoit, chef de cabinet auprès de M. Abelin, ministre de la Coopération, entra alors en contact avec moi, et me demanda de rejoindre le DC 4 à Accra : il souhaitait que j'accomplisse moi-même cette mission en tant que pilote et chef de mission, et me demanda de prendre l'avion de ligne d'U.T.A. qui partait pour Accra le mercredi 9 juillet 1975 ; je lui fis alors savoir que je n'avais pas de visa pour le Ghana, sur quoi il me répondit qu'il faisait immédiatement le nécessaire à ce sujet. En effet, le mercredi 9 juillet, j'étais en possession de mon visa pour le Ghana, et je pris ce jour même, à 23 heures, l'avion de ligne d'U.T.A. pour Accra, et j'accomplis la mission demandée. »

Le 19 juillet, Raymond Thiry était de retour à Paris accompagné des trois héros. Il avait dû, toutefois, abandonner son DC 4 à Dirkou au Niger, le général Kountché ayant saisi l'appareil. Depuis, il déploie toute son énergie pour essayer de le récupérer...

Le gouvernement et l'Elysée ont-ils couvert cette expédition, digne de Tintin en Afrique, comme l'affirme Thiry ? Chargé de présenter un rapport sur cet épisode de « l'affaire Claustre », le sénateur Marcel Rudolph (C.D.P.) devait déclarer, le 29 novembre 1978 : « Pour étayer sa thèse, M. Thiry produit essentiellement deux pièces, un certificat de navigabilité spécial et un certificat d'immatriculation, délivrés le 2 juillet 1975 par le Secrétariat général à l'aviation civile. Il ressort des explications données à ce propos que ces deux pièces ont été délivrées dans des conditions régulières et conformes aux procédures habituellement suivies par cette administration ; ce serait une simple coïncidence si les documents ont été établis à cette date. Toutefois, avant son départ et après la délivrance des certificats, le DC 4 de M. Thiry a fait l'objet d'importantes réparations, dans des conditions de célérité inhabituelles, d'abord au Bourget, puis à Abidjan. Une facture a été établie ; s'il peut être admis qu'elle a été réglée, il est sûr que ce ne fut pas par M. Thiry.

« Pour ces raisons, et aussi pour un certain nombre d'autres, dont la présence de personnalités officielles lors de l'arrivée à l'aéroport de Roissy de M. Raymond Thiry et des trois journalistes qu'il ramenait du Tibesti, votre rapporteur a acquis l'intime conviction qu'il existe au moins l'apparence d'une mission de service public. »

De cette « apparence de mission », on va passer, le 19 septembre 1975, à une intervention très apparente. « C'est la scène la plus extraordinaire de l'affaire Claustre, écrira Pierre Doublet[18]. Le préfet des Vosges, M. Louis Morel, qui autrefois a eu Hissène Habré comme stagiaire, erre dans la rocaille du Tibesti, coiffé d'un chapeau de paille, porteur d'une mallette contenant 4 millions de francs, pour prendre contact avec une bande de guerriers nomades révoltés. En plein cœur d'un pays ami, avec lequel la France est liée par des accords de défense et de coopération. Une crise très grave va d'ailleurs éclater avec le gouvernement central du Tchad. Son chef, le général Félix Malloum, demandera deux jours plus tard le rappel de toutes les troupes françaises encore stationnées dans son pays. »

Le chef de l'Etat s'est « mouillé » personnellement dans la mission Morel. Coût de l'opération : 4 millions de francs en liquide, et

6 millions de matériel parachuté par des Transall. Mais Hissène Habré ne libère pas son otage. Au mépris de tous ses engagements, il réclame maintenant des armes.

Il ne les aura pas. L'affaire Claustre va s'enliser. Au mois de décembre, V. G. E. l'évoque avec le secrétaire général des Nations unies, Kurt Waldheim. Le 22 du même mois, recevant les lettres de créance du nouvel ambassadeur de N'Djamena, il se déclare « convaincu que le Tchad mettra tout en œuvre pour obtenir la libération des ressortissants français encore arbitrairement détenus par des bandes de rebelles ». Trois jours plus tard, Françoise Claustre passe son second Noël dans le décor lunaire du Tibesti. Elle y passera un troisième.

Sur les événements corses, sur les tribulations de Françoise Claustre, vont se greffer plusieurs autres signes qui illustrent, pour l'opinion publique, la fragilité du pouvoir. Les grèves, bien sûr, assorties de plusieurs « journées nationales d'action ». La grogne aussi chez les patrons, marquée par « l'affaire Chapron ». Le 29 septembre, le juge d'instruction Charette de La Contrie fait incarcérer Jean Chapron, directeur d'une filiale des Charbonnages de France, sous l'inculpation de non-respect de la réglementation en matière de sécurité du travail, malgré les injonctions réitérées de l'Inspection du travail. La C.G.C. appelle à un mouvement de solidarité et annonce un arrêt de travail si Chapron n'est pas libéré. Le 4 octobre, réunie en séance extraordinaire, la chambre des mises en accusations de la cour d'appel de Douai décide la libération immédiate de Jean Chapron. Cette célérité de la justice est aussitôt dénoncée par la gauche. Jean Lecanuet, garde des sceaux, dénonce l'action du Syndicat de la Magistrature. Le P.S. réplique que le gouvernement, si indifférent à l'incarcération des petites gens, s'est bien curieusement et rapidement mobilisé en faveur d'un cadre supérieur. Plusieurs mois durant, la gauche crie à « la justice de classe », tandis que Jean Foyer, dans *le Figaro*[19], se déchaîne contre le Syndicat de la Magistrature, « organisation subversive gauchiste comptant dans son sein suffisamment de fanatiques pour nous préparer une justice de dictature, précisément une justice de classe à l'exemple des pays de l'Est ».

Léon Gimgembre, leader des P.M.E., saisit l'occasion pour créer une « Union des chefs et responsables d'entreprises » et demande, dans une lettre ouverte au président de la République, que soit dissipée l'atmosphère de suspicion dont est entouré le patronat.

Il y a aussi la fronde chez les soldats — création le 5 novembre d'une section syndicale par les appelés d'un régiment de Besançon, en accord avec la C.F.D.T. — et des évasions un peu trop nombreuses dans les prisons.

Tous ces tremblements qui affectent le climat public ont apparemment des répercussions électorales. A l'élection législative partielle dans la Vienne, Pierre Abelin, ministre de la Coopération, est mis en ballottage par la socialiste Edith Cresson et ne l'emporte, le 19 octobre, qu'avec 52,60 % des suffrages. La majorité est en perte de vitesse et le P.S. progresse au détriment du P.C.F. ; c'est depuis mars 1973 la septième élection partielle où un socialiste devance un communiste.

Bref, il y a beaucoup de nuages qui servent à entretenir émotion et polémique, qui, décidément, brouillent le cours normal des choses et laissent trop souvent le chef de l'Etat dans un blanc interrogatif quand vient l'heure de trancher. « Est-ce Giscard l'incertain ? » interroge André Chambraud dans *le Point*[20]. Ou est-ce Giscard « l'énigmatique », comme l'écrit le *Times* de Londres ?

Incertain. Le mot est plus juste. Pour dissiper son trouble, le chef de l'Etat consulte beaucoup, en cette fin 1975. Des consultations qui toutes irritent les locataires de Matignon et le couple Garaud-Juillet. Robert Fabre, président du M.R.G., député-maire de Villefranche-de-Rouergue, signataire du « Programme commun de la gauche[21] », ouvre le bal. Il est, à sa demande, reçu par le chef de l'Etat le 30 septembre. Il se distingue ainsi de ses pairs qui refusent tout contact avec l'Elysée. La presse accorde à l'événement une ampleur démesurée. La démarche de Fabre repose sur un raisonnement conforme à la souplesse du radicalisme : en boudant Giscard, l'opposition fait son jeu et passe pour sectaire ; il faut, au contraire, accepter la discussion. La rencontre se déroule dans « un climat de courtoisie ». V. G. E. ne cherche rien et n'attend rien de cet échange d'idées avec les responsables de l'opposition. D'ailleurs Robert Fabre ne lui dit rien qu'il ne sache déjà par la lecture des journaux.

Après Robert Fabre, Pierre Messmer franchit le perron du palais présidentiel. Est-ce un clin d'œil du côté des anciens de l'U.D.R. qui peuvent s'irriter du comportement de Jacques Chirac ? Sûrement. Le face à face tourne à l'aigre. A l'époque, Pierre Messmer n'en dira rien. A tel point que la presse évoquera son retour éventuel au pouvoir ! Durant l'entretien, V. G. E. ne cache pas ses préoccupations à propos de l'évolution de l'U.D.R. Réplique de Messmer : « Qui adresse le premier télégramme de félicitations à Jacques Chirac quand il devient secrétaire général de l'U.D.R. le 14 décembre ? C'est vous. » Léger froid. Le président en vient alors à « l'affaire Claustre ». L'ancien Premier ministre de Georges Pompidou, qui a une bonne connaissance de l'Afrique, donne son verdict : « Vous n'aviez pas à vous en occuper, vous en faites un problème d'Etat à Etat, alors que vous deviez dégonfler l'affaire. Je crains que votre attitude ne limite les chances de libérer Mme Claustre. » Cette courageuse remarque n'est pas appréciée. Le courant ne passera plus entre les deux hommes.

Pierre Messmer va acquérir la conviction que l'Elysée le traite en adversaire politique. Il affirmera plus tard avoir des preuves indiscutables d'une action du gouvernement très insistante en faveur de J. J. S. S. en Lorraine et il se retrouvera très vite aux côtés de Jacques Chirac, alors que rien, a priori, ne le poussait dans cette direction[22].

Cette brouille entre Messmer et V. G. E. ne peut être tenue pour secondaire. En perdant le soutien de l'ancien Premier ministre, le chef de l'Etat perdait un personnage dont l'autorité morale est réelle auprès des élus et militants de l'U.D.R. puis du R.P.R. N'est-ce pas Pierre Messmer qui, à l'élection présidentielle de 1981, va présider le comité de soutien à la candidature de Jacques Chirac ?

Fabre, Messmer..., enfin Olivier Guichard, Maurice Couve de Murville et Alain Peyrefitte. C'est le temps où fleurissent les commissions — après la commission Meraud sur les inégalités sociales et la commission Sudreau, sur la réforme de l'entreprise, voici la commission sur l'impôt foncier, la commission sur les collectivités locales — et les « Messieurs » : Monsieur Prostitution, Monsieur Sécurité, Monsieur Emploi, etc. « Quand on veut enterrer un problème, on crée un comité Théodore ou Théodule », disait-on sous la IVe République. La démarche de V. G. E. est différente. En multipliant ce genre de commissions, il peut, indirectement, sonder et mettre en avant quelques personnalités de son choix. Olivier Guichard, « baron » du gaullisme qui affiche son opposition à Jacques Chirac, va présider la commission sur les collectivités locales ; Maurice Couve de Murville, autre « baron », est envoyé en mission au Liban ; Alain Peyrefitte est chargé de réfléchir sur le phénomène de la violence dans la société.

Singulier ballet que ces rencontres et entretiens sur fond de « consensus national », un consensus auquel il associe sans vergogne le Premier ministre. Recevant à déjeuner, le mercredi 29 octobre, les douze plus jeunes députés de la majorité, il insiste sur la poursuite des réformes, fait un bel éloge de Jacques Chirac, et souligne l'accord profond entre l'Elysée et Matignon sur la nécessité du changement. Il ajoute : « Il m'importe que le comportement de la majorité soit tel qu'il apparaisse, bien que ce qui reste de crispation ne soit pas de son fait. » Jacques Chirac n'est donc pour rien dans la querelle gaullistes-giscardiens ? Michel Poniatowski — qui s'en prend au « laxisme des juges », aux communistes, à Georges Séguy[23] — n'est donc pour rien dans les tensions opposition-majorité ? Le même jour, à l'issue du conseil, V. G. E. prêche l'apaisement, récompense le Premier ministre sur le perron de l'Elysée et lui serre la main devant les photographes.

Toutes ces fleurs ne cachent-elles pas des épines ? En effet, les pommes de discorde entre l'entourage de Jacques Chirac et l'Elysée se multiplient au vu et au su du « tout politique ». Pierre Juillet et Marie-France Garaud ont rallumé une vieille obsession : pour casser l'inquiétante ascension de la gauche socialiste que vient d'illustrer le scrutin partiel de la Vienne, il faut brusquer les échéances et organiser les élections législatives anticipées. Or, devant le Conseil des ministres, le chef de l'Etat a été très clair : « Il n'y a pas et il n'y aura pas d'élections politiques en 1975 et en 1976, puisque les prochaines élections générales sont les élections municipales de 1977 ; c'est donc l'occasion pour le gouvernement et la majorité présidentielle de poursuivre une action de réforme en profondeur, conduite dans le calme et en dehors des polémiques inutiles. »

Six semaines plus tard, le vendredi 5 décembre, au cours de sa causerie radiotélévisée, après un détour sur la fragilité inhérente aux démocraties libérales, — cherche-t-il à excuser ses hésitations des derniers mois ? —, il affirme que le pays sera « gouverné au centre » et conclut en pesant chaque mot pour marquer sa ferme détermination : « La main tient la barre. » Visiblement la campagne sur les thèmes d'un Giscard « incertain », « irrésolu », « indécis » — le qualificatif est de Marie-France Garaud — a touché le président. Pas suffisamment pour le dérouter de sa profonde conviction de « gouverner au centre ». Une formule qui siffle aux oreilles des élus de l'U.D.R.

Le dimanche 7 décembre, au cours d'une manifestation du mouvement gaulliste au Bourget, 10 000 jeunes accueillent Jacques Chirac, en scandant « Chirac président ! » Réponse du berger à la bergère ? En tout cas, la rogne, la grogne, et l'insolence des militants U.D.R. ne sont pas sérieusement pris en compte par le chef de l'Etat. Il n'entend nullement se séparer d'un Premier ministre qui lui donne par ailleurs tant de preuves de soumission. Dans son esprit, les ambiguïtés du rôle de Jacques Chirac à l'intérieur de l'U.D.R. — pour qui roule-t-il ? — et les attaques aussi rudes que constantes des anciens ou néo-gaullistes sont largement compensées par les services rendus. A l'Elysée, la consigne est inchangée : on ne met pas en cause le Premier ministre.

Le réaménagement technique du 12 janvier 1976 a pour effet de rajeunir et de « féminiser » le gouvernement. Pierre Abelin, ministre de la Coopération, secrétaire général du Centre démocrate, et André Jarrot, U.D.R., ministre de la Qualité de la vie, tous deux âgés de soixante-sept ans, ne sont pas reconduits. Abelin remplacera Alexandre Sanguinetti à la présidence de l'O.R.S.T.O.M. (Office de la recherche scientifique et technique d'outre-mer). « Sangui » a été victime de sa liberté de langage : s'il veut bien admettre la « légalité » de V. G. E., il s'interroge sur sa « légitimité »... Deux femmes entrent au gouvernement, qui en comptera six : Alice Saunier-Séité qui succède à Jean-Pierre Soisson, au secrétariat d'Etat aux Universités, et Christiane Scrivener (R.I.) qui devient secrétaire d'Etat chargé de la Consommation.

Jean François-Poncet, connu pour ses convictions européennes, est nommé secrétaire d'Etat aux Affaires étrangères ; enfin, Raymond Barre, ancien vice-président de la Commission de Bruxelles, est le nouveau ministre du Commerce extérieur. Peu d'observateurs s'attardent sur l'arrivée discrète de cet inconnu de l'opinion publique. Contrairement à ce qu'il dira dans sa conférence de presse du 17 janvier 1977 — un an après —, V. G. E. n'avait pas, en confiant ce portefeuille à Raymond Barre, arrêté le projet d'installer, au bout de quelques mois d'apprentissage, celui-ci à Matignon.

Le « réaménagement technique » a, néanmoins, une forte connotation politique qui n'échappe pas à l'U.D.R. D'une part, on assiste à une très nette promotion du centre. Jean Lecanuet, promu ministre d'Etat, étant désormais au niveau de Michel Poniatowski, celui-ci fait aussitôt courir le bruit que l'ascension du maire de Rouen s'est faite contre l'avis de Jacques Chirac. En réalité, comme à l'accoutumée, le Premier ministre n'a pas été consulté, et il se soucie peu de l'avenir de Lecanuet.

D'autre part, une nouvelle étiquette apparaît, celle de « majorité présidentielle » accolée aux ministres sans filiation partisane. Ainsi de Raymond Barre, de Jean François-Poncet, d'Alice Saunier-Séité et de Lionel Stoléru, secrétaire d'Etat chargé des travailleurs immigrés.

L'expression « majorité présidentielle », qui fut employée la première fois par V. G. E. le 29 mai 1974, n'avait jamais été endossée par une personnalité politique.

Enfin, l'ambition « européenne » du septennat est nettement réaffirmée avec l'arrivée de François-Poncet et de Barre. Le président recommande à son équipe « l'humilité et l'enthousiasme », pour « mieux gérer et réformer ».

4
CHANGEMENT DE CAP SUR L'EUROPE, CONTINUITÉ AILLEURS

Hasard ou calcul ? Le remaniement du 12 janvier intervient après le Conseil européen des 1er et 2 décembre qui s'est réuni à Rome, et après la publication du rapport de Léo Tindemans, Premier ministre belge, sur une « conception d'ensemble de l'Union européenne », dont la rédaction lui avait été confiée par le « sommet » de Paris en décembre 1974. Or, s'il existe un seul grand dessein chez V. G. E., c'est celui de faire « l'Europe ». Cette ambition, contraire au discours de l'U.D.R., est la pierre angulaire de sa diplomatie. Avec, en prolongement, un grand dessein africain. Mais l'Eurafrique giscardienne ne peut être qu'une seconde étape, il faut d'abord franchir la première. Dans l'esprit du président, le succès du septennat dépendra beaucoup plus de la concrétisation de ses visées européennes que de la résolution de nos difficultés économiques et sociales.

L'Europe sera ainsi le prétexte à de multiples empoignades entre giscardiens et chiraquiens. Empoignades de nature politicienne, comme le prouvera la suite des événements. Après le 10 mai 1981, Jacques Chirac ne sera qu'un Européen parmi des Européens et il ira jusqu'à convenir de la nécessité d'une politique de défense communautaire.

Plus précisément et par-delà l'Europe, c'est la diplomatie du chef de l'Etat, ses conceptions en matière de défense nationale qui viendront nourrir épisodiquement et artificiellement les polémiques au sein de la majorité. Les divergences autour des questions de politique étrangère, des notions de souveraineté nationale ou des principes de défense gardent une certaine noblesse, une certaine hauteur. Les Français conçoivent aisément que des alliés politiques puissent s'affronter sur ce terrain. Pourquoi dès lors se retenir ?

La réalité est à la fois plus simple, et moins excitante : dans tous ces domaines, le président de la République n'a, pas plus que dans les autres, une doctrine. Il a une méthode, laquelle s'inscrit dans la continuité des pratiques du général de Gaulle et de Georges Pompidou, à une exception près, l'Europe. C'est par conséquent la politique européenne que les dirigeants de l'U.D.R. utiliseront comme épouvantail. Pour le reste : pas de dérive atlantiste ; confirmation des positions de la France au Proche-Orient ; évolution logique en Afrique ; orthodoxie en matière de défense.

Mais revenons à Rome, en ce début de décembre 1975, par un beau jour d'hiver italien. Les neuf chefs d'Etat et de gouvernement, après s'être mis d'accord sur une politique énergétique commune, décident d'instituer à partir de 1978 un passeport européen et approuvent l'élection au suffrage universel direct, en juin 1978 — l'échéance sera retardée d'un an —, de tous les membres du Parlement de Strasbourg. Valéry Giscard d'Estaing ne cache pas sa satisfaction. L'U.D.R. dit aussitôt son hostilité de principe à ce mode d'élection des parlementaires européens.

Quant au rapport de Léo Tindemans, il restera sans suite. Il tend, dans sa philosophie générale, à revenir à la religion et à la pratique de la supranationalité. Ni Paris, ni Londres, ni Bonn ne le souhaitent. Le gouvernement français, à l'instar de ses partenaires, ne mettra aucun empressement à examiner les propositions qu'il contient. Il en est une pourtant qui est très chère au président français : le Premier ministre belge propose à la fois de reconnaître le rôle central du « Conseil européen » et de renforcer les institutions « intégrées » que sont le Parlement de Strasbourg et la Commission de Bruxelles. Le 16 octobre 1974, Jean Sauvagnargues, notre ministre des Affaires étrangères, n'avait-il pas déjà rappelé à Strasbourg, provoquant les foudres gaullistes, que « l'objectif reste une union européenne fortement constituée, avec des abandons de souveraineté importants » ?

Le Conseil européen est né, en effet, à l'initiative de V. G. E. au sommet de Paris le 9 décembre 1974. Les Neuf décidèrent « de se réunir trois fois par an et chaque fois que nécessaire ». Ces réunions rassemblent les chefs de gouvernement (le président de la République pour la France), les ministres des Affaires étrangères et le président de la Commission. Elles ont pour but de donner des impulsions politiques et, le cas échéant, de régler des problèmes vitaux pour le sort de l'Europe. L'originalité de ce Conseil est sa compétence pour traiter à la fois des affaires communautaires et de la coopération politique. L'initiative giscardienne n'est pas sans rappeler le projet Fouchet de 1961. Ambassadeur de France au Danemark, le gaulliste Christian Fouchet présenta un plan qui prévoyait des réunions régulières de chefs d'Etat ou de gouvernement et un secrétariat permanent. Dans l'esprit du général de Gaulle, il s'agissait, et de coordonner les politiques étrangères des Six, et de coiffer par un organisme intergouvernemental les institutions créées par les traités de Paris (la C.E.C.A.) et de Rome (la C.E.E. et l'Euratom).

Cette filiation gaulliste n'empêchera pas le déchaînement des passions quand va concrètement se préciser la mise en œuvre du second volet des changements institutionnels communautaires : l'élection du Parlement au suffrage universel. Giscard le sait et le souhaite. Il entend, par le biais de cette consultation électorale, ouvrir un large débat sur le sujet européen et obliger chaque formation politique à se déterminer. Les responsables de l'U.D.R., du P.C.F. et du P.S., quelle que soit la nature de leurs convictions, pro ou antieuropéennes, ne seront-ils pas condamnés à jouer le jeu des élections ? L'approche européenne de V. G. E. est très pragmatique, sans passion, sans lyrisme. L'Europe est une donnée qui doit s'imposer d'elle-même. Il s'agit, comme il le dira lors de sa conférence à l'Ecole polytechnique le 28 octobre 1975, comme il l'écrira dans *Démocratie française,* de « faire progresser le fonctionnement confédéral de l'Union européenne. Tâche difficile et originale qui exigera, de la part de tous les partenaires de l'Union, l'élan, l'imagination et le pragmatisme. Quant à la démarche pour y parvenir, elle repose sur les décisions des gouvernements et des parlements nationaux, seuls à même d'organiser l'union confédérale de l'Europe. Achever l'union économique et monétaire, assurer le fonctionnement de la confédération européenne, voici, pour la France, le premier cercle de la solidarité. »

Ne rien brusquer, s'adapter aux événements, les saisir. « On peut reprendre pour l'Europe, écrit de son côté Michel Poniatowski[24], le mot que Cavour eut pour l'unité italienne et dire que l'unification européenne *fara da se.* Elle se fera d'elle-même, lentement, progressivement. Comme toutes les unifications, elle sera une réponse, une défense, une résistance aux pressions extérieures. Selon l'intensité de ces pressions, ses institutions varieront. Légère la contrainte, légère l'unification, mais lourde sera l'unification, si la contrainte est trop forte. Vouloir définir trop strictement les institutions européennes et les fixer par trop longtemps à l'avance n'est pas réaliste. Elles dépendront des nécessités, des événements, des volontés et des psychologies nationales. Elles dépendront aussi de l'habileté de ses hommes d'Etat à surmonter les obstacles intérieurs et surtout extérieurs qui seront placés sur son chemin. »

A l'intérieur de ce cadre, V. G. E. entretient avec Helmut Schmidt des relations privilégiées, qui vont avoir des incidences directes sur le dessein européen du président français. Le chancelier allemand, lui aussi récemment installé, est la première personnalité étrangère que reçoit V. G. E. après son élection. L'année 1974 se place d'ailleurs sous le signe d'un renouvellement politique dans de nombreuses capitales étrangères, surtout chez les alliés naturels de la France. Lorsque Giscard d'Estaing entre à l'Elysée, la relève est intervenue à Londres le 28 février, Edward Heath, après la défaite électorale du Parti conservateur, ayant cédé la place au travailliste Harold Wilson. A Bonn, Willy Brandt, discrédité par une affaire d'espionnage, a dû démissionner le 7 mai ; il est aussitôt remplacé par Helmut Schmidt, vice-président du Parti social-démocrate. A Washington Richard Nixon, empêtré dans le scandale du « Watergate », est à la veille de tomber. Il annoncera le 8 août sa démission devant 130 millions de téléspectateurs américains. Gerald Ford, personnalité falote, le remplace à la Maison-Blanche. En Israël, le chef d'état-major victorieux de la guerre des Six Jours, Itzhak Rabin, succède à Golda Meir à la tête du gouvernement.

Le 31 mai 1974, le président rencontre son « ami » le chancelier. Tous deux anciens ministres des Finances, ils ont eu maintes fois l'occasion de travailler ensemble, et se reconnaissent sur beaucoup de points. A l'issue de cet entretien, V. G. E. affiche un contentement qui n'est pas feint. L'Europe a été au centre des conversations. Paris et Bonn se retrouvent totalement sur l'analyse de la situation présente comme sur les moyens de garantir l'avenir. « Nous avons constaté, déclare le chef de l'Etat, qu'il était nécessaire d'enrayer le processus d'affaiblissement en cours dans la Communauté... Nous sommes d'accord pour que le redressement se fasse par un retour à la stabilité intérieure des économies. » Les principes qui seront énoncés six mois plus tard au sommet européen du 9 décembre sont d'ores et déjà arrêtés.

14 septembre, deuxième étape : V. G. E. convie à dîner ses huit collègues du Marché commun. Leur réunion est « privée ». Personne ne s'y trompe. La conversation a roulé sur le renforcement du pouvoir de décision du Conseil des ministres de la C.E.E., le renforcement du rôle du Parlement européen, la création d'un Secrétariat politique européen et d'un passeport européen.

Après le tête-à-tête avec Schmidt, après le dîner à neuf, c'est la réunion du 9 décembre à Paris, réunion officielle celle-là et, une fois encore, proposée par Giscard. S'il était difficile d'attendre des résultats spectaculaires de ce sommet, les décisions prises devaient permettre de sauver la communauté de l'enlisement et de la paralysie. « Sur le plan des institutions, note le professeur Pierre Gerbet[25], le président Giscard d'Estaing a rompu nettement avec les positions de ses prédécesseurs. Il a renoncé à l'exigence imposée par le général de Gaulle, de l'unanimité pour toute décision du Conseil des ministres, ce qui était un obstacle à l'efficacité. Aussi les Neuf sont-ils convenus de renoncer à la pratique qui consiste à subordonner au consentement unanime des Etats membres la décision sur toute question. L'opposition de la France à l'élection du Parlement européen au suffrage universel a été levée. Aussi les chefs de gouvernement ont-ils constaté que cette élection devrait être organisée le plus tôt possible et souhaité que le Conseil puisse statuer en 1976 sur les propositions de l'Assemblée, auquel cas l'élection au suffrage universel direct devrait intervenir à partir de 1978. Les compétences du Parlement européen seront élargies, notamment par l'octroi de certains pouvoirs dans le processus législatif des Communautés. »

Cependant, les gouvernements britanniques et danois ont refusé de s'engager sur le principe de l'élection directe. Les décisions prises sur le plan institutionnel apparaissent malgré tout de nature à améliorer le fonctionnement des Communautés et à donner à celles-ci un caractère plus démocratique.

Un sommet douloureux pour les élus de l'U.D.R., et pour Jacques Chirac. Mais à l'époque, le Premier ministre a d'autres préoccupations. Il prépare, comme on sait, sa mainmise sur le mouvement gaulliste...

Enfin, troisième étape, le sommet de Rome, en décembre 1975, évoqué plus haut. Pendant toute cette période, la volonté du président français d'aboutir a été manifeste. A-t-il, pour franchir certains obstacles, fait des concessions, en particulier à la Grande-Bretagne ? Au Conseil européen de Dublin, le 11 mars 1975, l'accord sur le dossier anglais est indéniablement en retrait par rapport aux positions traditionnelles de la France. Harold Wilson obtient ce qu'il voulait : allégement des charges financières que le Royaume-Uni aura à supporter de par son adhésion ; garanties pour les intérêts économiques et agricoles du Commonwealth ; maintien de la compétence du Parlement britannique pour la politique régionale et fiscale. Londres entre dans le Marché commun industriel sans avoir à subir d'obligations dans les autres domaines.

Conjointement, recevant Constantin Caramanlis, président du Conseil grec, V. G. E. assure que la France soutiendra « avec détermination » la candidature de la Grèce au Marché commun. L'Europe *fara da se*... Oui, mais avec un sérieux coup de pouce du président français. Michel Debré trépigne ; l'U.D.R. grogne. L'Elysée restera sourd à toute suggestion.

Si la rupture avec de Gaulle et Pompidou est patente sur le front de l'Europe, la continuité sur les autres fronts l'est tout autant.

L'atlantisme attendu ne vient pas. La rencontre de la Martinique, en décembre 1974, très détendue, très « bonne franquette », entre le chef de l'Etat accompagné de Jean Sauvagnargues, ministre des Affaires étrangères, et Gerald Ford accompagné d'Henry Kissinger, est interprétée comme une amélioration des relations franco-américaines. Sans doute dans la forme, celles-ci paraissent plus sereines. Après les démêlés Jobert-Kissinger, sous Georges Pompidou, n'était-ce pas le moins que l'on pouvait attendre du changement de président ? Sur le fond, la France giscardienne refuse, à l'exemple de la France pompidolienne, d'adhérer à l'Agence de l'énergie, organisme inauguré par Henry Kissinger dans le but de renforcer le leadership des Etats-Unis sur l'Alliance atlantique. Paris, comme par le passé, s'oppose à ce que l'Alliance atlantique serve de passerelle entre Washington et la Communauté européenne. V. G. E. pousse à une concertation des Neuf sur les questions de politique étrangère — le Proche-Orient, Chypre —, hors de toute influence américaine. N'a-t-il pas proposé, à l'encontre de Henry Kissinger, une conférence tripartite réunissant en nombre égal et restreint — dix à douze — les pays industrialisés, la C.E.E. étant représentée « en tant qu'elle-même », les quelques pays exportateurs de pétrole et les pays importateurs du tiers monde ? Une conférence se tiendra effectivement à Paris du 16 au 19 décembre 1975. Cette conception des rapports Europe-Etats-Unis n'est-elle pas conforme à celle du général de Gaulle ou de Georges Pompidou ?

A l'égard du conflit israélo-arabe, Giscard ira plus loin que ses prédécesseurs. Et cela, dès le 24 octobre 1974 au cours de sa conférence de presse consacrée à la situation dans le monde. Il est le premier à dire à l'Occident, au grand scandale de Jérusalem, et contre la position américaine, « qu'il ne peut y avoir de paix durable au Proche-Orient que si la question palestinienne fait l'objet d'un juste règlement. A partir du moment où la communauté internationale reconnaît l'existence d'un peuple palestinien, quelle est l'aspiration naturelle d'un peuple ? C'est de disposer d'une patrie. » Il met ainsi directement en cause la résolution 242 du Conseil de sécurité de 1967, sur laquelle se fonde la communauté internationale, pour chercher une solution. Cette résolution ignore le problème palestinien ; elle ne connaît qu' « un problème de réfugiés ». Les Etats-Unis ont toujours refusé d'en modifier la formulation par un vote de l'O.N.U. Giscard souhaite que s'ouvre une négociation globale pour qu'enfin, « chacun des Etats de cette partie du monde puisse vivre dans des frontières sûres et reconnues ».

L'année 1975 sera dominée, à propos du Proche-Orient, par une question : le règlement définitif viendra-t-il d'une négociation globale ou de la politique américaine des « petits pas » ? Depuis la guerre d'octobre 1973, les missions « exploratoires » d'Henry Kissinger en Egypte et en Israël sont sur le point, en effet, de débloquer une situation apparemment figée. D'ailleurs, à la veille de sa visite officielle en France, du 27 au 29 janvier 1975, le président Sadate a donné sa

Le tournant du septennat 163

caution aux initiatives du secrétaire d'Etat américain et a convenu qu'il était prêt à signer un accord avec l'Etat hébreu. Quand il rencontre V. G. E., le communiqué publié à l'issue de l'entretien souligne la convergence de vues entre Paris et Le Caire, dans les domaines de politique étrangère, et laisse prévoir un important développement des relations bilatérales. La France livrera notamment « certain matériel militaire pour compenser une partie des pertes subies par l'Egypte », durant la guerre d'octobre.

Cette convergence franco-égyptienne est-elle la preuve d'un relatif alignement de l'Elysée sur la diplomatie des « petits pas » ? En réalité, le souci constant de V. G. E. tout au long du septennat sera, à propos du Proche-Orient, de rester dans la voie originale et traditionnelle de la France : refuser de poser le problème sous la forme de l'alternative : négociation globale ou négociation bilatérale. Pour le président de la République il s'agit là d'un faux dilemme et il convient d'avancer conjointement dans toutes les directions qui sont bonnes pour la paix.

Cette analyse va entraîner une série de malentendus entre Washington et Paris comme entre Le Caire, Jérusalem et Paris. Le jugement que porte, dès le 12 janvier 1975, le *New York Times,* sous la signature de James Goldsborough, est de ce point de vue très éclairant : « En politique extérieure, l'action du gouvernement a constitué jusqu'à présent un prisme brillant, chaque observateur pouvant trouver un aspect qui le satisfasse. » En ce qui concerne les relations franco-américaines, « les pirouettes ont été si spectaculaires que seuls les plus ignorants pourraient protester. En vérité, dans la sphère atlantique, personne n'est vraiment sûr de ce qui se passe. » Cependant, ajoute l'auteur, « il ne fait aucun doute que Giscard manque de conseils éclairés en matière de politique étrangère et de défense ».

Le 1er septembre 1975, après onze mois de « bons offices » d'Henry Kissinger, les gouvernements égyptien et israélien paraphrasent un « accord intérimaire » qui sera signé le 4 à Genève. C'est un succès incontestable pour la Maison Blanche. Un changement, dans l'approche du conflit, suffisamment sensible pour que ce nouveau « petit pas » puisse être décrit au Caire comme un véritable « bond en avant » et comme une importante étape vers l'évacuation totale du Sinaï[26].

Conformément à l'analyse de l'Elysée, Paris réagit en deux temps. V. G. E. félicite le président Anouar El Sadate et le secrétaire d'Etat américain tandis qu'un communiqué précise : « Le président de la République et le gouvernement français se réjouissent de ce qui constitue incontestablement un élément de consolidation de la paix. »

Mais, deux jours plus tard, Jacques Chirac qui reçoit le vice-président irakien, Saddam Hussein, déclare : « Nous souhaitons que l'accord qui vient d'intervenir soit un pas vers un accord global le plus rapidement possible. » Le Premier ministre a dit ce que l'Elysée souhaitait qu'il dise. Washington, puis Le Caire et Jérusalem, s'irriteront de ces réserves constantes formulées par Paris à l'encontre de la méthode des « petits pas ». Commentant l'accord israélo-égyptien du 4 septembre, Henry Kissinger affirme : « Les accords intérimaires ont permis d'atteindre des objectifs arabes comme des objectifs réciproques... Et ils ont créé des conditions favorables à de nouvelles initiatives. Ce furent des pas en avant, aucune autre méthode n'aurait pu réussir [27]... »

Pourtant, et à l'heure même où il savoure un succès diplomatique, Kissinger semble douloureusement démenti par une dramatique flambée de violence au Liban. Toutes les divisions, les oppositions intestines et les distorsions du monde arabe vont brusquement surgir à travers la guerre civile libanaise. Comment dès lors ne pas se convaincre que la politique des « petits pas » gèle les problèmes plus qu'elle ne les résout ? La France conserve au Liban une forme d'influence. Ancienne puissance mandataire — entre 1918 et 1920 —, notre pays y a tissé un réseau d'amitiés qui touche l'ensemble des communautés chrétiennes ou musulmanes. Que peut faire la France ? Peu de chose à l'évidence.

Certes, on s'agite dans la classe politique pour donner des leçons de conduite au pouvoir, certains allant jusqu'à suggérer une intervention directe de nos militaires. En parler, mais ne pas s'en mêler : telle est la thèse qui prévaut à l'Elysée comme au Quai d'Orsay. Une mission d'« amitié et d'informations » sera finalement confiée à Maurice Couve de Murville, qui arrive à Beyrouth le 19 novembre. Il y restera dix jours et s'entretiendra avec les représentants de divers groupes religieux et politiques libanais ; il aura également, point d'orgue de son voyage, une conversation avec Yasser Arafat, le leader de l'O.L.P. (Organisation de Libération palestinienne).

Point d'orgue parce que Couve de Murville est la deuxième personnalité française officiellement mandatée par le président pour rencontrer Yasser Arafat. Depuis 1973, celui-ci consacre l'essentiel de ses efforts à faire admettre et reconnaître l'O.L.P. comme l'unique organisation représentative et légitime du peuple palestinien. En octobre 1974, il enregistre deux victoires spectaculaires.

Le 14, l'Assemblée générale de l'O.N.U. a décidé de l'inviter à participer au débat sur la question palestinienne en tant que « représentant du peuple palestinien » et « partie principale intéressée » à ce problème. Cent cinq pays, dont la France, ont voté pour une telle invitation. Quatre contre : la Bolivie, les Etats-Unis, Israël et la République dominicaine. Vingt se sont abstenus, dont six de nos partenaires européens : l'Allemagne fédérale, la Grande-Bretagne, le Luxembourg, la Belgique, les Pays-Bas et le Danemark.

Le tournant du septennat

Le 26, au sommet de Rabat, dix-huit chefs d'Etat arabes — les seuls absents sont le Libyen Kadhafi et l'Irakien Bakr — reconnaissent, contre les vœux du roi Hussein de Jordanie, « le droit du peuple palestinien d'établir un pouvoir national indépendant sous la direction de l'O.L.P., en sa qualité de seul et légitime représentant du peuple palestinien, sur tout territoire libéré. »

C'est entre ces deux dates, historiques pour l'O.L.P., que le responsable de la diplomatie française s'entretient à Beyrouth avec Yasser Arafat. C'est la première fois qu'un membre d'un gouvernement occidental serre la main du numéro un de l'O.L.P. Ce tête-à-tête entre Jean Sauvagnargues et Yasser Arafat, qualifié de « nécessaire » par le Quai d'Orsay, porte sur la question palestinienne, sur les actions terroristes, et sur la coopération euro-arabe. Les commentaires de la presse israélienne sont très amers. La France achète-t-elle sa sécurité en trahissant l'Etat hébreu ? En tout cas, elle ne sera guère touchée pendant plus de quatre ans par le terrorisme pro-palestinien qui endeuille d'autres pays d'Europe. C'est également le tollé dans la communauté juive de France ; Raymond Aron écrit dans *le Figaro* : « Le voyage du même Jean Sauvagnargues en Israël le 30 octobre — et bien que ce soit la première fois qu'un ministre des Affaires étrangères est reçu à Jérusalem — ne dissipera pas cette tension. » Un fossé « infranchissable » nous sépare de Paris, dira le chef du gouvernement israélien, Itzhak Rabin.

S'installera d'abord le malaise entre le chef de l'Etat et la communauté juive ; puis l'incompréhension, enfin la rupture.

Cette reconnaissance de l'O.L.P. procédait dans l'esprit de Giscard d'Estaing d'un raisonnement qui ne mettait nullement en cause la sécurité et la souveraineté d'Israël : la France avait une attitude en flèche sur la question palestinienne, mais très équilibrée sur le conflit du Proche-Orient, en se référant systématiquement aux positions et des Nations arabes et d'Israël. « De plus, précise Jean François-Poncet, le fait de formuler ces positions ne nous a pas conduits à en tirer des conclusions pratiques au niveau des contacts avec les uns et les autres... Nous n'avons jamais entretenu de relations occultes avec, par exemple, des membres de l'O.L.P.[28] » Pourquoi, dès lors, ce profond malentendu entre la communauté juive et le président de la République ?

V. G. E. appréhende la guerre du Proche-Orient, comme s'il s'agissait d'un conflit classique : il se refuse à prendre en compte la spécificité morale, religieuse, voire prophétique du peuple juif. Lionel Stoléru, qui fut son conseiller technique à l'Elysée avant d'être secrétaire d'Etat, lui rédigea sur « la question juive en France » une note, « remarquable » d'après ceux qui l'ont eue entre les mains ; de son côté, Simone Veil eut avec lui plusieurs conversations sur ce même sujet. Il ne sent pas — ou ne veut pas sentir — le lien indicible mais puissant qui relie tout Juif à la terre d'Israël. Il ne croit pas au « vote juif ».

Recevant à déjeuner, le mercredi 13 avril 1977, une délégation du judaïsme français*, il manifesta une grande curiosité, laquelle témoignait, a contrario, de son ignorance, d'autant qu'en général il est plus soucieux d'impressionner ses invités que disposé à les écouter. Qu'est-ce que le C.R.I.F. (Conseil représentatif des Institutions juives de France) ? Qu'est-ce que le Consistoire ? Pourquoi l'un est-il « israélite », l'autre « juif » ? Combien y a-t-il de Juifs en France ? Peut-on aujourd'hui respecter le shabbat ? Combien sont respectueux du shabbat ? Quelle est exactement la fonction rabbinique ? Les rabbins ont-ils le droit de travailler ? Pourquoi et à quel signe a-t-on vu que la prophétie avait été interrompue ? etc. Et puis, cherchant la transition avec les questions proprement politiques, il demanda quelle était la nature des liens entre le judaïsme français et Israël. Le professeur Ady Steg, président d'honneur du C.R.I.F., souligna la conscience aiguë du sentiment de responsabilité que les Juifs éprouvent à l'égard d'Israël et c'est pourquoi, précisa-t-il, la politique française du Proche-Orient est si mal accueillie depuis 1967. Israël est en danger et cela, la communauté juive de France le ressent profondément.

— La communauté juive a-t-elle des antennes particulières pour apercevoir ce danger ? interrogea le chef de l'Etat.

— Loin de troubler son regard, l'affectivité particulière de la communauté juive lui permet d'avoir une perception exacte de la situation dangereuse dans laquelle vit Israël. On peut comparer la communauté juive à une mère qui aurait une image exacte des menaces qui peuvent planer sur ses enfants.

Il ne fut pas convaincu par la réponse. Son souci de rationaliser, en polytechnicien, le conflit israélo-arabe l'emporte sur toute autre considération.

D'ailleurs, au cours de ce même déjeuner, il exposa longuement et avec précision son point de vue, qui s'articule autour de trois convictions.

Il faut aboutir à une paix totale et non à des solutions précaires et temporaires. Or, le chef de l'Etat conserve le sentiment que le gouvernement israélien, celui d'Itzhak Rabin comme celui de Mena-

---

* Alain de Rothschild, président du C.R.I.F ; le grand rabbin de France Jacob Kaplan ; le grand rabbin de Paris Meyer Jais ; Jean-Paul Elkann, président du Consistoire de Paris ; Maliah, directeur du Consistoire central ; Claude Kelman, président du Bureau exécutif du C.R.I.F ; Ady Steg, président d'honneur ; Gérard Israël, président de la Commission d'études politiques ; Pierre Kauffmann, directeur général.

Le tournant du septennat

hem Begin, ne pense pas vraiment à un règlement définitif. En revanche, Anouar El Sadate, qu'il a reçu dans cette même salle à manger, lui paraît beaucoup plus disposé à l'idée d'une paix définitive et il reste très impressionné par le nombre des concessions que le président égyptien se déclare prêt à faire. Il pense également que les Syriens et les Saoudiens veulent la paix. Lorsqu'il s'est rendu à Riad le 22 janvier 1977, on lui a très peu parlé d'Israël. La peur obsédante des Saoudiens, c'est le communisme soviétique.

Il faut régler la question palestinienne. Il n'attend rien des responsables américains, pratiquement muets sur ce point fondamental. Il ne comprend pas très bien la diplomatie israélienne qui s'opposa à la création d'une Palestine indépendante. Il ne voit pas la différence qu'il y aurait entre un Etat palestinien indépendant et un Etat palestinien fédéré à la Jordanie.

Il faut trouver un compromis pour garantir le statut de Jérusalem. C'est, à son avis, le problème le plus difficile. Il ne voit pas d'autre solution qu'un accord de désarmement général dans cette zone, avec la collaboration et l'assentiment des grandes puissances.

Pour l'essentiel, son analyse ne variera guère durant le septennat et elle le conduira à des erreurs d'appréciation. Pendant toute la durée des discussions de Camp David qui aboutiront au traité de paix israélo-égyptien, V. G. E. restera sceptique sur la détermination d'Anouar El Sadate à signer un accord séparé. Il croit que les Raïs cherche à gagner du temps dans le but d'enclencher un processus de négociation globale. Mais ceci est une autre histoire que l'on retrouvera plus loin, après le voyage historique de Sadate à la Knesset — l'Assemblée parlementaire israélienne — le 20 novembre 1977.

Quatrième partie

LA RÉPUBLIQUE DE LA DUPLICITÉ
13 janvier 1976 – 16 janvier 1977

1

OFFICIELLEMENT,
IL GARDE JACQUES CHIRAC...

V. G. E. se souvient-il avec une pointe d'ironie, peut-être d'amertume, des premiers mois de 1976, auxquels il nous faut revenir ? Il amorce un virage qui va, définitivement, hypothéquer son règne.

Après son intervention du 5 décembre 1975 — « La France sera gouvernée au centre » —, il est revenu à la télévision pour présenter ses vœux. Ceux-ci, sur le fond, ont été sans relief : « Je souhaite l'entente et l'unité des Français. » Dans leur forme, la présence de son épouse, Anne-Aymone Giscard d'Estaing à ses côtés, a suscité quelques commentaires acides, amusés ou plus sérieux sur la « dérive présidentialiste » du régime. « Est-ce une nouvelle conception " familiale " de la présidence qui prend naissance sous nos yeux ? Elle ne serait point sans rappeler la conception " kennedyenne " du pouvoir qui attribuait à chaque élément du " clan " un rôle déterminé dans l'Etat... Il est néanmoins permis de se demander — dans l'hypothèse où le mouvement viendrait à s'accentuer — si un tel infléchissement ne risque pas de choquer, à terme, certaines traditions républicaines bien ancrées[1]. »

Recevant, par ailleurs, les corps constitués, V.G.E. annonce quatre trains de réformes concernant l'entreprise, la taxation des plus-values, l'aide au logement, enfin l'accroissement des responsabilités communales et locales. Le cap du changement est maintenu.

Au baromètre I.F.O.P.-*France-Soir,* il cote 57 % (+1) et son Premier ministre, 46 % (+4). Rien, par conséquent, n'annonce un orage ou une épreuve.

Pourtant, les appels à la mobilisation se multiplient dans la majorité comme si l'on cherchait à nourrir le désarroi, à dramatiser une situation qui a toutes les apparences de la sérénité. Certes, le 7 mars, a lieu le premier tour des élections cantonales dans la moitié des cantons de tous les départements — sauf Paris — et cette échéance pourrait se solder par un échec pour l'ensemble des partis majoritaires. En vérité, les états-majors politiques, tout comme Matignon, prêtent peu d'attention à cette campagne électorale et se gardent de tout pronostic. Quant au chef de l'Etat, il ne s'y engage d'aucune manière.

Alors, que se passe-t-il ? Le malaise est interne au sérail. Le « changement » est devenu le sujet de toutes les discussions, interrogations et critiques entre les deux familles qui se partagent le pouvoir. La relance des projets, ceux qui concernent en particulier l'entreprise et les plus-values, est mal reçue, mal comprise. Les dirigeants de l'U.D.R. estiment que le président inquiète les Français traditionnellement conservateurs, par son obsession du changement, par sa maladie de la « réformite ». Les giscardiens (R.I., centristes réformateurs) affirment qu'il faut poursuivre dans la voie des réformes et aller encore plus loin, si l'on veut écarter le danger d'une victoire de la gauche.

Vrai ou faux débat ? En tout cas, il crée un réel affrontement au sein de la majorité entre prétendus nostalgiques du retour en arrière et prétendus partisans de la fuite en avant.

D'ailleurs, ce clivage transparaît dans les journaux proches du pouvoir. José Van den Esch, dans *l'Aurore,* ne cache pas son irritation : « C'est le moment que l'on choisit pour proclamer que " l'entreprise " doit être, sans délai, " réformée ". Tout le monde sait que le projet mitonné dans les antichambres du pouvoir va dans un sens précis : le démantèlement de ce qui reste de libre décision à l' " entrepreneur ". C'est aussi le moment que l'on croit opportun pour déclarer qu'il faut d'urgence « taxer les plus-values »... Le pis est que ni l'une ni l'autre de ces deux " réformes ", devant lesquelles la moitié de la France qui a " voté Giscard " reste interdite, n'est saluée par l'autre moitié comme la merveille inattendue du septennat. »

Pierre Thibon, dans *le Figaro,* est plus nuancé, mais marque ses distances : « Les réformes doivent intervenir à un moment où la croissance de l'économie est ralentie, sans doute pour plusieurs années, ce qui signifie que la masse à répartir étant moindre, les ponctions qu'il faudra opérer seront davantage ressenties et les diminutions du pouvoir des responsables d'entreprises plus malaisément acceptées. Cela posera très probablement des problèmes à la majorité parlementaire... »

Quant à Philippe Tesson, directeur du *Quotidien de Paris,* il voulait plus de « changement » et il a perdu ses illusions : « Le voilà donc condamné et qui s'est condamné à réformer comme le ferait un gestionnaire. Cela limite singulièrement l'ambition. Il rêvait, semble-t-il, de grands espaces. Le voilà qui compte et qui dose la réforme... Quelle " crise ", quelles difficultés du moment, quelles résistances politiques et morales, quels impératifs de gestion auraient raison d'une sourde et puissante volonté de changer l'ordre de certaines choses lorsqu'on a conscience de la désuétude de cet ordre et qu'on est au pouvoir ? Et quel intérêt à gouverner sans risque, alors qu'on montrait tant d'audace ? »

Sur ce problème de fond se greffe une série d'accrochages à propos du « style Giscard ». A partir d'octobre 1974, on l'a vu, le thème du « présidentialisme » et de la République monarchique reviendra sous la plume de plusieurs journalistes ou d'experts en droit constitutionnel — Maurice Duverger, Jacques Robert — et servira de leitmotiv à plusieurs dirigeants de l'opposition. Le thème figure désormais au catalogue des attaques lancées par l'U.D.R.

A Saint-Brieuc, Alexandre Sanguinetti déclare tout net : « Il faut que M. Giscard d'Estaing apprenne son métier et cesse de passer son temps à s'autocommémorer. Ce n'est pas un cas perdu, il n'a que cinquante ans. Il est bien président de la République puisqu'il a été élu. Il lui reste à devenir légitime. » De son côté, Alain Peyrefitte, alors qu'il vient d'être chargé de présider un comité d'étude sur la violence, estime dans un entretien au *Républicain lorrain* que « la présidentialisation contribue à la crispation [2] ».

Le présidentialisme, en effet, s'accentue sur tous les points. La place et la fonction du Premier ministre se réduisent comme une peau de chagrin. V.G.E. a lui-même commenté le « réaménagement technique » du gouvernement, précisant qu'il y en aurait d'autres. Il entend, également, s'occuper personnellement et concrètement de l'organisation de la « majorité présidentielle ». Il réunira, à intervalles réguliers, et à l'Elysée, Jacques Chirac pour l'U.D.R., Michel Poniatowski pour les R.I., Jean Lecanuet pour les centristes et Michel Durafour pour les radicaux.

S'il a discrètement abandonné son émission télévisée mensuelle baptisée « Au coin du feu », il n'a de cesse de multiplier les rendez-vous avec les Français. Des rendez-vous qu'il veut simples, décontractés, avec un double souci : celui d'être présent partout, sur tous les sujets et en toutes circonstances ; celui de banaliser sa fonction, d'instaurer entre lui et les citoyens des rapports moins hiérarchiques, moins paternalistes, moins solennels.

Giscard, néanmoins, ne parviendra jamais à lever la contradiction entre cette attitude de considération volontaire et cette distance naturelle que dégage sa personnalité et que sauront exploiter ses adversaires. C'est seulement après sa chute, le 10 mai 1981, que cet homme qui se place spontanément au-dessus de ses semblables va se trouver, enfin, à l'aise et de plain-pied avec ses concitoyens.

En 1976, son activité s'apparente à un tourbillon d'artifices, à un spectacle, et il ne fait rien pour lutter contre cette impression. Qu'il soit sincère dans sa démarche est, ici, secondaire. Tout ce qui le concerne, le touche, le préoccupe, devient événement et justifie une dépêche d'agence. Ainsi, la relation qui est faite de ses vacances à Courchevel, avec son épouse et ses enfants, prend un tour caricatural. La presse traite du président comme elle le fait du prince Charles, de Liz Taylor ou de Grace de Monaco. « Il est d'abord monté au sommet de la Saulire, note Associated Press, pour plonger sur Méribel-Mottaret, remonter sur le mont de Challe, redescendre sur la station des Menuires, etc. Un périple d'une cinquantaine de kilomètres aller et retour... Le président, qui n'est décidément pas frileux, skiait comme de coutume en pull-over. Sur la fin du cricuit, son moniteur a dû lui prêter un coupe-vent et un bonnet... » L'agence France-Presse précise que « le président a rapidement déjeuné dans un petit restaurant d'altitude ». On apprendra un peu plus tard que le niveau technique des Giscard d'Estaing se situe aux alentours du « chamois », avec un avantage toutefois à Jacinthe, la plus jeune, mais aussi la « championne de la famille ». Cette attention soutenue des médias ne gêne guère V. G. E. puisqu'il a remercié la presse de lui avoir « permis de skier comme tout le monde... Les chefs d'Etat doivent pouvoir prendre des vacances comme les autres. Cela correspond à une nécessité. » Enfin, le couple présidentiel a dîné chez un « ancien » savoyard. Et l'on a, une fois de plus, tout appris sur le menu et les vins, comme sur les détours de la conversation qui, a-t-il été précisé à l'issue d'un long compte rendu, « n'a rien eu de politique »...

Le chef de l'Etat n'entend pas revenir sur son « style ». Il ne perçoit pas que l'on va l'y enfermer et qu'avec le temps, son image va se troubler. Tous les attributs positifs attachés à son comportement — moderne, jeune, décontracté, brillant, convivial — se retourneront contre lui et il apparaîtra bientôt comme un personnage bizarre qui a des lubies, des manies. L'image que renverront de lui ses adversaires va lentement sortir de la réalité, de la rationalité, pour devenir d'abord celle d'un dandy, d'une star, puis celle d'un monarque d'opérette. Quant aux « affaires » (les diamants, les opérations boursières) et rumeurs (les « absences du président », la psychanalyse, le goût de la chasse), il semble qu'elles aient émaillé le septennat dans le seul but d'accompagner cette dérive.

Différents sondages ont, en effet, montré que les Français n'étaient guère touchés par les aspects « scandaleux » ou « immoraux » de cette cascade d'histoires sulfureuses. Ils n'ont jamais cru que la légitimité du chef de l'Etat puisse être mise en cause comme celle de Nixon aux Etats-Unis. En revanche, ils s'interrogeront de plus en plus sur le comportement personnel du président, sur son caractère, sa psychologie. Mais qui est donc cet homme apparemment si étrange, à la lecture des médias ?

D'un côté, un scepticisme mondain touchera les couches les mieux informées, les plus sensibles aux bruits de la ville : cette France un peu bourgeoise, un peu progressiste, un peu intellectuelle ; celle des marges de la gauche qui a été séduite en 1974 et qui le lâchera en 1981. De l'autre, une réelle incompréhension qui atteindra la « France profonde », la clientèle la plus conservatrice de l'U.D.R. et des giscardiens. Ainsi, les deux franges extrêmes de la « majorité présidentielle » allaient être ébranlées.

Selon Bernard Rideau, responsable des analyses d'opinion à l'Elysée, l'image de V. G. E. reste positive jusqu'au printemps 1978 ; après cette date, les traits négatifs vont peu à peu s'imposer. Le président fut le premier informé de ce retournement de tendance. Curieusement, il ne fit rien pour contrarier cette évolution. Pourquoi ? Il n'a pas, visiblement, d'explications convaincantes à donner. « Je n'ai pas vu le jeu », répète-t-il[3].

Sur la longue durée, l'image, le « style Giscard » ne seront donc pas corrigés.

Sur le court terme, deux événements, en mars et avril 1976, vont néanmoins amener V. G. E. à se présenter aux Français d'une manière inattendue — l'expérience ne sera pas renouvelée — et à s'interroger sur les fondements de sa politique et sur la solidarité de l'alliance majoritaire. Le vent de fronde qui s'alimente à l'U.D.R., et qu'amplifient les deux conseillers de Matignon, va enfin trouver une justification objective dans les résultats des élections cantonales. « On vous l'avait bien dit ! » Tel sera pendant six semaines (du 8 mars, lendemain du premier tour, au 22 avril, date de la quatrième réunion de presse du président), le slogan du tandem Garaud-Juillet et des figures de l'U.D.R. proches de Jacques Chirac. On dramatise, non sans jubilation, la médiocrité des résultats. Le taux d'abstention est relativement faible (34,6 %) pour une consultation de cette nature. Or, le P.S. sort grand vainqueur, avec 26,8 % des suffrages exprimés, devançant partout le P.C.F. (22,82 %), l'U.D.R. (10,79 %), les centristes réformateurs (9,08 %) et les Républicains indépendants (8,56 %). La sanction de ces résultats se concrétisera le 17 mars quand les nouveaux conseils généraux éliront leur président : quinze présidences passeront à la gauche, la balance majorité-opposition s'établissant pour l'ensemble des départements à 54 contre 41, au lieu de 69 contre 26. « Nous avons reçu un avertissement sérieux », déclare Alexandre Sanguinetti.

Contrairement à sa méthode habituelle qui consiste à esquiver les coups, à décrisper, à anesthésier, le chef de l'Etat, manifestement ébranlé, s'apprête à riposter. L'entourage élyséen le voit pour la première fois hésitant, flottant. Doit-il parler ? Il ne s'est pas directement impliqué dans la bataille électorale. Le mieux, dès lors, n'est-il pas de laisser passer l'orage ? En fait, à la lumière du scrutin cantonal qui lui sert de révélateur, il prend brusquement conscience du malaise qui affecte le pays depuis des mois et à l'importance duquel il ne voulait pas croire. L'agitation n'est-elle pas purement politicienne, sans fondement raisonnable, puisque la reprise économique est effective depuis octobre 1975 ? Au demeurant, la France n'a jamais connu aussi peu de manifestations et de conflits sociaux que durant l'hiver de 1975-1976.

En mars, soudain, le ciel s'assombrit. Outre les manifestations sociales — les syndicats d'enseignants lancent une offensive contre la réforme Haby, les services publics sont pertubés —, le franc est soumis à rude épreuve sur le marché des changes. Malgré les interventions répétées de la Banque de France, il est, le 10 mars, à son niveau le plus bas par rapport au deutsche mark. Le 14 mars, c'est-à-dire le soir même du second tour des élections cantonales, Jean-Pierre Fourcade annonce la sortie de notre monnaie du « serpent » européen.

Cette décision — qui se traduit par une dévaluation de 5,6 % du franc par rapport au deutsche mark — est très mal accueillie par l'U.D.R. Elle illustre, surtout, l'écart qui se creuse entre les deux catégories de pays au sein de la C.E.E. : ceux qui sont en mesure de contrôler les équilibres fondamentaux, et les autres. La République fédérale d'Allemagne et les pays du Benelux maîtrisent relativement l'inflation, tandis qu'ailleurs — en France, en Grande-Bretagne, en Italie —, les prix galopent. Dans de telles conditions, que va-t-il advenir de l'union économique et monétaire souhaitée par le chef de l'Etat ?

Dimanche noir que ce 14 mars. Le lundi, Jacques Chirac est à l'Elysée. Il croise Jean Serisé et échange avec lui quelques propos. Bien qu'il ne le dise pas, il est clair que sa décision de quitter Matignon est prise. « J'en ai le souvenir précis et visuel », confie Serisé [4]. Le même Pierre Juillet qui avait convaincu Chirac d'accepter le fauteuil en mai 1974 l'a convaincu qu'il doit l'abandonner et vite. Marie-France Garaud a résumé la situation quand tombaient les résultats des cantonales : « Avec ce gars-là*, on va perdre toutes les élections... » Le 6 décembre, au lendemain de l'allocution présidentielle, Pierre Juillet s'était déjà longuement entretenu avec son protégé. Son argument majeur : un Premier ministre U.D.R. ne peut se résoudre trop longtemps à jouer les utilités sans s'exposer à perdre tout ascendant sur le groupe parlementaire et le mouvement. S'il tient bien

---

* Elle parle de V. G. E.

en main, aujourd'hui, le groupe et l'appareil, sa situation, demain, peut se retourner dès l'instant où les élus auront acquis la conviction qu'il n'est que le bras de Giscard. Dans une telle hypothèse, il le sait mieux que personne, les « barons » sauront exploiter la situation contre lui. Sera-t-il, par exemple, en mesure d'arbitrer la distribution des candidatures aux prochaines législatives ?

Pierre ayant raisonné, Marie-France, le porte-voix, s'empresse de le relayer, découvrant, chaque jour qui passe, une de ces formules vinaigrées dont elle a le secret.

A l'évidence, les résultats électoraux confortaient l'analyse de Juillet. En deux ans, sans une faute de parcours et avec un aplomb étonnant, Jacques Chirac s'était rendu maître de l'U.D.R. Comment aurait-il pu accepter le moindre risque de perdre un tel atout ?

Pourtant, ce lundi 14 mars, Jacques Chirac n'est nullement venu informer le chef de l'Etat de son désir de quitter Matignon. Si l'intuition de Serisé est la bonne, V. G. E. n'a guère le même pressentiment. Le Premier ministre vient l'adjurer de parler à la télévision, de manière très gaullienne. L'heure est grave. Pierre Juillet, précise Chirac, partage son avis et propose de préparer l'intervention. Rendez-vous est pris. Le président se plie aux recommandations de Juillet ; il accepte d'adopter un ton « haut » et, surtout, de redonner publiquement à Jacques Chirac son rôle légitime d'animateur de la majorité. On murmure dans les couloirs du « château » qu'il pourrait appeler Juillet auprès de lui comme conseiller politique. Voilà qui aurait probablement changé tout le septennat ! Si le nez de Cléopâtre... Pierre Juillet y a-t-il cru ? Beaucoup de témoins l'affirment et il est exact que le « père Joseph » de Georges Pompidou cachera mal son dépit quand Jean Serisé occupera, officiellement, quelques semaines plus tard, ce poste tant convoité.

Le 24 mars, les Français découvrent sur leur petit écran un homme méconnaissable, vêtu de noir, le geste désabusé, la voix morne, qui se livre devant eux à un examen de conscience et qui constate une « inquiétude » au sein de la majorité. Reconnaissant que les élections cantonales lui sont défavorables, V. G. E. renonce à ses décisions antérieures et demande au Premier ministre d'assumer les fonctions de « coordinateur » de la majorité, pour promouvoir un « projet unique » face au Programme commun de la gauche. Si le gouvernement accomplit sa tâche nouvelle qui est « de conduire, et d'ordonner la croissance », alors l'échec électoral n'est plus inévitable. Le pouvoir retrouve sa crédibilité. « Rassurante inquiétude », écrit Jean d'Ormesson dans *le Figaro*.

En soi, l'objectif tactique de son intervention est bien vu. Sans sonner le clairon comme le voulaient ceux de ses électeurs qu'il a déçus, il cherche à regagner leur confiance et leur apporte, comme le souligne Roger Priouret dans *l'Express*[5], « un triple cadeau de retrouvailles : une atténuation des réformes, qui sont maintenues dans leur principe, mais neutralisées sur l'essentiel ; une longue insistance sur le prix qu'il attache à la sécurité des personnes, et même à la morale ; le renforcement de l'autorité politique de Jacques Chirac, qui a leur confiance ».

Le Premier ministre va se « défoncer ». Une quinzaine de jours. Il se rend chez les radicaux, parle devant les R.I., ce qui lui vaut un sibyllin « Bon vent, Monsieur le coordonnateur » lancé par Chinaud. Il rencontre les représentants des organisations syndicales. V. G. E., également, pèse de tout son poids pour resserrer les rangs de la majorité. Il reçoit les élus U.D.R. et R.I. Pour lui, comme pour Jacques Chirac, comme pour Pierre Juillet, pour gagner il faut combattre et nommer l'adversaire : le « collectivisme »... L'éditorialiste du *Figaro*[6], évoquant la « lucidité » du président, écrit : « Il tombe sous le sens que les compétitions électorales à venir n'ont qu'un enjeu : le collectivisme triomphant (et irréversible) ou une France démocratique, juste et libérale... La confirmation de Jacques Chirac dans sa mission de coordination et d'animation de la majorité est le signe que les moyens ne sont plus à discuter pour personne lorsqu'il s'agit de parvenir à une fin salvatrice. »

Serait-ce les « retrouvailles » ? Personne ne s'y trompe. Le courant ne passe pas. Les cartes sont biseautées. Et par V. G. E. qui reprend le peu qu'il a donné, et par Michel Poniatowski qui poursuit sa croisade antichiraquienne : « Pour tous les Français, le fait d'avoir délégué votre autorité au Premier ministre est interprété comme un signe de faiblesse », répète-t-il au président[7]. Et par Jacques Chirac qui ne songe plus qu'à faire ses valises.

Un sondage réalisé par la SOFRES vient ajouter au trouble élyséen. 59 % des Français n'ont pas trouvé le président à l'aise au cours de son émission du 24 mars : pour 46 %, c'est une mauvaise prestation ; pour 43 %, une bonne. Un bilan négatif.

Le « coordonnateur » ne va plus coordonner. Jacques Chirac l'a compris. Il veut partir. Partir... L'a-t-il dit dès la mi-avril au président ? Il affirme que oui et qu'il a fait suivre, à trois reprises au moins, d'une lettre manuscrite — sans double — les entretiens qui ont porté sur l'évocation de sa démission. « J'ai tout essayé pour partir dans des conditions qui soient convenables, et pour lui et pour moi. Il ne voulait rien savoir[8]. »

V. G. E. a conservé toutes les missives que lui a adressées Jacques Chirac. C'est vrai qu'elles sont nombreuses. Mais jusqu'à la lettre du 27 juillet — qui est dactylographiée — aucune ne fait allusion, sous une forme explicite, à son intention de démissionner.

De cette correspondance se détache, en fait, un long courrier de six pages manuscrites, auquel fit allusion, dès cette époque, Michel Poniatowski. Le ministre de l'Intérieur fit valoir, auprès de quelques rédactions, que le Premier ministre avait écrit au président pour lui réclamer la dissolution « immédiate » de l'Assemblée nationale et les « pleins pouvoirs ». C'est une interprétation hâtive !

Sur la dissolution, Jacques Chirac dit en substance trois choses. A la lecture de la situation sociale et des élections partielles, il estime qu'il est urgent de changer de cap et d'arrêter de déplaire au courant gaulliste sur des thèmes aussi essentiels que l'Europe, la plus-value, la taxe conjoncturelle, etc. Il pense, ensuite, que la gauche unie engrange et qu'il faut casser, sans plus attendre, sa dynamique. L'argument est connu puisque Marie-France Garaud l'a quarante fois exposé aux journalistes qui lui téléphonent. Enfin, il estime que la légitimité du pouvoir est par trop contestée et, devant cette dégradation, la logique voudrait qu'elle soit à nouveau vérifiée. Comment ? Il rappelle son attachement à la procédure typiquement gaulliste du référendum, mais dans les circonstances présentes, sa préférence va vers la dissolution. Et il propose au président de dissoudre l'Assemblée au début de la session parlementaire d'automne.

Quant aux « pleins pouvoirs » qu'il aurait, selon « Ponia », demandés, la formule est exagérée. Il revendique les moyens d'exercer les pouvoirs qui appartiennent normalement au Premier ministre, en vertu des textes constitutionnels. N'est-ce pas à lui qu'il revient de « diriger l'action du gouvernement » ? Tel n'est pas le cas. Personne ne le conteste.

V. G. E. devait-il tenir cette lettre pour une menace implicite de démission, selon le raisonnement : « Ou je le suis, ou il s'en va » ? Ce serait, alors, admettre que l'on puisse, à ce niveau de responsabilité, s'amuser au chat et à la souris.

En tout cas, le 12 avril, Jacques Chirac déclare aux journalistes accrédités à Matignon : « Il ne peut y avoir l'ombre d'une divergence entre le chef de l'Etat et le Premier ministre. » Sous-entendu, s'il y en a, l'attelage doit être remis en question... Le message n'est-il pas transparent ?

Dans cette atmosphère de tension entre l'Elysée et Matignon, survient « l'affaire » de la taxation des plus-values. Le projet, rédigé par les services de la rue de Rivoli, a été présenté au Conseil des ministres par Jean-Pierre Fourcade. Il est mal ficelé. Le président en convient. En janvier et février, il admet, devant Jean Serisé et devant Jacques Chirac, que Jean-Pierre Fourcade n'a guère le sens politique, et il use d'adjectifs peu aimables pour qualifier son ministre de l'Economie. Va-t-il laisser dormir le projet ou, mieux encore, le remanier en profondeur et en retarder la sortie ? Le Premier ministre en est persuadé ; il l'est encore plus après l'échec des cantonales.

Le cheminement de la pensée du président est plus tortueux. A sa « réunion de presse » du 22 avril, il défend de façon convaincante le principe du projet, rappelle que cet impôt existe aux Etats-Unis et en Grande-Bretagne depuis fort longtemps, et ajoute qu'il exigera des députés de la majorité le vote de ce texte, s'ils veulent continuer à se réclamer de lui aux prochaines élections législatives. Ce brusque revirement prend à contre-pied, et Jacques Chirac, et l'U.D.R. Est-ce une déclaration de guerre ? interroge *la Lettre de la Nation.* C'est le déchaînement contre le « projet infâme ».

Quel singulier parcours que celui de l'imposition des plus-values ! En se saisissant du projet, V. G. E. avait formulé trois principes qui furent à peu près respectés par la commission d'Etudes[9] et le Conseil économique et social : les plus-values réalisées par la vente d'un bien font partie des ressources dont on peut vivre ; elles ne doivent être imposées qu'en tenant compte scrupuleusement de l'inflation ; elles doivent s'ajouter aux autres revenus et donc être taxées comme telles ou suivant un mode forfaitaire.

Simple dans son principe, l'imposition des plus-values devient d'une extraordinaire complexité dans ses applications pratiques, surtout si l'on veut éviter une levée de boucliers. Taxer la plus-value, c'est toucher à la France des propriétaires et des possédants ; c'est donc, en fin de parcours, toucher au droit d'héritage. Et plus de la moitié des Français sont des « héritiers », petits, moyens ou gros, mais des héritiers qui, de surcroît, votent, on s'en doute, de préférence pour la majorité gaullo-giscardienne.

Venant après la libéralisation de l'avortement qui heurtait les mentalités de l'électorat majoritaire, le projet d'imposition des plus-values va, cette fois, à l'encontre des intérêts de ce même électorat. C'est beaucoup. Depuis un an, la résistance au changement des alliés du président relaie de plus en plus les critiques acerbes de l'opposition. Début mars, Pierre Drouin du *Monde* avait résumé le délicat problème : « Si le gouvernement a paru si emprunté dans cette affaire, c'est bien sûr parce qu'il avait la dangereuse mission de faire passer des idées novatrices sans s'aliéner le soutien du gros de la troupe majoritaire. »

Devant quoi V. G. E. a-t-il voulu, s'adressant aux journalistes, montrer sa détermination et sa volonté de réforme ? Tous les commentaires ont souligné la performance présidentielle et la magie d'un verbe rassurant. Complet gris clair, chemise à rayures bleues, cravate sombre, il a tenu sa plus longue conférence de presse : deux heures. « Hier, écrit Jean d'Ormesson, avec aisance, avec autorité, avec une grande capacité de convaincre, il a marqué des points contre les sondages qui lui en font perdre. » Il n'a pas évité les problèmes, rappelant qu'il ne renonçait à aucun de ses objectifs : installer en France une « démocratie réfléchie et paisible », jugeant profondément regrettable et critiquable « le refus de dialoguer » de l'opposition ; rester « dans le groupe de tête des pays de dimension moyenne dans le monde » ; accomplir coûte que coûte « la transformation de la société française » en y introduisant de la justice et de la solidarité.

Faut-il en conclure que le chef de l'Etat, en sommant sa majorité de se conformer avec discipline à sa politique réformatrice, « a trouvé la méthode », comme l'écrit Jean-François Kahn, qui ajoute [10] : « Il fallait leur faire mal... l'aile droite de sa majorité était en quelque sorte orpheline d'un chef mais, n'ayant pas pour l'instant de véritable alternative politique, attendait finalement que se révèle, en la rossant un peu, son vrai maître. Prévenu, Giscard aurait bien tort de n'en point abuser. Finalement, qui aime bien, châtie bien. »

Plus lucide, *le Point* du 26 avril décrit sans complaisance « les éclopés de l'économie » et « le désarroi de la bourgeoisie », tandis que *l'Express* titre : « Le complot contre Giscard ».

J. J. S. S. écrit, dans un tonitruant éditorial : « Que n'avons-nous pas entendu et vu, après l'échec électoral de mars !... C'est alors que s'est tissé de manière plus étroite encore le réseau de résistance au réformisme présidentiel. C'est alors que nous avons commencé d'entendre que, après tout, le projet sur les plus-values était aussi inopportun que mal conçu... Complot parfait.

« Si dangereux, depuis trois semaines, si visible, depuis le lendemain des cantonales, qu'il fallait que les partisans de l'entreprise réformatrice, quels que soient les risques, n'hésitent pas à dénoncer clairement tout ce qui indiquait qu'une partie du pouvoir commençait à dériver, sous des pressions convergentes, vers la coalition du passé ; et que le président ne pouvait donc plus guère attendre pour décider, sans équivoque, que l'épreuve aurait lieu maintenant...

« Devant cette situation, et devant sa responsabilité, M. Giscard d'Estaing a fait face. Il a décidé de mettre tout son poids dans la bataille sur les plus-values... Peut-on penser à partir de là que le complot a déjà échoué ? Le fracas de la bataille, la procédure complexe des amendements, les aléas de la confrontation à l'intérieur même du gouvernement, tout cela peut encore, à chaque instant, faire déraper « les ides de mai »... La bataille sur les plus-values est bien une lutte majeure, par sa signification plus encore que par son objet, entre le passé et l'avenir [11]. » J. J. S. S. est, décidément, plus lucide dans l'analyse que dans l'action politique. Adoptée le 10 juillet, la loi sur les plus-values n'a pratiquement rien en commun avec le projet initial. Le dérapage « des ides de mai » a eu lieu. Présenté à l'Assemblée nationale le 1er juin, le texte soulève à l'U.D.R. un vent de fronde conduit par Claude Labbé, Charles Bignon, Hector Rolland, Jacques Marette. Edgar Faure, président de l'Assemblée nationale, laisse manœuvrer à leur guise les adversaires de la taxation. Chez les R.I., Raymond Marcellin est résolument contre et nombre d'élus espèrent que devant la mise en pièces du projet — 600 amendements ont été déposés — le Premier ministre va le retirer, comme le fit Maurice Couve de Murville pour les droits de succession en octobre 1968.

« Mais les giscardiens, les réformateurs, les ministres, prêtent-ils, eux, main-forte au président ? interroge André Chambraud [12]. Allons donc. Chez eux aussi règne un silence complice. Un silence si épais qu'on se demande si, en dehors de Giscard, il reste un seul giscardien sur le pavé de Paris. »

Après les concessions successives de Jean-Pierre Fourcade, l'U.D.R. vote la loi.

Pourquoi le chef de l'Etat s'est-il obstiné ? Uniquement pour ne pas capituler ? Ou bien a-t-il voulu, une fois de plus, tester le loyalisme de son Premier ministre et le degré de combativité des élus de l'U.D.R. ? A-t-il voulu les obliger à s'incliner devant l'autorité du Prince ? Dans cette hypothèse, le test est à son désavantage. La loi, certes, a été votée, mais au prix de combien d'abandons ? Salle Colbert, devant les députés U.D.R., Jacques Chirac a été très clair... sur l'ambiguïté de son rôle : « Je vous demande de voter non pas pour moi, mais dans l'intérêt du groupe, du mouvement, de la majorité. Vous vous en rendrez compte plus tard. » Cela ne signifie-t-il pas qu'il est sur le départ ?

Pierre Uri écrira, et comment ne pas le suivre : « La loi favorise les exploitants au détriment des particuliers ; l'habitation en propriété contre la mise en location, et aux dépens du marché financier ; la fortune héritée face au patrimoine récemment acquis ; ceux qui peuvent attendre contre ceux qui sont obligés de réaliser... Pourra-t-on ne pas remettre en cause tant de maladresses couplées à tant d'injustices [13] ? »

Alors pourquoi cet entêtement ? Entre le début du printemps et les premiers jours de l'été, les tensions au sein de la majorité présidentielle se sont accélérées.

Le 24 avril, Yves Guéna a été élu secrétaire général de l'U.D.R. Il remplace André Bord qui ne fut jamais qu'un figurant. Guéna est d'une autre pointure. « Défenseur des principes fondamentaux du gaullisme, orateur précis et documenté », écrit André Passeron [14], il

La République de la duplicité

arrive à la tête de l'U.D.R. avec « la réputation d'un bon organisateur et d'un homme d'ordre ». En 1974, il a rallié Giscard d'Estaing sans conviction : « Mes différences avec lui sont moins profondes que nos divergences avec le candidat socialo-communiste. » Le 9 mai, à peine installé à la direction de l'U.D.R., il tient à Bergerac en Dordogne, des propos iconoclastes pour les responsables réformateurs et R.I. : il se dit favorable à des élections primaires généralisées aux législatives de 1978.

Le mardi suivant, au rituel petit déjeuner du « coordonnateur », à Matignon, Jean Lecanuet contre-attaque et prévient le Premier ministre : « S'il y a des candidats gaullistes dans chaque circonscription, il y aura aussi des candidats giscardiens ou centristes partout. L'U.D.R. vient d'abattre ses cartes. Il est inutile de finasser. C'est très grave. » Certains observateurs tiennent ce « petit déjeuner » pour un point de non-retour dans la désunion. « L'U.D.F. est née ce jour-là », affirme Jean Lecanuet[15].

Ainsi, au sommet de l'U.D.R. le carré se resserre autour de Jacques Chirac : Claude Labbé, Yves Guéna, Charles Pasqua... sous la tutelle autoritaire du couple Juillet-Garaud.

Le 17 mai, le président s'envole à bord de Concorde pour les Etats-Unis où il doit assister aux fêtes du bicentenaire de l'indépendance américaine et rencontrer Gerald Ford. Chirac l'accompagne à Roissy avec Simone Veil. Après le décollage de l'avion présidentiel, le Premier ministre et le ministre de la Santé rentrent à Paris dans la même voiture. Et Jacques Chirac de confier tout de go : « Je quitte Matignon dans un mois ou deux... C'est décidé. Je vais entièrement me consacrer à relancer l'U.D.R. » Stupéfaction de Simone Veil qui l'interroge pour savoir s'il a déjà informé Giscard de ses projets. Elle comprend que non.

Sans doute les Français sont-ils moins préoccupés par les démêlés entre l'Elysée et l'U.D.R., par le voyage présidentiel, que par l'actualité judiciaire et criminelle ou par le violent tremblement de terre dans le Frioul italien qui provoque la mort de quelque 1 300 personnes.

Trois événements accaparent l'ensemble des médias et mettent en cause l'infaillibilité de la justice : Roland Agret — gréviste de la faim — réclame la révision de son procès ; Pierre Goldman après la parution de son autobiographie *Souvenirs obscurs d'un juif polonais né en France,* a obtenu d'être à nouveau jugé ; Etienne Ceccaldi, substitut à Marseille, est muté, ce qui provoque de vives polémiques. Ceccaldi suivait le dossier des compagnies pétrolières accusées d'ententes illicites. Enfin, l'ouverture du procès d'Edmond Siméoni, porte-parole de l'organisation dissoute « Action pour la Reconnaissance de la Corse »

(A.R.C.), devant la Cour de sûreté de l'Etat, défraye la chronique. Une « opération île morte », en Corse, est largement suivie.

Pourtant, le voyage outre-Atlantique du chef de l'Etat, et au-delà même de sa contribution au destin commercial de Concorde, ne fut pas sans importance. V. G. E. confirme les grands axes de sa diplomatie. Le 10 juillet, devant les deux chambres réunies en congrès, il plaide la cause d'une communauté européenne prospère et indépendante, en soulignant la participation de la France à l'Alliance atlantique et son attachement à l'engagement américain en Europe. Le 19, à Philadelphie, il insiste pour que les Etats-Unis, la France et d'autres pays industrialisés joignent leurs efforts pour l'instauration d'un « nouvel ordre économique » mondial. Le 20, invité au National Press Club, il annonce qu'il est prêt à envoyer un contingent militaire au Liban pour y consolider un cessez-le-feu. Cet envoi suivrait une éventuelle demande du président Elias Sarkis, et après accord des parties prenantes au conflit. La proposition rencontre les seules faveurs de la droite chrétienne libanaise. Les nations arabes y sont résolument hostiles. Le chef de l'Etat algérien Houari Boumediene demande, dans un message à ses collègues des pays non alignés, de faire échec à l'initiative française. C'était prévisible. Pierre Charpy [16] ne cache pas, néanmoins, sa satisfaction : « La sensation a été naturellement l'offre du concours militaire de la France au Liban. Ce concours reste très hypothétique... Mais, de toute façon, au cours de ce voyage destiné à mieux comprendre les positions et la réalité françaises, il n'était pas indifférent de lancer une proposition prouvant que la France avait les moyens et la volonté d'intervenir, sous sa seule responsabilité, pour la paix au Liban. Et qu'elle soit la seule à pouvoir le faire est une bonne démonstration de l'indépendance de sa politique et de la nécessité de cette indépendance. »

En réalité, ce qui provoque le plus de bruit à Paris n'a rien à voir avec les Etats-Unis. A Washington, devant le National Press Club, Giscard a lâché quatre petites phrases : « J'ai été élu pour sept ans. Je resterai en fonction pendant ces sept ans. J'en prends personnellement la responsabilité. » Même si une majorité de gauche arrivait au pouvoir en 1978 ? « Absolument oui. » Et de préciser : « La Constitution prévoit que le président choisit le Premier ministre. Je choisirai le Premier ministre. C'est alors que le Parlement a le droit de voter une motion de censure contre celui-ci. Il est de ma responsabilité de choisir un Premier ministre. Je le ferai. »

Commentaire de Michel Debré : « La Constitution est faite de telle façon que le président peut être élu par une certaine majorité et l'Assemblée nationale en comporter une autre. Je ne vois pas en vertu de quoi on pourrait discuter le fait que la majorité présidentielle ne soit

La République de la duplicité

pas la même que la majorité parlementaire. Le président n'a fait que lire le texte dont il est le gardien. Il ne pouvait pas dire autre chose. »

Commentaire de Jean Lecanuet : « En rappelant qu'il a été élu par le peuple français pour sept ans, le président de la République est fidèle d'abord au contrat passé avec le pays. Il est fidèle à sa promesse d'être le président de tous les Français et il est fidèle à l'esprit comme à la lettre de la Constitution. »

Une symphonie inattendue de la part de ces « historiques » du gaullisme et du centrisme.

Une symphonie aussitôt inachevée, puisqu'une cascade de controverses se déclenche fin mai.

C'est le maire de Rouen qui sert de prétexte à l'ouverture des hostilités. Le dimanche 23 mai, à Rennes, le Centre démocrate de Jean Lecanuet célèbre ses retrouvailles avec le Centre démocratie et Progrès de Jacques Duhamel, après sept ans de séparation. La nouvelle formation s'appelle « Centre des démocrates sociaux » (C.D.S.) et le garde des Sceaux, pour clôturer la cérémonie de baptême, annonce : « A un président réformateur doit correspondre une majorité réformatrice. C'est dans cette perspective que je serai conduit à proposer à mes amis réformateurs et aux Républicains indépendants de s'organiser pour renforcer leur coopération, et faire face à toutes les échéances. » L'appel est entendu par Michel Poniatowski qui ajoute que l'ambition du maire de Rouen « correspond à une évolution qui était, depuis longtemps, souhaitable et qui est aujourd'hui nécessité ». Le lundi matin, Jacques Chirac, « dans une rage folle », explique au chef de l'Etat qu'une telle évolution serait considérée par son mouvement comme un *casus belli*[17]. L'éternel malentendu sur l'organisation de la majorité rebondit. C'est le glas de la « coordination » et la fin des petits déjeuners du mardi à Matignon.

Une seconde salve sera lancée par le général Méry, chef d'Etat-Major des Armées. Dans la revue *Défense nationale* du mois de juin, il précise sa conception des rapports militaires de la France avec l'Alliance atlantique et il estime que notre pays — bien qu'il doive sauvegarder sa liberté d'action en cas d'attaque vers l'Europe ou vers le Bassin méditerranéen — peut être amené à participer à la « bataille de l'avant », sur le sol de l'Allemagne fédérale. « Il me paraît difficile, écrit-il, de concevoir une défense européenne totalement indépendante de l'alliance américaine, étant bien entendu qu'une Europe unifiée permettrait grandement de trouver dans cette nouvelle alliance un meilleur équilibre que dans l'O.T.A.N. où le poids des Etats-Unis est sans doute assez prépondérant. » Aussitôt, les esprits s'échauffent, bien qu'aucun d'entre eux n'ignore qu'il s'agit d'un débat d'école aussi ridicule qu'inutile, le général Méry ayant énoncé une vérité d'évidence.

Peut-on en effet imaginer — parce qu'elle n'est pas intégrée à l'O.T.A.N. — que la France restera indifférente à une offensive militaire des Soviétiques contre la R.F.A. ? *L'Humanité* réplique que les thèses du général Méry représentent un « danger mortel » pour la nation. Yves Guéna attend une mise au point du gouvernement et Pierre Messmer déclare qu'il s'agit là d'un « bond en arrière de dix ans de la pensée militaire française ».

En vérité, au moment où les idées du général Méry sont rendues publiques, le chef de l'Etat les a déjà reprises à son compte devant les élèves de l'Institut des hautes études de défense nationale : « Je crois que " le tout ou rien " en matière de défense risque de ne pas être crédible. Les situations dans lesquelles la France pourrait se trouver peuvent être des situations complexes : ce peut être des troubles profonds dans les pays voisins, ce peut être des situations d'incertitude sur le comportement de tel ou tel pays face à une modification de la situation politique dans tel ou tel Etat. Si, dans ces situations, la France ne peut parler ou agir qu'en fonction du " tout ou rien ", son attitude manquera de crédibilité. »

Les plus-values, l'éventualité d'un regroupement C.D.S., R.I., les déclarations du général Méry, voilà qui fait bon poids, bonne mesure, pour Matignon et l'U.D.R. Le chef de l'Etat et son Premier ministre vont-ils avoir une explication ? La presse se pose la question quand tombe la nouvelle : M. et Mme Giscard d'Estaing invitent M. et Mme Chirac à venir passer le samedi de Pentecôte — le 6 juin — au Fort de Brégançon, une des résidences affectées à nos présidents de la République. Si, avant V. G. E., Georges Pompidou et de Gaulle allèrent à Brégançon, c'était la première fois qu'un président y invitait d'autres personnes. Les Giscard d'Estaing et les Chirac ne s'étaient jamais rencontrés en famille et le chef de l'Etat n'avait pas d'autre but que celui d'un week-end de détente. Sans ordre du jour. Le Premier ministre est arrivé crispé, en complet-veston. Il n'avait pas pris de maillot de bain. Rapidement, il s'est détendu. « Aucun sujet sérieux n'a été évoqué. Je ne le souhaitais pas. Et si j'ai bien senti, au début, que le Premier ministre voulait aborder certaines questions, je n'ai jamais eu le sentiment d'un grave malentendu. Nous étions tous de très bonne humeur [18]. »

La version de Jacques Chirac est tout autre. « Je suis allé à Brégançon avec la ferme intention de lui parler d'une chose et d'une seule : de ma démission. Et nous avons bien eu une conversation sur ce sujet [19]. »

De retour à Paris, Jacques Chirac rend compte au « cercle intime [20] » — Garaud, Juillet, son ami Jacques Friedmann — de l'intermède brégançonnais. Il décide d'engager un bras de fer avec le président.

La République de la duplicité

Quarante-deux ans, Friedmann, est depuis l'E.N.A. un ami très cher de Jacques Chirac et il fut son directeur de Cabinet quand celui-ci était secrétaire d'Etat au Budget, en 1969. Il fut également assez proche de V. G. E. dans les années 60.

Il demande publiquement, le 16 juin, de diriger « un gouvernement plus cohérent », son rôle de « coordonnateur » ayant été vidé de son contenu par les initiatives de Michel Poniatowski et Jean Lecanuet. Claude Labbé, dans la salle des pas perdus du Palais-Bourbon, va plus loin et laisse tomber, tranquillement : « Rien ne peut se faire sans nous ; nous avons entre les mains une arme de dissuasion qui vient de notre groupe parlementaire, et nous pouvons, à chaque instant, si nous le voulons, presser le bouton. » Jamais un dignitaire de l'U.D.R. n'avait agité, en des termes aussi précis, une telle menace. En octobre 1972, Labbé confiait [21] : « J'évolue plutôt dans les vallées... Ce que j'y rencontre ? Une constatation fondamentale : l'U.D.R. n'a pas trouvé son rôle ni son statut face au gouvernement... Majoritaire à elle toute seule, l'U.D.R. a souffert d'être identifiée au gouvernement. Un jour, dans une majorité à 3 ou 4, elle pourra montrer plus d'initiative et plus d'exigence. Et être, j'y compte bien, enfin entendue. » L'heure de l'émancipation des trop fameux « godillots » a-t-elle sonné ? Fureur glacée à l'Elysée. Colère du ministre de l'Intérieur qui téléphone au président : « Vous ne pouvez pas laisser passer cela. Ils veulent faire de vous un roi fainéant. »

Cette fois, V. G. E. « prend la mouche » comme titre *le Point*. En 65 minutes d'entretien avec Jacques Chancel, il s'efforce de « dédramatiser » la situation politique, économique et sociale : il écarte l'éventualité d'un remaniement ministériel en juillet ; il tient pour très mineure la bataille menée par l'U.D.R. contre la taxation des plus-values ; il repousse toutes les hypothèses d'élections législatives anticipées ; enfin, il confirme son souci d'un « fonctionnement plus régulier de la démocratie » en proposant le dialogue à la gauche et en tenant pour « suicidaire » l'opposition aux réformes. Toute cette agitation fiévreuse procède d' « ignorants » ou de « perfides ». Bref, il réaffirme la prééminence absolue de la fonction présidentielle et répond par une fin de non-recevoir à son Premier ministre.

Il se laisse toutefois une porte de sortie. S'il dit qu'il n'y aura pas de changement dans l'équipe gouvernementale, en juillet, il ne dément pas qu'il puisse y en avoir quelques mois plus tard. A la rentrée d'octobre par exemple. D'ailleurs, il annonce « pour achever ses adversaires, trois projets qui ne peuvent que les épouvanter [22] » : la publication dans un mois de son projet libéral — ce sera *Démocratie française,* qui ne paraîtra que le 11 octobre —, le lancement d'un second train de réformes à l'automne, la délivrance d'un label présidentiel pour les candidats de la majorité aux futures élections.

Il a renvoyé la balle dans le camp U.D.R. Il maintient le cap. Officiellement — et officiellement seulement — il garde Jacques Chirac. Si la machine institutionnelle grippe, les « dissidents » gaullistes seront les seuls à en prendre la responsabilité.

Le 29 mai, il avait reçu à déjeuner, en compagnie de Jacques Chirac, Amir Hoveyda, Premier ministre iranien, en visite à Paris. La conversation en vint à rouler sur le climat politique en France et sur la solidité des institutions de la Ve République. V. G. E. exposa sa conception du fonctionnement du régime et ajouta, en pesant ses mots, alors que la question ne lui était pas directement posée : « Vous pouvez dire au shah que Jacques Chirac sera mon Premier ministre jusqu'en mai 1981. »

Surprenante confidence qui vient après le débat sur les plus-values, après le conflit Lecanuet-Chirac, après « l'affaire Méry ». Mais, juste avant Brégançon...

Propos calculés pour amener son Premier ministre à se découvrir ? Il dit volontiers à cette époque que l'une de ses ambitions de président élu pour sept ans est de parvenir à conserver le même Premier ministre pendant... sept ans.

Alors que sur plusieurs point précis de leur collaboration, V. G. E. et Jacques Chirac se nuancent, se corrigent ou se contredisent, quand ils en font le récit, leur version de ce déjeuner est identique[23].

2
UN GRAND MAÎTRE DU SECRET

Dans l'esprit du président, le schéma théorique du fonctionnement des institutions comme la nécessité de dompter les parlementaires U.D.R. sont très conformes à l'orthodoxie du général de Gaulle. Mais une attitude « gaullienne », quand on ne s'appelle pas de Gaulle, suffit-elle pour imposer son autorité, pour manifester sa détermination quand se durcit le ton des mazarinades ?

Au moment où la presse célèbre le « talent », la « force », la « performance » de son récital télévisé avec Jacques Chancel, Valéry Giscard d'Estaing s'interroge : devra-t-il se résoudre à changer de chef du gouvernement ?

Jean Serisé, qui assure depuis la fin avril la liaison avec les conseillers du Premier ministre, le met presque quotidiennement en garde et cherche à lui dessiller les yeux. Avec humour et subtilité, il dresse un tableau de l'ambiance qui règne à Matignon et parvient à le convaincre du rôle primordial que joue Marie-France Garaud, le haut-parleur de Pierre Juillet. Trop jeune Premier ministre, Jacques Chirac ne fonctionne qu'avec des cerveaux auxiliaires. Aussi aberrant que cela puisse paraître, le « couple » voulait le pouvoir. Il l'a eu en 1973 ; il croyait le conserver. L'influence de Garaud est au premier degré, brutale, parfois vulgaire. « Vous êtes tous des lopettes » est une expression qu'elle affectionne. C'est le temps où Jérôme Monod, qualifié de « pas assez politique », est insidieusement écarté du « cercle intime ».

Un tableau que Serisé découvre en même temps qu'il le décrit. Certes, ce n'est pas le Huron ; il est au diapason des bourdonnements de la ville, lesquels font grand cas, depuis des mois, des bons mots de Marie-France Garaud. V. G. E. aussi est informé, ne serait-ce que par les avertissements de Claude Pierre-Brossolette ou par les notes de son fidèle ami « Ponia ». Il sait ce qui se murmure ; il lit ce qui s'écrit. Ainsi, de Jacques Fauvet, dans le Monde : « M. Giscard d'Estaing n'a jamais vraiment eu la majorité de sa politique, et depuis que Jacques Chirac est devenu à la fois le maître et le prisonnier de l'U.D.R., le président n'a plus le Premier ministre de sa politique. » Toutefois, on ne modifie pas une stratégie en s'appuyant sur des rumeurs ou des analyses de journaliste. Il faut des preuves. Jean Serisé les lui apporte.

Le rideau va se lever sur le dernier acte d'une cohabitation qui n'aura jamais cessé d'être placée sous le signe de cette « duplicité ordinaire aux princes [24] ».

Jacques Chirac attend le moment opportun pour s'en aller « normalement, dans de bonnes conditions et sans crise [25] ». Depuis l'avènement de la Ve République, un chef de gouvernement ne « démissionne » pas ; c'est le président qui « se sépare » de son Premier ministre, en le remerciant de ses bons et loyaux services.

Jacques Chirac ne demandait-il rien de plus ni de moins que l'application de cette règle non écrite ? Il le prétend. Il s'autorise quelques déclarations qui vont dans ce sens et qui ressemblent à de grosses perches : « Je suis persuadé d'avoir la confiance entière du président... Un homme politique ne démissionne pas. A mon avis, il ne doit pas lâcher prise. En tout état de cause, si la décision m'appartenait, je resterais à la tête du gouvernement. »

Le chef de l'Etat va se révéler un grand maître du secret. C'est aux environs du 29 juin, au moment de son voyage officiel en Grande-Bretagne, qu'il a arrêté sa décision de remercier Chirac. Mais il n'est pas pressé, l'idéal serait la mi-septembre. Il ne veut pas d'un « gouvernement balnéaire ».

Une nouvelle passe d'armes entre l'U.D.R. et l'Elysée va le conforter dans son analyse. Elle se produit à propos du projet de loi modifiant le code électoral. Un candidat ne pourra se présenter au second tour que s'il a obtenu au moins 15 % des voix, propose le gouvernement. N'est-ce pas une manière d'inciter les petits partis du « marais » à rejoindre les giscardiens ? interroge l'U.D.R. qui réclame que la barre soit ramenée à 10 %. Le débat prend un tour très dur. Le soir du 10 juillet, le Premier ministre lui téléphone à l'Elysée et lui explique que les gaullistes ne céderont pas, qu'il faut trouver un compromis. Il transige à 12,5 %. Jacques Chirac, fatigué, irrité, lui dit que devant la multiplication des désaccords, il serait sans doute souhaitable d'envisager son départ de Matignon. Selon V. G. E., c'est la première fois, ce jour-là, que Chirac lui parle de s'en aller si...

Qui installer à Matignon ? Pendant plusieurs semaines, la question ne le quittera plus.

L'évolution de son septennat l'incite — c'est le moins que l'on puisse écrire ! — à réfléchir très sérieusement entre les deux seules voies possibles. Ou un Premier ministre « politique », et dans ce cas de

La République de la duplicité

figure il se trouve dans une situation de dépendance à l'égard de l'U.D.R. quasiment identique à celle de 1974. Ou un Premier ministre « technique », renouvelant ainsi l'expérience du général de Gaulle quand il nomma Georges Pompidou en 1962.

A priori, le second choix semble le plus raisonnable. C'est le point de vue de Jean Serisé. Ce n'est cependant pas celui vers lequel il s'oriente. Il ne veut pas abandonner son ambition première, séduire l'U.D.R. Il continue de croire, et Claude Pierre-Brossolette partage son avis, que cela reste possible. L'entente cordiale existe, à nouveau, avec les « barons ». Il commence également à mesurer les dégâts causés par l'antigaullisme viscéral de Michel Poniatowski. Celui-ci le devine et ses « notes » se font de plus en plus rares.

Début juillet, la presse, flairant qu'il se trame quelque chose, avance très prudemment des noms — Olivier Guichard, Robert Galley, Alain Peyrefitte... Celui de Guichard reviendra, lancinant, tout au long du septennat, chaque fois qu'il sera question, dans les médias, d'un nouveau Premier ministre. Giscard n'y a jamais songé ; il ne le trouvait pas « assez moderne ».

Le secret des différentes démarches sera bien gardé. Elles iront assez loin en ce qui concerne Alain Peyrefitte. Le 25 juillet, le député de Provins reçoit chez lui la visite de Jean Marin, le célèbre « patron » de l'A.F.P., qui se livre, devant lui, à une prospective politique et lui explique comment et pourquoi Jacques Chirac devrait bientôt quitter Matignon. Le propos de Jean Marin relevait-il uniquement du calcul politique, ou bien du fruit de quelque confidence ou de la cueillette de quelque information exclusive ? Jean Marin ajoute qu'un tel scénario serait pour lui, Alain Peyrefitte, l'ancien ministre de De Gaulle l'ancien secrétaire général de l'U.D.R., une occasion de briguer Matignon.

Cette intuition et cette analyse de Jean Marin allaient se révéler justes. Peu de temps s'écoule et Peyrefitte apprend, cette fois par Claude Pierre-Brossolette et Marceau Long, secrétaire général du gouvernement, que V. G. E. veut remplacer Chirac et que son nom a été prononcé. Durant le mois de juillet, la proposition prend la tournure d'un « sondage » par personnes interposées. Le 27, le chef de l'Etat convoque Alain Peyrefitte à l'Elysée.

Pourquoi le 27 ? La veille, à l'issue d'un entretien, le Premier ministre lui a écrit sa dernière lettre. Elle est dactylographiée et archivée.

« Monsieur le Président,

« Au cours de ces derniers mois, je me suis permis à plusieurs reprises de vous exposer les raisons politiques et économiques qui commandaient, selon moi, une reprise en main énergique du gouvernement, afin de donner à son action, dans ces deux domaines, une impulsion vigoureuse et coordonnée. Cela suppose évidemment un renforcement sans équivoque de l'autorité du Premier ministre. J'ai cru comprendre que ce n'était ni votre sentiment, ni votre intention.

« Dans ces conditions, je ne puis continuer à accomplir la tâche que vous m'avez confiée et j'ai l'honneur de vous remettre aujourd'hui ma démission. Cette décision sera effective au plus tard le mardi 3 août, c'est-à-dire dès mon retour du voyage officiel au Japon que vous m'avez demandé de ne pas décommander.

« Je vous prie, etc. »

Dans sa réponse, le chef de l'Etat accepte la démission, mais en la retardant. Elle interviendra, finalement, le mercredi 25 août, jour de la rentrée gouvernementale.

« Monsieur le Premier ministre,
« Vous m'avez écrit pour m'informer que vous ne pouvez plus continuer à accomplir la tâche que je vous ai confiée et que vous me remettiez votre démission. Vous m'indiquez que cette décision sera effective le 3 août. Je prends acte de votre démission.

« Comme je vous l'ai dit oralement, je ne pense pas que, en l'absence de tout événement dramatique, il convienne de procéder en quelques jours, et à un moment qui ne se prête pas aux consultations nécessaires, à cet acte important pour la continuité de la vie de la nation qu'est la mise en place d'un nouveau gouvernement. Je vous demande donc d'en différer l'annonce et d'assurer la gestion du gouvernement jusqu'au premier Conseil des ministres que vous me demanderez de convoquer, dans la deuxième quinzaine du mois d'août, pour me présenter la démission du gouvernement.

« Je vous remercie de l'exceptionnelle activité que vous avez déployée dans votre haute charge et de la loyauté avec laquelle vous vous êtes attaché à atteindre les objectifs qui me paraissent essentiels pour le bien et le renouveau de la France.

« Veuillez agréer, etc. »

Le 27 juillet, V. G. E. est-il, dans son entretien avec Alain Peyrefitte, passé du « sondage » à une offre ferme ? Il semble que les réserves formulées par le député de Provins — « Vous devez essayer de garder Chirac jusqu'aux municipales... Si j'étais vous, je lui ferais des concessions... » — l'aient empêché d'aller aussi loin. Ce n'était pas Alain Peyrefitte qu'il sollicitait, mais le « néo-baron » susceptible de lui garantir le soutien de l'U.D.R., capable peut-être de lui remettre les clefs de la forteresse gaulliste.

A-t-il sondé d'autres cœurs de la baronnie ? Apparemment non. Il abandonne l'idée de choisir un « politique ».

Entre-temps, les rapports entre l'U.D.R. et l'Elysée ne se sont pas améliorés. C'est l'époque où débutent les tractations concernant la mairie de Paris. Jacques Dominati, secrétaire général des R.I., déborde d'activités. Il a réuni pour la convention nationale de son parti plusieurs milliers de giscardiens sous les frondaisons du Champ-de-Mars. Il a mis le « paquet » : 45 000 invitations lancées aux adhérents ou sympathisants ; 250 000 autres à distribuer aux amis par les responsables ; tracts, affiches, spots publicitaires sur les ondes...

C'est l'accord des Neuf, intervenu au sommet européen des 12 et 13 juillet sur le nombre et la ventilation des sièges du Parlement de Strasbourg qui doit être élu au suffrage universel. Le Conseil des ministres qui suit approuve à l'unanimité cet accord. Jacques Chirac à dû s'incliner. Non sans avoir rappelé que l'U.D.R., vivement opposée à ce projet, prendra, une fois de plus, la décision gouvernementale comme une provocation. Pendant ce conseil, le Premier ministre se refréna violemment pour éviter l'éclat ; il lui fallait décidément boire le calice jusqu'à la lie !

Le 27 juillet, Jacques Chirac s'envole pour le Japon en mission officielle. Il sait désormais que son sort est scellé. Mais ils sont vraiment très peu à le savoir. Qui ? Claude Pierre-Brossolette, Jean Serisé, Marceau Long, Yves Cannac et Jean François-Poncet. Ce dernier succède, justement le 27 juillet, à Pierre-Brossolette, au secrétariat général de la Présidence. Les deux hommes vont tirer ensemble les conclusions du départ de Chirac. C'est à ce moment que Claude Pierre-Brossolette a conseillé à son successeur de tout mettre en œuvre pour contrôler l'usage des « fonds secrets »... Et de fait, Matignon devra, petit à petit, composer avec l'Elysée dans ce domaine. C'est là une nouveauté dans nos Républiques. La fin du financement du R.P.R. s'établit autour de novembre 1979.

Très peu de personnes, donc, sont dans le secret. C'est si vrai que, rappelé à l'Elysée le 23 août, Alain Peyrefitte s'entend proposer le Quai d'Orsay par Jean Serisé, et il refuse. Pour les raisons déjà évoquées ? Peut-être, mais surtout parce qu'il est persuadé que le président s'est résolu à un profond remaniement ministériel sans toucher à... Chirac !

L'hypothèse d'un Premier ministre « politique » étant abandonnée, reste la solution du Premier ministre « technique ». Pour les initiés et pour les collaborateurs du président, un seul nom s'impose, Raymond Barre. Si le montage politique avait réussi, Barre aurait eu le ministère de l'Economie et des Finances avec des pouvoirs étendus. Il va cumuler Matignon et la rue de Rivoli.

Ce profond changement dans l'attelage gouvernemental, par rapport aux vingt-huit mois écoulés, n'est pas uniquement dicté par des considérations d'ordre tactique ou stratégique.

Après la reprise de l'expansion au premier semestre 1976, on assiste à un regain d'inflation, tandis que le marché du travail continue de se détériorer gravement. 900 000 au 1er janvier 1976, les chômeurs franchiront la barre du million à la rentrée de septembre. Le concept de « stagflation » tombe dans le domaine public. Lors des cycles économiques « classiques », croissance, inflation et amélioration de l'emploi étaient concomitants. Le mécanisme ne joue plus. Désormais, la « reprise » n'est plus synonyme de créations d'emplois. Stagnation et inflation vont ensemble. Le déficit de la balance extérieure fournit à Raymond Barre l'occasion de sortir de l'anonymat : dans une brutale mise en garde, le ministre du Commerce extérieur laisse clairement entendre qu'une tout autre politique s'impose. Il rejette les pratiques du *stop and go* en vigueur depuis des années, ce qu'il appelle, avec sarcasme, « la politique de l'escarpolette ».

Le président, dans ses diverses allocutions, est passé d'un optimisme mesuré à un relatif pessimisme. Depuis que le franc est sorti du « serpent monétaire européen », le 15 mars, il a baissé de 10 % par rapport au dollar et de 11,2 % par rapport au deutsche mark. Dans la semaine du 9 au 13 août, les cambistes spéculent sur la monnaie allemande. Le franc, en dépit de l'intervention de la Banque de France, est la principale victime de ces opérations sur le marché des changes.

C'est aussi la grande sécheresse qui atteint, en juin, les régions de l'Ouest et du Sud-Ouest avant de s'étendre à l'ensemble du pays. Paris connaît sa nuit la plus chaude depuis cent trois ans. Les incohérences de la politique agricole et de la politique des prix apparaissent au grand jour. V. G. E. déclare que « la solidarité nationale jouera » en faveur des agriculteurs. La note de la sécheresse sera très lourde et la distribution de la manne ne sera pas toujours très juste. La sécheresse se prolongeant, on assiste, de surcroît, à une accélération des pratiques spéculatives sur les fruits et légumes.

Face aux revendications paysannes, Jacques Chirac retrouvera son tonus des meilleurs jours, ce qui probablement explique, en partie, la surprise de la classe politique quand elle apprendra son départ. Il n'est jamais tant lui-même qu'en situation de crise. C'est l'homme des urgences. Il connaît bien les dirigeants agricoles et ceux-ci l'apprécient. Il saura les défendre. Ils sauront s'en souvenir.

C'est encore « l'affaire Schmidt » qui vient assombrir le ciel si bleu des relations entre Bonn et Paris. Le 16 juillet, le chancelier allemand, en visite officielle aux Etats-Unis, révèle à des journalistes américains que son pays, la France, les Etats-Unis et la Grande-Bretagne, sont convenus, à la conférence de Porto Rico des 27 et 28 juin, de ne plus accorder d'aide économique à l'Italie si les communistes entraient au gouvernement. Il précise que les délibérations sur cette question se sont déroulées en l'absence d'Aldo Moro, président du Conseil italien, lequel, pourtant, participait au sommet. Au-delà des Alpes, c'est le tollé. « Ingérence inadmissible », clament l'ensemble de la presse et tous les partis. En France, la gauche crie son indignation. L'U.D.R. se tait. Le même Helmut Schmidt ne vient-il pas, voilà deux semaines, de tenir des propos singuliers sur le « conservatisme social des gaullistes » ?

L'Elysée est embarrassé. Les démentis ou désaveux successifs venus, 48 heures après l'événement, de Paris — qui « désapprouve » —, de Londres ou de Bonn, n'ont guère contribué à dissiper cet embarras. Ces dénégations ont d'autant moins convaincu que les idées d'Helmut Schmidt au sujet de l'éventualité de la participation de communistes au gouvernement dans les pays de l'Europe occidentale sont depuis longtemps connues, pour avoir été à plusieurs reprises exposées publiquement par lui-même.

Embarrassé, parce que la gaffe du chancelier accrédite la thèse du « directoire » — Paris, Bonn, Londres et Washington — chère à V. G. E., ou encore celle d'une « nouvelle sainte alliance », dénoncée par François Mitterrand.

Embarrassé, parce que les révélations de « l'ami Helmut » fournissent une belle occasion à la gauche de réagir de façon ferme et unanime, mais apportent également des arguments aux gaullistes qui accusent Giscard de s'aligner de plus en plus sur les Américains.

C'est enfin la petite histoire d'un article de presse qui vient consommer le divorce entre le président et le Premier ministre. Le 9 août, paraît dans *le Point,* sous la signature de Geneviève Galey, un article qui débute ainsi : « Deux fauteuils pour les Giscard d'Estaing. Deux chaises pour les Chirac : à Brégançon où V. G. E. avait convié M. et Mme Chirac à venir passer le premier week-end de juin en famille, on ne badinait pas avec l'étiquette. Bien sûr, les enfants du chef de l'Etat étaient de la fête. Bien sûr, le professeur de ski attitré de la famille Giscard, et sa femme, partageaient le repas. Mais à table, V. G. E. et Anne-Aymone étaient servis les premiers. Et à l'heure du café, sur la terrasse, les sièges les plus confortables leur étaient protocolairement réservés. »

Qui se prolonge par des considérations et anecdotes sur les changements intervenus, à l'Elysée, dans le protocole et l'étiquette. On apprend que le président aime le son des trompettes de cavalerie, qu'il s'identifie de plus en plus à Louis XV, le roi Bien-Aimé, qu'il accorde un intérêt tout particulier à la compagnie des gens à titre et à particule...

Et qui se termine de la sorte : « Voilà quelques-uns des faits qui font jaser un peu le Paris politique et beaucoup le Paris mondain. Au fond, ils révèlent un président qui, tout en cherchant par mille moyens à communiquer directement et simplement avec les citoyens, cisèle une étiquette qui, à la fois, le protège et le distingue, et renoue avec une tradition historique en donnant à la fonction présidentielle quelques-unes des marques extérieures de la fonction monarchique. »

Comme dans l'histoire du Petit Poucet, Geneviève Galey sème, non sans talent, tous les petits cailloux qui, avec le temps, feront de Giscard un « monarque ».

Le 9 août est un lundi. Le matin se tient à l'Elysée le tête-à-tête hebdomadaire entre le président et le chef du gouvernement pour la préparation du Conseil des ministres du mercredi. V. G. E. accueille fraîchement Jacques Chirac.

— D'où est sortie cette histoire insensée du *Point* ? En dehors de ma famille et de mes amis, il n'y a que vous et Bernardette qui étiez à Brégançon. Qu'est-ce que cela veut dire ?

— Je sais, répond Chirac, sans se démonter, c'est votre fils Henri.

On imagine aisément la stupeur du père. La réplique est cinglante.

— Ecoutez, cette fois, cela suffit. N'en parlons plus.

La scène valait d'être contée. Vérification faite, il n'y a pas de « fauteuil » dans la salle à manger du Fort de Brégançon. Simplement des chaises, peu confortables.

Voilà résumée l'atmosphère, à tout le moins morose, dans laquelle se situe la démission de Jacques Chirac le mercredi 25 août.

Pour l'opinion, en cet été caniculaire, le Premier ministre incarne la volonté de l'emporter aux prochaines élections ; il veut repousser les réformes qui font perdre des voix à droite sans en gagner à gauche ; il s'oppose à **la** gauche vers laquelle l'Elysée fait monter des chants de sirène ; il forme le carré et se prépare à une lutte qu'il souhaite aussi prochaine que possible.

Par contraste, Valéry Giscard d'Estaing paraît moins assuré, plus inquiet.

Comment le chef de l'Etat va-t-il se tirer de cette crise sérieuse ? Le déroulement de la journée du mercredi a été arrêté par l'Elysée. Le président, a, depuis quarante-huit heures, connaissance, et de la brève intervention que son Premier ministre entend faire devant le gouvernement, et du communiqué qu'il souhaite remettre à la presse. Par contre, il ignore que Jacques Chirac, loin de se satisfaire d'un simple communiqué, a mobilisé une équipe de télévision qui l'attend dans le salon chinois de l'Hôtel Matignon.

Comme prévu, c'est donc après les diverses communications inscrites à l'ordre du jour — en particulier un plan d'urgence d'aide aux agriculteurs — après que le chef de l'Etat eut fait le récit de son voyage officiel au Gabon, que le Premier ministre annonce, tendu et solennel, qu'il présente la démission de son gouvernement. Il expose les raisons de sa décision : « Il y a vingt-sept mois, contre l'avis de la plupart de mes amis, j'ai soutenu Valéry Giscard d'Estaing. Pendant vingt-sept mois je l'ai servi loyalement et fidèlement. Ces derniers temps, j'ai demandé à plusieurs reprises les moyens nécessaires pour affronter une situation que je jugeais difficile. Je persiste à penser que dans la Ve République, le Premier ministre doit disposer de l'autorité sur les ministres du gouvernement et d'une certaine autonomie. Devant la situation parlementaire et le dynamisme de l'opposition, nous devons engager résolument le combat. Je n'ai pas obtenu les moyens et la liberté que je demandais. »

Puis, se tournant vers Jean Lecanuet et Michel Poniatowski, il marque un temps et dit : « C'est à cause de vous que je m'en vais. » Un ange passe. Cette interpellation n'était pas prévue au programme.

La parole est au chef de l'Etat qui explique : « J'ai accepté cette démission parce que, lorsque quelqu'un souhaite s'en aller, il faut accepter. Ensuite, parce que j'ai dit à la télévision qu'une phase nouvelle allait s'ouvrir à la rentrée, qu'une nouvelle action politique allait s'engager. Enfin, j'ai observé le poids excessif qu'a fait peser le mouvement des partis sur l'action du gouvernement, en particulier dans les derniers temps de la session parlementaire. Cela n'est plus possible [26]. »

La séance est levée. V. G. E. se retire dans son bureau où le suit Jacques Chirac. Le président s'assied. Le Premier ministre démissionné se tient debout, près de la cheminée. Les deux hommes ont-ils encore quelque chose à se dire ? Pour Jacques Chirac, le temps vient brusquement de s'arrêter. Minutes irréelles ? Il y a certainement un peu de cela. En tout cas, selon Giscard, il aurait déclaré : « Monsieur le président, je me rends compte que je n'ai pas toujours bien réussi à vous servir dans l'exercice de mes fonctions de Premier ministre et je souhaite pouvoir mieux vous servir dans les tâches futures qui m'attendent. Je puis vous assurer que je n'ai pas du tout l'intention de gêner votre action et d'ailleurs vous n'entendrez plus parler de moi en politique. » Déclaration surréaliste ! Le plus stupéfiant est encore que Jacques Chirac admet [27] avoir prononcé la seconde phrase s'il ne se souvient pas de la première. Il n'a, précise-t-il, pas eu cette formulation qui ressemble à des excuses.

Pour le reste, a-t-il vraiment songé à rendre son tablier de leader politique ? On ne l'entendra plus, en effet, pendant exactement dix-neuf jours. Etait-il fatigué ? Légèrement déprimé ? Désenchanté ? Comme nombre de dirigeants politiques, est-ce un cyclothymique ? Il est certain que son environnement familial supportait assez mal le rythme exténuant de Matignon. Alors qu'un président de la République peut aisément organiser son temps, se garder des plages de réflexion et de détente, un Premier ministre n'a pas une seconde à lui.

Au terme de cette matinée du 25 août, quand tous les membres du gouvernement quittent la cour de l'Elysée, le président est perplexe. Il apprend par Jean François-Poncet que Jacques Chirac doit intervenir incessamment à la télévision. Une étape de son septennat s'achève sans qu'il ait fermement tenu tous les fils du dénouement. C'est sans précédent sous la Ve République. Sa tentative de séduction de l'U.D.R., par le biais de celui qui lui avait permis d'écarter Jacques Chaban-Delmas, a échoué. A-t-il en mémoire l'éditorial déjà cité, que *la Nation* publiait dix jours après son élection : « ... Le soleil était gaulliste et notre mission était d'en infléchir les rayons. Le soleil n'est plus gaulliste et nous tournons dorénavant sur notre propre orbite. »

Le mouvement U.D.R. allait-il reprendre à son compte la tradition critique qui fut celle des Républicains indépendants sous le général de Gaulle ?

A 13 heures, il est devant sa télévision, en compagnie de quelques collaborateurs. C'est l'éclat. Jacques Chirac se montre crispé, pressé d'abandonner son fauteuil. Il signifie aux Français, par les inflexions de sa voix, qu'il s'agit d'un départ volontaire, non d'un arrangement conforme à l'usage et détache la phrase clé : « Je ne dispose pas des moyens que j'estime aujourd'hui nécessaires pour assurer efficacement mes fonctions de Premier ministre. » La phrase est bien dans le communiqué dont V. G. E. a eu connaissance. Formulée avec cette gravité, avec cette volonté de dramatisation, sortie, par la rupture du ton, de son contexte, elle prend soudain une importance considérable.

Quelques mois plus tard, le président, revenant sur cette fameuse prestation télévisée, dira à son ancien Premier ministre : « Je n'ai pas à discuter le fond de votre propos ; c'est la façon dont vous vous êtes exprimé que je mets en cause. » Une « façon » qui était parfaitement conforme au tempérament de Jacques Chirac, et qui n'étonna que ceux qui voulurent bien être étonnés.

A 18 heures, Raymond Barre, ministre du Commerce extérieur du cabinet démissionnaire, était chargé de former le nouveau gouvernement.

A 20 heures, le président accorde une interview à deux journalistes de TF 1, Henri Marque et Charles Baudinat. Plus à l'aise que jamais, maniant la nuance et la litote, il ne manifeste ni le moindre embarras, ni la moindre hésitation. Un spectaculaire rétablissement ! Tout devient soudain lisse, aisé, sans problème grave. Il déclare qu'il ne peut y avoir deux politiques à la tête de l'Etat ; il affirme la suprématie du président de la République sur le chef du gouvernement ; il reproche à Jacques Chirac son incapacité à redresser la situation économique, à informer clairement l'opinion des objectifs du pouvoir, et son inaptitude à donner aux débats politiques « la sérénité nécessaire ». Le jugement est sévère.

Quant à Raymond Barre, il est qualifié de « meilleur économiste de France » et doit s'atteler, en priorité, à la lutte contre l'inflation tout en poursuivant les réformes. « J'ai demandé, ajoute V. G. E., à M. Barre d'élargir vers le centre gauche la majorité présidentielle. » Toujours cette même obsession, ce rêve d'un large centre qui sous-tendra de bout en bout son septennat.

Pour toute réponse, l'opposition tresse quelques lauriers posthumes à Jacques Chirac, lance quelques roses, toutes gratuites, à Raymond Barre, mais fait bloc contre V. G. E.

Dans sa chronique du *Figaro,* Jean d'Ormesson commente :

« Il a suffi que M. Giscard d'Estaing fasse connaître son choix et l'explique en quelques mots pour que, de la droite la plus conservatrice à la gauche la plus progressiste, un seul cri s'élève : c'était le meilleur de tous les choix possibles. Il a suffi à M. Barre d'être l'élu de M. Giscard d'Estaing pour devenir le Pinay des uns et le Mendès des autres. Voilà comment un choix heureux contribue d'un seul coup à rétablir une confiance collective. Chapeau.

« M. Giscard d'Estaing a naturellement appuyé sur la pédale en précisant que sa décision était prise depuis longtemps. Ainsi, au sommet de l'Etat, veille un homme qu'on ne prend pas de court, qui trouve des ressources là où d'autres donnent leur langue au chat et qui a le flair nécessaire et le coup d'œil assez vif pour dénicher le ministre le plus capable non seulement de servir ses desseins, mais d'affronter avec succès une situation difficile. Voilà, n'en doutons pas, des vertus d'homme d'Etat. »

3
LE MEILLEUR ÉCONOMISTE
DE FRANCE

« Je suis un homme carré dans un corps rond. » C'est ainsi que se présente aux journalistes le nouveau locataire de Matignon. Une formule qui cherche à dissimuler, sous une feinte naïveté, son refus d'entrer dans le jeu des réalités politiciennes. N'a-t-il pas été nommé à l'heure même où il fallait au chef de l'Etat un homme miracle — « Zorro est arrivé », dira Georges Séguy, secrétaire général de la C.G.T. —, peu suspect de se mêler des querelles partisanes, capable de redonner confiance aux agents économiques et à l'électorat traditionnel du régime ? Il n'allait pas de soi, en effet, que V.G.E., élu pour ses compétences, accorde à Raymond Barre le titre de « meilleur économiste de France ». Plus qu'un témoignage de modestie, n'était-ce pas plutôt de sa part l'aveu d'un échec relatif ? Il fallait, vraiment, que les choses aillent mal.

L'allure débonnaire, la silhouette lourde, le regard matois, Raymond Barre ne se laisse pas aisément percer. Pour le comprendre, il faut partir de l'île de la Réunion où il est né. « Ma famille y est installée depuis plusieurs générations. J'ai passé toute ma jeunesse sur cette vieille terre française de l'océan Indien, éprise de culture et qui a mérité d'être appelée " l'Ile des Poètes ". J'y ai fait mes études secondaires et commencé mes études juridiques. A la fin de 1942, la Réunion s'est ralliée au général de Gaulle. J'ai servi deux ans sous les drapeaux[28]. » C'est pratiquement la seule allusion qu'ait faite le Premier ministre sur ses années réunionnaises. Dans la biographie *Un certain Raymond Barre,* du journaliste Pierre Pelissier, la Réunion n'est qu'un décor ; celui de Paul et Virginie. Une végétation luxuriante, un volcan, le soleil et la mer. On y parle du grand-père Barre qui fut gouverneur de la Guyane et du grand-père maternel, le docteur Déramond, premier chirurgien à exercer dans l'île. Le père, René Barre, n'apparaît jamais ; important négociant, il avait eu des difficultés dans ses affaires et avait décidé de quitter La Réunion pour s'installer dans une île voisine, l'île Maurice. Il faut lire *le Notaire des Noirs* du romancier mauricien Loÿs Masson pour mesurer de quel poids pesaient l'argent et la réussite matérielle dans la reconnaissance des autres, à cette époque.

Raymond Barre est donc né le 12 avril 1924 au domicile d'Octave Déramond et il allait grandir auprès de cet homme reconnu et respecté, et auprès de sa mère. « Raymond, racontera celle-ci à des journalistes en 1979, a toujours été très soumis tout en ayant beaucoup de caractère. Il était animé d'un idéal très élevé et aspirait à la perfection. C'était un brillant élève. Les vieux Réunionnais se souviennent des palmarès de distribution des prix publiés dans les journaux locaux où l'on relevait chaque année son nom pour le prix d'excellence. » Auguste Legros, le grand copain devenu maire de Saint-Denis-de-la-Réunion, se souvient aussi de la rudesse de Raymond, l'arrière de l'équipe de football.

Brillant, perfectionniste, rude, convaincu de son idéal, l'adolescent a déjà tous les traits que l'adulte va révéler sur la scène politique. Il sera partout le premier, le plus fort. Il est de ces gens qui sont plus intransigeants que les intransigeants, plus durs que les durs, plus retors que les retors, plus orgueilleux que les orgueilleux... Ce gaulliste des profondeurs, persuadé d'être plus français que les Français, réprime un violent patriotisme qui n'incorpore aucune des micro-tensions de la métropole.

L'insularité, la distance — la France est à 6 000 kilomètres — confortent cette vision idéale de la métropole. La « drôle de guerre » et la défaite de 1940 n'ont pas, ici, été ressenties avec la même humiliation qu'à Paris. La France, pour le jeune Raymond Barre reste intacte.

De ce temps lointain où il luttait sur les bancs du lycée Leconte-de-Lisle, rue Jean-Chatel à Saint-Denis, il a gardé également cette susceptibilité de l'élève qui ne sait pas perdre, qui ne souffre aucune remarque, aucune erreur, aucune faute. Une susceptibilité qui ne va pas sans placidité, une combinaison qui, probablement, définit le mieux son tempérament. S'il se donne comme « un homme carré dans un corps rond », c'est pour mieux dissimuler, sous cette assurance bornée, un caractère très subtil et chatouilleux. Quand il était jeune professeur à la faculté de Tunis, ses étudiants se souviennent encore qu'il rougissait au moindre bruit inattendu. Que quelqu'un, par exemple, fasse tomber un livre par mégarde, et Raymond Barre se sentait aussitôt agressé ; comme s'il avait lui-même laissé choir l'ouvrage et qu'il devait immédiatement répondre du trouble causé.

Installé à Matignon, il ne rougira plus. Il va plutôt rugir et gronder. Il va adhérer à cet aspect cannibale du pouvoir. Il sera plus Premier ministre qu'un Premier ministre, cumulant d'ailleurs Matignon et la rue de Rivoli. Qu'il s'adresse à ses collaborateurs, aux parlementaires, aux journalistes, qu'il parle de ses prédécesseurs à Matignon, ou des anciens ministres de l'Economie et des Finances, « billevesées », « calembredaines », « bêtises », « sottises », constituent les plus mesurés de ses qualificatifs. Lors d'une négociation, André Bergeron, secrétaire général de Force ouvrière, homme pondéré s'il en est, ne pourra retenir ce cri : « Vous nous prenez vraiment pour des imbéciles ! » A l'un de ses conseillers qui lui en faisait reproche, il répondit : « Je suis ainsi, violent, entier ; si j'essaie de me changer, je n'y parviendrai pas et je serai mauvais. »

Continue-t-il d'exorciser quelque souvenir qui remonte à son enfance et à sa jeunesse dans l'Ile des Poètes ? En tout cas, sa vie, celle qu'il évoque sans détour, commence en 1943, quand il s'engage dans les Forces françaises libres, ce qui lui vaut son brevet de gaulliste. Après sa démobilisation, à la fin de 1945, il poursuit ses études supérieures en France, à la faculté de droit et des sciences économiques, et à l'Institut d'études politiques de Paris. Il envisage un moment de présenter le concours de l'E.N.A. mais son goût pour l'économie le conduit, après son doctorat, vers l'agrégation des sciences économiques qu'il passe et réussit brillamment en 1950. Il n'accepte pas tout de suite la chaire de province qui lui revenait et s'en va quatre ans en Tunisie parce que les problèmes du sous-développement l'intéressent et que l'occasion lui est offerte d'être le premier économiste à enseigner à l'Institut des hautes études de Tunis. De retour en métropole, après le « discours de Carthage » de Pierre Mendès France, il poursuit sa carrière universitaire à Caen, puis à Paris. Auteur d'un manuel d'économie qui fait autorité, il est aussi un expert qui ne répugne pas aux fonctions de responsabilités. De 1959 à 1962, il est directeur du cabinet de Jean-Marcel Jeanneney, ministre de l'Industrie ; à partir de 1966, il est membre du Centre d'études des revenus et des coûts (C.E.R.C.). Conseiller écouté, il prend une part déterminante dans la décision du général de Gaulle de ne pas dévaluer le franc en 1968.

C'est toutefois à Bruxelles, entre 1967 et 1972, que Raymond Barre donne sa pleine mesure comme vice-président de la Commission du Marché commun animée par des hommes aussi différents que Jean Rey, Francesco Malfati et Sicco Mansholt. Responsable des affaires économiques et financières, il rencontre fréquemment à ce titre le ministre de l'Economie de Georges Pompidou, Valéry Giscard d'Estaing.

Cette vie d'universitaire, de consultant et de grand commis lui a laissé, malgré tout, des loisirs qu'il consacre à des rencontres internationales, à la visite des musées, à des voyages, à des concerts, à la lecture... Il lit beaucoup et, nanti d'une exceptionnelle mémoire, c'est un homme d'une culture impressionnante, sautant allégrement de l'économie à la littérature, de la géographie à l'histoire de l'art, de la gastronomie à la musique. Il est, de ce point de vue, sans égal dans le milieu politique, toutes tendances confondues.

Tel est le personnage, inconnu de l'opinion publique, très peu connu des journalistes et des politiciens, qui devient, sous la Ve république, le premier chef de gouvernement n'appartenant pas à la formation gaulliste. C'est le lundi 23 août que le président lui a proposé le poste. Bien que la « proposition lui tombe sur la tête [29] », il accepte aussitôt, formulant trois exigences : il ne veut pas être un Premier ministre potiche, il revendique la haute main sur l'ensemble de la politique économique, et il souhaite, pour que les choses soient claires, le titre de « Premier ministre, ministre de l'Economie et des Finances ».

Le chef de l'Etat n'émettra aucune réserve. Il est alors surtout préoccupé par le dosage politique du futur gouvernement. Sa tâche est grandement facilitée par Olivier Guichard qui accepte le portefeuille de la Justice. Les « chiraquiens » s'en vont, les « barons » reviennent... L'opération est transparente. L'attelage gouvernemental en est d'autant simplifié. Sous le Premier ministre, officiellement « apolitique », trois ministres d'Etat vont incarner l'éventail partisan : le gaullisme historique avec Olivier Guichard, garde des sceaux, le libéralisme giscardien avec Michel Poniatowski, qui conserve l'Intérieur, le centrisme réformateur avec Jean Lecanuet qui passe au Plan et à l'Aménagement du territoire. A ce dernier est confié le soin d'organiser la majorité présidentielle. Jean-Pierre Fourcade quitte la rue de Rivoli pour l'Equipement. C'est la sanction. Elle est signée Raymond Barre. Fourcade a cru, un instant, qu'il pourrait succéder à Chirac. V. G. E. dément lui avoir laissé la moindre illusion dans ce sens. Brillant, convaincant dans le face-à-face télévisé — A armes égales » — qui l'oppose, le 2 mars, à François Mitterrand, promu secrétaire général des clubs Perspectives et Réalités, Jean-Pierre Fourcade s'est-il persuadé que son heure était venue ? Aujourd'hui, il paye sa « politique de l'escarpolette ». Michel Durafour abandonne le Travail — où le remplace Christian Beullac (majorité présidentielle) — et devient délégué auprès du Premier ministre, chargé de l'Economie et des Finances. Jean Sauvagnargues aussi s'en va : c'est son collègue de la Carrière, Louis de Guiringaud, soixante-cinq ans, qui lui succède au Quai d'Orsay. Ce fils d'officier, qui fit un parcours convenable dans la diplomatie, s'apprêtait à prendre une retraite paisible et confortable.

C'est Raymond Barre qui l'a fait venir. Le secrétariat d'Etat à la Condition féminine est supprimé — il est remplacé par une « délégation » —, mais Françoise Giroud reste au gouvernement et prend en charge la Culture.

Dans l'ensemble, on assiste à une forte progression du nombre des ministres non gaullistes au profit de personnalités qui adoptent l'étiquette « majorité présidentielle ». Le décompte est le suivant — si l'on s'en tient aux seuls ministres et secrétaires d'Etat autonomes — soit vingt-deux personnes : six appartiennent à l'U.D.R., sept à la « majorité présidentielle », quatre aux Républicains indépendants, cinq aux centristes réformateurs.

Le ministère de l'Information est supprimé ; un porte-parole est nommé à l'Elysée. C'est Jean-Philippe Lecat, un « politique » doué de manières fort avenantes et qui a déjà fait ses preuves sous Georges Pompidou.

Au moment de la passation des pouvoirs, Jacques Chirac dit à Raymond Barre : « Je suis content que ce soit vous. Vous verrez, c'est difficile de s'entendre avec le président[30]. » C'est bref. On note cependant que près de la moitié des collaborateurs de Chirac à Matignon restent auprès de Barre.

Le samedi matin 28 août se tient le premier conseil des ministres du cabinet Barre. Si, conformément à l'usage, le président de la République donne ses directives et dit ce qu'il attend de son gouvernement, il insiste plus que d'habitude sur le rôle et la place qu'il accorde au Premier ministre comme sur la notion d'équipe.

« Un gouvernement c'est d'abord une équipe. Elle doit être unie, soudée et solidaire. Aucune défaillance ne serait admise.

« ... Une tâche prioritaire vous attend : celle de lutter contre l'inflation et de fonder notre développement, condition de l'emploi, sur une monnaie et des prix stables. Pour y parvenir, il faut vous adresser avec simplicité à l'opinion, lui exposer toutes les données du problème. Et conduire, avec fermeté et rapidité, l'application de la politique que vous aurez arrêtée.

« Il faut aussi poursuivre l'œuvre de réforme en y apportant votre conviction et votre ardeur.

« ... Cette action sera conduite sous l'autorité du président de la République, élu du peuple français, par le Premier ministre, dans la plénitude de ses fonctions. Il lui revient, et à lui seul, de diriger et de coordonner l'action de tous les ministres. S'il est nécessaire que je reçoive de ceux-ci des informations utiles à l'exercice de mes responsabilités, les décisions concernant leur action leur seront toujours adressées par le Premier ministre. »

Le 3 septembre, interviewé à la télévision, Raymond Barre se veut rassurant. « Il n'y a pas le feu à la maison, même si l'inflation est préoccupante. » Il dit son désir de rencontrer les dirigeants de l'opposition ; il témoigne d'une certaine révérence à l'endroit des gaullistes. Beaucoup parmi ceux-ci, il est vrai, n'ont guère apprécié le départ tonitruant, et si peu conforme au régime de la Ve République, de Jacques Chirac. Bien que n'étant pas « de la famille », le chef du gouvernement bénéficie, paradoxalement, d'un crédit favorable auprès du groupe parlementaire U.D.R. Il veut, par conséquent, prendre son temps, et entretenir un savant suspense sur la recette qu'il va sortir de son chapeau. Il s'entretient avec l'ensemble des leaders syndicalistes, sans les convaincre.

« Monsieur Barre, estime Georges Séguy, va tout droit à l'échec intégral ; il recourt au vieux procédé, archiusé, par lequel on accuse l'excès d'augmentation des salaires d'être à l'origine de la hausse des prix et de l'inflation. » Il voit également les représentants du patronat. Il connaît bien François Ceyrac, président du C.N.P.F., avec qui il déjeunera une fois par mois durant son séjour de près de cinq années à Matignon.

Trois semaines viennent de s'écouler, riches d'événements qui, plus d'une fois, auront permis aux Français de se distraire de la fameuse « crise ». Une vedette est née, Mgr Lefebvre, ancien évêque de Tulle. Malgré le suspens *a divinis,* prononcé contre lui par le pape Paul VI, il a célébré, à Lille, devant six mille fidèles, une messe pontificale selon le rite de saint Pie V. Un géant du xxe siècle est mort le 9 septembre : Mao Tsé-toung, président du Comité central du Parti communiste chinois, âgé de quatre-vingt-deux ans. Pékin rend hommage « au grand maître du prolétariat international, des nations et des peuples opprimés ». Le 10, encore une « nuit bleue » en Corse. Les lignes maritimes sont interrompues avec le continent, 1 700 personnes sont bloquées à Ajaccio, quatorze autonomistes sont incarcérés à Marseille...

Le 22 septembre, jour J, le Conseil des ministres adopte enfin l'ensemble du dispositif de lutte contre l'inflation qui sera aussitôt baptisé « Plan Barre ». Le chef du gouvernement le présente d'abord à la commission des Finances de l'Assemblée nationale puis à la presse, enfin aux Français par le canal de la télévision où il conclut : « Le cap a été fixé, il sera fermement tenu. »

Le Plan Barre est, en soi, des plus classiques, et l'opinion comme la classe politique qui s'attendaient à un tour de magicien paraissent très sceptiques. Blocage des prix jusqu'au 31 décembre, et blocage des tarifs publics jusqu'au premier avril 1977 ; institution d'un impôt complémentaire sur les revenus ; augmentation du prix de l'essence et de la vignette : pas de progression mais seulement maintien du pouvoir d'achat en 1977 ; majoration de l'impôt sur les sociétés ; réduction temporaire du pouvoir d'achat des hauts salaires ; mesures de redressement financier de la Sécurité sociale... Voilà l'essentiel. Rien apparemment de bien neuf : le Premier ministre a pris des mesures pour réduire la consommation et les dépenses publiques, afin de tarir les sources de l'inflation.

Par-delà ce coup de frein, il s'agit, à moyen terme, de restaurer, en France, une économie de marché basée sur le dynamisme des entreprises et capable de s'adapter à la compétition internationale. De mettre fin à la politique néo-keynésienne du *stop and go*. De rétablir la vérité économique des prix et des tarifs. La volonté de Raymond Barre est de retrouver la vraie mentalité libérale, celle qui anime un pays comme l'Allemagne fédérale et qui ne peut déployer toute son efficacité qu'avec une monnaie forte. Il faut modifier la façon dont la « valeur ajoutée » se partage entre le capital et le travail, c'est-à-dire faire en sorte que l'argent de la production industrielle et des services aille moins dans la poche des travailleurs et plus dans les caisses des entreprises. Et cela pour redonner à ces dernières de l'aisance de trésorerie, leur permettre d'investir et placer ainsi la France en meilleure posture pour affronter la concurrence étrangère.

En 1976, la philosophie barriste n'est ni perçue, ni énoncée. Il s'est assigné trois objectifs que pourrait revendiquer tout Premier ministre : maîtriser la hausse des prix, rétablir l'équilibre du commerce extérieur et réduire le déficit budgétaire. La décrue du chômage devrait découler automatiquement du rétablissement des grands équilibres.

Trois objectifs qui s'apparentent à un triple défi. Premier défi : blocage des prix. L'effet psychologique d'une telle mesure n'est pas négligeable. C'est une vieille technique que les gouvernements avaient abandonnée tant son application est aléatoire. Toutes les expériences du passé ont été décevantes pour une raison simple et évidente : un contrôle rigoureux des prix nécessiterait une armée de contrôleurs que l'Etat n'a pas et qu'il ne veut pas avoir. Raymond Barre compte en priorité sur l'autodiscipline des industriels, des commerçants, des professions libérales, etc. Cette autodiscipline peut fonctionner pendant les trois mois du blocage. Mais que va-t-il se passer après ? La tentation d'un rattrapage ne va-t-elle pas l'emporter ?

Second défi : l'amorce timide « d'une politique des revenus ». L'expression fait crier tout le monde et n'a, évidemment, pas été prononcée. Pourtant, on admet à Matignon comme à l'Elysée qu'une plus grande rigueur à l'égard des hauts revenus est sinon un préalable, au moins un accompagnement à tout plan d'austérité.

Cette idée n'est pas totalement restée dans les tiroirs. C'est même la première fois qu'un chef de gouvernement fait référence à des hauts traitements (18 000 et 24 000 F par mois) et demande leur blocage partiel ou total pendant un an. Le supplément d'impôt va également toucher la gamme des privilégiés. Tandis que la prise en compte plus ferme des « signes extérieurs de richesse » est une mesure « morale ».

Troisième défi : si le plan annoncé est réellement appliqué, il est impossible d'éviter un ralentissement de la machine économique. Pour Barre, la France vit au-dessus de ses moyens : on vivait artificiellement dans l'inflation ; ça ne peut plus durer. Or, le risque numéro un de ce ralentissement est le chômage.

A ces trois défis, bien sûr, vient s'ajouter un défi politique plus général : va-t-il se dégager un consensus national autour du Plan Barre ou faut-il s'attendre à une relance brutale des revendications, tous azimuts ? Entre le « non » catégorique à son plan des partis de gauche, de la C.F.D.T. et de la C.G.T., le « oui, mais... » de F.O., de la C.G.C., de la C.F.T.C. et du patronat, le « oui certes... » des partis de la majorité, la porte est très étroite.

Le 29 septembre, dans une allocution radiotélévisée, le chef de l'Etat apporte sa caution au Plan Barre et appelle les Français à un effort de solidarité. Venu pour convaincre de l'urgence de « vaincre » l'inflation, il s'est composé « une figure de philosophe grave », comme l'écrit *le Monde,* mais le courant n'est guère passé. A l'indice I.F.O.P. de popularité, il est tombé de six points et ne satisfait plus que 47 % des Français. « Personnellement, écrit Pierre Charpy dans *la Lettre de la Nation*[31], je n'avais jamais aussi fortement ressenti ce mercredi soir devant la télévision la vérité du jugement de Raymond Aron : " Le drame de Giscard est qu'il ne sait pas que l'histoire est tragique. " C'est bien de " dédramatiser " quand le drame est artificiel. Mais quand il ne l'est pas ? J'emprunterai à Roger Chinaud, président du groupe Républicain indépendant, la citation chinoise qu'il a servi hier à Raymond Barre : " L'arbre préfère le calme mais la tempête continue à souffler. " Et malheureusement pour l'arbre, la tempête souffle.

« Le président de la République, poursuit Charpy, a eu tout à fait raison de passer par-dessus la tête des états-majors politiques et syndicaux pour inviter les Français à passer eux-mêmes au-dessus de leurs intérêts individuels et à penser d'abord à la France. Mais il ne suffit pas de nier le combat politique pour qu'il n'existe pas. Il est exact que " la majorité gère " et que " l'opposition critique et propose ", que l'une agit sur les choses et l'autre sur les mots. Mais les mots font les choses. L'opposition et la majorité ne sont pas sur le même terrain. C'est vrai. Mais si l'opposition prend tout le terrain, que restera-t-il à la majorité ?

« C'est pourquoi on a bien tort d'opposer l'initiative de Jacques Chirac à la stratégie présidentielle. Nous n'avons cessé de le dire et

Yves Guéna l'a répété à Rocamadour : elles sont complémentaires... »
Tempête ? Dès le 13 septembre, l'ancien Premier ministre dégainait et annonçait son retour à la vie politique active. Le 15, il adressait un message à ses compagnons gaullistes. Le 29, aux journées parlementaires, de l'U.D.R. à Rocamadour, il demandait — et obtenait — la réunion d'assises extraordinaires du mouvement pour qu'il se transforme en un « vaste rassemblement ». Le pouvoir, à travers l'U.D.R., doit retrouver l'oreille du peuple. C'est l'ambition de Jacques Chirac qui se présente comme le champion de l' « élargissement » et de la « transformation ».

Quand Raymond Barre lance son « plan », Jacques Chirac met sur orbite ce qui deviendra le R.P.R., (Rassemblement pour la République). C'est de la commune rurale d'Egletons, dans son fief de Corrèze, qu'il donne le coup d'envoi de l'aventure chiraquienne. S'adressant à tous les électorats sans exclusive, conciliant gaullisme et « travaillisme à la française » — un concept qui passera vite à la trappe —, il évoque « le vaste mouvement populaire que la France a toujours su tirer de ses profondeurs lorsque le destin paraît hésiter ». On aura reconnu la « patte » de Pierre Juillet qui se souvient du célèbre discours prononcé par de Gaulle à Bayeux le 16 juin 1946. Le Général jetait les principes de son action future. Chirac fait de même.

C'est à Strasbourg, en avril 1947, que l'ancien président du gouvernement provisoire annonçait solennellement la création du R.P.F., le Rassemblement du Peuple français. C'est au Palais des Expositions de la porte de Versailles à Paris, devant 45 000 « compagnons », que l'ancien Premier ministre fonde, le 5 décembre 1976, le R.P.R., le Rassemblement pour la République, dont il devient le président. Le R.P.F. fut le parti de De Gaulle. Le R.P.R. allait être celui de Jacques Chirac.

V. G. E. prend-il conscience de la nouvelle nature de la formation gaulliste et du rôle politique de son chef ? Invité à un week-end de chasse chez des amis communs, Claude Pierre-Brossolette, son ancien secrétaire général à l'Elysée, le met en garde : « Chirac est un jeune ambitieux. Il a fait la preuve de son dynamisme. Soyez vigilant ! Il sera ce que vous avez été par rapport au général et à Pompidou. » Il s'esclaffe. « Vous ne comprenez rien... Il ne fait pas le poids... » Toujours sa façon de sous-estimer l'intelligence et la détermination de ses adversaires. A la même époque, Raymond Barre lui répète que ni Olivier Guichard, ni les ministres gaullistes ne sont représentatifs d'un quelconque courant au sein du R.P.R., qu'ils manquent totalement de courage et de culot. « Sinon, que ne font-ils sécession ? » grommelle le Premier ministre.

En réalité, soumise au double clivage Giscard-Chirac et droite-

La République de la duplicité

gauche, la France va, désormais, vivre une campagne électorale quasi permanente. Chaque élection partielle deviendra l'occasion, dans les divers camps, de compter ses troupes, et de radicaliser ses positions. Quant aux quatre scrutins nationaux prévus au calendrier — les municipales de 1977, les législatives de 1978, les européennes de 1979, et bien sûr, la présidentielle de 1981 —, ils pousseront jusqu'à l'exacerbation cette guerre politicienne.

4

DE « DÉMOCRATIE FRANÇAISE » A LA « CLARIFICATION »

Comme débute « la tornade Chirac[32] », le chef de l'Etat est plus que jamais en première ligne. La médiocrité des sondages l'inquiète. Conscient de la loyauté et des capacités de Raymond Barre, il laisse d'emblée le Premier ministre se déployer dans la plénitude de ses attributions. Très rapidement, les ministres habitués à passer par-dessus la tête de Matignon pour en référer directement à l'Elysée devront se réviser. Jean Lecanuet, Olivier Guichard et Michel Poniatowski, « Elus » parmi les élus, ne seront pas traités différemment et s'apercevront à leurs dépens que Barre, ce « luron de la politique », est un coriace. N'est-ce pas à lui que V. G. E. a demandé de coordonner et d'animer « seul » la campagne législative de 1978 ? Bientôt les ministres n'ont pratiquement plus le contact avec la Présidence. Ils cherchent à prendre le vent à travers les articles des journaux, la rumeur des dîners en ville. Quand ils croient deviner la pensée élyséenne, ils l'énoncent tout haut et souvent cela tombe à plat... « C'est d'un comique irrésistible », confie Raymond Barre à son entourage.

Le chef de l'Etat, prenant du champ avec la gestion du quotidien, s'investit entièrement dans le combat d'idées, le combat politique. Il est tout à son livre qui vient d'être lancé à grands frais, *Démocratie française*. Quatre personnes ont eu le privilège d'avoir le manuscrit entre les mains, début septembre : Raymond Aron, Raymond Barre, Jean-Philippe Lecat et Alain Peyrefitte. Seul, ce dernier proposera un nombre assez important de retouches, surtout formelles. V. G. E. a la manie des mots en « ion » — action, fonction, inflation, récession, association, justification, organisation... — qui alourdissent le texte. La remarque sera entendue. Le samedi 9 octobre, 75 directeurs de journaux, d'agences de presse et de chaînes radiotélévisées, ont été invités à l'Elysée pour recevoir des mains de V. G. E. son « petit livre bleu. » Une cassette est envoyée aux médias, dans laquelle il explique le pourquoi de l'ouvrage. Cette énorme campagne publicitaire qui va se conjuguer avec des interventions du président sur les ondes — il acceptera en particulier de participer au Club de la presse d'Europe 1 — est dans l'ensemble, mal reçue. On rappelle qu'en octobre 1959, alors qu'il publiait le tome III de ses *Mémoires de guerre,* le général de Gaulle ne fit pas tout ce tapage.

Sans doute l'exercice de V. G. E. est-il différent puisqu'il choisit de livrer sa pensée et sa méthode de gouvernement. Il y a peu de précédents, ou alors ils sont le fait de doctrinaires, tels Salazar, Lénine, Peron ou Staline. Les autres chefs d'Etat attendent une halte ou la retraite pour réunir leurs discours ou publier leurs mémoires. Lui, dans l'enregistrement sur cassette, il déclare : « Au poste de responsabilité où les suffrages de mes compatriotes m'ont placé, (...) je mesure combien les Français ont besoin pour se rassembler d'un projet de société qui précise les perspectives, ouvre les horizons, éclaire l'action et stimule les élans... Partout existent, non formulées, mais bien vivantes, les mêmes aspirations, les mêmes conceptions qui forment le lot commun où puisent finalement tous ceux qui croient en une démocratie à la française. J'ai voulu formuler ces idées et exprimer ces espérances. »

Dans une interview réalisée dans l'avion qui le ramène de Téhéran le 7 octobre et qui sera diffusée le dimanche soir 10 octobre sur Antenne 2, il juge « impossible » que son livre soit présenté par ses adversaires « comme une sorte de programme commun de la droite... car mes thèmes fondamentaux sont au contraire des thèmes d'évolution et de progrès qui vont très au-delà des conceptions traditionnelles. Certains membres de l'opposition critiqueront ce texte, et c'est naturel. Ceux qui ont cherché à faire avancer les conceptions de la société ont soulevé des discussions ; mais ce que je souhaite, c'est qu'on ne raisonne pas à partir des classifications politiques traditionnelles où il est question de savoir s'il y a telle ou telle idée de manœuvre. Elles sont complètement absentes du livre. »

En tout cas, Giscard réalise le rêve de tout écrivain : un tirage de 200 000 exemplaires épuisé le premier jour ! L'éditeur n'en croit pas ses yeux. La rupture de stock est belle et bien réelle, cela ne s'était jamais vu en France pour un best-seller. Beaucoup se sont précipités chez leur libraire pour essayer de comprendre ce que veut le chef de l'Etat alors que son credo sur le changement commence à prendre l'eau et principalement dans l'électorat de la majorité, et qu'une évidente lassitude se révèle. Ce rush manifeste est-il une attente, un besoin d'appréhender différemment la politique, face à l'usure du discours partisan, face à l'étroitesse du discours socioprofessionnel des syndicats ? C'est probable. Mais ce besoin sera-t-il comblé par *Démocratie française* ? C'est moins sûr.

Les inconvénients de l'exercice sont évidents. Les Français n'aiment guère les doctrines officielles, et il y a toujours quelque imprudence à s'engager sur 175 pages qui ne s'envoleront pas au vent de l'actualité.

Démocratie française invite à construire une société sans lutte des classes et cet ambitieux projet s'articule autour de quatre idées forces.

D'abord, « la fin des idéologies traditionnelles ». Valéry Giscard d'Estaing renvoie dos à dos le marxisme et le libéralisme classique et se risque à donner une définition du rôle des idéologies modernes... « Fournir des explications permettant d'analyser la réalité, afin de pouvoir guider l'action. » Surprenante définition pour une « idéologie » ! Le chef de l'Etat ne confond-il pas l'idéologie avec les outils de travail d'un bon technicien, d'un bon gestionnaire ?

Et il n'est, de fait, question dans son ouvrage que d' « intérêt », de « statistique », de « l'ordre économique », d' « expansion », de « productivité », de tous ces mots qui collent à la tunique du grand commis, du dirigeant d'entreprise, du cadre. On est loin de l'idéologie, de la Weltanschauung, cette vision, cette conception du monde qui impliquent, certes, la connaissance, mais aussi les passions, l'imaginaire, etc. Ici ou là, on sent passer le frisson récupérateur des idées de mai 68 et le chef de l'Etat nous gratifie de quelques expressions plus oniriques, telles cette « nouvelle croissance... mieux déployée... plus douce... plus équitable... », ou encore cette « démocratie... paisible ».

Seconde idée, la suprématie de l'intelligence. Cette intelligence, c'est la « conscience qui capte et guide la spontanéité », c'est la « connaissance », c'est la « supériorité confirmée par l'expérience », c'est « le scientifique », c'est « l'esprit de réforme »..., c'est, bien sûr, « l'efficacité ». Et une société à la mesure des hommes intelligents se dessine. « Elle sera évoluée... plus élaborée, plus savante, et en un mot supérieure. » C'est la première fois qu'un président de la République parle ainsi de l'intelligence.

Troisième idée : « la planification souple ». Qu'est-ce qu'un plan économique « souple » ? Pour Valéry Giscard d'Estaing, c'est « une économie décentralisée et conduite... permettant d'articuler le conscient sur le spontané ».

Enfin, « le mondialisme ». Le président n'use pas du mot. Mais dès qu'il aborde les problèmes internationaux, cette idée transparaît nettement. Le « mondialisme » est d'ailleurs lié à la mort des idéologies puisqu'il tend au nivellement, à la fin des conflits, à la « dédramatisation ». Il est, pour reprendre la conclusion de l'auteur, « ce rayon de lumière, nécessaire pour éclairer le monde, celui d'une nouvelle civilisation, réunissant dans une même perception spiritualiste l'affranchissement de l'être et le tracé du destin de l'espèce. »

Ramené aux dimensions de l'Hexagone, « ce rayon de lumière » devient le fameux pluralisme, thème central de la pensée giscardienne. « Alors, le vrai débat politique s'inscrira... à l'intérieur d'une même conception de la société, commune à la grande majorité des Français, tolérante, ouverte, respectant la séparation des pouvoirs et le droit à la différence : une conception pluraliste... Le débat ne sera plus ce combat mythologique des Gorgones et des Méduses, celui du bien et du mal, qui colore encore notre vie politique d'une violence primitive et dangereuse, mais la compétition d'hommes et d'équipes pouvant œuvrer tour à tour pour le bien commun. »

Dans *Politique,* Alain, un des pères du radicalisme et dont on a surtout retenu qu'il était « contre » — contre l'administration, contre les châteaux, contre le militarisme et la guerre, contre l'Eglise... — écrit : « Une idée que je crois fausse et à laquelle s'attachent souvent les partis les plus opposés, c'est qu'il faudrait changer beaucoup les institutions, et même les hommes, si l'on voulait un Etat politique paisible. Ceux qui ne veulent point du tout de réformes y trouvent leur compte car ils effraient par la perspective d'un total bouleversement... Et d'un autre côté, les révolutionnaires essaient de faire croire la même chose à leurs amis, les détournant avec mépris des demi-mesures... D'un régime à l'autre, il n'y a point de différence, si l'on regarde bien. De petits changements assureront un an de paix, et encore un an, et cela peut durer sans fin. »

Dans *Démocratie française,* Valéry Giscard d'Estaing affirme : « L'édification de notre société pluraliste exclut l'immobilisme, comme elle rend inutile la révolution... Elle passe par la réforme. Plus exactement, elle suppose que le corps social trouve en lui-même l'énergie nécessaire pour améliorer ce qui doit l'être, la maturité pour en débattre, la patience pour mettre en œuvre les réformes, et la ténacité pour les faire aboutir. La force du lion et la patience du renard. » Une voix moyenne, celle de la mesure, sinon de la demi-mesure, celle des « petits changements » d'Alain.

Cette symétrie entre le radicalisme d'antan et le giscardisme n'est pas un artifice. Le vocabulaire, le style ont changé. Le fond est le même et s'appuie sur un postulat qui fut et reste la religion des radicaux : notre société, tendue vers la croissance et l'élévation continuelle du niveau de vie, va s'organiser en fonction du rationnel, du technique, du rendement. La bête noire, c'est le « collectivisme », le communisme. Au fond, *Démocratie française* prolonge *Ciel et Terre,* le manifeste radical de Jean-Jacques Servan-Schreiber. Rien ne sépare la pensée des deux hommes, sinon que celle de J. J. S. S. est moins maîtrisée et précipite parfois les étapes, tandis que l'autre est un modèle de nuance et d'équilibre dans la forme comme dans le fond.

Raymond Aron écrit dans *le Figaro* qu'il ne trouve dans *Démocratie française* que « peu d'arguments inédits ». Jean Daniel parle, dans *le Nouvel Observateur,* des généralités et des platitudes qui encombrent son ouvrage. André Chambraud du *Point* suggère que « bien entendu, on peut rire de ces mièvreries ».

Quant à Pierre Viansson-Ponté qui, à la « une » du *Monde,* pose la question « Gouverner, est-ce aussi écrire ? » il considère que l'information la plus lourde de conséquences après la lecture de *Démocratie française* n'est pas dans le livre : « elle réside dans le fait qu'entre le " projet présidentiel " et le Programme commun de l'Union de la gauche, aucune conciliation, aucun compromis même transitoire, aucun accommodement ne sont de toute évidence possibles. Toute ambiguïté est dissipée à ce sujet. Ceux qui continuent d'imaginer une vague et molle connivence entre le président de la République et la gauche au lendemain d'élections que le premier n'aurait pas tout à fait perdues, mais que la seconde aurait tout de même gagné, que ceux-là abandonnent toute espérance et toute illusion : les sociétés que dessinent et promettent M. Giscard d'Estaing et M. Mitterrand pour demain sont inconciliables, leurs philosophies sont irréconciliables, leurs visions de l'avenir sont rigoureusement opposées et les voies qu'ils tracent parfaitement divergentes. »

L'avenir confirmera cette conclusion de Viansson-Ponté. Si le président de la République est bien parvenu à imposer l'image de son livre qu'il souhaitait, c'est-à-dire celle d'une œuvre de bonne foi, de ton modéré, il ne réussira pas à provoquer le grand débat dont il rêvait entre les Français, y compris ceux de l'opposition. *Démocratie française* sera un énorme succès de librairie ; il ne sera guère discuté. Pendant le mois d'octobre, *l'Express* va s'essouffler à entraîner un vaste dialogue autour des thèmes de l'ouvrage. En vain. On apprendra simplement, sur la foi d'un sondage, que « les lecteurs, à une très large majorité, approuvent les analyses du président de la République. » La classe politique affiche une indifférence ironique.

Etait-ce d'ailleurs un moment propice pour « dialoguer » ? Au terme de la discussion du collectif budgétaire, qui comprend les premières mesures de lutte contre l'inflation, Raymond Barre a, comme prévu, engagé la responsabilité du gouvernement. L'opposition de gauche a déposé une motion de censure. Le Premier ministre a bien en main la « majorité présidentielle » qui a suivi ses recommandations. De son côté, V. G. E., à la faveur de la promotion de son ouvrage, s'emploie à ressaisir l'opinion, mêlant le charme, la sincérité ou la vivacité. Au fur et à mesure que se développe l'impressionnante opération motivée par

La République de la duplicité

son essai, il se montre de moins en moins écrivain et de plus en plus politique. Son attitude va alimenter une polémique de plus en plus violente. Pendant tout l'hiver 1976-1977, ragots, procès d'intention et critiques légitimes vont se confondre et atteindre sa personne beaucoup plus que sa politique. Son autorité est sapée par le jugement systématiquement négatif de certains milieux qui ne sont pas toujours très éloignés du sien. Il n'est question que d'un président capricieux, léger, d'un « zozo » qui se prend pour Louis XV, qui ne songe qu'à ses week-ends de chasse, qui sombre dans le narcissisme, qui sort trop la nuit... Les déjeuners et dîners de la rue Marguerite, domicile de Marie-France Garaud, serviront souvent de rampe de lancement à tous ces potins qui font la joie du Tout-Paris. Qui s'étalent aussi — et il y a peu de précédents — dans la presse « sérieuse ».

A l'émission « l'Evénement » sur TF 1, l'auteur Giscard cède la place au président Giscard qui s'en prend vigoureusement à l'opposition de gauche et qui lance un avertissement très vif à ceux qu'il suspecte de vouloir « désorganiser l'économie française ». Il écarte avec véhémence la proposition — qui vint de quelques députés de la majorité et qui est chère aux amis de J. J. S. S. — d'un impôt sur le capital, il marque peu d'enthousiasme pour le principe d'une taxe supplémentaire sur l'héritage des grandes fortunes, bref, il s'emploie à rassurer sur sa droite.

Revenant de la Réunion, plongeant du ciel arabique vers l'escale de Bahrein, conversant avec quelques journalistes qui l'accompagnent dans Concorde, il annonce qu'il engagera toute son autorité pour que la majorité qui le soutient l'emporte contre la gauche « collectiviste » aux élections de 1978. Il considère que l'action entreprise par Jacques Chirac à l'U.D.R. est une composante naturelle du dispositif présidentiel. « Je tiens à vous dire que cette majorité présidentielle, qui est la seule majorité possible pour la France, gagnera les élections législatives de 1978. Elles les gagnera en raison de l'action du gouvernement et en raison de l'appel que fera le président de la République pour que les Français fassent le bon choix pour la France. »

Les baromètres de la confiance — la Bourse, le franc — se sont, il est vrai, mis brusquement à basculer. Le démarrage du Plan Barre ne ressemble pas, vraiment pas, à ce que la visite d'Antoine Pinay à Matignon avait, par un rapprochement historique imprudent, laissé espérer. Le franc n'a pas bénéficié de la réévaluation du deutsche mark ; la Bourse a baissé de 10 % depuis le changement de gouvernement. L'opinion cède à une espèce de fascination du catastrophisme. Dans le subconscient collectif, François Mitterrand et Georges Marchais se partagent déjà le pouvoir ! En ouvrant dès maintenant la campagne des législatives, le chef de l'Etat ne fait qu'accentuer cette impression de trou noir. « Tout se passe, va jusqu'à écrire Jean-François Kahn[33], comme si la volonté de quelques-uns, à droite et à l'extrême droite, de hâter la chute du président de la République afin de lui substituer un " chef " qui replongerait la France dans une atmosphère de guerre civile froide, bénéficiait des réactions épidermiques d'hommes politiques déboussolés qui, eux, ne sont pas nécessairement prêts à aller jusqu'au bout de leur allergie. »

Conspiration, complot contre le président de la République ? La thèse fera son chemin, en ce mois de novembre 1976. C'est l'explication facile que l'on ressort chaque fois que le pouvoir traverse un grand creux. Jacques Dominati, secrétaire général des R.I., la fera sienne et dénonce « la conspiration... d'une droite rétrograde qui est toujours à la recherche d'un homme fort. Certains milieux patronaux pensent que l'on peut bloquer la situation et emporter ensuite par surprise, de force, des élections brusquées. Ce n'est pas notre sentiment. Ou bien on fait partie de la majorité et alors les attaques et critiques, notamment contre le président de la République, doivent cesser, ou bien on doit sortir de cette majorité. » Les dirigeants de l'U.D.R. sont visés.

En vérité, les giscardiens abordent la phase tactique qui va consister à enfermer Jacques Chirac et ses amis de l'U.D.R. dans une image de « droite ». Michel Poniatowski est très explicite : « Le problème est compliqué. Il est difficile de parler directement de complot... En revanche, je constate des conjonctions d'attitudes de droite comme de gauche contre le président de la République. Celui-ci conduit une action de transformation face à laquelle il y a deux attitudes : l'une de refus et de critiques, qui est celle de l'opposition, l'autre, d'immobilisme, qui est celle des conservateurs... On peut appeler cela un complot ou une conjuration. » C'est l'époque où commencent les manœuvres à propos de la mairie de Paris, sur lesquelles nous reviendrons plus loin. C'est l'époque où Jacques Chirac, après avoir retrouvé dès le premier tour d'un scrutin partiel — le 14 novembre — son siège de député de la Corrèze, en améliorant son score, s'affirme définitivement comme le chef de l'U.D.R., bientôt du R.P.R. (Rassemblement pour la République).

Les sept élections législatives récentes se soldent par deux sièges perdus pour la majorité et cinq préservés. Les socialistes poursuivent leur progression. C'est l'époque d'une série de conflits sociaux, l'époque où l'on apprend que le nombre de demandes d'emploi non satisfaites atteint le chiffre record de 1 041 300.

Le décalage est de plus en plus troublant entre l'élégante dissertation de *Démocratie française* et la réalité des confrontations politiques ou sociales. Si le chef de l'Etat ne peut, par tempérament, se résoudre à considérer que le pays traverse une très mauvaise passe, il accepte un partage des rôles entre l'Elysée et Matignon. A lui de soutenir politiquement le Plan Barre en remettant de l'ordre dans les rangs de la majorité. Au Premier ministre de maintenir coûte que coûte le cap. Au premier d'empêcher le blocage politique ; au second d'éviter le blocage économique.

Raymond Barre se montrera résolu. Il proclame haut et fort que rien ne laisse pressentir que l'on puisse s'orienter vers une multiplication des grèves, occupations d'usines, manifestations d'ampleur nationale. Les conflits ont plutôt tendance à pourrir sans déboucher.

Au *Parisien libéré* il aura fallu vingt mois pour que s'amorce un début de solution. Dans les caisses d'épargne, la grève dure depuis neuf semaines et les négociations sont dans l'impasse. Même évolution chez Lip à Besançon. Une grève est attendue aux P.T.T. à partir du 15 décembre, l'enjeu étant ici de tester l'attitude du gouvernement sur les traitements dans la fonction publique. Pour ce secteur et pour montrer l'exemple, le Premier ministre a opposé un non catégorique à toute amélioration du pouvoir d'achat en 1977. En vertu de quoi les négociations des fameuses conventions collectives de l'E.D.F.-G.D.F. n'ont pas commencé.

Cette politique de fermeté affichée par Raymond Barre est donc apparemment payante : et de fait, le bilan est jugé très positif à Matignon. Au cabinet du Premier ministre, il s'agit, avant tout, de tenir sans faillir le cap de cette rigoureuse austérité. On reste convaincu qu'aucune tempête ne viendra dévier la route du navire avec, à son bord, la restriction des crédits, le resserrement des revenus et la compression du budget national.

Matignon a réponse à tout.

Sur la hausse des prix : « On vit actuellement les contrecoups de l'inflation, mal maîtrisée en 1975. Mais jamais, relisez ses déclarations, le Premier ministre ne s'est fixé comme objectif de ramener la hausse des prix à 6,5 % en 1977. Il ne fait pas un pari ni ne lance un défi ! M. Barre n'est pas un magicien et le chiffre de 6,5 % est une norme de référence souhaitable, c'est-à-dire un rythme vers lequel il faut tendre coûte que coûte.

« Et nous disons ceci : si le plan anti-inflation n'était pas appliqué, la hausse des prix de 0,9 % en octobre aurait été de 1,3 ou 1,4 %. Donc, le rythme des hausses est cassé, et, à ce niveau, l'objectif est atteint. Les premiers résultats concrets n'apparaîtront pas avant avril-mai 1977 ».

Sur l'emploi : « Rappelons d'abord qu'il y a eu 170 000 créations d'emplois salariés en 1976. Ensuite, le chômage s'est stabilisé depuis un an. Il ne s'est pas aggravé. Nous refusons tout pronostic alarmiste. Par contre, le Premier ministre est catégorique sur un point : le gouvernement ne va pas créer des emplois artificiels pour résorber le chômage. C'est traiter le mal par le mal et reconduire la crise. L'opinion doit comprendre toute la portée démagogique du slogan : " Il faut créer des emplois. " Qui va les payer ? Par conséquent, si le chômage devait augmenter, l'effort collectif d'aide aux chômeurs devra lui aussi augmenter. C'est par ce biais et non, encore une fois, par une relance de l'emploi, que la collectivité devra résoudre le drame du chômage. Pour une raison très simple : la priorité des priorités, c'est l'inflation et toute relance serait inflationniste. » Chez Beullac, au ministère du Travail, on n'est pas loin de penser que les Français, qui acceptent un million de chômeurs, pourraient bien en accepter un million et demi...

Sur les salaires : « Le Premier ministre a demandé le blocage des très hauts salaires. Il s'y tiendra. Il a refusé toute augmentation immédiate du pouvoir d'achat, à l'exception du S.M.I.C., dans la fonction publique. Il ne cédera pas. »

Sur le déficit du commerce extérieur : « Le déficit sera de 20 milliards de francs cette année. 5 milliards tiennent à la chute du franc et à la hausse du pétrole ; 3 milliards viennent de la sécheresse. Donc le déficit économique réel est de 12 milliards de francs, ce qui est plus que satisfaisant. Là encore, comme pour les prix, il n'y aura pas de miracle en trois mois ! Le virage de l'amélioration est pris et c'est cela l'essentiel. L'amélioration elle-même ne sera sensible qu'à la fin de 1977. »

La position de Raymond Barre est tranchée. Il ne reconnaît qu'un seul adversaire : la hausse des prix. Il ne promet rien sur l'emploi. Il répugne à fixer des délais.

La manière du chef de l'Etat est différente. Il affiche, d'une part, une sérénité étudiée, feignant de n'accorder qu'une attention secondaire à l'agitation politicienne interne à la majorité. Il organise, en outre, son temps et ses déplacements, comme s'il prenait pleinement conscience du péril. Le voici en Lorraine et en Alsace qui prêche la patience, affirmant que « la confiance se mérite », invitant les Français à se montrer « inébranlables » dans la lutte contre la hausse des prix, et terminant sur un très gaullien « Vive Strasbourg, vive l'Alsace, vive la France ! » Le voici à Lille qui appelle à l'unité et à l'effort. Le voici à la porte de Versailles, le dimanche 12 décembre, devant les « meilleurs ouvriers de France », qui fustige les querelles des partis politiques : « La France doit faire face. Il s'agit d'une véritable bataille, la bataille pour la défense du franc, la bataille pour le maintien de l'emploi, la bataille pour la poursuite de la croissance. Voilà notre problème, et tous les autres problèmes viennent derrière. L'importance donnée actuellement au débat politique, étalée complaisamment et largement dans tous les commentaires, apparaît comme une sorte de dérobade, de refus de regarder les problèmes en face, comme si on préférait se boucher les yeux et parler d'autre chose. »

Le voici encore qui avertit, à propos de l'Assemblée européenne, cette pomme de discorde avec les gaullistes : « Ne vous y trompez pas, si jamais un pays de la Communauté ne ratifiait pas l'accord sur l'élection de l'Assemblée au suffrage universel, il créerait une difficulté majeure. » Le voici enfin à Chamalières, le 21 décembre, qui vient répondre à l'inquiétude des Français. Pour V. G. E., Chamalières est un symbole. De cette petite ville dont il fut longtemps maire et dont il est toujours conseiller municipal, il annonçait voilà bientôt trois ans sa candidature à l'Elysée.

Pourquoi Chamalières ? En dépit des voyages à Metz, Strasbourg, Nancy, Lille, en dépit du discours de la porte de Versailles, sa riposte n'est pas à la mesure des attaques. Les foules et la chance boudent. L'indice I.F.O.P. de popularité de décembre est cruel : 39 %. En janvier, il s'établissait à 59 %. Vingt points de perdus en un an ! « Il faut faire un coup... Il faut vider l'abcès », répète le président à son entourage, dans ces jours sombres et solitaires. Il décide d'aller prononcer un discours à Chamalières, lieu fétiche de sa vie d'homme public. Jean Serisé et Yves Cannac préparent un projet, lequel est, naturellement, centré sur les difficultés économiques et sociales qui assaillent le pays. Cette approche est jugée très mauvaise par Bernard Rideau — responsable de la cellule « communication » de l'Elysée —, qui estime que l'intervention du chef de l'Etat doit être avant tout politique. « Ce n'est pas la crise qui provoque la méfiance et l'effondrement de votre popularité dans les sondages. C'est votre image, c'est l'expression de votre autorité qui sont remises en cause. Il vous faut prononcer un discours haut, gaullien. » V. G. E. ne sera qu'à moitié convaincu, et il emportera à Chamalières une version légèrement corrigée du projet Serisé-Cannac. D'où l'ambiguïté de l'entretien qu'il accorde à Jean-Pierre Elkabbach venu spécialement de Paris. Clair sur le plan économique, il reste obscur sur le plan politique et se contente d'annoncer pour le 17 janvier, au cours d'une conférence de presse, une « clarification » rendue « nécessaire » par les modifications intervenues dans la majorité.

Lorsque le général de Gaulle et Georges Pompidou « clarifiaient » la situation politique, c'était pour affirmer qu'il n'y avait pas de dyarchie au sommet de l'Etat, mais primauté du président sur le Premier ministre ». Aujourd'hui, comme le note Noël Copin[34], la dyarchie est d'une autre nature : « M. Barre ne menace pas l'autorité du chef de l'Etat. S'il peut lui arriver d'infléchir les orientations ou décisions de celui-ci, c'est par le jeu normal de la discussion, de la persuasion, et non en établissant un rapport de forces, par le soutien d'une majorité parlementaire ou d'un groupe politique. La dyarchie, c'est en fait la rivalité latente entre M. Giscard d'Estaing et M. Chirac... » Il n'y a pas dyarchie au niveau de l'exécutif mais au niveau de la confiance populaire.

Le chef de l'Etat ne peut pas se résoudre à l'évidence de cette rivalité latente. Quand il joint ses efforts à ceux de Raymond Barre, Michel Poniatowski ou Jean-Jacques Servan-Schreiber pour fustiger le tout jeune R.P.R. — né le 5 décembre —, on s'empresse de préciser à l'Elysée que la conjonction de ces réquisitoires est pure coïncidence, qu'il serait faux de croire à une contre-offensive simultanée contre Jacques Chirac. Le président de la République est soumis à deux influences entre lesquelles il oscille. Jean Serisé, Jean François-Poncet ou Yves Cannac l'exhortent à ne pas compromettre son crédit de magistrat suprême dans une polémique même déguisée avec son ancien Premier ministre. Michel Poniatowski, J. J. S. S. — qu'il revoit beaucoup en cet hiver — souhaitent, au contraire, qu'il combatte ouvertement le nouveau rassemblement.

Le 5 décembre, en effet, le R.P.R. — Rassemblement pour la République — est né, porte de Versailles, à Paris. 45 000 militants, 600 journalistes, 19 chaînes de télévision participent au baptême. La fête, réglée avec grand soin par Pierre Juillet, rappelle, on l'a dit plus haut, la naissance du R.P.F. — Rassemblement du Peuple Français — créé en avril 1947 par le général de Gaulle à Strasbourg. Jacques Chirac proclame : « Mon appel n'est que l'écho de l'éternel appel des nations qui ne veulent pas mourir. » Et il se donne pour objectif « d'empêcher la mainmise sur notre pays des tenants du collectivisme ».

L'ancien Premier ministre est élu président du R.P.R. par 11 541 suffrages sur 11 952 votants. Il nomme Jérôme Monod, quarante-six ans, son ex-directeur de cabinet, au poste de secrétaire général. Ce haut fonctionnaire connu pour sa rigueur toute protestante, son sens de l'Etat et ses compétences d'organisateur succède à Yves Guéna qui devient « délégué politique ». Dans ses nouvelles fonctions très politiciennes, Jérôme Monod ne sera jamais à l'aise et va souvent s'égarer.

Quoi qu'il en soit, Jacques Chirac est désormais le chef incontesté du R.P.R. et, pour tous les observateurs, un candidat potentiel à la présidence de la République. L'évolution amorcée dès « l'appel des 43 » d'avril 1974, atteignait son terme logique : Jacques Chirac et le R.P.R., nantis de la puissance d'un appareil et d'un groupe parlementaire nombreux, avaient acquis une totale autonomie par rapport au pouvoir élyséen.

En dépit de ces brouillards et de ces frimas, V. G. E. ne veut pas se déjuger et poursuit son rêve d'unité nationale, de décrispation, de

« majorité présidentielle » constructive et réformiste. Il continue de déjeuner chez les Français — il a passé le Premier Janvier à Herblay dans une famille du « quart monde » — il salue sa poignée de main à Pierre Mauroy, maire de Lille, comme un événement considérable, il parle des réformes... N'a-t-il donc pas changé ?

Cinquième partie

IL Y A PÉRIL EN LA DEMEURE
17 janvier 1977 – 8 juin 1977

1

LA BATAILLE DE PARIS

L'heure promise de la « clarification » s'ouvre dans l'après-midi du lundi 17 janvier quand débute la cinquième conférence de presse de Valéry Giscard d'Estaing. De toutes « les réunions de presse », celle-ci a été préparée avec un luxe de soins inhabituel. Tous les collaborateurs de l'Elysée y ont travaillé. Depuis le début du mois, le président a reçu successivement, dans le même dessein, Roger Frey, président du Conseil constitutionnel ; le Premier ministre, accompagné d'Olivier Guichard, Michel Poniatowski, Jean Lecanuet et Michel Durafour ; Alain Peyrefitte, qui vient de publier *le Mal français* ; et même Bertrand Motte, porte-parole du Centre national des Républicains indépendants.

C'est la mobilisation générale. C'est aussi le besoin de répondre à la poisse qui semble s'abattre sur le régime. « Rien n'empêche le président de regagner, en 1977, écrit Raymond Aron, ce qu'il a perdu en 1976, par le fait des circonstances économiques, de ses propres hésitations, des querelles à l'intérieur de la majorité, à condition qu'il se garde d'attribuer aux seules médisances des salons parisiens ou aux rigueurs du Plan Barre la chute de sa popularité. La solitude guette le détenteur du pouvoir. Et le solitaire risque de ne pas garder, à chaque instant, le contact avec la réalité. »

Triste fin que celle de 1976. « Ne nous laissons pas accabler par les rhumatismes de l'histoire », a déclaré le président le soir du 31 décembre. Mais n'a-t-il pas dû reconnaître lui-même : « Il est vrai que l'année 1976 a été plus difficile que nous ne l'imaginions... A nous de faire que 1977 soit moins mauvaise que nous ne le craignons. »

C'est la poisse, en effet. Le vendredi 24 décembre, Jean de Broglie est assassiné rue des Dardanelles, à Paris, dans le 17ᵉ arrondissement, devant le domicile d'un affairiste, Pierre de Varga. Commence l'affaire la plus mystérieuse du septennat giscardien ; elle rebondira épisodiquement, mais le voile ne se lèvera jamais sur la vérité [1]. Le crime a eu lieu à 9 h 15. A 9 h 30, le préfet de police, Pierre Somveille, et le directeur de la P.J., Jean Ducret, sont sur les lieux, ainsi qu'un observateur discret des Renseignements généraux, chargé des personnalités. Le président de la République, le Premier ministre, le ministre de l'Intérieur, Michel Poniatowski, et celui de la Justice, Olivier Guichard, sont aussitôt informés.

Jean de Broglie, soixante-cinq ans, gentilhomme normand, héritier d'une des plus célèbres lignées princières de France, député de l'Eure, ancien secrétaire d'Etat sous de Gaulle, négociateur des accords d'Evian, est une figure de la Ve République et, jusqu'en 1974, un intime du chef de l'Etat. Il était, au lendemain de l'élection présidentielle, parmi les quelque dix ou douze personnes qui fêteront, « en famille », la victoire de V. G. E. [2]. S'il est proche des R.I., il était présent, le 5 décembre, vingt jours avant sa mort, à la réunion de baptême du R.P.R. porte de Versailles. Depuis 1967, en dépit de ce large réseau d'amitiés, le régime ne lui a plus confié de poste ministériel, ce qui laisse à penser que sa vie inspirait une certaine méfiance en haut lieu. Sa vie, la voilà qui s'étale, en compagnie de personnages douteux. Pierre de Varga, cinquante-neuf ans, qui lui sert de conseiller financier ; Patrick Allenet de Ribemont, toqué de noblesse — il s'appelle en réalité Patrick Allenet —, associé de Varga ; Raoul de Léon, encore un faux noble, fondé de pouvoir du prince ; Otto Schneiger, « courtier libre », très libre, d'une société de Munich...

De bien surprenantes relations qui suscitent aussitôt dans l'opinion des questions sur le rôle, les activités publiques, la vie privée et les affaires de Jean de Broglie.

Dès le 28 décembre, la classe politique, visiblement inquiète devant la tournure des événements, se dérobe et les « amis » du prince avancent divers prétextes pour ne pas se rendre à Broglie, dans l'Eure, aux obsèques. Jean Lecanuet a fait dire, sans autre commentaire, qu'il ne pouvait venir. Michel d'Ornano, ministre de l'Industrie et Antoine Ruffenach, secrétaire d'Etat auprès du Premier ministre, invoquent le mauvais temps... Hors les policiers en service commandé, la représentation de l'Etat se limite à quelques officiels circonspects : le préfet de l'Eure, le président du Conseil général et le directeur adjoint du cabinet d'Edgar Faure, président de l'Assemblée nationale. Parmi les collègues du prince, cinq députés seulement se montreront téméraires : Charles Bignon (R.P.R.), Jean Durieu (R.I.), Bernard Destremau (R.I.), Roger Chinaud (R.I.) et l'élu de la circonscription voisine, René Tomasini (R.P.R.), rentré brusquement de la Martinique pour la circonstance. Ce dernier perd un vieil ami qu'il venait de convaincre de déserter les giscardiens pour rallier le R.P.R.

Il y a péril en la demeure

Bien que tout cela fût des plus troublant, sinon nauséeux, rien alors n'autorisait à penser que cet assassinat allait devenir un énorme scandale qui mettrait directement en cause Michel Poniatowski, soupçonné de « non-assistance à personne en danger » et de « dissimulation de documents à la Justice ».

Or, le lendemain de l'enterrement, le mercredi 29 décembre, se produit un coup de théâtre. Michel Poniatowski doit, dans une conférence de presse, prévue depuis longtemps, faire le bilan de l'année écoulée. Le même jour, Jean Ducret, directeur de la P.J. de Paris, chargé du dossier de Jean de Broglie, doit également recevoir, Quai des Orfèvres, les journalistes. Ceux-ci, à l'évidence, sont beaucoup plus intéressés par les rebondissements de l'enquête policière que par le « bilan » statistique du ministère de l'Intérieur. Pour éviter de faire « un four » et pour garder la vedette, Michel Poniatowski décide précipitamment de réunir les deux conférences de presse en une seule et demande à Jean Ducret et au commissaire Pierre Ottavioli de le rejoindre à l'Intérieur. Et c'est là, devant un parterre de journalistes stupéfaits qu'il annonce, avec une satisfaction précipitée : « Le coup de filet est complet. Toutes les personnes impliquées dans l'assassinat de Jean de Broglie sont appréhendées. » A Pierre Ottavioli revient la charge d'expliquer le mobile du crime. Visiblement, il préférerait être ailleurs. Vieux routier des affaires criminelles à tiroirs, il sent venir la catastrophe.

Pourtant, la cause paraît entendue : le prince a emprunté quatre millions de francs à la B.N.P. de Bernay pour les prêter aussitôt à Patrick de Ribemont, associé à la fille de Pierre de Varga, lequel a acheté avec cette somme le restaurant « la Reine Pédauque ». En cas décès de Jean de Broglie, sa dette eût été éteinte par des assurances-vie du même montant. Ce qui, font remarquer les policiers, dispensait alors Ribemont et Varga d'avoir à payer 72 000 francs par mois de traites de cet emprunt pour un restaurant qui battait de l'aile.

« Pierre Ottavioli, écrivent Jacques Derogy et Jean-Marie Pontaut, ne s'est pas trompé, cette conférence de presse maladroite va provoquer tout à la fois la colère et la suspicion. Colère des magistrats d'abord, qui sont choqués à juste titre que le ministre de l'Intérieur désigne les coupables avant même qu'ils soient présentés au juge d'instruction. Le garde des Sceaux protestera officiellement contre ces déclarations intempestives. Suspicion enfin de tous ceux qui trouvent étrange la précipitation du ministre à déclarer l'affaire close et le mystère résolu... Et de révélations en indiscrétions, l'inextricable écheveau des affaires troubles et des relations suspectes du prince apparaît peu à peu, alimentant le doute. Ce doute déjà insistant va se transformer d'un coup en accusation. Lorsqu'on s'aperçoit que le ministre de l'Intérieur n'a pas dit toute la vérité, qu'il a dissimulé une pièce maîtresse de l'enquête : la police savait, avant le meurtre, que le prince risquait d'être assassiné. » L'opinion ne l'apprendra qu'en 1980.

Mais Michel Poniatowski, au moment de sa conférence de presse, avait déjà connaissance de cette « pièce maîtresse ». A-t-il voulu simplement couvrir les services de police, ou a-t-il voulu étouffer une affaire ayant d'importants prolongements politiques ? Aura-t-on jamais de réponse satisfaisante à ces questions ? On ne voit toujours pas, en tout cas, le véritable risque que prenait « Ponia » à révéler, dès le 29 décembre 1976, d'une part que Jean de Broglie s'encanaillait avec des voyous et des truands, d'autre part que depuis quelques mois la police s'intéressait à son sort et craignait pour sa vie. Qu'il ait agi en cachant, d'entrée de jeu, une partie de la vérité conforte tous ceux qui croient au gigantesque scandale politique.

Il est une autre question : Michel Poniatowski a-t-il pris sur lui, sans en référer au chef de l'Etat, d'affirmer que la police a résolu l'énigme et que la cause est entendue ? C'est très probable. Quand l'intervention de « Ponia », encadré des deux hauts fonctionnaires de police, est retransmise à la télévision, V. G. E., à l'Elysée, ne cache pas sa colère. « Mais qu'est-ce qui lui a pris... On ne lui avait rien demandé ! » Le ministre de l'Intérieur vient de commettre une énorme bourde que le président ne lui pardonnera pas de sitôt. Les consignes de l'Elysée, qui redoutait des vagues autour de ce drame pitoyable, avaient été formulées très clairement à l'adresse de tous les ministres concernés, de près ou de loin : aucune déclaration pour éviter que l'enquête ne sorte de son cadre naturel, celui des services de police. En intervenant, « Ponia » place d'emblée « l'affaire » sur le terrain politique.

Le chef de l'Etat et son ministre ont une explication téléphonique. Michel Poniatowski dit-il alors tout ce qu'il sait ? C'est encore très improbable si l'on en juge par les différents témoignages recueillis. Prenant brusquement conscience de sa « gaffe », le ministre de l'Intérieur, plus fanfaron que lucide, aurait confirmé ses propos : le « coup de filet » est bel et bien complet et il n'y a pas lieu de s'alarmer.

Pour comprendre l'attitude de Poniatowski, il faut se replacer dans l'atmosphère de l'époque. Si l'opinion a le sentiment que l'on cherche à lui cacher quelque chose, le ministre de l'Intérieur est persuadé, à ce moment-là, qu'il parviendra à maîtriser tous les fils de l'imbroglio. Il ne songe pas un instant à la possibilité de « fuites » et il ne croit pas à la pugnacité de quelques journalistes. N'était-ce pas faire preuve de légèreté et d'une singulière naïveté ?

Après l'assassinat de Jean de Broglie, une autre « affaire » surgit le 11 janvier 1977. Le 7 de ce même mois, la D.S.T. arrête Abou Daoud, venu, avec une délégation de l'O.L.P., et muni d'un passeport italien, assister aux obsèques de Mahmoud Ould Saleh, propriétaire d'une librairie arabe, assassiné à Paris le 3. Abou Daoud est soupçonné d'être l'instigateur de l'enlèvement meurtrier — 17 morts — des athlètes israéliens aux Jeux olympiques de Munich en 1972.

Aussitôt les pays arabes et l'O.L.P. interprètent cette arrestation comme un « acte inamical ». Michel Poniatowski, cherchant, un peu vite, à dégager sa responsabilité, affirme que l'arrestation d'Abou Daoud est intervenue à la suite d'un mandat d'arrêt international lancé par les autorités bavaroises. Réunie d'urgence, la chambre d'accusation de la cour d'appel de Paris se prononce, le 11, pour la mise en liberté d'Abou Daoud, qui est expulsé et conduit à l'avion en partance pour Alger. Selon Paris, l'Allemagne fédérale n'a pas adressé en temps utile une demande officielle d'extradition, ce qui a motivé l'arrêt de la chambre d'accusation.

Tandis que les ambassades arabes disent leurs « vifs remerciements », la libération d'Abou Daoud suscite sarcasme et réprobation farouche dans toute la presse occidentale. En France, la communauté juive est scandalisée. Jérusalem rappelle son ambassadeur et Ygal Allon, ministre israélien des Affaires étrangères, dénonce la « capitulation de la France ». Aux Etats-Unis, le département d'Etat exprime sa « consternation ». Le *New York Times* titre son éditorial « French Abjection ». Le *Washington Post* évoque « cette nation autrefois fière à qui les Arabes font un signe du doigt » pour lui faire « consommer sa propre humiliation ». C'est encore, dans l'*Observer* de Londres, cette caricature montrant le président français à côté d'un tableau sur lequel est inscrit : « Deux cents Mirage vendus à l'Egypte = onze athlètes israéliens morts. » Rarement les grands journaux anglo-saxons ont été aussi loin dans la frénésie à l'égard de la France.

Certes, les Allemands ne sortent pas « blanchis », eux non plus, de cette affaire. S'ils tenaient tant à s'emparer d'Abou Daoud et à le juger, que n'ont-ils demandé qu'il leur fût livré ? Bien que le gouvernement français ait rappelé à celui de Bonn la procédure à suivre, celui-ci a fait la sourde oreille quand il était temps. On peut, toutefois, se demander pourquoi la France ne rappelle pas publiquement l'Allemagne à ses responsabilités. Pour moins que cela V. G. E. ne téléphone-t-il pas à « son ami Helmut Schmidt » ?

« On peut surtout se demander, comme l'écrit Jean Planchais dans *le Monde*[3], comment, pourquoi et sur l'ordre de qui une des polices françaises a procédé à une arrestation diplomatiquement aussi embarrassante.

« Aux trois ambassadeurs arabes qu'il a reçus, M. Poniatowski a déclaré que " l'arrestation était intervenue à l'initiative du gouvernement allemand ". A Bonn, on affirme poliment mais fermement qu'il n'en est rien, et à Munich, que l'on disait hier à l'origine de toute l'affaire, on assure aujourd'hui que ce n'est que le samedi, alors que l'arrestation date du vendredi, que la justice bavaroise a établi son dossier. Le ministre français de l'Intérieur a renoncé à sa version allemande, pour assurer que M. Daoud a été arrêté parce qu'il utilisait un faux passeport ! Puis il s'est tu. Trop tard.

« Qui donc a pris la décision d'interpeller le responsable palestinien ? Le ministre ou la police ? Ou bien, en effet, Michel Poniatowski a pris sur lui de lancer ou de couvrir l'opération, prenant le risque d'anéantir le capital de confiance du pays au Proche-Orient ; ou bien il n'a aucune autorité sur un service — la D.S.T. — qui se permet de mettre gravement en cause la diplomatie de la France et même le crédit de l'Etat. Dans les deux cas, le ministre de l'Intérieur est en position d'accusé. »

Quelle que soit la manière dont on aborde « l'affaire », le gouvernement est piégé et la presse, toutes opinions confondues, se livre à un « carton » sans pareil. Ou Abou Daoud était innocent du massacre de Munich et il ne fallait pas l'arrêter, ou il était coupable, et il ne fallait pas le relâcher... « C'est guignol », écrit Max Clos dans *le Figaro*. « Aucun responsable gouvernemental, s'inquiète ironiquement Richard Liscia dans *le Quotidien de Paris,* ne nous a dit si cette décision correspondait à une incroyable maladresse ou à un acte de malveillance destiné à embarrasser le gouvernement. » Dans *l'Aurore,* Dominique Jamet est plus pathétique : « Ces derniers temps, l'actualité déroule un effarant tapis d'intrigues, de combines, de meurtres et de mensonges. En ce moment, en France, il se passe trop de choses honteuses. Notre verre n'est pas grand, mais l'eau y est devenue trouble. La France ne saurait longtemps s'accommoder de l'obscure clarté qui tombe sur son histoire. »

Libération est expéditif : « Les flics ouest-allemands auraient seulement négligé de confirmer la demande d'extradition par la voie diplomatique, ce qui rend, dit-on, la chose impossible. Tentative après coup de sauver la face de la police française ? Allez savoir. Celle-ci doit en tout cas avouer aujourd'hui qu'elle a arrêté, sans autre élément qu'un coup de téléphone, un responsable palestinien en visite quasi officielle pour " vérification d'identité ". »

L'émotion est si grande que le Premier ministre se doit d'intervenir pour essayer de calmer les esprits. Il ne convainc personne ; au contraire, il s'enfonce un peu plus. Si l'on en croit Raymond Barre, la D.S.T. n'a rien fait de plus que servir d'agent d'exécution au gouvernement fédéral allemand...

Il y a péril en la demeure

L'Elysée ne bronche pas. Dans cette affaire, Giscard a été mis, une fois de plus, devant le fait accompli par son ministre de l'Intérieur.

Broglie... Abou Daoud... Enfin l' « affaire » de la mairie de Paris. Un retour en arrière est ici nécessaire. Le 31 décembre 1975, le Parlement a voté un nouveau statut de la capitale dont la pièce maîtresse est bien évidemment le maire de Paris. Jusqu'à cette date, Paris vivait sous un régime exorbitant du droit commun justifié par son histoire mouvementée. Il suffit d'évoquer Etienne Marcel, la Fronde, la prise de la Bastille, Thermidor, Brumaire, les Trois Glorieuses, les Journées de 1848, la Commune et jusqu'aux récents événements de mai 1968, pour comprendre sans peine la volonté tenace et constante déployée par l'Etat à contrôler étroitement les institutions municipales d'une ville à nulle autre pareille.

Tous les gouvernements ont refusé de créer un maire de Paris. Le chef de l'Etat, en revanche, considère cette réforme comme l'une des plus importantes de son septennat. Il n'y a de sa part, à l'origine, aucune arrière-pensée politique et à ceux qui viennent lui exprimer leur réticence, il fait la même réponse : dans toutes les démocraties occidentales modernes, les capitales et les grandes métropoles ont leur maire et elles ne bénéficient pas d'un statut juridique particulier. Donner son maire à Paris allait de soi quand on se veut le père fondateur de la « société libérale avancée ».

Le gaulliste Jean Foyer sera le seul député à dire, à la tribune de l'Assemblée, que cette innovation était inopportune.

Paris aura son maire. Il est convenu entre Jacques Chirac, alors Premier ministre, et l'Elysée, que le candidat de la majorité à la mairie sera un « giscardien », la présidence du Conseil régional d'Ile-de-France revenant à un « gaulliste ».

Un accord implicite, après consultation des « féodaux » de la capitale, c'est-à-dire les gaullistes du groupe « Paris-Majorité » — Pierre Bas, Maurice Couve de Murville, Gabriel Kaspereit, Bernard Lafay, Pierre-Charles Krieg, Christian de La Malène, André Fanton, Jacques Marette, Jean Tibéri, etc. —, est arrêté dès le vote de la loi, sur la personne de Pierre-Christian Taittinger. Le Conseil régional reviendra à Michel Giraud (U.D.R.), maire du Perreux.

Grand bourgeois affable, musicien éclairé, le sénateur Pierre-Christian Taittinger — de la famille des vins de Champagne — ancien vice-président du Conseil général de la Seine, appartient au Conseil de Paris depuis 1953. On ne lui connaît pas d'ennemis farouches. Inscrit au groupe U.D.R. du Sénat, il est aussi adhérent des Républicains indépendants. Un œcuménisme exemplaire ! N'ayant guère eu à lutter pour s'installer dans une existence dorée, au carrefour des affaires, de la culture et de la politique, Pierre-Christian Taittinger n'est pas un foudre de guerre et passe volontiers pour un dilettante.

Quoi qu'il en soit, au sixième remaniement du gouvernement Chirac, en janvier 1976, il est nommé secrétaire d'Etat auprès du ministre de l'Intérieur, chargé de mettre au point les textes d'application du nouveau régime de Paris. Tout le monde comprend que, dans l'esprit du chef de l'Etat et du Premier ministre, il sera le candidat de l'ensemble de la majorité pour l'Hôtel de Ville.

Or, si Taittinger ne refuse pas d'engager la bataille, il se montre hésitant. « Un peu flottant », dit Michel Poniatowski à V. G. E. « Ponia », en réalité, ne veut pas de Taittinger qu'il juge trop peu combatif, trop peu « sûr », trop proche des gaullistes. Il va laisser manœuvrer Jacques Dominati qui rêve depuis tant d'années de s'installer à l'Hôtel de Ville et il va convaincre le chef de l'Etat d'abandonner l'hypothèse Taittinger.

Et l'on voit, en effet, apparaître le nom de Jacques Dominati dans les gazettes, comme s'efface celui de Pierre-Christian Taittinger. Or, mettre ainsi en avant Dominati constitue pour les gaullistes de la capitale une provocation. Le plus médiocre des observateurs politiques le sait. Jacques Dominati, qui fut secrétaire général de l'U.N.R. en 1958, a commis le péché mortel de rompre avec le gaullisme en 1965, pour rejoindre les giscardiens. C'est lui qui fonde, avec Xavier de la Fournière, le premier club Perspectives et Réalités. Cela ne se pardonne pas ; il s'est exclu de la famille. Elu député de Paris en 1967, réélu en 1968 et 1973, il devient, le 1er février 1975, secrétaire général des Républicains indépendants, en remplacement de Roger Chinaud. Il s'est taillé un fief dans la capitale. Pourquoi ne pas tenter la mairie ?

Il n'a, évidemment, aucune chance. S'il est quelqu'un dont les « féodaux » ne veulent pas, et à aucun prix, c'est lui.

Michel Poniatowski ne peut pas ne pas le savoir. En le laissant courir, que cherche le ministre de l'Intérieur. A semer confusion et agacement chez les gaullistes ?

Jacques Dominati prend son envol. On le voit et on l'entend partout. En août 1976, quand se forme le gouvernement Barre, Pierre-Christian Taittinger est muté au secrétariat d'Etat aux Affaires étrangères. Est-ce le premier signal indiquant qu'il ne sera peut-être pas candidat à la mairie de Paris ? Dominati, qui se sent pousser des ailes, lance des clins d'œil en direction de l'Elysée. Quand sort *Démocratie française,* il déclare : « C'est un événement, le plus important depuis 1968... Aujourd'hui, cette réflexion d'un homme d'Etat, parmi les plus jeunes et les plus modernes du monde, est pour la France une grande chance. » Il répondait du même coup à Jean Lecanuet qui avait estimé que la publication de *Démocratie française* était « l'événement politique de la semaine... ».

Pour que Dominati, ce Corse des engagements entiers, se laisse aller ainsi à la flagornerie, fallait-il qu'il ait quelque espoir ! Il fait savoir à Matignon et à l'Elysée qu'il n'acceptera jamais la candidature de Taittinger. « S'il y va, j'y vais aussi. »

On est au mois d'octobre. Christian de La Malène ouvre le feu — dans les coulisses — contre Jacques Dominati dont il a deviné l'ambition. Pierre Bas monte également en ligne. Président du groupe « Paris-Majorité », son opinion est connue. « Le plus compétent pour la mairie de Paris, déclarait-il dès septembre, est Christian de La Malène, rapporteur général du budget de la ville. »

Les « féodaux » du gaullisme parisien veulent des explications et rencontrent Raymond Barre, mais aussi Jean Serisé, pour l'avertir qu'ils rejettent catégoriquement l'idée d'une candidature Dominati. Le Premier ministre et le conseiller de l'Elysée prennent acte. Ils comprennent que leurs interlocuteurs — Pierre Bas, Maurice Couve de Murville, Christian de La Malène — repoussent farouchement Dominati, mais qu'en revanche, ils acceptent un autre giscardien. Cette interprétation était-elle quelque peu hâtive ? Les gaullistes l'affirment : pour eux, l'accord sur Pierre-Christian Taittinger tient toujours. C'est leur candidat et c'est celui de l'Elysée, jusqu'à preuve du contraire ; s'ils repoussent Dominati, ils veulent Taittinger et personne d'autre.

Une chose est sûre : fin octobre, V. G. E. croise Jacques Chirac à l'occasion d'une réception donnée par un ambassadeur arabe. Les deux hommes évoquent l'élection parisienne et, apparemment, rien du scénario initial n'a été changé. Taittinger reste officiellement le candidat d'union de la majorité. D'ailleurs, une partie du « montage » s'est concrétisée : Michel Giraud, comme prévu, vient d'être élu président du Conseil régional d'Ile-de-France.

Le ministre de l'Intérieur, néanmoins, s'emploie à noircir le tableau et répète qu'une bataille des « clans » — Dominati contre La Malène — est sur le point d'éclater. Pour « Ponia », il est urgent que le chef de l'Etat mette tout le monde d'accord en imposant une personnalité d'envergure nationale. Son travail de persuasion fait son chemin. Il est parvenu à démonétiser Pierre-Christian Taittinger dans l'esprit du président, lequel, il est vrai, n'attendait que d'être convaincu... V. G. E., qui voit s'agiter son ancien Premier ministre, veut désormais à Paris un maire politique qui lui soit très proche. Pour tout dire, il aurait aimé que Michel Poniatowski soit candidat. Est-ce seulement imaginable d'un point de vue tactique ? Le ministre de l'Intérieur saura refréner la vanité qui, très naturellement, le poussait à tenter l'aventure. V. G. E. lui en tiendra grief.

Brusquement, le 2 novembre, un mardi, c'est le tournant. « Ponia » ayant refusé, ce ne peut être que Michel d'Ornano qui, lui aussi, a son boulevard dans la capitale. La décision est prise, au cours d'un déjeuner qui réunit, en plus des deux Michel, Christian Bonnet, Jean-Pierre Fourcade, Roger Chinaud et Jean Serisé. Ornano devra abandonner Deauville où il est maire depuis 1962 ; on convient que son épouse prendra sa succession. Il ne refuse pas, mais il n'est pas chaud et le dit sans ambages : « C'est un beau cadeau... N'est-il pas empoisonné ? Je n'étais pas demandeur... » Léger froid. Christian Bonnet pense, lui aussi, que ce sera très dur. Le chef de l'Etat explique, alors, qu'il s'engagera personnellement et sans ambiguïté dans cette bataille. Afin que l'on sache que Michel d'Ornano est bien « son » candidat, celui-ci rendra publique la nouvelle à l'issue d'une visite qu'il fera le 12 novembre à l'Elysée. Michel Poniatowski renchérit et affirme qu'il n'y a aucun problème.

Deux jours plus tard, le 4 novembre, Pierre Bas écrit à Olivier Guichard, également chargé des négociations parisiennes : « Je veux dissiper toutes équivoques. Si nous n'avons jamais admis l'éventualité d'une accession de M. Jacques Dominati au poste de maire de Paris, nous n'avons jamais non plus sérieusement pensé qu'un républicain indépendant pouvait être élu maire. »

L'erreur grossière, laquelle déterminera toute la suite du septennat, que commettent le chef de l'Etat et son ministre de l'Intérieur est d'analyser le scrutin parisien comme s'il s'agissait d'un scrutin national. V. G. E., en 1974, a obtenu 56,9 % des voix à Paris. Il pense qu'une liste conduite sous sa bannière peut aisément retrouver ce bon résultat, d'autant que l'électorat peut lui être reconnaissant de lui avoir donné un maire. C'était faire l'impasse sur le poids considérable des élus gaullistes de Paris. « La capitale, c'est leur truc », comme dit Simone Veil. Une élection municipale à Paris ne s'apparente en rien à une bataille nationale dominée par trois ou quatre vedettes. Chaque arrondissement est un village que les candidats doivent « labourer » comme d'autres sillonnent leurs circonscriptions rurales. Paris est une addition de bastions, de féodalités qui ne se gagnent pas en attaquant des fenêtres de l'Elysée. Françoise Giroud, auréolée de toutes les faveurs présidentielles, l'apprendra à ses dépens en allant mener le combat dans le 15e arrondissement, la forteresse de Jacques Marette, Jean Chérioux, Nicole de Hauteclocque...

V. G. E. et « Ponia » n'entendent pas ce langage de raison. Le mercredi 10, en Conseil des ministres, le chef de l'Etat expose son plan. Olivier Guichard ne bronche pas. Les autres ministres U.D.R. suivent son exemple. Raymond Barre conclut : « Monsieur le ministre de l'Industrie conduira la liste d'union de la majorité à Paris. »

Il y a péril en la demeure 235

Dans l'après-midi, à l'Assemblée nationale, Gabriel Kaspereit, un des « féodaux », interpelle Ornano : « Alors, c'est toi ? » Le ton est amical. Les élus gaullistes ont été informés par leurs représentants au gouvernement. « Par la bande », diront les responsables gaullistes qui n'ont pas été officiellement prévenus du projet.

Le vendredi 12 novembre, comme prévu, Michel d'Ornano se déclare, sur le perron de l'Elysée, après s'être entretenu avec le chef de l'Etat. Les réactions immédiates de l'U.D.R. sont modérées. Christian de La Malène fait valoir que la concertation entre les différentes composantes de la majorité aurait pu être meilleure. Pierre Bas fait remarquer : « Je suis surpris par cette désignation. M. d'Ornano est un homme très estimable qui a réussi à Deauville. Je suis sûr qu'il a devant lui une belle carrière en Normandie. Mais pourquoi prendre un homme politique qui n'est pas de Paris, alors qu'il y a dans la capitale cent trente personnalités politiques et élus de la majorité parmi lesquels on trouverait facilement d'excellents candidats et d'excellents administrateurs pour occuper le poste de maire de Paris. » Rendez-vous est pris pour que l'on s'explique franchement.

Toutefois, la décision de l'Elysée n'est pas brutalement contestée. Les Parisiens sont perplexes. Etait-il nécessaire de donner à la capitale son autonomie administrative, si le maire doit être obligatoirement une émanation de la présidence de la République ?

Quarante-huit heures passent. Relativement paisibles. Le dimanche 14 a lieu le premier tour des élections législatives partielles dans sept circonscriptions. Jacques Chirac — on l'a dit — est réélu en Corrèze avec 53,65 % des voix. Ce n'est pas l'événement essentiel du jour : l'U.D.R. Jean Tibéri, ardent gaulliste, candidat dans le 5e arrondissement de Paris, est, lui aussi, réélu avec 54,63 % des suffrages, réalisant une performance inattendue qui contraste avec celle, médiocre, des autres candidats de la majorité. Le lundi, à la réunion du groupe U.D.R. des conseillers de Paris, Pierre Bas intervient et, tirant les conclusions du scrutin de la veille, il annonce, de sa voix « à la Philippe Noiret » : « Tout est changé ! A Paris les gaullistes gardent l'avantage et de loin... Ce serait une erreur de présenter un giscardien... Il faut que Christian soit candidat ! » Dans l'après-midi, Pierre Bas et Christian de La Malène sont chez Michel d'Ornano, au ministère de l'Industrie, pour lui exposer ce que vient de décider leur groupe. Ornano passe outre et se prépare à la bataille.

La Malène s'avance, sans s'avancer tout en s'avançant. Le 18 novembre, la Fédération U.D.R. de Paris publie un communiqué : « Le non que nous disons à Michel d'Ornano est exprimé d'une manière convenable par des gens solidaires qui ne désirent aucun affrontement. » Raymond Barre réplique que le ministre de l'Industrie a été investi selon la procédure normale en vigueur au sein de la majorité.

En fait, et c'est là l'essentiel, le Premier ministre ignore, tout comme Ornano, que les « féodaux » ont été tenus à l'écart des négociations par le Secrétariat général de l'U.D.R. qu'anime Yves Guéna. Ce même 18 novembre, en effet, Pierre Bas écrit à Guéna : « J'ai longtemps désiré être entendu par le Secrétariat général du Mouvement. Toutes les autres instances m'écoutent avec attention, et souvent grande sympathie. J'ai échoué auprès du Secrétariat général, je le crois, car après avoir multiplié les notes, les avertissements, les exposés, les adjurations, il me revient constamment que les collaborateurs les plus proches du Secrétaire général prennent le contre-pied pour Paris de la politique arrêtée par le bureau Paris-Majorité ou par le bureau fédéral ou le comité fédéral de l'U.D.R. »

Et Pierre Bas ajoute : « Je résume les positions prises par les instances de Paris :
1° Le Maire de Paris sera gaulliste, membre du Mouvement.
2° Le nom de M. de La Malène a été avancé à l'unanimité des diverses instances parisiennes. Aucun autre nom ne lui sera substitué par quiconque... »

Le samedi 20, de 12 heures à 13 h 15, Pierre Bas et Christian de La Malène sont reçus à Matignon. Le Premier ministre les invite à soutenir Ornano et promet quelques arrangements. Peine perdue. Pierre Bas est de roc.

Le 30, Christian de La Malène est officiellement candidat. Le ministère de l'Intérieur procède à une évaluation : si Ornano a en face de lui La Malène (U.D.R.), Georges Sarre (P.S.) et Henri Fizbin (P.C.F.) il doit normalement être élu.

Fin décembre, le propriétaire d'un grand journal demande à rencontrer le candidat giscardien : « Marie-France Garaud, lui dit-il en substance, m'a chargé d'un message pour vous. Accepteriez-vous de négocier au cours d'un dîner, les bases suivantes d'un compromis. Premièrement, si le R.P.R. * vous soutient, Christian de La Malène sera votre premier adjoint. Secondement, le R.P.R. ne veut pas éliminer un seul sortant ; par conséquent, une formule d'équilibre doit être trouvée, uniquement à partir des nouveaux sièges à pourvoir. » Michel d'Ornano estime que les deux points sont négociables ; donc le dîner est possible et souhaitable. Il attend qu'une date de rendez-vous lui soit proposée. En vain. Le 8 janvier, il rappelle son interlocuteur. Il

---

* L'U.D.R. vient, le 5 décembre 1976, de disparaître au profit du R.P.R. (Rassemblement pour la République).

n'est plus question de dîner et Marie-France Garaud lui fait dire : « Vous ne voulez pas vous retirer, alors, pourquoi dîner ? »

Que s'est-il passé ? Depuis la lettre du 18 novembre de Pierre Bas à Yves Guéna, les principaux dirigeants du R.P.R. — c'est-à-dire Chirac, Garaud, Juillet — cherchent une parade à la candidature Ornano, qui soit réaliste, qui ne braque pas les gaullistes de la capitale et qui écarte La Malène. Celui-ci n'est guère en cour — c'est un euphémisme — auprès du noyau dur des chiraquiens. La solution au problème posé relève un peu de la quadrature du cercle. A moins ? A moins que... Jacques Chirac, président du tout neuf R.P.R. soit candidat. Le pari est audacieux. Celui que certains surnomment « Monsieur 100 000 volts », va y songer mais en se gardant un temps de réflexion.

On est aux environs du 10 janvier.

Après l'échéance municipale et forte du succès remporté par son poulain, Marie-France Garaud brodera un joli conte sur la manière dont fut prise la décision « d'y aller », laissant croire qu'elle s'inscrivait dans une stratégie mûrement réfléchie et qu'elle remontait à plusieurs mois.

Ce ne fut pas aussi joliment machiavélique. A cette date, les spécialistes des sondages électoraux redoutent le pire pour la majorité, y compris à Paris. La réélection — après trois tours — de Jean-Jacques Servan-Schreiber à la présidence du Conseil régional de Lorraine est, de surcroît, ressentie comme une agression par le R.P.R. Pierre Messmer, député R.P.R. de Moselle, a battu la campagne pour faire échec au président sortant. Et les dirigeants locaux du R.P.R., Christian Poncelet et Julien Schwartz en tête, ont multiplié les démarches pour marquer un point décisif en Lorraine. Il s'en est fallu de peu qu'ils réussissent. Pierre Messmer, qui dit en 1982 avoir la preuve que l'Elysée a manœuvré contre lui[4], déclare : « En examinant plus attentivement les résultats des trois tours, nous serons amenés à tirer les conclusions pour les prochaines élections municipales. »

Une ambiance de veillée d'armes. A Paris, les « féodaux » gaullistes en prennent chaque jour conscience et se voient très mal engagés derrière l'étendard « La Malène ». D'autant que Bernard Lafay est, lui aussi, tenté par le fauteuil de l'Hôtel de Ville et le fait savoir. C'est le flou.

Jacques Chirac n'a pas que des amis chez les élus de la capitale : il ne peut se lancer sans leur aval. Ils le lui accorderont. Cela se passe dans la nuit du 11 au 12 janvier. Jacques Chirac, dans son bureau du R.P.R. à la tour Montparnasse, convoque Pierre Bas et Christian de La Malène et leur dit qu'il réfléchit à son éventuelle candidature à Paris. Pierre Bas marque aussitôt son enthousiasme. Pourquoi ? Parce que les

« féodaux » cherchent une planche de salut. Dans ce rôle-là, Chirac n'a-t-il pas fait ses preuves ? Sans compter qu'un homme, doté d'exceptionnels talents de conciliateur, lui offrira ses bons offices : Edgar Faure, président de l'Assemblée nationale. On comprend mieux pourquoi il fit tant, après les législatives de 1978, pour essayer de le réinstaller au perchoir...

Rentrant de Corrèze, le jeudi 13 janvier, Jacques Chirac lance le R.P.R. dans la bataille de Paris et s'élève avec violence contre l'attitude du chef de l'Etat : « On n'engage pas le président de la République par un bavardage de perron... Un maire n'est pas désigné par le pouvoir exécutif, mais élu par les conseillers municipaux... Il est inadmissible de désigner des membres du gouvernement contre des parlementaires qui soutiennent ce gouvernement... Nous saurons quel sera le futur maire de Paris lorsque les conseillers qui auront été élus au conseil municipal l'auront à leur tour élu ».

Le message est reçu. C'est exactement celui qu'attendaient les gaullistes de la capitale. Une fois réunies les conditions politiques de sa candidature, le président du R.P.R. se donne un ultime délai de 24 heures. « Je me suis décidé seul, le matin du samedi 15 janvier. Ce genre de décision se prend seul. C'était quitte ou double[5]. » Il attendra, pour se découvrir, que la conférence de presse du chef de l'Etat ait eu lieu. Une précaution de bon sens.

Olivier Guichard, qui préside « un groupe de travail » des ministres d'Etat — où siègent par conséquent Poniatowski et Lecanuet —, chargé depuis maintenant trois mois d'amortir les chocs au sein de la « majorité présidentielle », comprend que, cette fois, la hache de guerre est déterrée. Il tente une dernière mission de conciliation. Dans une lettre, qui sera rendue publique, à Raymond Barre, il propose les bons offices de Roger Frey, président du Conseil constitutionnel, ancien député de Paris. Jacques Chirac ne veut pas en entendre parler. Et Simone Veil ? L'idée est venue de Jacques Marette. Elle est séduisante. Il faut aller vite. Guichard rencontre Claude Labbé, Michel Poniatowski, Jean Lecanuet. Ce ne sont pas des seconds couteaux. On tombe d'accord.

Il s'ensuit un micmac des plus bizarres. Raymond Barre, aussitôt consulté, répond à ses ministres d'Etat que leur collègue Simone Veil ne désire pas s'engager dans une élection ; elle l'a dit au président au cours d'un déjeuner. Sur foi de quoi, Guichard et Lecanuet téléphonent au ministre de la Santé.

« Il paraît que vous refusez ?

— Comment pourrais-je refuser ? La question ne m'a jamais été posée par Giscard... »

Jean Lecanuet estime qu'il faut tout de suite en référer au président.

Il y a péril en la demeure

Ce n'est pas l'avis du garde des Sceaux. Guichard sait que sa mission est terminée. Chirac repousse Frey ; V. G. E. rejette Veil. Les deux hommes veulent en découdre. Quant à Raymond Barre, il gardera de cette histoire — courte — le sentiment d'avoir été dupé ou par son ministre de la Santé, ou par le chef de l'Etat. Simone Veil aurait-elle accepté ? En 1983, elle affirme que oui.

On en est là, alors que s'ouvre la conférence de presse, tant attendue, qui doit être celle de la « clarification ». Broglie... Abou Daoud... mairie de Paris... Quel sombre ciel. Une seule éclaircie : la hausse des prix en décembre n'a été que de 0,3 % et le déficit du commerce extérieur atteint un milliard 370 millions de francs, soit trois fois moins qu'en octobre et novembre. Raymond Barre, le 3 janvier, met en œuvre les mesures prévues pour la seconde étape de son plan anti-inflationniste. Les prix sont débloqués, mais leur contrôle est renforcé. Les industriels, les commerçants, et les prestataires de services sont invités à souscrire des « engagements de modération ». Le taux de la T.V.A. passe de 20 % à 17,6 % pour un tiers des produits. Dans une interview au *Figaro*, François Ceyrac, qui estime que la lutte contre l'inflation est « de plus en plus crédible », loue « le courage et la fermeté » du Premier ministre, ajoutant : « Dans les moments difficiles, la France aime se sentir gouvernée. »

C'est précisément l'ambition du chef de l'Etat, ce 17 janvier, que de montrer aux Français qu'ils sont bien gouvernés.

2

SON SECRET C'EST LE TEMPS

Le suspens avait été si bien entretenu que les journalistes rassemblés dans la salle des fêtes de l'Elysée pouvaient s'attendre à vivre un de ces moments charnières de l'histoire du septennat.

Il n'en fut rien. Renouant, dans l'organisation de sa conférence de presse, avec l'usage gaullien qui voulait que le chef de l'Etat répondît par sujet, V. G. E. va pratiquer avec un talent consommé « l'art du recadrage », technique qu'emploient les analystes et les... hypnotiseurs[6]. Par l'astuce du « recadrage », le patient est toujours convaincu que sa thérapie va de succès en succès. L'essentiel n'est plus de s'attaquer directement à la maladie, mais à son apparence. Dès le premier siècle de notre ère, le philosophe Epictète avait pressenti cet art du « recadrage » : « Ce ne sont pas les choses qui troublent les hommes, mais l'opinion qu'ils en ont. » Ce n'est pas la réalité qui compte, mais l'image que l'on donne de cette réalité.

Et V. G. E. livre aux journalistes son image des événements, pour très peu leur parler de la réalité des choses. Sa façon de résoudre les problèmes ressemble à la technique du judo : il ne s'agit pas de résister et de combattre l'adversaire et l'adversité par une contre-attaque de force au moins égale, mais de les laisser venir, en s'effaçant et en les accompagnant pour ensuite porter le coup fatal.

Oui au judo ; non à la boxe. Le président se fixe comme objectif de briser la dynamique de la contestation, de l'affrontement, à quelque niveau qu'elle se situe.

Sur le front économique, le Plan Barre n'a besoin ni d'être modifié, ni d'être complété : « Il a besoin d'être poursuivi ». Si les derniers indicateurs de conjoncture sont relativement favorables, ils ne doivent pas être « un encouragement à relâcher notre effort ». La réussite du Plan est « une priorité absolue dans la conduite des affaires de la France », le même combat liant, selon V. G. E., la lutte contre

Il y a péril en la demeure

l'inflation et la bataille pour l'emploi. Il admet que le plan de septembre 1975 — qu'il avait imposé à Jean-Pierre Fourcade, ce qu'il ne dit pas... — a coûté fort cher. « Le plan de relance, qui a été efficace du point de vue de l'emploi, a accentué le déséquilibre extérieur de la France pendant le premier semestre de 1976 et ceci a entraîné des conséquences sur notre déficit et donc sur la tenue de notre monnaie. C'est la raison pour laquelle, à l'heure actuelle, le Premier ministre est entièrement justifié dans son attitude d'exclure toute politique de relance globale, aussi longtemps que l'équilibre extérieur de la France n'aura pas été rétabli. »

Il ne renonce pas, néanmoins, à son objectif d'antan : éviter que le nombre des chômeurs ne dépasse sensiblement le million, seuil jugé limite, électoralement. On sait que, dans son esprit, on peut encore reculer ce seuil sans provoquer une révolution. L'empirisme demeure sa règle.

Sur le front politique, il accomplira, « bien entendu », la totalité de son mandat de sept ans. Les prochaines élections législatives se dérouleront selon le mode de scrutin en vigueur depuis 1958, puisqu'il « n'aperçoit pas l'intérêt, pour le fonctionnement de nos institutions, d'un changement de la loi électorale ». Ces élections « auront lieu à leur date, en 1978 », puisqu' « il n'y aura pas de crise d'ici là », étant donné qu'il n'a « aucune raison de mettre en doute la loyauté de la majorité ».

Il entend demeurer au-dessus des partis et ne pas « intervenir dans le détail des consultations électorales », tout en se réservant le droit d'indiquer à chaque moment important « quel est le bon choix pour la France ». Le Premier ministre est « naturellement le chef de la majorité parlementaire », et à ce titre, il sera « naturellement conduit à prendre la tête de la campagne nationale en vue des élections de 1978 ».

Puis, il en vient à l'essentiel, au climat de division qui règne dans la majorité. Il ne s'en émeut guère et admet, implicitement, qu'il a échoué dans sa tentative de rééquilibrer les différentes forces politiques qui l'ont soutenu en 1974. « Il faut que, périodiquement, les dirigeants des grandes formations de la majorité se réunissent pour se concerter sur un certain nombre de sujets ou d'orientations fondamentaux... Il faut sortir de la conception d'une uniformité qui se déchire, pour passer à une autre conception qui est celle d'un pluralisme qui s'organise. Si la majorité a la capacité de renouvellement et d'organisation qui lui permet d'agir ainsi, elle accroît jusqu'à un point décisif ses chances de l'emporter en 1978... Les divisions de la majorité, ce sont des divisions concernant l'organisation. Il y a en France, à l'heure actuelle, une majorité unie sur l'essentiel, c'est-à-dire unie sur la politique, mais dont l'organisation n'est pas satisfaisante, et il y a par contre, en face, une opposition organisée, mais qui est profondément divisée sur l'essentiel.

« ... C'est donc un pluralisme organisé par une entente majoritaire qui devra, je le répète, apprécier les circonstances où il est utile de le faire jouer ».

En résumé, « la majorité doit donner l'image d'un pluralisme qui s'organise et qui s'entend ».

Y avait-il manière plus élégante d'enterrer le concept de majorité présidentielle ? Cherche-t-il à apaiser Jacques Chirac et ses amis, en considérant comme « indispensable » qu'à l'intérieur de ce « pluralisme », chacune des formations du camp majoritaire « affirme sa personnalité et fasse connaître ses propositions ? » Il n'y a plus de parti du président. L'U.D.R. l'avait appris à ses dépens en mai 1974 ; Michel Poniatowski qui rêve d'en bâtir un, Jean-Jacques Servan-Schreiber qui poursuit sa stratégie bipolaire, le découvrent ce 17 janvier.

« Quelle étrange et insuffisante " clarification ", écrit Raymond Barrillon [7]. Comment ne pas s'étonner ou s'inquiéter de l'ampleur et de la densité des zones d'ombre qui subsistent ? Comment ne pas avoir l'impression que le chef de l'Etat se refuse à regarder en face certaines réalités et s'obstine à voir la vie en rose alors que tout est plutôt gris ? »

A entendre et à lire les commentaires suscités par les déclarations du président de la République, il n'est pas, en effet, évident que la « clarification » annoncée ait éclairci l'horizon. Il est certains constats ou certaines questions qui en disent long sur le tour que pourrait prendre la vie politique française après le scrutin de 1978.

Le problème a été correctement posé par les deux principaux intéressés du jeu : le R.P.R., par la plume de Pierre Charpy, et le P.S., par la voix de Gaston Defferre. « Giscard indiquera le bon choix en 1978, soit, écrit le premier dans *la Lettre de la Nation*. Mais si les Français en 1978 prennent le choix contraire à celui qu'il leur aura indiqué, que fera-t-il ? Sa légitimité lui paraîtra-t-elle mise en question ou négociera-t-il un compromis, historique ou non, avec les tenants de l'autre choix ? »

Le maire de Marseille remarque à Europe 1 : « Le président de la République n'a pas dit s'il accepterait l'alternance. Or, si nous gagnons les élections, il est évident que cela signifie, aux yeux des Français, que les gouvernements de M. Giscard d'Estaing et leur politique auront été condamnés, qu'une autre politique aura été choisie et qu'il faudra la faire mettre en œuvre. Par qui ? Par l'Union de la gauche, ce qui veut dire : M. Mitterrand, chef du gouvernement. Or, M. Giscard d'Estaing s'est bien gardé de dire s'il accepterait d'appeler la gauche au pouvoir pour appliquer le Programme commun ».

Il y a péril en la demeure

Il ne peut pas, à l'évidence, le dire et il se doit de remettre au plus tard possible toutes formes d'engagement sur ce terrain. Si tant est qu'il doive s'engager. Sa doctrine n'est pas arrêtée. Le peu qu'il avait dit au cours de son voyage aux Etats-Unis * avait provoqué trop de réactions pour qu'il s'embarque, à nouveau, dans ce domaine. En revanche, les dirigeants de l'opposition et ceux du R.P.R. reviendront inlassablement et avec gourmandise aux questions pièges : « Que fera-t-il dans l'hypothèse d'une victoire de la gauche ? Partira ? Restera ?... » Il y a plusieurs « lectures », comme on dit dans les cercles littéraires, et V. G. E. n'est pas pressé de donner la sienne.

Son secret, c'est le temps. Non pas seulement le temps pour construire, pour changer le cours des choses ; le temps pour durer. Avec le temps, tout s'émousse et la clé du giscardisme tient peut-être dans le mariage réussi de deux phénomènes apparemment inconciliables. D'un côté un président qui fonde sa légitimité sur sa capacité de durer ; de l'autre un système néo-libéral qui ne supporte plus que des cycles très courts dans la rotation du capital, des stocks, des idées et des contestations.

Les Français piaffent, les syndicats manifestent, les leaders politiques gesticulent. Giscard demeure. Insensible, lointain, pharaonique. Jamais plus qu'à cette conférence de presse il ne s'est révélé tel qu'en lui-même, plein de cette distance dédaigneuse, de cette élégance tranquille. Confronté à une accumulation de difficultés, il les écarte. C'est sa façon de les dominer.

« Il y a un miracle Giscard d'Estaing, une sorte d'effet au sens physique du mot : plus la situation se dégrade, plus le chef de l'Etat apparaît habile, sûr de lui et confiant », avoue Jean d'Ormesson[8]. Qui n'est pas loin, au fond, de rejoindre René Andrieu[9] : « Ce qui frappe dans cette conférence de presse, qui ne risque pas d'entrer dans l'histoire, c'est la virtuosité verbale avec laquelle, une fois de plus, le président de la République escamote les problèmes essentiels quand il n'esquive pas complètement les questions gênantes. »

Le R.P.R. s'est abstenu de commenter les propos du chef de l'Etat. En revanche, Jacques Chirac a réagi promptement — on sait pourquoi — en demandant, sur l'heure, de rencontrer le Premier ministre. Rendez-vous est pris pour le mercredi soir, 19.

Dans les rangs de l'opposition, les critiques sont vives. Georges Marchais (P.C.F.) dénonce sans plus de nuances une « politique brutalement antisociale, antidémocratique et antinationale » et estime que « le pluralisme » de la majorité vise à masquer « le plein accord »

---

* Il avait laissé entendre qu'il resterait à l'Elysée quels que soient les résultats des législatives.

de Giscard d'Estaing et Chirac. Robert Fabre (M.R.G.) considère que
« rien n'est changé ». Claude Estier (P.S.) relève que le chef de l'Etat
a « esquivé l'affrontement entre les deux clans de la majorité ».

Une grande convergence est constatée dans les réactions des
organisations syndicales : le président de la République cache ou sous-
estime la gravité du chômage. Il n'est pas tolérable que subsistent un
million de demandeurs d'emploi, affirme le secrétaire général de la
C.F.T.C. C'est aussi ce que déclarent les dirigeants de la C.G.T., de la
C.F.D.T. et de la F.E.N. qui annoncent une campagne nationale
d'actions sur l'emploi à la mi-février.

Le mercredi 19, les quotidiens parisiens ne paraissent pas, en raison
de la grève du Livre C.G.T. Le « Livre » proteste contre le blocage
qui, selon lui, empêche les négociations du *Parisien libéré* de progresser. Un conflit qui dure depuis des mois. Une grève qui marque une
pause, avant que n'explose une nouvelle bombe signée Jacques Chirac.
Une bombe qui est une déclaration de guerre.

A 18 heures, le mercredi 19, il entre à Matignon. Il en sortira un
quart d'heure plus tard. Pour la presse, Raymond Barre et Jacques
Chirac se sont entretenus une heure. Le tête-à-tête a été des plus
expéditifs. Jacques Chirac n'a pas fait dans la nuance et a exprimé,
en quelques mots, son sentiment. Soit, en substance : le choix d'une
candidature Ornano à Paris est à la fois une provocation pour les élus
R.P.R. et une « connerie » (*sic*) d'un point de vue tactique ; la somme
des erreurs accumulées par l'Elysée dans cette opération est telle que la
majorité risque de perdre la capitale, ce qui serait un comble puisque
c'est à nous que Paris doit d'avoir désormais son maire ; par conséquent, j'y vais.

Raymond Barre ne reconduira pas son visiteur à la porte de
Matignon, selon l'usage. Il est littéralement abasourdi. Il rejoint dans
un bureau voisin Roger Pandraud, directeur général de la Police
judiciaire, Daniel Doustin, son directeur de cabinet, Jean-Claude
Casanova, son conseiller parmi les plus proches, et Jean Riolacci, de
l'Elysée, qui sont réunis pour traiter du dossier corse. Il leur apprend la
nouvelle et leur dit sa stupéfaction. Il est choqué et interprète cette
candidature comme un acte d'hostilité au président de la République.
Il se refuse à apprécier, d'un point de vue politique, l'attitude de
l'ancien Premier ministre ; il condamne sévèrement son comportement.

Tandis qu'il se remet du « choc », Jacques Chirac est déjà devant la
presse. Il lit un communiqué qui, en termes plus élégants, reflète ce
qu'il vient de dire au chef du gouvernement, à l'exception du couplet
sur le « redressement » économique : « Si, sur le plan économique,
j'ai confirmé à M. Barre mon entier soutien au plan de redressement
mis en œuvre par le gouvernement, j'ai exprimé les plus extrêmes

réserves sur l'évolution de la situation de la majorité, notamment en ce qui concerne les élections municipales.

« En fait, ces élections, qu'on le veuille ou non, ouvriront et engageront dans une large mesure la prochaine campagne législative. Il est donc essentiel qu'elles soient menées avec vigueur et détermination.

« A Paris, l'heure n'est plus aux négociations de couloirs ni aux compromis de partis. Il convient maintenant d'affirmer clairement notre résolution et de faire en sorte que la capitale de la France ne coure pas le risque de tomber entre les mains des socialo-communistes.

« En conséquence... j'ai décidé de me présenter à Paris... »

A 20 heures, plus solennellement et à l'usage de tous les citoyens, il annonce : « Je viens dans la capitale de la France parce que dans notre histoire, depuis la Révolution de 1789, chaque fois que Paris est tombé, la France a été vaincue. » C'est signé Juillet.

L'Elysée s'abstient de tout commentaire. Raymond Barre interviendra le lendemain matin et sa réponse sera, en partie, dictée par le communiqué de Jacques Chirac. A Matignon, en effet, on ne désespère pas de ramener le président du R.P.R. à la raison : « ... J'avais, le 12 novembre dernier, selon une procédure de concertation admise par tous et qui a fait ses preuves dans l'ensemble du pays, demandé à M. Michel d'Ornano de constituer des listes d'union dans les différents secteurs de Paris. La mission confiée à M. d'Ornano s'est heurtée aux obstacles que l'on sait. Pour les surmonter, j'avais entrepris de faire rechercher, par les diverses formations de la majorité, des accords permettant d'aboutir à une " entente majoritaire " au sein de la capitale. M. Jacques Chirac a, cependant, estimé devoir prendre l'initiative qu'il a annoncée.

« Tout en prenant acte de son entier soutien au plan de redressement mis en œuvre par le gouvernement, je lui ai exprimé mon inquiétude que cette initiative ne provoque une grave division de la majorité et n'aboutisse à des résultats contraires à ceux qu'il entend poursuivre.

« ... Au moment où commencent à apparaître les premiers résultats de nos efforts, je mets en garde les Français contre toute attitude qui pourrait, à l'occasion des prochaines consultations électorales, porter atteinte à l'œuvre de redressement national. »

Michel d'Ornano se tait. Le ministre de l'Intérieur lance : « Jacques Chirac est le plus grand commun diviseur de la majorité. » Olivier Stirn, secrétaire d'Etat chargé des Départements et Territoires d'outre-mer, quitte le R.P.R. pour marquer sa réprobation. Jean Lecanuet affirme au micro de R.T.L. : « Bien loin de renforcer la majorité et de donner des armes pour battre la coalition socialo-communiste, l'initiative de M. Chirac risque de donner une chance à la gauche qui, d'ailleurs, s'en réjouit, et l'a déclaré ce matin. Dans ces conditions, nous, centristes, démocrates sociaux, nous resterons fidèles à l'action du Premier ministre, à ses décisions, à son arbitrage et, malgré les difficultés de l'heure, attachés à l'union indispensable. »

Mais c'est Michel Debré, répondant à une question d'Yvan Levaï à Europe 1, qui se révèle la meilleure pythonisse : « La politique ne se fait pas en chambre. Pour Paris, ou bien le maire est un adversaire du gouvernement et alors quelle force il a, ou bien c'est un ami du gouvernement, et quel rival il devient ! Je ne croyais pas si bien dire. Jacques Chirac se présente et c'est un problème politique majeur. Il a pris sa décision. Il sera maire de Paris. »

A gauche, on se réjouit et Claude Estier, membre du secrétariat nationale du parti socialiste, note avec humour : « Le R.P.R. avait couvert les murs d'affiches invitant les Parisiens à ne pas aller chercher leur maire à Deauville. M. Chirac les convie, quant à lui, à le faire venir de Corrèze. »

La classe politique connaît une effervescence sans pareille. Par-delà les déclarations de celui-ci ou de celui-là, chacun a compris : Jacques Chirac vient ouvertement et brutalement de défier le président de la République, le Premier ministre, le ministre de l'Intérieur et le ministre de l'Industrie, Michel d'Ornano.

Dans *le Monde*[10], Raymond Barrillon résume la situation : « M. Valéry Giscard d'Estaing... avait feint de croire qu'il était possible de faire survivre et d'organiser dans l'entente la " majorité pluraliste ". Il n'aura attendu que quarante-huit heures, ou à peine plus, pour recevoir un cinglant démenti du chef de la principale formation de cette majorité : un chef plus décidé que jamais à défendre jusqu'au bout, et sur tous les terrains de bataille, ce qui fut pendant plus de dix-huit ans " l'Etat U.D.R. ". La preuve est ainsi administrée une fois de plus et au détriment du premier personnage de l'Etat que lorsqu'on s'amuse à ignorer les réalités, elles ne tardent pas à se venger. »

Le 26 janvier, Raymond Barre, chargé par le chef de l'Etat d'une ultime et périlleuse mission, écrit à Jacques Chirac pour lui demander de se retirer en même temps que Michel d'Ornano et l'invite à Matignon pour tenter de dégager une « solution d'union » sur la base d'un troisième homme.

Le président du R.P.R. ne se rendra pas à l'invitation.

Dans une lettre qu'il transmet à Matignon par le relais de Jérôme Monod, secrétaire général du R.P.R., il affirme qu'il se considère comme « un candidat d'union » et que seules des « raisons graves et impérieuses » lui feraient retirer sa candidature.

Cette fin de non-recevoir est très mal ressentie par le Premier ministre. Elle entachera définitivement les relations entre les deux hommes. « Je découvre un peu plus chaque jour, confie-t-il à son cabinet, ce qu'est la véritable politique politicienne. » A Jacques Chirac, il répond, par lettre, que son attitude est celle « d'un défi au président de la République et d'une ignorance délibérée du gouvernement ».

Réplique immédiate du député de Corrèze : « Oui, c'est un défi, pas au président, mais à l'opposition. Il y avait danger à Paris de succès d'une coalition socialo-communiste, il suffisait que trois, quatre secteurs basculent. Il serait naturel que M. Mitterrand relève le défi, et se présente à Paris. Je ne gêne pas le président, j'assure la victoire de la majorité. »

En souhaitant l'affrontement direct avec le leader du parti socialiste, il se pose d'ores et déjà en prétendant à la fonction suprême.

Le 13 février, nouveau coup de théâtre. l'ancien ministre Bernard Lafay, un des « féodaux », conseiller municipal du 17ᵉ arrondissement, député apparenté R.P.R., meurt à soixante-treize ans. Depuis son exclusion du parti radical-socialiste en 1955, il animait le Centre républicain et s'était rapproché des gaullistes à la fin de sa vie, bien qu'il eût été longtemps hostile au Général. Il avait appartenu au gouvernement Chaban-Delmas de 1969 à 1972. Michel d'Ornano, malgré la querelle à découvert qui l'opposa à Bernard Lafay durant tout le mois de janvier, était convaincu qu'il aboutirait à un arrangement et, par conséquent, qu'il se présenterait dans le 17ᵉ arrondissement[11]. La mort subite de Lafay met bas son plan : Philippe, le fils du député de Paris, médecin de quarante-deux ans, demande, dans une lettre, qu'en mémoire de son père, ce soit lui qui mène la liste dans le 17ᵉ arrondissement. Dans un communiqué, Philippe Lafay précise : « Pour constituer la liste que je vais proposer aux électeurs du 17ᵉ, je me refuse à entrer dans le jeu des combinaisons des partis et des dosages politiques que me propose l'adversaire de mon père. Je ne tiendrai compte que des instructions laissées par celui-ci et des conseils que voudra bien me donner M. Jacques Chirac, en qui son ami Bernard Lafay avait une entière confiance. »

Le ton est dur et cassant. Il met un point final à la moindre entente.

Michel d'Ornano est nommé comme « l'adversaire de mon père ». Il doit se résigner : il se présentera dans le 18ᵉ arrondissement. Il entend ainsi affirmer sa volonté de combattre l'opposition — c'est un quartier « de gauche » — et il crée avec Roger Chinaud une « liste d'union ». Mais Joël Le Tac, député R.P.R., maintient sa propre liste. Ils seront 27 à se disputer 9 sièges de conseillers municipaux : 9 R.I. centristes, 9 R.P.R. et 9 candidats de l'Union de la gauche. Raymond Barre félicite, par écrit, son ministre de l'Industrie. De son côté, Joël Le Tac s'est empressé de déclarer : « La situation de " mésentente cordiale " qui existait avec Roger Chinaud tant que celui-ci menait loyalement le combat contre moi, a bien évidemment pris fin, avec le caractère intempestif de la candidature Ornano. J'en tirerai les conséquences. »

Jacques Chirac a choisi le 5e arrondissement, auprès de son fidèle ami Jean Tibéri dont le rôle consiste à huiler les rouages de la machine électorale grâce à laquelle il avait obtenu sans peine, dès le premier tour des partielles de novembre dernier, un fauteuil à l'Assemblée nationale.

Jusqu'au 13 mars, premier tour des municipales, la majorité va se livrer à une bataille fratricide, émaillée d' « événements » qui ne feront que confirmer la réalité du clivage chiraquiens-ornanistes, c'est-à-dire R.P.R.-giscardiens.

Le mardi 2 mars, les « barons » eux-mêmes basculent. Olivier Guichard remet au Premier ministre une lettre, au nom de ses collègues R.P.R. du gouvernement. En deux pages, le ministre d'Etat, ministre de la Justice, demande à Raymond Barre de faire respecter la neutralité du gouvernement dans la campagne électorale. En clair, que les ministres R.I. et centristes arrêtent d'attaquer Jacques Chirac.

Désormais, la guerre qui sourd au sein du gouvernement a une apparence et s'incarne dans quatre personnalités : Guichard, Bourges, Galley, Boulin. Venant après la promotion de J. J. S. S. — V. G. E. lui a confié, le 28 juin, la mission de « proposer des réformes » — ressentie comme une provocation par le R.P.R., la lettre d'Olivier Guichard accentue la dégradation des rapports au sein de la majorité.

A l'Elysée comme à Matignon, il s'agit de ne pas précipiter le cours des événements et de faire accréditer l'idée que les bagarres intestines R.I.-R.P.R. ne sont que pures broutilles. Le Premier ministre affirme que la majorité se porte bien. Jean-Philippe Lecat, porte-parole de l'Elysée, confie aux journalistes : « En politique, dans l'instantané, on a toujours l'impression d'aller vers la tragédie... Les élections finies, on fête ça autour d'un verre. »

On cherche à retarder le plus possible l'échéance des explications. L'édifice majoritaire a dépassé la phase des lézardes. Il se brise.

Dans ce contexte, la pugnacité du président du R.P.R. est alimentée par son ambition personnelle, par son tempérament de battant, mais aussi par une analyse politique que l'on peut résumer ainsi : si Giscard plaide pour le pluralisme, il veut, en réalité, écarter les gaullistes à Paris. Il pense qu'en gagnant la capitale, il sera ensuite en situation de force pour battre le R.P.R. ailleurs.

Etait-ce le calcul du chef de l'Etat ? Après que Jacques Chirac eut quitté Matignon pour prendre son envol, sûrement. Son erreur, comme on l'a dit, est d'avoir mal apprécié la vraie nature du scrutin parisien, et

Il y a péril en la demeure

d'avoir totalement sous-estimé le poids des notables, des « féodaux » de la capitale.

Dix jours avant le premier tour, il avait invité Michel Pinton à lui fournir des estimations sérieuses. Pinton lui démontra que Jacques Chirac allait gagner. Il demanda aux Renseignements généraux leur pronostic. Il fut identique. En fait les R.G. s'abritaient derrière les calculs de Pinton. Giscard manifesta sa stupéfaction. Un peu tard...

3

LA SECOUSSE DES MUNICIPALES

Chirac divise-t-il la majorité ? « Non. » La réponse péremptoire est de Valéry Giscard d'Estaing, le mardi 1er février à Antenne 2. Le chef de l'Etat, pour ses cinquante et un ans, s'est prêté, devant des millions de téléspectateurs, à un étonnant « compte rendu de mandat ». Le show avait été préparé par Armand Jammot, réalisateur des « Dossiers de l'écran ». Interrogé par une soixantaine de participants — qui constituaient un échantillon scientifiquement représentatif de la population — V. G. E. s'est livré à une extraordinaire partie de chaises musicales... dans une émission qui aurait pu s'appeler : « l'Incollable » ou « Réponse à tout [12] ». Cette prestation cassait les règles classiques du débat politique où les « professionnels » se retrouvent entre eux, utilisant un langage codé. Quand une veuve aux cheveux blancs lui demande s'il sait comment on vit avec le S.M.I.C. ; quand un communiste marseillais lui dit que ses origines sociales sont probablement néfastes à sa fonction ; quand une jeune fille de dix-huit ans lui explique pourquoi elle ne trouve pas de travail à Tours ; quand un ouvrier métallurgiste lui lance qu'il est injuste que le plus expérimenté des travailleurs manuels gagne, en fin de carrière, moins qu'un col blanc débutant ; quand une quadragénaire souriante, mais ferme, se plaint : « Je trouve que vous n'avez pas fait grand-chose jusqu'à présent », on ne peut qu'admettre, sans parti pris, que le chef de l'Etat prenait un risque. Il sortait des abstractions, des généralités — il est remarquable que personne ne l'interrogea sur des grands thèmes comme la défense, le tiers monde, le nucléaire, la monnaie, etc. —, pour être confronté aux vraies questions que les gens se posent.

« J'avoue, écrit Olivier Chevrillon dans *le Point,* que c'est avec un brin de lassitude que j'ai tiré le bouton de ma télévision... » Dans le *Nouvel Observateur,* Maurice Clavel « a été saisi d'un doute »... Au R.P.R., la performance est très mal reçue. Il est vrai qu'elle annonçait la montée en ligne du président de la République. Après l'Est et le

Nord à la fin de 1976, plusieurs autres voyages en province sont annoncés, en Bretagne, dans le Sud, etc.

« A la limite, écrit Pierre Charpy dans *la Lettre de la Nation*, ce souci de contact direct serait mieux compris si son objet était limité à une prise de conscience par le président de la République du " vécu " des Français d'aujourd'hui. Dans cet esprit, nous n'avons jamais, à la différence de beaucoup d'autres, fait d'ironie sur les dîners dans les familles. En revanche, ce n'est peut-être pas la meilleure formule pour parler des problèmes de l'Etat. A moins qu'elle ne soit psychanalytiquement révélatrice. C'est effectivement à la psychanalyse qu'il faut recourir pour trouver ou essayer de trouver une réponse à la question rituelle : " Que fera le président de la République si la coalition du Programme commun l'emporte aux élections législatives ? " En effet, il n'y a pas un spectateur, je dis bien " pas un ", qui ait pu comprendre le propos de Valéry Giscard d'Estaing. »

Psychanalyse ? Le mot est-il venu par hasard sous la plume de Charpy ? Depuis quelques semaines, une nouvelle rumeur est à la mode dans Paris : « Giscard est en psychanalyse. » L'accusation est grave. Elle quitte bientôt le territoire des rives de la Seine. Le 31 janvier, Jean Daniel, dans son éditorial du *Nouvel Observateur*, évoque « cette insistante et incroyable rumeur selon laquelle le président de la République se ferait... psychanalyser ». Le 7 février, *le Point* écrit : « Le président de la République a été ulcéré de voir *la Lettre de la Nation* (R.P.R.) invoquer la " psychanalyse " pour expliquer certains propos de sa dernière émission télévisée. V. G. E. y voit le signe d'une campagne injurieuse développée contre lui au sein du R.P.R. »

Le lendemain, Pierre Charpy riposte. Il se défend de « s'associer à une campagne injurieuse... ». Il assure qu'il s'est référé à la définition de « psychanalyse » donnée par le Petit Larousse illustré et estime que, lorsque le président de la République parle d'une possible victoire du Programme commun aux prochaines élections législatives, « il faut bien une véritable investigation psychologique » pour déceler ses « sentiments obscurs ou refoulés ».

Le soir même, en dernière page, *le Monde* résume l'incident sous un titre de deux colonnes : « *La Lettre de la Nation*, M. Giscard d'Estaing et la psychanalyse. » La rumeur a fait son chemin. Elle réapparaîtra épisodiquement *.

---

* C'est une affaire que je connais bien pour avoir, dès janvier 1977, été informé de la « psychanalyse » du chef de l'Etat. Etant donné les responsabilités politiques de mon « informateur », je l'avais cru de bonne foi. L'ayant revu en 1982, dans le cadre de cet ouvrage, il s'est révélé incapable de me fournir le premier commencement de preuve à l'appui de ses allégations de 1977. (*N.d.A.*)

Une atmosphère très malsaine. Et puis le 30 janvier, tombe une nouvelle qui va recouvrir trois ou quatre jours l'actualité : Françoise Claustre est libérée. Le 17, répondant à une question relative à cette affaire, V. G. E. avait déclaré : « Il y a effectivement à l'heure actuelle en cours, non pas une action, mais des actions visant à obtenir la libération de Mme Françoise Claustre et à ce qu'il soit mis fin à cette odieuse séquestration... » On apprendra par la suite que le colonel Kadhafi, chef de l'Etat libyen, avait accepté, en raison des bonnes relations qui existent entre la France et son pays, d'intervenir auprès du Tchadien Goukouni pour obtenir la libération de l'archéologue.

Loin de tirer profit de la réapparition de Françoise Claustre, l'Elysée se fait modeste. L'épilogue heureux de l' « affaire » est surtout une occasion d'en rappeler toutes les ambiguïtés et d'interroger le pouvoir. Quel fut exactement l'action de Giscard pendant ces quelque 1 000 jours ? A-t-il agi comme il aurait dû agir ?

V. G. E. souhaitait une opération de commando du type de celle de l'armée israélienne sur Entebbé en juillet 1976. Les militaires l'en dissuadèrent, non sans avoir étudié plusieurs possibilités d'intervention. Cette solution écartée, l'Elysée s'en est tenu aux seules démarches diplomatiques.

A peine Françoise Claustre a-t-elle quitté la scène des médias, que le voyage officiel qu'il effectue du 7 au 9 février en Bretagne donne au président la mesure du climat décidément maussade : des manifestants à Vannes, à Quimper, à Roscoff, l'obligent à renoncer à certains contacts directs avec la rue, prévus au programme...

A Paris, la majorité se déchire. Dans les esprits, l'image du chef de l'Etat se trouble un peu plus chaque jour. Dans la classe politique on se projette dans « l'après-Mitterrand » comme si le Premier secrétaire du P.S. était à la veille d'entrer à Matignon. On est à un an des élections législatives, mais les uns pour exorciser ce spectre, et les autres pour s'installer allégrement dans cet avenir idéal, n'ont de cesse d'évoquer cette échéance.

Désormais, V. G. E. ne peut plus éluder cet ensemble de problèmes qui minent le régime. A l'Elysée, ses conseillers le pressent de « frapper fort ». Ses déboires avec les Bretons du Morbihan et du Finistère vont le convaincre d'oublier, un instant, son goût pour la dédramatisation. Il avait promis un discours important à Ploërmel, au cœur de la Bretagne. Il avait ressenti le besoin de retrouver le contact avec la « France profonde », « réelle », « sereine », que célèbre si bien Raymond Barre, et il voulait évoquer l'aménagement du territoire, les problèmes culturels, la politique du littoral...

Il ne prononcera pas le discours prévu : il en durcit considérablement les termes, il en modifie la forme, il lui donne une portée uniquement nationale. « Aurait-on retrouvé un président ? interroge Philippe Tesson [13]. Les accents du discours prononcé à Ploërmel par Giscard d'Estaing étaient si inhabituels, il y a tant de résolution dans ses propos, une telle fermeté dans ses mises en garde, que peu à peu se dissipait le brouillard de tolérance tranquille derrière lequel, depuis qu'il est au pouvoir, le chef de l'Etat abrite ses hésitations, ses incertitudes et ses insouciances. »

Affirmant devant 20 000 personnes la totale primauté du chef de l'Etat — « hors de la reconnaissance de ce fait qui est le legs essentiel du général de Gaulle à la France, il n'y a pas de tradition gaulliste » —, il ne dit rien de plus que ce qu'il avait déjà dit devant la presse le 17 janvier. Mais il le dit sur un tout autre ton et s'engage plus avant dans le combat électoral des législatives. Il ne permettra pas « qu'on touche aux institutions dont il est le garant », et il avertit le secrétaire général du Parti communiste qu'il « ne lui appartenait pas d'autoriser ou de ne pas autoriser le président de la République à exercer ses fonctions... Cela veut dire aussi qu'il n'appartient pas à tel ou tel responsable d'un parti politique de dicter ses conditions au président de la République en cas d'une victoire de ses amis politiques ».

Depuis des mois, Georges Marchais répète que si la gauche gagne aux législatives de 1978, le président devra « se démettre ou se soumettre ». V. G. E. l'invite, sèchement, à faire preuve « d'un peu moins d'arrogance et d'un peu plus de républicanisme ».

Jacques Chirac n'est pas non plus épargné, bien qu'il n'ait pas été cité. Avec une particulière énergie, le président affirme : « Je ne permettrai pas que l'agitation compromette le redressement... Les querelles de boutique ou de personnes doivent s'effacer devant l'effort entrepris. Je ne permettrai pas que l'unité de la majorité soit compromise par la discorde... »

Enfin, le Premier ministre, gratifié du satisfecit présidentiel, est confirmé dans sa lourde mission qui lui avait été confiée le 17 janvier : « M. Raymond Barre, et lui seul, mènera et coordonnera la campagne législative de 1978 et il le fera avec tout mon appui. »

Avec ce discours, un pas décisif est franchi : l'éventualité d'un succès de la gauche conduite par François Mitterrand entre désormais dans les calculs du chef de l'Etat qui s'engage à se battre pour les idées sur lesquelles il a été élu et à ne pas se laisser imposer les conditions que lui ont assignées le P.S. et le P.C.F. dans l'hypothèse de leur victoire.

Cette manifestation d'autorité sera-t-elle suivie d'effets ? Réussira-t-elle à calmer les esprits dans le camp majoritaire ? Nullement. La polémique reprendra de plus belle.

Après avoir annoncé qu'il ne se sentait « pas du tout concerné par les déclarations faites à Ploërmel », Jacques Chirac déplore, à Saint-Nazaire, « le laisser-aller » et le manque d'autorité de l'Etat. Une longue phrase que le président de la République mettra du temps à digérer : « L'Etat ne doit pas se dévoyer dans la surveillance tatillonne de toutes les formes d'activités, alors même qu'au niveau suprême, là où doit s'affirmer en toute clarté une volonté nationale, la certitude semble faire défaut. » Michel Debré évoque la « courtisanerie » de la présidence de la République, avant de réclamer « un gouvernement de salut public ».

Au cœur de la tourmente, Raymond Barre cherche à contenir les humeurs des dirigeants de la majorité et à vaincre le pessimisme des Français, un pessimisme que révèlent enquêtes et sondages. Se définissant lui-même comme « un universitaire inclassable dans les catégories habituelles et engagé dans une aventure singulière », il entend « maintenir une certaine distance à l'égard de ce qu'on a convenu d'appeler la politique [14] ».

Sa priorité reste l'assainissement économique, la lutte contre l'inflation. Il se refuse à lâcher du lest pour complaire à l'opinion. Aux chefs d'entreprise réunis au « Forum de l'expansion », il a recommandé plus d'énergie. Il a voulu convaincre les dirigeants des firmes qu'à l'heure de l'austérité, il fallait savoir allier le courage pour résister aux revendications salariales habituelles et l'audace pour investir malgré les brumes qui obscurcissent l'horizon. Il n'y aura pas de « relance globale ». Le gouvernement entreprendra seulement « des actions sectorielles visant à assainir la situation de certains secteurs, à faciliter la transformation de certains autres ; ou encore à encourager le développement des secteurs qui doivent concourir au rétablissement de nos équilibres [15] ».

Le 24 février, sur le perron de l'Elysée, il se réjouit de « certains aspects de la situation économique de la France ». La hausse des prix enregistrée en janvier, 0,3 %, est jugée « très encourageante ». Pour le Premier ministre, elle « reflète les conséquences de la baisse de la T.V.A. (...), confirme que les industriels, les chefs d'entreprise et commerçants l'ont appliquée avec beaucoup de détermination ».

Alors que la rumeur laissait entendre que la fin du blocage des prix entraînerait une nouvelle fièvre inflationniste, la hausse n'a pas dépassé en janvier le niveau qu'elle avait atteint en décembre, « en pleine période de gel ». Pour la première fois depuis quatre ans, grâce à la diminution du taux de la T.V.A., tombé de 20 à 17,6 %, le prix des produits manufacturés a baissé.

Le satisfecit que le gouvernement se décerne risque d'être momentané car janvier n'est en fait qu'un bref répit. Les effets de la baisse de la T.V.A. ne compteront plus que pour 0,15 % en février et en mars.

Il y a péril en la demeure

Dès le 1ᵉʳ avril, le prix des tarifs publics sera débloqué et dès lors recommencera la cavalcade vers l'inflation. Mais l'indice de janvier est le seul à être connu officiellement avant les élections municipales...

Il est trop tard, néanmoins, pour éviter l'échec. La gauche est portée par une étonnante dynamique, par une certitude de vaincre qui contraste singulièrement avec ce « complexe d'échec » qu'on lui connaît. Elle est relativement unie quand la majorité se déchire ; elle incarne un espoir idéologique sur le front économique et social, quand la crise frappe le pays de plein fouet ; elle progresse depuis dix ans, lentement mais sûrement, dans les scrutins électoraux, quand la coalition majoritaire se tasse. Après le discours de Ploërmel, François Mitterrand avait eu l'arrogance du vainqueur : « J'ai vu un homme sur la défensive... J'ai l'impression que le chef de l'Etat se parlait à lui-même. Comme il parlait tout haut, il a dû finir par s'entendre. »

Vainqueur, François Mitterrand l'est le soir du premier tour, le dimanche 13 mars. Il n'est pas le seul : Georges Marchais et le P.C.F. viennent aussi d'élargir considérablement leur influence géographique. Avec 42,7 % des suffrages, contre 35,9 % aux municipales de 1971, l'Union de la gauche confirme une poussée amorcée aux élections présidentielles de mai 1974 et cantonales de mars 1976. Cette évolution est marquée par un triple phénomène.

L'opposition emporte, dès le premier tour, des municipalités acquises depuis longtemps, sinon depuis toujours, à la majorité. Les exemples de Brest, Dreux, Angers, Chartres, sont très révélateurs d'un changement en profondeur du corps électoral, en particulier les catholiques, en faveur de la gauche. Mais il s'agit pour celle-ci d'une confirmation des derniers scrutins et non d'une progression conséquente, sauf quelques cas particuliers. Jacques Chirac n'a pas tout à fait tort d'affirmer que la majorité est souvent victime du vieillissement de ses notables, endormis dans la fausse sécurité de situations acquises depuis douze années et parfois davantage.

La dynamique unitaire de la gauche a joué, aussi bien en faveur des listes conduites par un candidat communiste (comme à Reims, à Châlons-sur-Marne, à Montluçon), que de celles conduites par un candidat socialiste (Angers, Aurillac, Brest, Roanne, Valence). Le Parti communiste a cessé de faire peur et hypothèque de moins en moins la crédibilité de la gauche.

A Paris, où Jacques Chirac sort gagnant, la gauche est déçue. Elle se maintient. Sans plus. Curieusement, les listes « ornanistes » devancent les listes « chiraquiennes » dans les quartiers les plus populaires de la capitale — le 18ᵉ, le 19ᵉ et le 20ᵉ arrondissement. Le R.P.R. de 1977 est loin de recouvrir l'ancien électorat du gaullisme. Et pas seulement à Paris. Les vieilles terres gaulliennes qu'étaient la Bretagne, la Lorraine, l'Alsace, n'ont pas choisi majoritairement Chirac. Elles lui ont préféré la gauche ou le centrisme.

Ce sont là d'intéressantes indications qui n'échapperont pas à l'Elysée. Jacques Chirac est positionné à « droite » et il puise dans les forces les plus conservatrices du pays. De ce point de vue, la stratégie de Michel Poniatowski et de Jean Lecanuet, qui consiste à l'enfermer dans cette image, paraît couronnée de succès. La tournure de la campagne comme les résultats du scrutin permettent, en effet, d'apprécier la vraie nature, selon l'entourage présidentiel, de l'affrontement entre Chirac et Giscard : la « droite musclée » contre les « libéraux ».

Le président du R.P.R. a vu le piège dès la création de son Rassemblement. Il n'a pas, encore, trouvé la riposte, sinon une navigation incertaine dans les eaux du « travaillisme à la française ». On l'a aussi entendu insister sur la nécessaire multiplication des sections R.P.R. d'entreprise qui doit « répondre au besoin d'expression politique des travailleurs », alors que devant le Conseil des ministres, Giscard avait dénoncé « la tentative de politisation des entreprises ».

Mais on le voit surtout « frapper fort », avec des accents bonapartistes. Et entre les deux tours, il frappera, se présentant, une fois de plus, comme le seul recours, contre la gauche, d'une majorité en proie, selon lui, aux états d'âme. Prenant la parole à la Mutualité, il lance un nouveau défi au chef de l'Etat : « La politique n'est pas une suite désordonnée d'initiatives spectaculaires ou de déclarations ostentatoires... Notre conception de l'efficacité nous interdira, partout en France, de nous attaquer à de fausses cibles. Le pays n'attend pas de nous que nous nous laissions entraîner dans la recherche de je ne sais quel nouvel équilibre au sein de cette majorité... Nous avons reçu, en ce domaine, un héritage que nous refusons de laisser dilapider par des enfants prodigues. »

Ce n'est plus une critique. C'est une charge d'infanterie lourde. Par une espèce de spirale passionnelle où l'animosité entre quelques hommes va l'emporter sur toute autre considération, la majorité se pulvérise par la parole. Et il n'y a plus guère que l'Elysée qui se taise. Un silence glacé. Raymond Barre s'engagera maladroitement, le vendredi soir 18, en faveur de Michel d'Ornano.

Heureusement que les glissements électoraux ne sont pas liés — ou très peu — à l'effervescence polémique des tréteaux. Sinon, la majorité aurait dû s'effondrer.

Elle perd. Ce n'est pas la Bérésina. Le second tour du 20 mars confirme les résultats du premier. Au total la gauche détient la majorité dans 159 villes de plus de 30 000 habitants sur 221, au lieu de 103 précédemment. Le gros des gains revient au P.S. qui gagne

Il y a péril en la demeure

35 municipalités, (le P.C.F. 22) et en contrôle 81 (le P.C. 72). Jamais depuis 1945, les communistes n'avaient réalisé une conquête de cette ampleur.

Les écologistes avec 10,3 % des suffrages font leur entrée sur la scène politique. Toutefois, ils n'ont pas réussi à infléchir la tendance générale à la bipolarisation et à la politisation de la campagne.

Ainsi, pour la première fois depuis 1958, le scrutin majoritaire à deux tours a joué en faveur de la gauche. C'est la grande leçon de ce dimanche 20 mars. C'est une rupture dans l'évolution de la Ve République. La gauche aura mis vingt ans à combler le handicap né du scrutin majoritaire et de ses propres divisions.

Dans la majorité — qui conserve Paris et des métropoles comme Lyon, Bordeaux, Rouen, Strasbourg, Nice... — la bataille n'a fait qu'accentuer les aigreurs et les divergences entre les hommes en place. L'opinion a suivi avec attention — les forts taux de participation en témoignent [16] — les coups bas entre Chirac et Ornano, les crocs-en-jambe entre Dominati et Pasqua, les calomnies entre Hauteclocque et Giroud ou les manigances entre Barre et le R.P.R.

Quelle que soit la façade unitaire qu'affichera la majorité, le traumatisme est profond chez les citoyens. Le report des voix entre les deux tours, en faveur de la liste la mieux placée, a été meilleur dans l'opposition que dans la majorité. Le bruit court que des ministres envisagent de démissionner. Le nom de Michel Durafour est évoqué dans la presse. Le ministre délégué à l'Economie et aux Finances a paru très affecté d'avoir perdu sa mairie de Saint-Etienne et son mutisme maussade a alimenté les « mauvaises pensées » que l'on prête à Raymond Barre. Françoise Giroud n'est pas non plus très fière d'avoir été obligée d'abandonner le combat électoral entre les deux tours dans le 15e arrondissement. Elle est allée se reposer sur la Côte d'Azur et attendrait des « ordres » pour rendre son portefeuille de secrétaire d'Etat à la Culture.

D'autre part, quelques décimales gagnées sur l'indice de la hausse des prix n'ont pas suffi à convaincre une majorité d'électeurs des bienfaits du Plan Barre. La carte des villes « enlevées » par la gauche recoupe, à quelques nuances près, celle des points noirs du chômage. Les banlieues des grandes villes peuplées de cadres moyens, d'employés et d'ouvriers, sont passées à l'opposition, autour de Paris, Lyon, Bordeaux, Nantes, Lille, Strasbourg. Même Reims, Châlons-sur-Marne, Angers, Brest sont tombées sous la poussée des populations des nouveaux quartiers. Il arrive qu'au milieu de régions très traditionalistes, le chef-lieu du département bascule : c'est le cas de La Roche-sur-Yon en Vendée.

Que faire, oui, que faire ? Tel un spectateur qui n'aurait jamais rien fait, sinon regarder sa majorité se transformer en corps de bataille, V. G. E. se réveille avec un air de gravité.

Dès le lundi 21 mars, à l'issue d'un entretien avec Raymond Barre, Jean François-Poncet et Jean Serisé, le chef de l'Etat a arrêté sa décision : le gouvernement sera remanié en profondeur quelques jours après le sommet européen qui se tient à Rome les 25 et 26 mars ; le Premier ministre lui remettra sa démission le 28 ; après quoi il interviendra à la télévision pour reconduire Barre dans sa fonction. Il partage, avec son Premier ministre, la même analyse : il faut se séparer d'un des « symboles » de la mésentente, Michel Poniatowski. Le ministre d'Etat chargé de l'Intérieur est devenu la cible privilégiée, et de la gauche à travers l'affaire de Broglie, et du R.P.R. Son image de marque est déplorable. Au lendemain du premier tour, Barre avait déjà argumenté dans ce sens.

Ce n'était pas facile de débarquer « Ponia » sans se séparer de ses deux alter ego, Olivier Guichard et Jean Lecanuet. Et ce n'était pas facile de remplacer au pied levé ces deux derniers. V. G. E. et Barre songèrent, un court instant, à les garder en leur donnant un portefeuille « simple » et non plus le titre de ministre d'Etat. Solution bâtarde qui risquait de leur déplaire sans rien arranger du côté de Poniatowski. Conclusion : les trois hommes seront sacrifiés. Le ministre de l'Intérieur est averti du sort qui l'attend par le chef de l'Etat. Le garde des Sceaux et le ministre d'Etat au Plan ne le seront pas. La tâche de les prévenir reviendra au Premier ministre, dès qu'il aura formé son nouveau gouvernement. Tâche ingrate dont il se sortira en écrivant à Guichard et à Lecanuet une longue et belle lettre manuscrite. Pour éviter toute susceptibilité, il écrira également à Michel Poniatowski.

Au Conseil des ministres du mercredi 23, rien de ce qui est décidé ne transparaît. Comme revigorés, les six ministres ou secrétaires d'Etat qui ont été battus — Michel Durafour, Michel d'Ornano, Pierre Brousse, Norbert Segard, Françoise Giroud — sourient en apparaissant à 12 h 30 sur le perron de l'Elysée. Pressé de questions, André Bord assure : « Il n'y a pas de remaniement. »

Le président, qui n'était pratiquement plus intervenu depuis Ploërmel, sort de sa réserve à travers un communiqué remis à la presse dans lequel, pour la énième fois, il témoigne de son obstination à gommer les rivalités et les réalités partisanes. Trois ans ont passé et on le retrouve, usant des mêmes mots, appliquant la même grille d'analyse. « ... Les élections municipales traduisent pour l'essentiel, au niveau des communes, la situation politique de 1974, telle qu'elle s'était déjà modifiée depuis les élections municipales précédentes.

« Le progrès de l'opposition doit être analysé dans sa profondeur. La majorité ne s'y opposera pas par une attitude défensive, repliée sur des

Il y a péril en la demeure 259

intérêts ou des conceptions figées. Les Français ont confirmé qu'ils souhaitent le changement.

« Si la majorité veut obtenir de meilleurs résultats aux élections législatives de 1978 — et les chiffres démontrent qu'elle en est capable — elle doit être porteuse d'un message de progrès, de justice et de liberté pour la France. Sa mission consiste à convaincre les Français de la supériorité d'une conception libérale de la société et de la démocratie... »

Il faut, par conséquent, que la majorité s'organise d'une façon cohérente, « exprimant un pacte majoritaire, franc et loyal ». L'idée d'un « pacte » fut lancé par Jacques Chirac. V. G. E. la reprend à son compte et demande à Raymond Barre de la concrétiser.

Après quoi, le chef de l'Etat s'envole pour Rome où ont lieu les célébrations du vingtième anniversaire du traité instituant la Communauté économique européenne, la C.E.E.

4
« VOICI LE TEMPS DE L'ÉPREUVE »

25 mars 1957 : la Communauté économique européenne naît dans un optimisme que ne démentiront pas les premiers mois de son fonctionnement. Dans une période troublée par les guerres coloniales, par les tensions Est-Ouest et encore marquée par l'échec de la Communauté européenne de défense (C.E.D.), la réunion des représentants des Six (Allemagne fédérale, Belgique, France, Italie, Luxembourg, Pays-Bas), sous le Capitole à Rome, fut marquée du sceau de l'espoir.

En se retrouvant vingt ans plus tard sous le même Capitole, les neuf chefs d'Etat ou de gouvernement ont dû méditer sur le temps qui passe et qui efface les espérances. Par un étrange détour de l'histoire, cet anniversaire a lieu au moment où six hommes d'Etat, sur les neuf, subissent dans leur pays de sérieux revers.

Valéry Giscard d'Estaing rumine l'échec qu'il vient d'enregistrer aux élections municipales. La position d'Helmut Schmidt en Allemagne fédérale n'est pas plus confortable après la sévère défaite que le Parti social-démocrate (S.P.D.) a essuyée dans le Land de Hesse. Venant cinq mois après les élections législatives difficilement gagnées, cet échec porte un sérieux coup à la coalition socialiste-libérale. Il s'ajoute à une série de difficultés qui hypothèquent l'autorité du chancelier Schmidt : l'affaire des écoutes téléphoniques, le chômage et l'austérité économique.

Giulio Andreotti, chargé d'accueillir ses collègues, a, lui aussi, ses soucis. Un climat de tension subsiste sur l'ensemble des grandes villes italiennes, tandis que la position du P.C.I. face au gouvernement démocrate-chrétien reste confuse. Andreotti, depuis dix mois à la tête de son cabinet monocolore, n'a pas encore commencé à gouverner : il s'efforce de gagner du temps.

Si James Callaghan, le Premier britannique, a pour un moment réussi un rétablissement, la situation de son gouvernement travailliste

Il y a péril en la demeure 261

est précaire sinon artificielle. Quant aux gouvernements de Den Uyl aux Pays-Bas et de Tindemans en Belgique, ils ne font plus qu'expédier les affaires courantes.

S'agit-il seulement d'un hasard ? La vie politique des démocraties d'Europe occidentale est de plus en plus marquée par le phénomène de la bipolarisation. Partout les élections se jouent au plus serré. Dans cette Europe à 50-50, le pouvoir est vulnérable. Sortie, voilà vingt ans, de l'impossible, L'Europe est devenue le continent de l'incertain.

Dans cette incertitude, la rencontre va pourtant permettre de résoudre deux problèmes. D'une part la Communauté va participer « en tant que telle » au prochain sommet des pays industrialisés. D'autre part, l'Allemagne fédérale donne son accord à la création d'un fonds commun de régularisation des cours des matières premières, initiative qui témoigne du rapprochement des positions des Neuf à l'égard du dialogue Nord-Sud, et qui va dans le sens des thèses chères au président français.

Mais ces résultats sont peu de chose. La C.E.E. ne parvient pas à affirmer sa personnalité et elle attend, à l'évidence, beaucoup de Jimmy Carter, entré en fonction le jeudi 20 janvier au cours d'une cérémonie devant le Capitole de Washington.

Au Conseil européen de La Haye, les 29 et 30 novembre 1976, les Neuf s'étaient prononcés pour une prise de contact rapide avec le président Carter. Voulant conserver l'initiative des propositions importantes, V. G. E. avait, deux jours plus tard à Pise, au cours d'un entretien avec Giulio Andreotti, Premier ministre italien, suggéré un « sommet » occidental — semblable à ceux de Rambouillet (novembre 1975) et Porto Rico (juin 1976). « En fait, pour sortir du désordre économique et monétaire, écrit Maurice Delarue dans *le Monde*[17], comme pour ranimer les négociations Nord-Sud — sans parler de la détente qui relève quasi exclusivement du dialogue entre Washington et Moscou — les Européens ne comptent que sur les Etats-Unis. La France n'est pas en mesure de prendre la moindre initiative internationale, et ceux de ses partenaires qui sont en meilleure forme n'ont jamais été beaucoup tentés d'agir indépendamment des Américains. Les institutions de la Communauté seront présidées pendant plusieurs mois par des Britanniques, et M. Callaghan n'a qu'une idée : être le premier à se rendre à Washington pour rencontrer le nouveau président. »

Le chef de l'Etat ne se fait plus d'illusions sur la portée des « sommets ». L'année 1977 est l'année des déceptions. La reprise franche et durable de l'expansion, de la production et des échanges internationaux n'a pas eu lieu. 1977 est aussi la première année de l'après-guerre où le protectionnisme entre insidieusement dans l'esprit des dirigeants de la planète. L'année où il apparaît naturel de constater que le système financier n'est plus vraiment contrôlé par les institutions publiques. L'année où on s'aperçoit que les négociations commerciales du G.A.T.T. (General Agreement on Tarifs and Trade) n'est plus en prise directe avec la réalité. L'année enfin où les pays développés ont préféré affirmer, face aux pays du tiers monde et faute de pouvoir imaginer une autre solution, leur préférence pour le statu quo politico-économique dans le monde [18].

Le secrétariat du G.A.T.T. a publié en 1977 un rapport alarmant : « La propagation des pressions dans le sens du protectionnisme pourrait bien se révéler être l'élément le plus important de l'évolution actuelle des politiques internationales, car elle a atteint un point où l'on peut considérer que le maintien d'un ordre international fondé sur des règles concertées et respectées se trouve mis en question. » Le diagnostic du G.A.T.T. est confirmé par celui du Fonds monétaire international : « Au début de 1977, il était manifeste que les pays industrialisés cessaient d'avoir pour objectif la réduction du protectionnisme que visait leur politique commerciale depuis la fin de la guerre. » Les années 1976-1977 révèlent ainsi un changement de direction dans les politiques économiques internationales : les gouvernements commencent à céder aux demandes de protection venues des technostructures patronales et des syndicats de salariés.

Au « sommet » de Londres, en mai, les six chefs d'Etat ou de gouvernement, du Canada, des Etats-Unis, de la France, de la Grande-Bretagne, de l'Italie et de la République fédérale d'Allemagne, se bornent à formuler l'esquisse d'une esquisse de solution. Quatre thèmes principaux sont inscrits au menu : la situation économique du monde capitaliste, la Conférence Nord-Sud, la politique nucléaire et les droits de l'homme. Les vertus de la concertation ne suffisent pas ; la convergence du diagnostic ne suffit plus. A Londres, les pays riches administrent la preuve qu'ils ne sont plus maîtres des mécanismes mondiaux : il faut vivre avec l'inflation, avec 15 millions de chômeurs pour l'ensemble de l'O.C.D.E., avec des monnaies qui flottent...

Il n'y a que sur le front du nucléaire où la France va manifester une certaine intransigeance à l'égard de la politique du président Carter. La Maison-Blanche a mis « hors la loi » le plutonium et du même coup le retraitement des combustibles irradiés. Or, toute la technologie nucléaire française, avec ses surrégénérateurs comme Super-Phénix — une technologie de pointe devançant celle des Américains — repose justement sur le plutonium et ce retraitement. Nous sommes parmi les rares pays à retraiter les combustibles irradiés du monde entier. Dictée par des intérêts immédiats et réels, la réaction française est partagée par les Allemands, les Italiens et les Anglais.

Quarante-huit heures avant l'ouverture du « sommet », le Conseil de politique nucléaire s'est réuni à l'Elysée. Dans sa riposte contre le choix Carter, le gouvernement français veut apparaître comme le plus déterminé. A Londres, V. G. E. ne cédera pas. L'enjeu est des plus essentiels : si la France ne parvient pas à exporter suffisamment de centrales nucléaires, son programme d'équipement interne sera totalement remis en question.

A l'exception de cette affirmation des positions françaises dans le domaine nucléaire, dont la portée n'est pas générale, mais particulière à notre pays, la réunion de Londres consacre le droit au « libéralisme organisé ». Chaque nation peut se prémunir, dans le cadre des accords existants, contre les perturbations sérieuses du marché. N'est-ce pas, avec élégance, reconnaître certaines vertus au protectionnisme ?

N'est-ce pas surtout hypothéquer l'avenir du dialogue Nord-Sud, déjà fort mal engagé ? Ce dialogue s'était amorcé à Paris, en décembre 1975, dans le cadre de la Conférence sur la coopération économique internationale (C.C.E.I.). En réalité, le « groupe des 77 » (c'est-à-dire les cent onze Etats classés « pays en voie de développement » à l'O.N.U.) était peu favorable à la réunion de la C.C.E.I. D'une part, l'initiative de V. G. E. consistait, afin de simplifier les négociations et d'accroître leurs chances d'aboutir, à ne réunir qu'un petit nombre de pays, ce qui aboutissait, aux yeux des « 77 », à les diviser. D'autre part, au sein même du « groupe des 77 », l'Arabie Saoudite et l'Iran semblaient prêts à des compromis avec les puissances industrialisées.

Finalement, dix-neuf pays du « groupe des 77 » furent désignés. Les travaux de la C.C.E.I. commencèrent à Paris le 11 février 1976. En décembre suivant, la session ministérielle terminale était ajournée faute d'accord au sein des diverses commissions. Les travaux reprirent en février 1977 et s'achevèrent le 3 juin sur de maigres résultats : la création d'un fonds commun pour le financement des stocks régulateurs des produits de base [19].

Ce que souhaitait, en priorité, le président français, était renvoyé aux calendes grecques : la création d'une instance permanente où serait poursuivi le dialogue Nord-Sud.

Les grands desseins diplomatiques de Valéry Giscard d'Estaing vont singulièrement reculer au profit d'un engagement plus soutenu sur le terrain national. Les douze mois qui vont de mars 1977 à mars 1978 seront ceux du repli de la France sur elle-même. L'histoire va se contracter ; les dirigeants et les citoyens vont vivre sans recul aucun par rapport à la seule échéance qui compte : les élections législatives.

Tous les événements internationaux qui impliqueront d'une manière ou d'une autre le président — en Afrique surtout, comme on le verra — seront lus à travers le prisme de ce prochain scrutin.

Douze mois frénétiques, durant lesquels l'actualité rebondira inlassablement sur deux sujets : l'Union de la gauche malade, puis rompue ; l'exaspération des tensions dans la majorité.

Dès son retour de Rome, V. G. E. descend des hauteurs planétaires pour plonger aussitôt dans l'ambiance délétère du pays. « Voici le temps de l'épreuve », écrit Raymond Aron dans *le Figaro*.

Recevant, le 28 mars, Raymond Barre venu lui présenter, comme prévu, sa démission, il lui demande de former un nouveau gouvernement. Il s'en explique le soir même à la télévision. « Je demanderai, mardi matin, à M. Raymond Barre, de diriger un nouveau gouvernement, choisi et conçu pour l'action des douze prochains mois et répondant de ce fait à trois caractères :

« Un gouvernement restreint comprenant au maximum quinze ministres :

« Un gouvernement d'hommes et de femmes désignés sans autre considération que la capacité d'exercer leur fonction ;

« Un gouvernement dégagé des partis politiques, conformément à l'esprit de la Ve République. »

Evoquant la division de la majorité, il concède : « Elle lui a fait, c'est évident, un tort considérable... » Mais « ce qui unit la majorité est plus fort que ce qui la divise. L'urgence de l'union l'emporte sur le droit à la différence... L'union se fera à partir et autour d'un programme démocratiquement élaboré qui sera proposé aux Français. La majorité définira clairement son organisation et les règles de conduite à tenir en vue des élections législatives. »

Se refusant à concevoir « la majorité et l'opposition comme deux armées en campagne, dont l'une doit écraser l'autre », il prévient : « C'est ici que le piège est tendu, car la France se sent poussée par une sorte de fatalité vers un choix qu'elle redoute. Je veux arracher la France à cette fatalité et à ce piège... Ma mission est que vous ayez à choisir sans équivoque entre deux voies d'évolution, d'un côté l'évolution raisonnable, méthodique et résolue, et de l'autre celle que vous proposent les signataires du Programme commun. Ce choix vous appartiendra et sera respecté. » Enfin, il assigne au gouvernement deux tâches prioritaires : « Poursuivre le redressement économique en cours ; présenter un programme d'action constituant un plan de douze mois, assorti d'objectifs précis. Ce plan intéressera notamment les familles et les personnes âgées, et le premier emploi des jeunes. »

En prenant ses distances par rapport aux partis politiques, en écartant leurs principaux dirigeants du gouvernement, il choisit de confier le pouvoir à des techniciens. Il revient au principe, en vigueur au début de la Ve République, de la séparation entre l'exécutif et les partis. C'est une intention lourde de risque, qu'il mesure. La France sort en effet d'une campagne électorale marquée par une politisation aiguë et l'on voit mal, dans ce contexte, comment il pourra faire admettre un gouvernement de gestionnaires.

Dans son propre camp, l'écueil est d'envergure : Jacques Chirac n'est-il pas le premier à proclamer que les enjeux aujourd'hui sont politiques, beaucoup plus qu'économiques et sociaux ? Raymond Barre lui-même, à l'origine de cet équipage « dépolitisé », en a vite mesuré les risques et a tenu à préciser que les ministres ne seraient pas des « techniciens », mais des « hommes choisis en fonction de leurs capacités. » De plus, en dépolitisant le gouvernement, le chef de l'Etat s'expose à prendre tous les coups.

Dangereux pari, donc. La stratégie adoptée présente néanmoins un avantage : celui de ligoter Jacques Chirac à deux niveaux. D'abord, en présentant un plan de douze mois, Giscard d'Estaing montre très bien qu'il veut mener la législature jusqu'à son terme de mars 1978. Ensuite, en demandant au Parlement de voter la confiance au futur gouvernement Raymond Barre, il oblige le R.P.R. a renouveler officiellement ses liens avec la majorité présidentielle.

Comment Chirac pourrait-il faire éclater, sur une question de portée nationale, la coalition gouvernementale ?

Le président du R.P.R. vient justement d'être installé dans le fauteuil de maire de Paris. A ce titre, il a rendu visite au chef de l'Etat et au Premier ministre. Rencontre protocolaire, froide, où rien de l'avenir, ni du présent n'est sérieusement évoqué. Appliquant à la lettre sa déclaration télévisée, V. G. E. ne consultera aucun leader des formations partisanes pour constituer le « gouvernement Barre-bis ». Pas plus Chirac que les autres.

Il a dans sa manche une carte sur laquelle il compte beaucoup : Alain Peyrefitte. L'académicien gaulliste dont la presse rend compte du second best-seller, *le Mal français* — après *Quand la Chine s'éveillera* — a, cette fois, accepté. Le R.P.R. est né, les municipales sont passées. Il tire la conclusion, qui, selon lui, s'impose : le gaullisme, celui qu'il a connu, est moribond, le chiraquisme en sonne le glas. Il considère que Jacques Chirac a une stratégie d'échec qui ne peut conduire — à plus au moins long terme — qu'à la chute du régime libéral.

Alain Peyrefitte et V. G. E. sont de la même couvée. Ils se connaissent depuis 1956. Les deux hommes s'admirent, s'il leur arrive aussi de se jalouser. Peyrefitte est un caractère, un homme trempé aux mains puissantes, au visage taillé et rude, à l'allure athlétique, autant de traits qui contrastent avec sa voix et ses manières de précepteur distingué. Normalien, énarque, diplomate, ministre, académicien, il est, à cinquante-deux ans, l'une des « stars » les plus enviées et les plus en vue du Tout-Paris politique et littéraire.

Avec sa tête « d'oiseau de proie [20] », où vole-t-il ? Sa personnalité est aussi complexe que celle de Giscard. L'un et l'autre disciples d'Alexis de Tocqueville, ils partagent le goût de la démocratie policée, tolérante. La politique est sérieuse, certes, mais surtout un « jeu sérieux » dans lequel les acteurs doivent être capables de regarder derrière le miroir, de voir l'envers de leurs propres engagements. Qu'il ait pu écrire, en 1974, à l'adresse de Valéry Giscard d'Estaing, qu'il était le candidat de la « droite réactionnaire », du « grand capital », du « parti des princes » et du « dollar », cela ne l'émeut point ; l'amuse plutôt.

Le président lui propose les Affaires étrangères. Il choisit la Justice « pour la simple raison que je rédigeais un rapport sur la violence, lequel ne manquerait pas d'avoir des prolongements judiciaires [20] ». En réalité, Raymond Barre ne voulait pas qu'il aille au Quai d'Orsay. Il n'aura pas le titre de ministre d'Etat, mais il sera une sorte de vice-Premier ministre et il aura, en particulier, la charge de présider « la petite classe » des secrétaires d'Etat, le mercredi après-midi. En effet, les secrétaires d'Etat n'assistent plus au Conseil des ministres, sauf si l'une des questions inscrites à l'ordre du jour est de leur compétence.

En dehors d'Alain Peyrefitte, Giscard a songé à Jacques Chaban-Delmas, formule également séduisante pour remplacer les trois ministres d'Etat écartés. Mais n'était-ce pas réintroduire un « baron », l'égal d'un Olivier Guichard, dans l'équipage ? Ce que ne veulent, en dernière analyse, ni V. G. E., ni Raymond Barre ; et le second gouvernement, constitué le 30 mars, répond effectivement à ce « profil bas » dans l'ordre de la représentation politique.

Il ne comporte que deux nouvelles têtes chez les ministres : Alain Peyrefitte, et René Monory (C.D.S.), qui reçoit le portefeuille de l'Industrie, du Commerce et de l'Artisanat. L'équipe ayant été réduite, le remaniement se caractérise surtout par des départs : Jean Lecanuet, Olivier Guichard, Michel Poniatowski, Françoise Giroud, Pierre Brousse, Michel Durafour...

Pierre Méhaignerie (C.D.S.), secrétaire d'Etat à l'Agriculture, est promu ministre du même département. Jacques Dominati reçoit, pour son altruisme durant la campagne de Paris, un secrétariat d'Etat « sans affectation ». Michel d'Ornano est maintenu. Christian Bonnet, un fidèle de V. G. E., devient ministre de l'Intérieur.

« Aucune considération politique n'a présidé à la formation de mon gouvernement », annonce Raymond Barre à sa sortie de l'Elysée.

Dans son ensemble, la classe politique est perplexe. Elle ne pardonne pas au Premier ministre de s'être ainsi imposé en sept mois. Quel beau parcours depuis ce mois de mai 1974, où il s'engageait très modestement, en prenant la tête d'un comité d'économistes favorables à la candidature de Valéry Giscard d'Estaing !

Au « Joffre du redressement de l'économie », selon la fameuse appellation du chef de l'Etat, il revient désormais la charge de conduire à la victoire la « majorité pluraliste ». En sept mois, il a réussi à se forger une image auprès des Français. Celle d'un homme énergique et obstiné qui ne court qu'un seul lièvre à la fois : « Faire sortir la France de la crise. » Et ce soir du 31 mars, il le répète avec insistance devant les caméras de TF1. Il prépare un second train de mesures pour « d'ici à trois semaines », mais il ne veut pas compromettre son plan initial « en ouvrant les vannes ». Il promet simplement de pratiquer une politique « offensive » de l'emploi, en s'occupant notamment du chômage des jeunes.

Le Premier ministre témoigne d'une assurance inébranlable dans son étoile. Il ne cache plus sa véritable personnalité. Il a acquis la certitude que toute équipe au pouvoir qui ne serait pas dirigée par lui conduirait le pays à la catastrophe, et de surcroît, qu'il n'y a pas d'autre équipe possible.

Il y a chez Barre un orgueil immense qui n'est pas sans rappeler celui du général de Gaulle. Loin de chercher à le dissimuler, il le brandit. Cette explosion du « moi » va provoquer d'énormes dégâts dans l'univers giscardo-chiraquien.

Cette dérive, mal perçue au départ — voire pas perçue du tout —, allait pourtant infléchir le jeu politique des quatre dernières années du régime. D'improbable, la réconciliation tactique entre les deux « clans » de la majorité allait devenir impossible.

Le Premier ministre, en effet, n'est pas du sérail et ce que l'élu R.P.R. accepte de Michel Poniatowski, de Roger Chinaud ou de Jean Lecanuet — ses compères —, il ne le tolère pas du « professeur Barre ». D'autant que le « meilleur économiste de France » a le sens de la formule empoisonnée.

C'est lui qui lancera de la tribune du Palais-Bourbon : « Je dirai à l'Assemblée que, même si j'avais eu le désir de critiquer mes prédécesseurs, je n'en aurais pas eu le temps, tellement on m'a laissé de choses à faire, à défaire et à refaire. » Lui qui lâchera : « Laissons les professionnels du dénigrement s'agiter verbalement dans l'aigreur et dans l'impuissance. » Lui qui confiera : « Voyez-vous, je suis un Premier ministre des temps difficiles ; j'ai l'impression que les salves que je reçois sont, pour beaucoup, des tirs à blanc. » Lui encore qui interpellera Claude Labbé : « Mais, Monsieur le député, votre discours n'a pas été écrit de votre main ! » On pourrait multiplier à l'infini ce genre de citation qui enterre l'adversaire d'un revers de main.

Raymond Barre va dévoyer les règles du débat parlementaire traditionnel au profit d'une conception magistrale — au sens de cours magistraux — de l'activité politique. Les dirigeants du R.P.R. — comme de l'opposition — vont se servir très habilement de ce changement de vitesse : le Premier ministre s'adressant de plus en plus aux citoyens et à leurs représentants élus comme un professeur, ils prendront très vite conscience que les Français supportent mal ce style de magistère et ils s'emploieront à en accuser tous les traits.

Les attaques des caciques du R.P.R. vont s'amplifier dans le ton et dans la forme. Dans les rangs giscardiens, sans désavouer publiquement Raymond Barre, on se plaindra de son « autoritarisme ».

Les rapports du Premier ministre avec les syndicats sont également entachés de la même suspicion. Or, Edmond Maire et Georges Séguy ont tiré des municipales une leçon qui présage une « accentuation des luttes » : le développement de la pression syndicale pendant la campagne électorale, loin d'effrayer les électeurs hésitants a, au contraire, favorisé la victoire de nombreuses listes de gauche.

Le « temps des épreuves » ? Surtout le temps des tensions, la personnalité du Premier ministre servant de prétexte à durcir, souvent artificiellement, les relations politiques et sociales.

5

« LE PRINCE MAUDIT »

Sous la V⁰ République, l'opinion a pris l'habitude d'être gouvernée par un président qui tient fermement en main sa majorité. Valéry Giscard d'Estaing, qui se prépare à célébrer sa troisième année à l'Elysée, a échoué sur ce terrain. Sa cote, dans les sondages, est descendue plus bas qu'aucun de ses prédécesseurs depuis 1958, puisque le nombre des mécontents est supérieur à celui des satisfaits.

Triste perspective que celle dans laquelle se réunit le mercredi 6 avril 1977 le gouvernement ! Le Premier ministre accepte une pause — ou plutôt un petit geste — dans sa politique de rigueur : il décide de reporter au 1ᵉʳ janvier 1978 l'application de la loi relative aux plus-values sur les valeurs mobilières. L'annonce de cette mesure provoque une hausse à la Bourse, allant jusqu'à 10 % pour certaines valeurs.

Est-ce aussi un geste de détente en direction de Jacques Chirac ? Le week-end précédent, aux Baux-de-Provence, les parlementaires R.P.R. n'ont rien fait, on s'en doute, qui puisse égayer les salons de l'Elysée et de Matignon. Ils ont campé aux frontières de l'opposition et jugé la nouvelle équipe de Raymond Barre « ridicule... grotesque... pas mobilisatrice... sans intérêt ». Ce fut un feu d'artifice. André Fanton, député de Paris : « Le gouvernement n'est pas un hôpital, c'est tout juste une salle de réanimation. » Yves Guéna, délégué politique du R.P.R. : « Il manque aujourd'hui le ciment mystérieux qui s'appelle la confiance. Or, il ne peut y avoir confiance que s'il y a clarté. » Michel Debré, de sa colère égale : « Il ne faut pas nous duper, il ne faut pas tricher avec nous. Or, le président de la République, le gouvernement trichent avec nous. On nous trompe, on nous dupe. »

Prenant à son tour la parole, au terme de ces trois journées « d'études » sous le ciel de Provence, le président du R.P.R., dans un discours de seize pages, se pose en véritable leader de la majorité, prenant ses distances à l'égard, non seulement de ses partenaires R.I..

centristes et radicaux, mais aussi du gouvernement. Il réclame un « contrôle parlementaire effectif, notamment à l'occasion du vote du budget », et il conclut : « Nous serons loyaux, mais intransigeants. »

Les élus gaullistes veulent aborder la session parlementaire du printemps unis et prêts à en découdre. S'ils entendent soutenir l'action du Premier ministre, leur persiflage, leur comportement, leurs analyses, indiquent clairement qu'ils seront d'abord des censeurs vigilants. Souhaitent-ils l'épreuve de force ? Certains observateurs le croient. A l'Elysée et à Matignon, cette hypothèse n'a jamais été sérieusement prise en compte.

Du côté des giscardiens, on se remue également. Que ce soit boulevard Saint-Germain, siège des C.D.S., place de Valois, chez les radicaux, ou encore rue de la Bienfaisance au quartier général des R.I., c'est la même litanie : il faut, pour les prochaines élections législatives, adopter le scrutin proportionnel ; tous ceux qui se réclament de la société libérale doivent se regrouper. Quelques variantes cependant : Gabriel Péronnet souhaite des élections anticipées, Lecanuet prêche la concertation.

Pour la quatrième fois en trois ans, le centre essaie vainement de se regrouper. Depuis 1974, il y a eu le mouvement réformateur, la gauche réformatrice, la fédération des centres, enfin la fédération des réformateurs.

Réformer le mode électoral ? Le chef de l'Etat n'a jamais fait qu'effleurer ce projet. Une étude approfondie a été conduite sous l'autorité du ministre de l'Intérieur. Mais il ne semble pas que V. G. E. ait réellement envisagé cette réforme. Persuadé que le progrès de l'opposition était concomitant au recul du P.C.F., il craignait que le scrutin proportionnel ne servît le centre gauche et les socialistes aux dépens des libéraux et du centre droit. Un raisonnement de bon sens qui jette d'ailleurs un doute sur cette intention, que l'on prête au chef de l'Etat, de rechercher une autre majorité sans oser l'avouer. On peut toutefois s'étonner que l'Elysée ait laissé se répandre le bruit que le président souhaitait la représentation proportionnelle. Etait-ce pour offrir à Jacques Chirac une occasion de plus de se déchaîner ?

Jusqu'au 8 juillet — date de son « discours de Carpentras » — il interviendra dans le débat politique de cette manière que, maintenant, tous les Français lui connaissent : par touches. Un « pointillisme » savamment dosé. Avec ce désir évident d'imposer de lui l'image d'un libéral et d'un visionnaire pour qui le destin de l'Afrique ou les retrouvailles avec le Viêt-nam comptent beaucoup plus que les spasmes et les grimaces de sa majorité.

A Raymond Barre le quotidien, la bataille dans l'hémicycle du Palais-Bourbon. A lui le long terme. Les « sommets » l'ont déçu. Le dialogue Nord-Sud s'essouffle. Le « nouvel ordre économique mondial » bat de l'aile. Il lui reste l'Europe et la place de la France dans le monde.

Comme tout, à Paris, gesticule autour de lui, il accepte le 9 avril d'offrir au Zaïre et au Maroc les bons offices d'une dizaine d'avions militaires de transport. En acheminant les troupes marocaines au Zaïre, la France va changer le cours des événements. L'objectif de V. G. E. était double, et il l'expliquera à la télévision. Tout d'abord manifester la qualité de ses liens avec le continent africain et se montrer soucieux de protéger les gouvernements qui lui font confiance, dans une période où les dirigeants de l'Afrique modérée étaient choqués par l'inaction des puissances occidentales. Ensuite, jouer son rôle de chef de file de l'Afrique francophone. En quelques semaines, le calme au Shaba fut rétabli et les envahisseurs repoussés. Mais pour combien de temps la crise était-elle résolue ? En 1978, il allait y avoir « la deuxième guerre du Shaba ».

Cette décision d'intervenir, il l'a prise seul. Ce qui lui vaut d'être critiqué par l'opposition. On sent pourtant que sa volonté de démontrer que la France a, grâce à lui, une politique extérieure indépendante, emporte une certaine adhésion. La démarche est gaullienne et on verra que dans d'autres circonstances — « l'opération Kolwezi » surtout — il s'efforcera de ressusciter, autour de sa diplomatie africaine et européenne, l'adhésion très largement majoritaire que le général de Gaulle était parvenu à susciter sur sa politique étrangère. Mais l'Afrique, bientôt, évoquera dans l'opinion bien autre chose que sa diplomatie : les diamants et les chasses [*]...

Après le Zaïre, le Viêt-nam. Du 25 au 29 avril, le chef du gouvernement, Pham Van-dong, effectue à Paris le premier voyage d'un dirigeant vietnamien depuis la réunification du pays en 1976. La République socialiste du Viêt-nam n'entend pas limiter ses relations au seul bloc de l'Est et la visite de Pham Van-dong symbolise cette ouverture. V. G. E. mettra beaucoup de soins à le recevoir, pour bien signifier l'importance qu'il accorde à cette « normalisation » des rapports franco-vietnamiens, et pour montrer où se situent ses préoccupations. Pham Van-dong est celui-là même qui, en 1946, accompagnait Hô Chi Minh à Fontainebleau en vue de persuader l'opinion française d'accorder l'indépendance au Viêt-nam.

La France, comme entité géographique et nationale, la France indépendante et orgueilleuse, retrouve soudainement ses lettres de noblesse. Il lui importe de témoigner qu'on est la France. Cela ne

[*] Nous traiterons plus largement de la diplomatie africaine de V. G. E. dans le second volume de cette histoire du septennat.

devrait-il pas résonner favorablement aux oreilles françaises ? « Elles y sont plus accoutumées, écrit Philippe Tesson, qu'à cette vision mondialiste imprécise, esquissée au début du septennat et à laquelle, de toute évidence, le chef de l'Etat a renoncé. C'est un nationalisme à la fois raisonnable et hardi qu'il exprime aujourd'hui, dans la tradition Ve République, tempéré par une nouvelle et fervente ouverture européenne... »

Personnage complexe, décidément, que Valéry Giscard d'Estaing ! Le « mondialiste » a-t-il vécu ? L'homme se corrige-t-il, discrètement ? N'est-ce pas plutôt que la terre se dérobe ? Qu'il perd pied ? Qu'il doute ?

Non. Vraiment non. Alors que la victoire de la gauche est devenue « inévitable », aux yeux des responsables du R.P.R., si le président reste au pouvoir ou s'il n'est pas sauvé par Jacques Chirac, alors que la majorité se déchire allégrement — *le Figaro* parle de « suicide collectif » ; *le Monde* de « crépuscule » —, il fait diversion, il use de ce « recadrage » déjà évoqué, et invite son gouvernement à un « séminaire de réflexion » au Château de Rambouillet, les 15 et 16 avril 1977.

Voilà deux ans, il avait inauguré cette formule de travail et de détente, plus importante par son style que par son contenu. Les motifs qui l'avaient amené, alors, à convoquer à Rambouillet les membres du gouvernement de Jacques Chirac étaient plus ambitieux. Il s'agissait d' « examiner le passé » et de « définir l'avenir » de l'action gouvernementale. Cela se passait les 4 et 5 avril 1975. En ce début de septennat, le temps était encore à l'euphorie. Depuis, l'enthousiasme est retombé. Et, selon Jean-Philippe Lecat, porte-parole de l'Elysée, « il s'est agi de la réunion d'un gouvernement moderne qui s'est donné pour tâche de conduire et de convaincre ».

Organisées comme une séance de *brainstorming,* les journées de Rambouillet n'avaient pas vocation à provoquer des miracles. La seule idée neuve est de mettre en œuvre « une véritable politique de communication dans les deux sens entre le gouvernement et le pays ». Le vrai problème aux yeux du chef de l'Etat est de restaurer l'image du gouvernement, de ranimer la confiance d'une opinion publique sceptique ou déçue par le dernier remaniement. « Il faut savoir gouverner pour tout le monde », répétera-t-il. Si quelques ministres profitent de cet instant privilégié, au milieu de 13 000 hectares de forêts, pour décocher une ou deux flèches à Raymond Barre qu'ils jugent « trop tranchant », parfois « cassant », la plupart des débats lancés par V. G. E. n'iront guère très loin. Echanges feutrés, « civilisés ». Telle est la règle. Le tout entrecoupé de courtes promenades dans le parc, en compagnie de Jugurtha et Samba, les deux chiens présidentiels.

Au fond, la seule justification, dans l'esprit du président de ce genre de rendez-vous, est de prendre ostensiblement de la distance par rapport au tohu-bohu de la politique politicienne. Et puis, il tenait là une équipe enfin unie sur l'essentiel et il lui plaisait de la réunir autour de lui. C'était une démarche de roi, au sens noble du terme.

Une parenthèse, probablement utile psychologiquement, mais gratuite. Le jour même où il faisait retraite à Rambouillet, les statistiques du chômage du mois de mars étaient publiées par le ministre du Travail. Pour la première fois en France, le nombre des chômeurs dépassait officiellement le seuil fatidique du million, du moins si l'on tient compte des corrections nécessaires pour que les chiffres deviennent comparables d'un mois sur l'autre : 1 002 500 personnes.

Comme pour éclairer d'une lueur tragique les chiffres du chômage, un homme et une femme tentent de se suicider par le feu, à 200 kilomètres de distance l'un de l'autre. Tous deux étaient sans emploi. « Loin d'être un fait divers, cet événement est un acte d'accusation envers la politique gouvernementale », ont aussitôt fait remarquer les élus communistes de la capitale.

Il y aura, constamment, sous le septennat giscardien, cette double photographie de la vie nationale. L'une, du pouvoir, regardée au microscope par les médias, et souvent avec la complaisance des hommes en place ; l'autre de la réalité sociale du pays, scrutée avec autant d'attention. Et, en raison de la crise économique, mais aussi culturelle, que nous traversons, ces deux photographies s'entrechoquent en permanence.

Le contraste va s'accentuer dès lors que les membres du gouvernement tendront de plus en plus à s'identifier à des gestionnaires ; une espèce de relation schizophrénique va s'établir entre le pouvoir et les citoyens. Ce que le journal britannique *The Guardian* a su résumer dans un titre : « Giscard opts for apolitical surrealism. »

Et l'on voit, dès 1977, ce mécanisme opérer : la manière dont évoluent les revendications des sidérurgistes en Lorraine, celles des éboueurs à Paris, celles des ouvriers chez Usinor, ou encore la façon dont la grogne s'installe à la Sécurité sociale comme dans les banques nationalisées et les chantiers navals, ne sont-ils pas autant de signes annonciateurs d'une grande impatience de la base ?

C'est dans ce climat qu'une autre illusion vient de tomber : l'indice des prix de mars (0,9 %) est très mauvais. Le Premier ministre savait qu'il ne recueillerait pas encore, ce mois, les fruits du plan d'austérité qu'il impose aux Français, mais il espérait un résultat moins médiocre.

Enfin, les mesures d'assainissement de la Sécurité sociale — diminution de 30 % du remboursement de plusieurs médicaments, relèvement des taux d'assurance maladie pour certaines catégories de salariés — provoquent de vives réactions. Henri Krasucki (C.G.T.)

considère qu'il s'agit d'une « agression... Ces mesures vont aggraver l'une des plus scandaleuses inégalités, celle devant la santé. » La C.F.D.T. estime que le plan gouvernemental marque « une escalade dans la régression sociale ». André Bergeron s'inquiète d'un « risque d'explosion sociale »... Ardent défenseur des négociations salariales, comptable scrupuleux du plus modeste avantage acquis, le leader de Force ouvrière a le sentiment de n'être pas récompensé de sa sagesse, et de vivre la fin d'une époque. Le Premier ministre, en effet, continue de bloquer les négociations des conventions collectives dans le secteur public et nationalisé.

Ni l'Elysée ni Matignon ne veulent céder sur la pierre angulaire de leur politique : « refroidir » l'économie, ralentir la consommation. Au Conseil national de planification, V. G. E. a fixé la ligne de conduite : un saupoudrage judicieux de petites mesures pour apaiser la tempête, mais le pied sur le frein reste la règle. Devant les Français, le Premier ministre interrogé par Jean-Pierre Elkabbach et Alain Duhamel à « Cartes sur table » ne remet pas en cause ses postulats : « Le gouvernement a repris le contrôle des principaux équilibres économiques. Mais il y a un problème angoissant, le chômage et notamment le chômage des jeunes. Pour cela, le gouvernement va d'abord continuer à lutter contre l'inflation. Il n'y a pas incompatibilité entre la lutte contre l'inflation et la lutte contre le chômage. »

Quand, le 26 avril, Raymond Barre présente son second plan dit de « douze mois », chacun doit de se convaincre qu'il propose un simple aménagement du premier et qu'il ne renonce pas à sa politique de rigueur. Le plan a été « pensé » dans une étroite concertation entre l'Elysée et Matignon. Il reflète le saupoudrage souhaité par V. G. E. et propose une série de mesures sociales concernant surtout les familles, les personnes âgées et l'emploi des jeunes. Les entreprises sont exonérées de la cotisation sur les salaires des jeunes, tandis qu'une prime de 10 000 F est allouée aux travailleurs immigrés chômeurs qui acceptent de retourner dans leurs pays. Le « plan d'action » sera financé « de façon saine », en particulier par un emprunt d'Etat et un impôt sur l'essence.

Le R.P.R. a été consulté le samedi 23. Claude Labbé, président du groupe au Palais-Bourbon, après un long entretien avec Raymond Barre, dit sa satisfaction et promet son soutien : « La conclusion de la discussion, qui aura lieu mardi à l'Assemblée nationale, sera positive... Je suis tout à fait satisfait de la forme prise par la concertation avec le Premier ministre. Je n'ai pas posé de conditions, j'ai simplement présenté le point de vue de mon groupe. »

Curieusement, le 28 avril, le débat dans l'hémicycle n'a pas cette tournure « positive ». Le R.P.R. « accorde au gouvernement son vote sans lui accorder sa confiance ». Non sans habileté, Claude Labbé et Yves Guéna, meneurs du jeu, prennent soin de séparer les « mesures économiques et sociales » auxquelles ils accordent leur « oui, si... », de la politique générale du gouvernement à laquelle ils disent « non, sauf... »

Certes, le R.P.R. a voté le Plan Barre-bis et le Premier ministre a raison d'affirmer : « Ce qui compte pour moi, c'est le vote... »

La crise, ce jeudi 28 avril, a-t-elle été évitée de justesse ou venons-nous d'assister à un spectacle dérisoire, comme aux plus beaux jours de la IVe République ?

L'attitude du chef de l'Etat incline à opter pour la seconde hypothèse. S'il accepte, contraint par les événements, d'intervenir à la télévision, c'est pour rassurer, non pour tancer. S'appuyant, à nouveau, sur les principes fondamentaux de la Ve République, revendiquant « son » gaullisme, allant jusqu'à rappeler que Jacques Chirac a été « son » Premier ministre, il confirme Raymond Barre à son poste, « pour conduire la politique de la France, jusqu'aux élections législatives » et il ajoute : « Il faut que la majorité s'unisse, tout en respectant naturellement la personnalité de ses tendances et leur droit à l'organisation et à l'expression. »

Incorrigible et obstiné Giscard ! Dans les rues de Paris, la manifestation des grévistes de l'E.D.F. et de la S.N.C.F. est la plus massive depuis 1968. Pour les amis de Jacques Chirac, chaque jour qui passe rapproche le régime de sa perte, et mieux vaut la dissolution et les élections anticipées. La situation est telle qu'on ne saurait espérer un redressement miraculeux. Il faut mobiliser la nation, non lui administrer des drogues.

V. G. E. a une approche radicalement opposée. Au cours d'une conversation avec Joseph Kraft de l'*International Herald Tribune,* il livrera sa pensée que le journaliste américain reproduira très fidèlement : « Les chances sont encore en faveur d'une victoire de la gauche aux élections de l'an prochain. Mais pas de beaucoup. L'économie peut se redresser. Giscard ou Barre peuvent reprendre la situation en main et renvoyer Chirac et les gaullistes dans l'ombre. Les communistes peuvent jouer trop gros et pousser ce pays riche, fondamentalement bourgeois, à voter de nouveau à droite.

« De plus, comme président, Giscard détient le droit de dissoudre le Parlement. Il m'a clairement indiqué qu'il n'aurait pas de scrupules à en faire usage si la gauche gagnait. Mais il voudrait être assez fort pour dissoudre dans des conditions et à un moment tels que les socialistes se sépareraient des communistes et entreraient dans une majorité de centre gauche [21]. »

V. G. E., dans cette période, consulte beaucoup, ce que la presse ignore. Des médecins, des industriels, des hommes d'affaires qui n'appartiennent ni à la gent politique ni au Paris mondain. Au détour d'un entretien avec ses collaborateurs, ceux-ci l'entendent qui affine son scénario en se référant à des contacts récents : « On m'a dit que... »

Il consulte également des juristes et des spécialistes du droit constitutionnel.

Il recevra en particulier Pierre Marcilhacy, soixante-sept ans, ancien candidat à l'élection présidentielle de 1965. Cet homme de 2,01 m, au tempérament de justicier et d'empêcheur de tourner en rond, fut l'auteur en 1964 d'un projet de loi tendant à l'élection d'un vice-président de la République et un partisan, dès 1960, du régime présidentiel. Esprit libre, respecté de la majorité comme de l'opposition — au Sénat, il a plusieurs fois délégué ses pouvoirs à des collègues socialistes — a été chargé, au début du septennat, du soin de moraliser les écoutes téléphoniques. Giscard, une des principales victimes des « écoutes », avant 1974, était très hostile à ce procédé.

Au milieu de ce mois de mai 1977, Pierre Marcilhacy est convoqué à l'Elysée, à son grand étonnement. La rencontre sera brève.

« Comment voyez-vous les élections législatives ? interroge le chef de l'Etat.

— Mal engagées pour la majorité. Je ne suis pas en mesure de donner un pronostic. La gauche, cette fois, peut gagner.

— Elle ne gagnera pas. Je reste convaincu, je l'ai dit au Premier ministre et devant le gouvernement, que les communistes vont rompre avec les socialistes sur l'actualisation du Programme commun. Mais si je me trompe, que dois-je faire ?

— Vous ne devez pas démissionner. Vous n'en avez pas le droit, ni moralement, ni politiquement.

— C'est exactement mon intention. J'attendrai avant d'intervenir, de manière très explicite, dans ce sens, que la désunion de la gauche soit consommée. D'ici là, je continuerai de respecter ce que je n'ai jamais cessé de dire ; je suis élu pour sept ans et j'assumerai jusqu'au bout mes responsabilités. Comment les choses se passeront, dans la pratique, c'est cela que je me réserve d'expliquer plus tard. »

Surpris par l'assurance de son interlocuteur, Marcilhacy avoue être sorti de l'Elysée persuadé de la justesse de l'analyse. Mais, avant de quitter le président, il laissa tomber, ce qui témoignait tout de même d'un doute : « Ah, quel dommage que vous ayez laissé filer Delors ! »

A la lumière de cette conviction — partagée, il faut en convenir, par d'autres observateurs [22] —, on comprend probablement mieux l'attitude de V. G. E. Sur l'instant, elle échappait à toute grille d'introspection. Il n'est pas jusqu'à Raymond Aron, visiblement désorienté, qui

Il y a péril en la demeure

n'évoque, dans plusieurs quotidiens régionaux, « les illusions perdues ou le drame du président [23] ». Charles Hargrove, correspondant du *Times* à Paris, ressent « une impression très répandue d'inconsistance, d'indécision et d'inefficacité au sommet... »

Giscard va son chemin et répète : « Je ne déserterai pas la fonction que j'exerce. Un président de la République, élu pour sept ans, chargé d'assurer la continuité de l'Etat, ne doit pas interrompre ses fonctions en raison des résultats d'une élection qui s'applique à d'autres qu'à lui [24]. »

Le 8 juin, il répond, dans une émission dirigée par Jean-Pierre Elkabbach, à vingt-cinq élèves — filles et garçons — de la terminale C 2 du lycée Saint-Exupéry à Lyon. « Tout le monde annonçait un débat truqué, il le fut, écrit *Libération*. Que peut donc bien penser Giscard d'Estaing de la politique, de l'angoisse, du monde à la dérive dont les lycéens de la classe de C 2 lui renvoyaient une image un peu empesée, certes, mais authentique ; nous ne le saurons jamais. Et au fond, peu importe. Car le vrai truquage est là : Giscard, mercredi soir, n'avait rien à dire. » Quant au journal *le Monde,* il révèle que les lycéens paraissaient « déçus autant qu'ensommeillés ».

Est-ce « le prince maudit », comme l'écrit Jean Daniel [25] ? Dans son propre camp, les giscardiens et réformateurs, s'ils ne mêlent pas leurs voix au concert des sarcasmes et des critiques de fond, se taisent.

Jean-Jacques Servan-Schreiber, l'ami d'hier, n'a-t-il pas déclaré au lendemain de son élection à la présidence du Parti radical : « Si M. Giscard d'Estaing m'avait soutenu, j'aurais été battu. » Phrase terrible.

Sixième partie

LE SURSAUT
9 juin 1977 – 22 mars 1978

1
DRÔLE D'ÉTÉ OU L'ÉTÉ DES DUPES ?

Le giscardisme existe-t-il ? A quelques mois des législatives, la question se pose à nouveau. On peut la formuler d'une autre manière : le giscardisme est-il suffisamment mobilisateur pour devenir un parti de gouvernement ? C'est à ces interrogations que veulent répondre les Républicains indépendants réunis en congrès, à Fréjus, les 19, 20 et 21 mai. Parti minoritaire à l'intérieur de la majorité, la formation du chef de l'Etat souffre de n'avoir jamais été à la mesure de la fonction de l'homme issu de ses rangs. « Puissance secondaire », le parti giscardien a dû compenser son infériorité par un souci perpétuel de préserver les apparences. Au fond, ce qui obsède les R.I., c'est leur image de marque.

Mais comment changer d'image de marque ? Une première opération a eu lieu, après le scrutin municipal, qui a consisté à remplacer le principal dirigeant. Ecarté du gouvernement, « Ponia » sera, pour les mêmes raisons, éloigné du parti giscardien. On lui préfère Jean-Pierre Soisson qui en devient secrétaire général. C'est au séminaire de Rambouillet que le chef de l'Etat a invité son secrétaire d'Etat à la Jeunesse et aux Sports à sauter le pas. A quarante-deux ans, l'alerte député-maire d'Auxerre abandonne, cinq jours plus tard, le 20 avril, ses fonctions gouvernementales pour se consacrer à l'avenir des Républicains indépendants. « Si je prends la maison en main, je compte la gérer comme un véritable patron. Je veux avoir les mains libres. Ce sera dur. Je n'ai pas encore de bureau ici, mais je vous garantis qu'avec ma nouvelle équipe, je vais prendre le pouvoir à la hussarde, car c'est le seul moyen[1]. »

Jean-Pierre Soisson est d'abord un parleur. Son goût pour la bonne cuisine et les vins de Bourgogne le place d'emblée dans la catégorie des gens dont on dit : « Ils sont d'un commerce agréable. » Ancien élève des jésuites, il a gardé de cette époque, outre sa fierté d'excellent latiniste, une ferveur religieuse. Il proclame volontiers son catholicisme et après avoir été nourri de rhétorique chez les « jèzes », il a noué de nombreuses amitiés chez les dominicains. On le retrouve parmi les membres fondateurs des équipes Saint-Dominique. Scout ? Bien sûr. Le scoutisme est une aventure qui compte dans l'entourage giscardien et Jean-Pierre Soisson symbolise assez bien la « nouvelle vague » des responsables politiques, tout à la dévotion du chef de l'Etat.

A Fréjus, tout commence bien mal. Un vent soufflant en tornade emporte le chapiteau central sous lequel Jean-Pierre Soisson devait prononcer son premier discours de leader politique et baptiser le mouvement qui s'appellera désormais le Parti républicain (P.R.).

Le congrès de Fréjus ne provoque pas l'enthousiasme des foules. « Non à la querelle, oui à la différence », sera le leitmotiv du jeune secrétaire général, qui s'adjoint Michel Pinton.

L'ambition immédiate du P.R. sera double. D'une part aboutir à un « pacte majoritaire » avec le R.P.R. dans la perspective des législatives de 1978. D'autre part, rassembler le centre, créer le « parti du président » en fédérant le P.R., les centristes de Jean Lecanuet, les réformateurs de Jean-Jacques Servan-Schreiber, pour aboutir, le 1er février 1978, à l'Union pour la Démocratie française, l'U.D.F.

Apparemment, le processus d'élaboration de l'U.D.F. est né dans l'appartement de Michel Pinton durant les élections municipales. V.G.E. était très réticent. Il a, on l'a dit, une allergie pour les « organisations », les « structures partisanes ». Jean Lecanuet manifeste des états d'âme. Roger Chinaud et Alain Griotteray du P.R. sont contre.

Il y a trois hommes pour : Jean-Pierre Soisson, Michel Pinton, et Jean-Jacques Servan-Schreiber.

Ce dernier jouera, dans cette affaire, un rôle très important. J. J. S. S. est très séduit par la stratégie et il est assez singulier que, sur l'instant, ses adversaires l'aient totalement sous-estimé.

Ce n'est pas ici le lieu de raconter par le détail les tribulations qui, pendant le printemps et l'été 1977, devaient déboucher sur la sélection des candidats U.D.F. au scrutin législatif[2]. Réunions « secrètes » sur « rencontres clandestines » allaient être organisées à l'Hôtel de Clermont, rue de Varenne, au pavillon de la Lanterne dans le parc du Château de Versailles, ou encore au pavillon de Musique dans les jardins de Matignon... Vont s'y croiser une vingtaine de personnes, en ordre un peu dispersé.

Dans les rencontres tripartites, il y aura Alain Griotteray et Edgar Peretti pour le P.R. ; André Fosset, Jean Marie Vanlerenderghe, Annick Lavau pour le C.D.S., Pierre Brousse, Didier Bariani et François Garcia pour le Parti radical valoisien. Dans les rencontres

« plénières », incluant des représentants du pouvoir, Matignon déléguera Daniel Doustin, le directeur du cabinet assisté de Jean-Pierre Rontex ou de Jean-Claude Casanova ; l'Intérieur, Jean Paolini, également directeur de cabinet ; l'Elysée, Jean Riolacci, conseiller, et Philippe Aucouturier... « Plus tard, lorsque la situation sera suffisamment décantée, Jean-Pierre Soisson, Jean Lecanuet et Jean-Jacques Servan-Schreiber découvriront, eux aussi, le chemin de ce pavillon de Musique où l'entente giscardienne ne se construit pas sans fausses notes[3]. »

Mariant l'ordinateur, la sociologie politique et l'analyse des scrutins électoraux, Michel Pinton dans une « note confidentielle » du 6 août, de dix feuillets[4], parvient à une conclusion qu'il juge paradoxale, laquelle doit fonder la stratégie P.R. : il constate que le parti du président ne retrouve dans les élections que 45 % des suffrages authentiquement giscardiens. Une forte proportion de ces « giscardiens » semble disposée à faire élire des ennemis déclarés ou des supporters réticents du chef de l'Etat. Aucun autre candidat patenté à l'Elysée n'a une base électorale aussi dispersée. François Mitterrand trouve 80 % de ses partisans au P.S. ; Jacques Chirac 70 % des siens au R.P.R.

Conclusion de Pinton : cette dispersion des giscardiens pourrait se transformer en avantage pour V. G. E. si une stratégie « offensive » parvenait à capter, à récupérer le maximum de ces voix éclatées. Et cette stratégie passe par la mise en valeur de l'originalité du P.R. Et cette originalité du P.R. consiste à relever le défi de Jacques Chirac, sur le terrain qu'il a choisi, celui des primaires. Et comment relever ce défi ? Par un programme fracassant ? Non. La meilleure façon d'accentuer l'originalité du P.R. consiste à parvenir, avec ses alliés les plus proches — le C.D.S. et le Parti radical — à un accord étroit sous la houlette du Premier ministre. Ainsi, le clivage giscardien-R.P.R. sera clairement établi et, au lieu de rechercher un accord de programme et de candidature unique avec les chiraquiens, il suffira de se satisfaire d'un accord de désistement au soir du premier tour.

En polytechnicien aguerri aux raisonnements déductifs, Michel Pinton finira par convaincre l'Elysée. Il se révélera fin tacticien sur le terrain.

Jusqu'à la « note confidentielle » du 6 août, la famille giscardienne va avancer en ordre dispersé, au gré des impressions qu'elle détecte dans les diverses interventions du président, et selon l'humeur du frère ennemi, Jacques Chirac.

Fin juin, V. G. E., une fois encore, est sorti de la mêlée partisane. Dans une interview au *Figaro,* en novembre 1975, il déclarait : « Désormais la France a les moyens et l'obligation d'exercer pleinement ses responsabilités de puissance nucléaire. Jusqu'ici, elle n'a pratiquement jamais parlé de problèmes nucléaires à d'autres. Pourquoi ? Parce que la préoccupation française concernait par priorité la création de notre instrument nucléaire. »

Il saisit l'occasion du sommet franco-soviétique de Rambouillet, les 20-22 juin 1977, pour engager les premières conversations diplomatiques sur ce sujet. En effet, au-delà du communiqué final, sa rencontre avec Leonid Brejnev lui a permis de donner l'impression qu'il veut conduire le destin international français dans trois directions : la France puissance autonome, la France puissance militaire, la France puissance nucléaire.

Sur les deux premières directions, qui conditionnent l'indépendance française, est venue se greffer l'idée de détente. Là, rien de nouveau. La France a toujours conçu sa participation à la détente en termes de « politique indépendante ». Coincée entre les deux blocs — les Etats-Unis et l'U.R.S.S. —, elle considère que son indépendance passe par une attitude de refus à tout processus de désarmement. Depuis 1958, notre politique sur ce terrain peut être ainsi résumée : la France n'a pas à désarmer, c'est aux deux Grands de montrer l'exemple.

La troisième direction est nouvelle. De l'aveu même du chef de l'Etat, la France était en 1975 une jeune puissance nucléaire. Elle est devenue adulte. Plus que la participation des blindés français à la défense des frontières orientales de l'Allemagne fédérale, c'est un élément autrement nouveau et important ! V. G. E. a fait valoir devant Brejnev que désormais, notre « instrument nucléaire » est celui d'une puissance qui s'affirme.

Veut-il amorcer une politique de grandeur ? Il saisit, depuis les municipales de mars, toutes les occasions pour peaufiner une silhouette plus gaullienne. Dans la conférence de presse qui suit le « sommet », il souligne la « valorisation » de la position internationale de la France, qui a son rôle à tenir entre les puissances américaine et soviétique.

V. G. E. va surtout transcrire à l'échelon planétaire sa conception de la « décrispation » nationale. Aux trois impératifs traditionnels de la détente — le respect des droits de l'homme, la non-ingérence, l'extension de la détente à tous les conflits régionaux du monde —, il ajoute un quatrième : une « modération de la compétition idéologique ».

Cette approche méritait, à l'évidence, d'être creusée. Elle passa à peu près inaperçue, sauf de Leonid Brejnev qui la jugea « inadmissible » : pour le numéro un soviétique, il n'y a qu'une seule guerre idéologique, celle que mènent les Etats-Unis...

Ce qui provoquera le plus de commentaires, ce fut la visite impromptue que Brejnev rendit à... Jacques Chirac à l'Hôtel de Ville de Paris. En revanche, il ne rencontra pas Georges Marchais, lequel ne tenait guère à se montrer avec le dirigeant du Kremlin, un personnage pour lui bien encombrant dans une période préélectorale où le P.C.F. veut, avant tout, marquer son indépendance à l'égard du parti frère.

En France, fleurissent les mouvements pour la défense des droits de l'homme qui ébranlent le P.C. dans ses fondements. D'ailleurs, une contre-réception a réuni, au théâtre Récamier, de nombreux intellectuels parisiens — dont Eugène Ionesco, Jean-Paul Sartre, Michel Foucault — et les dissidents soviétiques exilés. Parmi ces derniers, Andréi Amalrik qui, plusieurs jours durant, en février, campa avec obstination sous les fenêtres de l'Elysée, brandissant une pancarte à l'adresse de V.G.E. : « Exigez l'application des accords d'Helsinki ». Le chef de l'Etat refusa de le recevoir. Pourquoi ? Non sans cynisme et lucidité, il considérait que la campagne des droits de l'homme était perçue par les Soviétiques « comme un moyen de pression pour qu'ils abandonnent leur système. Et comme nous le savons tous, leur système est tout à fait incompatible avec les valeurs occidentales [5]. »

Un « bon » sommet pour Giscard ? Sur le fond, sans doute. Dans son déroulement, Jacques Chirac aura réussi à ce qu'on ne l'oublie point...

Pourtant, à l'approche de l'été, le maire de Paris fait la chattemite sur un sujet où on attend qu'il sorte ses griffes : l'Europe. Le 31 mai, Raymond Barre a expliqué, sans grande passion, aux députés R.P.R., le projet de loi qui prévoit qu'au printemps 1978 — ce ne sera qu'en 1979 — les Français éliront au suffrage universel 81 députés au Parlement européen. L'élection aura lieu à la représentation proportionnelle au niveau national. Un compromis semble se dessiner. Jacques Chirac a laissé dire que l'attitude de Michel Debré était « un peu trop passionnée ».

Huit jours plus tard, le groupe R.P.R. demande l'ajournement du débat sur l'élection du Parlement européen ! Michel Debré et son entourage d'irréductibles ont emporté la décision. Le reste du groupe a suivi, quitte à mettre Chirac dans l'embarras.

La brusque volte-face du R.P.R. est ressentie à Matignon comme un coup de poignard dans le dos. Raymond Barre dit à ses conseillers : « Sachez-le, je le ferai passer, ce texte, sans y toucher une virgule. Ça devient intolérable ! »

A la même heure, dans une autre réunion, Edgar Faure — que l'on voit de plus en plus avec le maire de Paris — affirme partager l'avis du président de la République, selon lequel « l'atmosphère est bonne » au sein de la majorité...

Selon le R.P.R., quelques mois d'ajournement devraient permettre une renégociation de l'accord avec les huit partenaires de la France. L'Elysée, qui estime que l' « honneur du pays » est engagé par un acte international dûment signé, n'acceptera à aucun prix de reculer, et le fait clairement savoir.

Malgré tout, l'inquiétude du gouvernement devant la manœuvre du R.P.R. est réelle. Raymond Barre décide d'écourter une visite qu'il avait prévue en province. Michel Debré, en effet, s'engage dans une aventure procédurière dont personne ne voit la fin.

L'Elysée et Matignon ont arrêté leur conduite : s'il le faut, le Premier ministre usera de l'article 49-3 de la Constitution. C'est-à-dire qu'il engagera sa responsabilité. Dans cette procédure, ou bien les élus du R.P.R. votent contre le gouvernement et ils provoquent une crise ; ou bien ils s'abstiennent et le texte est considéré comme accepté. C'est une épreuve de vérité politique ; c'est aussi une manière de faire passer une loi sans que les députés l'aient effectivement votée.

C'est ce qu'il advint, le 15 juin. Etait-il convenable de faire adopter sans vote un texte aussi important que la loi autorisant l'élection du Parlement européen au suffrage universel ? « Non », ont répondu Michel Debré et Jacques Chirac. Une ratification obtenue dans ces conditions ne représente, affirma l'ancien Premier ministre, qu'une adhésion imprécise et contestée, et a quelque chose d'ambigu.

Valéry Giscard d'Estaing a beau jeu de faire remarquer qu'il se contente d'appliquer une disposition de la Constitution de 1958 dont les gaullistes ont fait, jusqu'à ce jour, leur évangile. Ils ont même utilisé ce système de « l'engagement de la confiance » dans des circonstances, au moins, aussi déterminantes pour l'avenir de la France. N'est-ce pas Michel Debré, Premier ministre, qui a fait adopter, par le rejet d'une motion de censure présentée par l'opposition, la loi-programme créant la force de dissuasion nucléaire ? Cela se passait en octobre 1960. A dix autres reprises, des textes importants furent adoptés de cette manière.

A l'Assemblée et devant les caméras de télévision qui retransmettaient la séance en direct, le président du R.P.R. révéla qu'il s'était opposé durement, sur l'élection du Parlement européen, au chef de l'Etat, quand il était son Premier ministre. C'est vrai. Néanmoins, la décision du Conseil des ministres de l'époque a été prise, officiellement, à l'unanimité.

Le sentiment qui prévaut dans la classe politique, après cette rude passe d'armes, peut se résumer ainsi : Jacques Chirac continuera de tirer sur la corde, en se gardant bien de la rompre.

Et c'est très naturellement que les tensions apparentes vont se dégonfler. Les projecteurs de l'actualité politique ont, de surcroît, changé de direction. Ils éclairent la gauche en général et le P.S. en particulier, dont mille cinq cents délégués se retrouvent au congrès de Nantes.

La désescalade s'amorce dans la majorité. Jacques Chirac se fait aimable. Il propose une réunion « au sommet » des responsables de la majorité. Bien sûr, chacun mettra du temps à se retrouver dans le « pacte majoritaire » préconisé par le maire de Paris, le « code de bonne conduite » souhaité par Jean-Pierre Soisson, ou cette « entente globale » voulue par Jean Lecanuet.

Sans compter J. J. S. S., pour qui une réunion « dominée par les questions tactiques mises à son ordre du jour, et donc bâclée sur l'essentiel, ne saurait avoir que des effets négatifs. Il ne saurait s'agir d'organiser, à huis clos, un " cartel des non " au Programme commun ».

Mais le président de la République est convaincu que, finalement, le sommet de la majorité aura lieu. Probablement avant le 1er août. Il pense simplement que cette réunion ne doit pas être provoquée dans la précipitation. Il s'apprête, le 8 juillet, à Carpentras, à expliquer le rôle constitutionnel du président de la République, à essayer de mettre un terme à la confusion qui règne dans sa majorité.

Le discours est attendu. L'Elysée a dit qu'il serait d' « importance nationale ».

En fait, l'allocution de V. G. E. va, sans cesse, osciller entre deux styles, le présidentiel et l'électoral. Il oppose le symbole d'unité qu'il représente aux ferments de division sécrétés par les partis. Il appelle la majorité à s'entendre sur l'idée de « progrès », et il confie au Premier ministre la tâche de la conduire aux élections. Il rend le Programme commun responsable de la coupure de la France et annonce des initiatives propres à atténuer cette division en cas de victoire de la majorité. Il voit les conditions de cette victoire dans « une bonne politique », axée sur le redressement économique et la poursuite du progrès. Enfin, il pronostique : « A la fin de cette année, la France sortira de la crise. »

Le ton est martial. Parfois gaullien. Il réaffirme qu'il se maintiendra au pouvoir « devant une Assemblée nationale hostile », et il s'abrite derrière la Constitution de 1958. Il n'hésite pas à brocarder les « amateurs de coups d'Etat », se posant en gardien de la légitimité républicaine.

La parade institutionnelle est, pour lui, une donnée de fait qu'il exploite, comme on le voit, en crescendo. Elle gêne, subtilement, l'opposition. Si, en effet, l'Union de la gauche estime, dans le cadre constitutionnel de 1958, qu'elle peut demain gouverner avec Valéry Giscard d'Estaing, cela peut signifier, soit qu'un homme de « droite » est capable d'avaliser une politique de « gauche », soit que le Programme commun sera suffisamment souple pour s'adapter aux circonstances. Si, à l'inverse, la gauche considère, à l'exemple du Parti communiste, que l'une de ses premières initiatives devra être de réviser en profondeur la Constitution, comment alors peut-elle laisser croire à l'opinion que la crise du système ne sera pas immédiate ?

Comment le discours de Carpentras est-il accueilli par le R.P.R. ? Jacques Chirac y trouve « un pas important effectué dans le bon sens ». Il paraît également accepter que Raymond Barre participe, dans un deuxième stade — après le « sommet » de la majorité —, à l'organisation de la bataille des législatives.

Deux problèmes ne sont cependant pas encore réglés.

Du côté de l'Elysée, on souhaite officiellement que les candidatures uniques de la majorité soient la règle générale. Au R.P.R., on préférerait des élections primaires : que chaque parti ait son candidat au premier tour et que le peuple « choisisse son champion », selon la formule de Chirac.

Alors que V. G. E. attend de sa majorité un programme qu'elle puisse opposer à celui de la gauche, le maire de Paris refuse toujours cette solution.

On en est là quand s'ouvre, avec un léger retard, le « sommet » de la majorité. Le mardi 19 juillet, à 10 heures, au siège du C.D.S., les représentants de cinq formations se retrouvent autour d'une même table : le R.P.R. Jacques Chirac, le P.R. Jean-Pierre Soisson, le C.D.S. Jean Lecanuet, le « radical-socialiste et réformateur » Michel Durafour et l' « Indépendant paysan » Bertrand Motte. Un représentant du Mouvement démocrate socialiste de France (animé par Max Lejeune) a été autorisé à assister à la rencontre. Jean-Jacques Servan-Schreiber, président des radicaux valoisiens, a décliné l'invitation de ses partenaires. Il considère que ce « sommet » est précipité et que seule la réunion que Raymond Barre a l'intention de convoquer en septembre est importante.

Le ton va monter autour de la table en losange. Jacques Chirac ne poursuit qu'un but : obtenir un désistement automatique en faveur du candidat de la majorité placé en tête au premier tour.

Ce but, il l'atteint. C'est « l'accord » du 19 juillet.

Pour l'ancien Premier ministre, toutes les rencontres qui suivront — et auxquelles les « chefs » n'assisteront plus, mais leurs « seconds » — serviront essentiellement à amuser le tapis.

En vérité, comme dans la fable de La Fontaine, le président du R.P.R., qui « croyait prendre », va être pris à son propre piège. Il ignore la substance des mercredis « secrets » du « pavillon de Musique », où le P.R., le C.D.S. et les radicaux valoisiens de J. J. S. S. concoctent un regroupement des giscardiens, qui n'est autre, objectivement, qu'un front anti-R.P.R. Il sait évidemment que des « rendez-vous » ont lieu, mais n'y prête aucune attention, ne connaît pas leur

Le sursaut

régularité, et n'a aucune information sur la future note du 6 août de Michel Pinton.

Jacques Chirac se croit maître du jeu. Fin août, avant la séance qui doit réunir pour la sixième fois les délégués du R.P.R., du P.R., du C.D.S. et du C.N.I., le député de la Corrèze a rappelé ce qu'on sait déjà : le R.P.R. rejette en bloc toutes les propositions du chef de l'Etat concernant la préparation des élections. Il ne veut pas d'un « programme de législature », pas plus qu'il n'accepte l'arbitrage du Premier ministre pour la distribution des candidatures.

Sa seule concession : un « manifeste » électoral des partis de la majorité. Le R.P.R. va essayer d'imposer un texte qui est repoussé. « C'est du Déroulède corrigé par Prud'homme... du Malraux du pauvre », ironisera André Diligent, vice-président du C.D.S. Il en propose un second, tandis que le C.D.S. offre également sa mouture. Le « manifeste » signé le 5 septembre est un compromis des deux projets.

« Dans la mesure où il n'y a rien dedans, dira encore André Diligent, c'est une victoire pour tout le monde. » Le « manifeste » sur lequel devrait reposer, en principe, la campagne électorale du R.P.R., du P.R., du C.D.S. et du C.N.I., comporte trois chapitres : « Société de liberté », « Société de responsabilité » et « Société de justice ». Qui le lira jamais ?

On est le 5 septembre 1977. Mission accomplie pour Jacques Chirac. Le nom de Valéry Giscard d'Estaing n'est pas cité dans le « manifeste ». Les leaders de la majorité sont ravis de retrouver la « une » des journaux, de plus en plus accaparée par la gauche à la veille de se « désunir ».

C'est alors que J. J. S. S., président du Parti radical, agissant sous la tutelle de Michel Pinton, donc de l'Elysée, et de Matignon, lance sa bombe : à l'issue d'un entretien d'une heure avec le Premier ministre, il annonce, le 7 septembre, que les dirigeants des formations de la majorité, à l'exception du R.P.R., se sont mis d'accord pour ne présenter qu'un seul candidat aux prochaines élections, face à celui du mouvement gaulliste.

Et ce sera la célèbre réplique de Chirac : Jean-Jacques Servan-Schreiber est un « turlupin... un simple amalgame excessif sur le plan de la philosophie politique et de l'inspiration politique ».

Le député de Corrèze ne croyait pas si bien dire. « Un turlupin » dans le Robert est un « mauvais plaisant ». Ne vient-il pas d'être victime d'une méchante plaisanterie ?

V. G. E. et Raymond Barre se gardent de cautionner le président du Parti radical. Le chef de l'Etat conserve un doute sur la « stratégie Pinton ». Il confie, aux différents ministres du C.D.S. ou du P.R. qu'il aime sonder, ses craintes sur l'aboutissement d'un rassemblement giscardien. « Vous croyez, dit-il un jour à Jacques Barrot (C.D.S.), que toutes ces réunions, tractations, agitations de couloirs vont conduire vraiment à quelque chose de sérieux ? » Il connaît, aussi, les réticences de Jean Lecanuet.

Drôle d'été que celui de 1977. L'été des dupes. Dans la majorité, Jacques Chirac et ses amis ont été « menés en bateau ». Dans l'opposition, des millions d'électeurs, bercés par la dynamique de gauche, se réveillent le jeudi 15 septembre, un goût très amer dans la bouche : les aurait-on trompés sur la belle « union » ? La veille, ils attendaient un show télévisé, Mitterrand-Marchais. Ils découvrent, sur le petit écran, Robert Fabre qui s'empare du micro et explique devant ses partenaires stupéfaits pourquoi il a quitté brusquement la salle où se réunit le « sommet » de la gauche. C'est l'esclandre. Le M.R.G. refuse l'extension des nationalisations demandée par le parti communiste. Une moitié de la France vacille. « Il est temps, écrit *le Matin,* de crier : " Assez ". Il est temps de retrouver le sens de l'Union. Et de se battre enfin : contre la droite [6]. »

Las ! le 26 septembre, c'est le blocage. Chacun, à gauche, campe sur ses positions. Officiellement, les portes de la négociation restent ouvertes, mais personne ne s'y présentera plus.

Drôle d'été... Triste aussi. Un million cent cinquante mille Français sont à la recherche d'un emploi. On apprend que le taux de croissance de l'économie ne dépassera pas 3 %, au lieu de 4,8 % annoncé. En clair, cent mille chômeurs de plus.

Et puis, c'est le drame sur le site nucléaire de Creys-Malville dans l'Isère. Depuis que la France a pris le « virage nucléaire » — le programme Messmer de mars 1974 —, les manifestations antinucléaires, d'abord modestes, prennent brusquement une ampleur sans précédent. La classe politique, dans son ensemble, est prise à contre-pied. De toutes les démocraties occidentales, notre pays est le seul qui refuse d'ouvrir un débat sur ce problème. Le président de la République estime que cette affaire, à cause de sa complexité, est du domaine des experts. En Grande-Bretagne, en revanche, se déroule une enquête d'utilité publique qui doit définir l'ensemble de la politique nucléaire. En attendant les résultats de cette enquête, Londres a décidé de surseoir à la construction d'une centrale surrégénératrice. En Allemagne fédérale, le gouvernement social-démocrate du chancelier Schmidt est aux prises avec une opposition extraparlementaire de plus en plus puissante qui a axé son combat sur le nucléaire. Déjà, la justice a interdit la construction de la centrale Wiehl sur le Rhin et plusieurs chantiers sont bloqués. En Suède, la lutte des mouvements écologiques n'a pas été étrangère à la défaite des socialistes. En Californie, enfin,

Le sursaut

un référendum a eu lieu autour du thème de la sécurité dans les usines atomiques.

Chez nous, la manifestation qui commence aux abords de Creys-Malville le 30 juillet est attendue comme un test. Elle le sera. Tragiquement. Le rassemblement va tourner à la violence. La riposte du pouvoir sera brutale. V. G. E. est tenu « heure par heure », selon Christian Bonnet, ministre de l'Intérieur, au courant de l'évolution des événements. Un jeune homme, Vital Michalon, victime d'une crise cardiaque après une charge du service d'ordre, trouve la mort. L'Intérieur affirme que celle-ci serait due à « l'explosion d'un engin de fabrication artisanale, préparé par les manifestants ». Le 4 août, on apprend que c'est la déflagration d'une grenade offensive qui a tué Vital Michalon. La tragédie prend, pour la gauche, l'allure d'une provocation. L'étalage de la force, les rodomontades d'un préfet — « Je défends un bien national... » —, les explications embarrassées du gouvernement laissent une pénible impression. Pendant plusieurs semaines, dans la presse, il y aura « l'avant et l'après Malville ».

Enfin, Elvis Presley, le héros blanc du rock, le champion de la libération du geste, le jeune homme de Memphis, est mort. Sa génération qui frôle la quarantaine a oublié le rock n'roll et accède au pouvoir, partout dans le monde occidental. En France, les héritiers d'Elvis incarnent la jeunesse du septennat giscardien. Elle se rue au « Palace ».

2
« LE BON CHOIX POUR LA FRANCE »

Le président se tait. Depuis le discours de Carpentras, il a traversé l'été et l'automne 1977 sans intervenir, sans prononcer un discours de « portée nationale ». Il assure une présence discrète mais très électoraliste. Fin août, à Valloire, près de Briançon dans les Hautes-Alpes, il a discouru sur l'économie de montagne. Puis il inaugure le musée de la Renaissance à Ecouen. Il participe au transport des cendres d'un ancien combattant d'Algérie, à Notre-Dame-de-Lorette. Dans l'affaire des huit Français détenus par le Front Polisario au Sahara occidental, il convoque un conseil restreint qui se veut la réplique du « cabinet de crise » allemand après l'affaire Schleyer* : des avions d'observation survolent la région de Zouérate ; des commandos sont en état d'alerte ; un diplomate est envoyé chez le président algérien Boumediene... Il reçoit le maréchal Tito. Il parle devant un congrès du troisième âge à Lyon. Il offre, le 11 novembre, sous une immense tente tricolore dressée derrière l'Ecole Militaire, un bouillon de poule à deux mille anciens combattants... servi dans un quart en métal, « comme en 14 ».

V. G. E., soutenu en cela par ses conseillers Jean-Philippe Lecat, Jean Serisé, Bernard Rideau, a choisi le « profil bas » : éviter toute intervention qui puisse être aussitôt mêlée à la clameur et à l'agitation « politicienne ».

En juillet 1977, à l'indice de popularité I.F.O.P.-*France-Soir,* il « cotait » 48 %. En octobre et novembre : 51 %. Ce qui lui vaudra un article de Robert Hersant, à la « une » du *Figaro :* « Il peut tout. Sauf décevoir. Parce qu'alors il se perd et nous perd.

« Etrange destinée que celle de cet homme, roi nu hier livré aux

---

* Hans Martin Schleyer, président du patronat allemand, fut enlevé à Cologne le 5 septembre 1977 par le groupe Baader-Meinhof. Il est retrouvé mort le 20 octobre dans le coffre d'une voiture.

coups, impuissant et solitaire et que le sort revêt de nouveau, en un tour de main, de la pourpre.

« Au fort du grand déballage de la gauche, à cette croisée du Big Bazar et du psychodrame, la France attendait du président qu'il se taise. Avec dignité... Bientôt, elle souhaitera qu'il parle. »

La parole est à Raymond Barre. Le Premier ministre est sur tous les fronts. Pourtant, la conjoncture est loin de lui être favorable. Il y a un an, le 22 septembre 1976, il lançait ce qui devint, immédiatement, le « Plan Barre ».

A l'époque, il y avait 960 000 chômeurs, une hausse des prix avoisinant 10 % par an, un déficit du commerce extérieur qui galopait vers les 20 milliards de francs, et une stagnation quasi totale des investissements.

On n'imaginait guère alors que les choses pussent empirer. Et Valéry Giscard d'Estaing était prêt à passer à son nouveau Premier ministre les grands dossiers économiques, persuadé que ses horizons électoraux s'en éclairciraient d'autant. Peut-on reprocher à Raymond Barre d'avoir choisi, à ce moment-là, le parti de la rigueur, donc de l'austérité ? Il n'avait, effectivement, pas autre chose à faire, compte tenu du moins des principes économiques qu'il enseignait depuis vingt ans. Et il s'est tenu à ses choix.

Douze mois ont passé et il n'est pas facile au Premier ministre de se prévaloir, auprès de l'opinion, des qualités de sa gestion. Le bilan du Plan Barre ne sort guère à son avantage de la comparaison avec le bilan des années Chirac. Nombre de chômeurs : 1,2 million. Hausse des prix : 9,5 % ou 10 % sur l'ensemble de l'année 1977. Déficit du commerce extérieur : 11 milliards de francs de janvier à août. En outre, le gouvernement vient de l'admettre officiellement, la croissance du produit intérieur brut ne dépassera pas 3 % en 1977. L'an dernier, elle avait tout de même atteint 5,25 %. Et pourtant, en un an, Raymond Barre aura injecté près de 20 milliards de francs dans l'économie, à force de relances sectorielles.

Il y a deux façons d'apprécier l'échec de Raymond Barre. Ou bien la situation dont il a hérité, œuvre de Jacques Chirac et de Jean-Pierre Fourcade, était si catastrophique qu'il ne pouvait, effectivement, faire mieux. Et l'assainissement poussé jusqu'à la déflation serait la purge nécessaire avant le retour à la santé. Ou bien le théoricien de l'économie n'a pas su passer de la chaire universitaire au bureau ministériel, et n'a réussi, faute d'appréhension des réalités économiques profondes du pays, qu'à aggraver encore la situation laissée par ses prédécesseurs.

L'opposition, on s'en doute, partage la seconde analyse et, pour cette raison, nombre de ses dirigeants croient que les conditions économiques d'une victoire de la gauche sont objectivement réunies. Au R.P.R. aussi, on incline dans ce sens.

D'ailleurs, Marie-France Garaud, qui a retrouvé sa verve des années 1973, a déjà installé le futur gouvernement : « Barre ! le pauvre chat, il ne sera rien après les législatives. C'est Mitterrand qui passera et il ne changera pas sa politique. On peut alors assister au montage majoritaire suivant : le marécage centro-giscardien, plus des radicaux de gauche, plus quelques traîtres socialistes, plus quelques gaullistes traîtres et un Premier ministre comme Pierre Dreyfus*. Il est socialisant, il a réussi une nationalisation, il est sans étiquette. V. G. E. ne prendra pas un politique trop marqué du genre Peyrefitte ou Chaban... Barre a fait une erreur d'axer toute sa campagne sur les prix. Nous allons vers une grande crise : l'analyse de Rocard est exacte [7]. » La pensée de Marie-France Garaud est-elle le reflet de celle de Jacques Chirac et des dirigeants du R.P.R. ?

Ce n'est pas aussi simple. Aux journées parlementaires du Rassemblement à Menton le 30 septembre, Claude Labbé assurait : « Les parlementaires R.P.R. n'ont pas l'intention, durant cette session, de pratiquer la danse du scalp autour de la personne de Raymond Barre. »

Le Premier ministre ne devrait donc pas retrouver le climat d'hostilité des débats du printemps. En revanche, Jacques Chirac reste fermement décidé à le contrer si, par aventure, il cherchait à prendre la tête de la campagne électorale de la majorité.

Parce que, en effet, rien de ce côté-là n'est réglé, quand commence l'automne. Il y a le « manifeste » ; il y a des discussions de boutique sur la répartition des circonscriptions. Sans plus.

Le chef de l'Etat, qui se fait discret sur le plan national, « traîne les pieds » — dixit Pinton — sur le terrain de l'organisation du « parti du président ». Confronté à un problème, V. G. E. a une démarche cartésienne et projective : nécessité fait loi. Le raisonnement de Pinton l'a convaincu. Il est bon. Mais y a-t-il urgence, nécessité ?

Jean Lecanuet ne l'aide pas à trancher. Sans citer le P.R. — mais tout le monde a compris —, il déclare : « Le centre devient si actuel qu'une autre formation politique, je vous laisse le soin de deviner laquelle, peut être tentée de s'en prévaloir. Il doit être clair que nous entendons maintenir plus que jamais l'identité politique du C.D.S. Toute manœuvre contre cette réalité serait vaine et je me trouverais au premier rang pour la déjouer [8]. »

Désenchanté, le maire de Rouen a depuis quelque temps découvert les mérites de Jacques Chirac. Plus que de la mauvaise humeur à

---

* A l'époque P.-D.G. de la Régie Renault.

l'égard du président de la République, ce glissement vers le néogaullisme est plus sérieux qu'il n'y paraît. Certains accents du président du C.D.S. ne trompent pas. Curieusement, le « nous sommes le tiers état de la Vᵉ République » de Lecanuet, le 9 octobre, répond à la phrase du président du R.P.R. qui dénonçait les « prétentions aristocratiques » du régime.

Privé d'autonomie, le C.D.S. est condamné à s'allier à plus fort que lui, en l'occurrence les giscardiens ou les néo-gaullistes. Il n'a pas encore choisi. Devenu force marginale, il cherche désespérément à provoquer un aggiornamento.

Or, soudainement, c'est le miracle. Certains l'avaient pressenti quand Raymond Barre, le 7 octobre, sur TF 1, n'avait pas trouvé de mots assez durs et mordants pour attaquer François Mitterrand qu'il qualifiait de « prince de l'équivoque », qu'il accusait de « finasser, de jouer au poker » ou de se perdre dans « la stratégie du brouillard »...

Pourquoi ce changement de ton ? Le Premier ministre, qui s'apprête à tenter la députation dans la 4ᵉ circonscription de Lyon, recueille enfin les fruits de sa « rigueur ». Il y a dans les indicateurs économiques — ces fameux « baromètres » — cette part de magie qui nous conduit, brusquement, du vert au rouge et du rouge au vert. S'il est exclu que le Premier ministre puisse se présenter en mars 1978 avec un bilan en tout point positif, il n'est plus impossible qu'il parvienne à convaincre l'opinion que le pays est, enfin, sorti d'une crise profonde.

Il proclame depuis des mois qu'il ne peut y avoir de redressement économique sans consolidation de notre monnaie sur les marchés extérieurs. Force est d'admettre que ce pari a été tenu : le franc est stabilisé par rapport au dollar et sa bonne tenue a découragé, pour l'instant, l'assaut des spéculateurs.

Sur le front du chômage, sans parler d'un « coup de frein » à la dégradation du marché de l'emploi comme le fait Christian Beullac, ministre du Travail, il semble que les « pactes pour l'emploi des jeunes » commencent à enregistrer des résultats significatifs. Cela peut durer, au moins le temps d'une campagne électorale. On ne peut exclure, d'autre part, que l'échec des négociations entre les partenaires de la gauche ait modifié le comportement des chefs d'entreprise, hier encore très réticents sur une reprise des investissements et sur une relance de l'activité. Enfin, la hausse des prix et des salaires connaît également un léger fléchissement et si la balance du commerce extérieur n'était pas toujours déficitaire, le Premier ministre aurait lieu d'être assez satisfait.

Toutefois, son image de marque reste très médiocre. Maintenant que sa réputation de « meilleur économiste de France » tend à acquérir une légitimité, le chef de l'Etat l'invite à s'employer à soigner son personnage d'homme politique. En clair, de se préparer à affronter Jacques Chirac dans le rôle de leader de la majorité.

Et de fait, tout se joue quand vont débuter les premiers frimas de novembre. Au R.P.R., on a senti le vent. L'équipe dirigeante a été transformée. « Notre état-major est bien aujourd'hui celui du combat », confie Jacques Chirac[9]. Quant au Premier ministre, dans un long entretien accordé à *l'Express*[10], il déborde largement le cadre économique et se pose en véritable leader politique, tout en gardant le cap qu'il s'est fixé : rigueur et austérité.

Dans le même temps, les sondages d'intentions de vote accordent 20 % au R.P.R. et 22 % aux familles giscardiennes. Dans le même temps également, les négociateurs du R.P.R., du P.R., du C.D.S. et du C.N.I. se sont mis d'accord sur la répartition des circonscriptions. Le « bloc » giscardien présentera quelque 250 candidats, contre 110 en 1973. Apparemment, on est parvenu avec le sourire à examiner les 491 circonscriptions.

A la mi-novembre, c'est le tournant : les premières réunions gouvernementales préparatoires à l'élaboration des « objectifs d'action » annoncés par le chef de l'Etat à Carpentras vont relancer la polémique. « Le président du R.P.R., écrit Daniel Seguin[11], fulmine contre ces futurs « objectifs d'action ». Pour lui, l'alternative est simple : " Ou bien le programme en préparation est un testament, ou bien c'est une opération politique. " A ses yeux, le pluralisme ne saurait s'accommoder d'un programme commun à la majorité. En réalité, il redoute de voir Matignon distinguer entre les bons et les moins bons candidats de la majorité, selon qu'ils adhéreraient, ou non, à ses objectifs d'action. Il soupçonne dans cette manœuvre une tentative de rééquilibrage pour réduire le R.P.R. et ainsi réunir la première condition d'un reclassement politique fondé sur la marginalisation des extrêmes. »

En fait, la fameuse U.D.F. (l'Union pour la démocratie française) est dans l'œuf. Il ne reste plus que le temps de la couvaison. Giscard a donné son feu orange à Pinton et à Soisson. Celui-ci annonce la couleur : « La France est et sera gouvernée au centre. Pas au centre, magma d'opinions indifférenciées, mais au centre point de convergence et de ralliement de ceux qui ne souhaitent pas d'oppositions extrêmes, mais au contraire aspirent à une politique fraternelle, derrière le président de la République. »

Jean-Jacques Servan-Schreiber publie, dans *le Monde* du 17 novembre, un article qui rejoint les conclusions du secrétaire général du P.R., tandis que Michel d'Ornano, dans *le Républicain du Calvados*, affirme : « Tous ceux qui soutiennent l'action du président de la République doivent le dire clairement. »

Une soudaine effervescence s'empare du R.P.R. et va accentuer les tensions entre les « alliés objectifs » de l'Elysée — c'est-à-dire les ministres gaullistes — et les amis de Jacques Chirac.

Une effervescence entièrement recouverte, toutefois, par un événement d'une autre ampleur : la visite d'Anouar El Sadate, le raïs égyptien, à Jérusalem, le 19 novembre, où il rencontre Menahem Begin, Premier ministre israélien. Spectaculaire moment historique : depuis la création de l'Etat hébreu par l'O.N.U. en 1948, c'est la première poignée de main, le premier face-à-face entre un chef de gouvernement israélien et un président arabe. Incroyable rendez-vous après tant de haine et de guerres. Etonnante découverte, relevée par une presse à peu près unanime, que cette vérité cachée depuis si longtemps : ces hommes sont frères, nés d'une même souche, vénérant le même Dieu, « épis d'une même gerbe », comme l'écrivait un grand connaisseur de l'Orient qui a consacré sa vie à clamer cette vérité-là, Louis Massignon. « Il faut croire au miracle », écrit Jean Daniel dans *le Matin*.

Un temps, la vie politique de l'Hexagone a cédé le pas à l'avenir au Proche-Orient. Et ce n'est pas sans surprise que la presse révèle le dernier « coup » de Jacques Chirac : dans une lettre, le jeudi 1er décembre, il demande audience au chef de l'Etat. Ne négligeant ni la dramatisation, ni l'orchestration, il annule pour quelques jours tous ses autres rendez-vous et toutes ses interventions publiques.

Pourquoi ce désir subit de rencontre, et pourquoi maintenant ? Le paysage politique a-t-il à ce point changé pour que le chef du R.P.R. demande publiquement audience au président de la République ? De nouveaux sondages provoquent, il est vrai, des remous considérables dans la majorité : si les élections législatives avaient lieu aujourd'hui, elle n'obtiendrait que 45 % des voix. Un échec cuisant. Il y a plus : le R.P.R. conserverait ses suffrages de 1973, tandis que les giscardiens du P.R. récolteraient moins de 15 %. Apparemment, cette situation, qui place Jacques Chirac en position de force devant le chef de l'Etat, pourrait justifier son empressement à le voir. Dans sa lettre, il a mis en garde V. G. E. contre toute tentative de diviser le R.P.R. — par le biais des ministres — et il rappelle les erreurs commises aux élections municipales. Il demande également au chef de l'Etat de s'engager plus solennellement dans la bataille.

A l'exception du « cercle intime » — Marie-France Garaud, Yves Guéna, Charles Pasqua — personne dans les instances dirigeantes du R.P.R. n'a été consulté. C'est Michel Debré qui aurait conseillé à Chirac de voir V. G. E., précisant : « Je lui en parlerai... » Le maire de Paris, feignant de prêter peu d'intérêt à cette suggestion, a court-circuité Debré en envoyant sa lettre à l'Elysée.

Le président de la République va s'employer à réduire l'importance de ce tête-à-tête avec son ancien Premier ministre, fixé au mercredi 7 décembre. Il va renouveler sa confiance à Raymond Barre et recevoir, dans la foulée, Jean Lecanuet et Jean-Pierre Soisson.

« Jacques Chirac est venu baiser la main de Giscard », dit-on à l'Elysée, à l'issue de l'entrevue. Le maire de Paris a surtout rappelé, très clairement, qu'il était animé d'un « esprit unitaire », donc pour l'entente avec le P.R. et les centristes, mais contre les « objectifs d'action » que veut présenter, début janvier, Raymond Barre. Concrètement, il reproche au Premier ministre de proclamer bien haut, à trois mois du scrutin, qu'il continuera sa politique d'austérité, ce qui est contraire aux intérêts électoraux immédiats. Quand une politique ne débouche sur aucun résultat tangible, mieux vaut éviter d'en parler, estime le R.P.R.

A Matignon, Raymond Barre est sorti de ses gonds dès l'annonce de la rencontre. « C'est très bien, a estimé Jean Serisé. Une bonne occasion pour le Premier ministre de se revaloriser, de se rapprocher des centristes et des giscardiens. » La « stratégie Pinton » s'affirme. Le « clan » présidentiel se soude, sans que rien y paraisse, autour de Barre, et Jacques Chirac soi-même est l'instrument involontaire de cette réunion.

Au R.P.R., en effet, le sentiment qui prévaut, après le « sommet » de l'Elysée, est bien celui d'une relative satisfaction. « Barre, c'est fini dans l'esprit des parlementaires, confie Yves Guéna. Giscard commence à comprendre qu'il lui est difficile d'assumer les " objectifs d'action " de son Premier ministre. Si Barre avait réussi, il devenait le chef naturel de la majorité. Il a échoué, donc il faut en tirer les conséquences logiques [12]. »

A la même date, Jacques Chaban-Delmas, qui s'est beaucoup rapproché de l'Elysée, confie à Jean-Pierre Fourcade : « Grâce à Jacques Chirac, les gaullistes ont perdu la présidence en 1974, Matignon en 1976, et ils vont perdre la majorité de la majorité à l'Assemblée nationale en 1978... [13]. »

Si ce n'est pas exactement ce qu'il adviendra, le maire de Bordeaux frôle la vérité. Les dirigeants du R.P.R. ne veulent pas la voir.

Pourtant, la confédération giscardo-centriste n'est-elle pas née, officiellement, le 19 décembre ? Ce jour-là, le secret de la « stratégie Pinton » n'a-t-il pas été divulgué ? Jean-Pierre Soisson, après avoir rencontré Raymond Barre et Valéry Giscard d'Estaing, présente sa solution pour que « cesse la cacophonie » : opposer, lors des primaires, deux candidats seulement de la majorité par circonscription. Avec le R.P.R. sera présent, au premier tour, un candidat unique aux trois autres formations, le P.R., le C.D.S. et les radicaux. Il faut réduire, explique Soisson, le nombre de candidats engagés dans les primaires, sinon aucun ne passera la barre de 12,5 % nécessaire pour accéder au second tour.

Cet argument technique cache une arrière-pensée politique : la création d'un front anti-R.P.R., telle que la révélait, voilà trois mois, J. J. S. S. Dans l'entourage de Jacques Chirac, on répond : « Cela fait des années que les giscardiens essaient de lancer ce front ! Alors... »

Le 20 décembre, le chef de l'Etat a reçu deux spécialistes des sondages d'opinion et de l'analyse politique, Pierre Weil et Alain Lancelot. Ce dernier, dans son exposé, s'attache à apprécier « les lignes de forces de l'opinion » pour les replacer dans la perspective des élections. Il constate, en particulier, que la France veut être gouvernée au centre ; que le système actuel des partis ne permet pas de répondre immédiatement à cette aspiration ; que le pays traverse une passe délicate entre deux écueils, qui sont « le chambardement et la reproduction ».

Toutefois, estime Lancelot, « un désir profond d'unité » s'oppose à ce que le changement souhaité soit voulu comme une alternance brutale, comme « du tout ou rien ». On peut dire aujourd'hui que les Français vivent un « mixt » entre la gauche et la majorité, une sorte de grande aspiration centriste. Il existe sur la plupart des problèmes un centre idéologique qui correspond, comme *Démocratie française* l'a montré, à un centre sociologique, au portrait réel de l'opinion française. Mais ce comportement ne se retrouve pas dans le puzzle des comportements politiques des Français.

Pour gagner, conclut Alain Lancelot, la majorité doit réunir, au moins, quatre conditions :

1° Répondre aux inquiétudes économiques de l'électorat sur l'indice des prix et du chômage.

2° Détacher l'électorat réformiste du parti socialiste, en lui faisant comprendre que ce parti socialiste est l'otage du parti communiste. Il faut l'attaquer résolument sur son programme de rupture avec la société de liberté et de responsabilité, sur son alliance de gouvernement avec le parti communiste.

3° Offrir des perspectives d'ouverture réellement centristes à cet électorat réformiste, et cela ne peut être fait que dans le domaine de la justice sociale.

4° Enfin, il faut que les Français aient le sentiment que la majorité représente la meilleure des garanties pour l'unité française, cette unité à laquelle ils sont extrêmement attachés et dont le président de la République est le garant.

En clair, la meilleure façon de répondre aux trois derniers points est d'inventer, rapidement, une « confédération des centres ». Ainsi, l'analyse socio-politique d'Alain Lancelot rejoint l'analyse stratégique de Michel Pinton.

Le débat qui suivit n'est pas sans intérêt. Il permet de prendre une juste mesure des préoccupations de V. G. E. dans cette période préélectorale quand tout bouillonne dans le pays.

Interrogés sur la manière dont l'opinion perçoit la fermeté du gouvernement, Weil et Lancelot répondent que les Français « recherchent la sécurité et non la fermeté ; le père tranquille est plus séduisant que le père qui crie... » Le président ajoute : « La fermeté est une notion des plus ambiguës. Les Français aiment la fermeté verbale, leur modèle de fermeté, c'est Pagnol. Les Français préfèrent des déclarations tonitruantes suivies d'inaction à une fermeté résolue. Si l'on veut mesurer la fermeté en actes, nous vivons sûrement une des périodes les plus fermes. On ne cède rien. Mais comme ça n'est pas accompagné d'un style déclamatoire, on considère qu'il y a des périodes plus fermes parce que plus tapageuses. Mon choix délibéré, c'est qu'il faut donner à la France la sécurité par le calme et non par la démonstration de l'autorité. Il faut apaiser la société française par une très grande fermeté d'action, mais pas du tout par le langage ni l'apparence d'une attitude répressive. »

C'est une justification des attitudes de Raymond Barre et, a contrario, une condamnation des méthodes du R.P.R. Or, il s'agit ici d'une intervention « en privé ». Elle est très conforme à ce libéralisme tocquevillien si spécifique à la pensée giscardienne.

Autre question de V. G. E. — Quelle place peut jouer la construction européenne dans les déterminations électorales de mars prochain ?

Lancelot — L'Europe n'est pas réellement un thème mobilisateur, mais on peut le citer comme thème d'ouverture politique qui doit être défendu par le courant libéral réformiste.

V. G. E. — Peut-on déceler dans les sondages un attachement aux formations politiques traditionnelles ?

Lancelot — Les Français n'ont pas une haute idée des partis politiques. On a observé pendant longtemps un phénomène de répulsion. Avec la Ve République, les partis ont cependant perdu de leur aura négative.

V. G. E. — Les femmes candidates seront-elles accueillies avec réserve ?

Lancelot — Aucune réserve n'est faite à l'égard des femmes, même dans les circonscriptions rurales. Ce qui est nouveau, c'est que les comportements de vote masculins et féminins, qui différaient il y a

quinze ans, sont en train de se rapprocher, surtout dans les classes jeunes.
V. G. E. — Quelle place accordez-vous aux écologistes ?
Weil — L'écologie électorale est difficile à déceler. Quelquefois, c'est un refuge, un refus de choisir ; parfois, c'est un réflexe des nantis. C'est un peu le communisme des riches.
V. G. E. — La véritable aspiration écologiste est plus large. C'est une des mesures de l'humanisme, il est nécessaire de diffuser un programme écologique.

Pendant qu'à l'Elysée le chef de l'Etat arrête, enfin, sa décision de regrouper le P.R., le C.D.S. et les radicaux, les médias et les milieux politiques commentent son discours de Vassy (Calvados) dans lequel il évoque les « maçons » qui doivent travailler ensemble à la rénovation de la « maison France ». Le fabliau fera couler beaucoup d'encre.

« La parabole présidentielle, écrit Yves Michelet dans *la Lettre de la Nation,* pour transparente qu'elle ait été dans son ensemble, comporte quelques propos sibyllins. Que veut dire exactement le chef de l'Etat quand il fait appel " aux autres entrepreneurs " ? Sous quelle forme conçoit-il le " projet bien hardi " ? Comment, enfin, envisage-t-il d' " aider " le pays à choisir le bon projet ? Autant de questions que M. Giscard d'Estaing a voulu laisser en suspens. »

Cela étant, pour le R.P.R., le « pacte électoral » du 19 juillet et le « manifeste » du 5 septembre sont les seuls engagements que chacun doit respecter et qui sont conformes à la conception d'une majorité unie sur l'essentiel dans un « pluralisme organisé ».

L'année se termine sur deux bonnes notes et une ombre. L'indice des prix de novembre (0,4 %), deux fois moins élevé que les mois précédents, offre au Premier ministre l'occasion d'affirmer que « les grandes orientations de la politique arrêtées en septembre 1976 ont été respectées, et qu'en dépit des difficultés de tous ordres, l'action de redressement a pu être conduite avec continuité ». A l'indice de popularité I.F.O.P.-*France-Soir* V. G. E. atteint 52 %. Une progression constante depuis l'été.

L'ombre : l' « affaire » du vote des Français à l'étranger. Le 19 juillet 1977, le Parlement avait adopté une loi qui autorise les Français de l'étranger à voter dans n'importe quelle ville de plus de trente mille habitants. Or, du Gabon, où l'ambassade de France est très active, comme du Brésil, récemment visité par Michel Poniatowski, les demandes d'inscription sur les listes électorales affluent. Par paquets. On en a découvert 500 à la mairie du 18e arrondissement de Paris. Expédiées dans une même enveloppe. Et encore 35 à Châtenay-Malabry (Hauts-de-Seine), écrites de la même main. De quoi s'inquiéter, car ces apports groupés de nouveaux électeurs se produisent justement dans les circonscriptions où les élections de mars prochain se joueront à quelques voix. Certains citoyens vivant hors de France font état de « pressions » qu'ils ont subies ou de recommandations qu'ils ont reçues, les encourageant à « voter utile ». C'est-à-dire contre la gauche. Une information judiciaire est ouverte sur plainte de Georges Frèche, député-maire socialiste de Montpellier. « C'est plutôt le procès de l'ingénuité ! » laisse tomber Jean Riolacci, conseiller à l'Elysée [14].

A l'heure des vœux, le samedi 31 décembre, le président de la République parodie le « prince des poètes » Paul Fort, pour appeler ses concitoyens à fraterniser au sein de la famille France : « Si tous les gars de France voulaient se donner la main... » Une famille qui « peut avoir confiance en elle-même pour surmonter les difficultés du présent ». Il reconnaît qu'il y a des difficultés et « parfois » du mécontentement, mais il se veut rassurant et il souhaite que 1978 soit l'année de l'unité : « Lorsqu'une famille est divisée, lorsqu'elle se déchire, lorsqu'elle se dispute, il n'y a pas de bonheur possible. Ceci est également vrai pour la France. C'est pourquoi je lui souhaite, nous lui souhaitons, davantage d'unité. »

Visiblement peu enclin à vouloir brûler les étapes, il promet, pour la fin du mois de janvier 1978, son intervention destinée à indiquer le « bon choix » aux Français.

A douze mille kilomètres de l'Europe, ce 31 décembre 1977, on apprend, à travers un chassé-croisé de communiqués, que le conflit qui couvait depuis plusieurs mois entre la République démocratique et socialiste du Viêt-nam et son voisin, la République démocratique et populaire du Kampuchéa (Cambodge), dégénère. Voici qu'une guerre oppose les deux Etats « marxistes-léninistes » du Sud-Est asiatique et illustre l'une des plus terrifiantes banalités de notre temps : une idéologie aux prétentions fraternelles et internationalistes sert de ressort au nationalisme barbare.

A dix semaines des élections, cette guerre ne peut que ternir un peu plus l'image déjà bien abîmée du P.C.F. Que reste-t-il du communisme en Europe ? Quel est son avenir ? Ce sont précisément des questions que la chaîne de télévision américaine A.B.C. a posées à Giscard : « Je pense que l'importance et l'influence du parti communiste durant les années à venir sont appelées à décliner. » Réplique de René Andrieu, rédacteur en chef de *l'Humanité,* sous le titre, « Giscard Déclin » : « Il faut qu'un président ait une singulière conception de son rôle pour attaquer, de l'étranger, un parti qui jouit de la confiance d'un quart de la population. »

Mais, bien évidemment, et par-delà l'actualité mondiale ou les petites phrases de celui-ci et de celui-là, chacun, dès les premiers jours

Le sursaut

de l'année, a ressenti un léger frisson : de quoi mars 1978 sera-t-il fait ? La majorité se maintiendra-t-elle ? La gauche va-t-elle l'emporter ?

A quelques virgules près, le dispositif de la majorité paraît maintenant au point. Giscard a décidé de s'engager, personnellement, à trois reprises dans la bataille.

Le 6 janvier, dans le cadre d'un « séminaire » gouvernemental à Rambouillet où seront arrêtés les « objectifs d'action », lesquels deviendront, le soir du 7, le « Programme de Blois » présenté par le Premier ministre. Un programme passe-partout : développer et protéger les droits des citoyens ; mettre l'économie au service de l'emploi ; améliorer les conditions de travail ; droit aux vacances pour tous les Français, etc. Le « Programme de Blois » sera une expression symbolique dont le contenu, au fond, importera peu.

Le 16 janvier, à son retour de Côte-d'Ivoire, V. G. E. réunira l'ensemble des personnalités et des représentants des organisations qui ont soutenu l'action conduite depuis trois ans et demi afin d'en dégager les enseignements et l'esprit dans lequel ils doivent aborder l'échéance de 1978.

Le 27 janvier, il s'adressera aux Français pour leur dire quel est « le bon choix pour la France » depuis une petite localité de Saône-et-Loire : Verdun-sur-le-Doubs.

On semble de part et d'autre vouloir détendre l'atmosphère et il n'est pas jusqu'à Jean-Pierre Soisson qui ne souhaite rencontrer encore une fois Jacques Chirac... Merveilleux spectacle en trompe l'œil !

Dans les coulisses, au pavillon de Musique des jardins de Matignon, Jean-Pierre Soisson, Jean Lecanuet, Jean-Jacques Servan-Schreiber et Raymond Barre se retrouvent dès le 3 janvier. L'âpreté de la discussion impose plus de trois heures de marchandage au cours desquelles 370 circonscriptions sont définitivement examinées... Séance de décollation résumée dans un communiqué au laconisme éloquent : « Afin d'éviter la multiplicité des candidatures, et de permettre ainsi un choix clair aux Français, les responsables du P.R., du C.D.S. et des radicaux sont convenus de présenter, et de soutenir, un candidat commun dans la quasi-totalité des circonscriptions où des primaires auront lieu [15] »

Le voile s'est déchiré. La « désunion sacrée » dont se gaussait volontiers Raymond Barre en évoquant la gauche, va-t-elle d'ici peu caractériser la majorité ? Une situation « nouvelle » et « dangereuse » vient d'être créée, affirme un communiqué du R.P.R. qui réclame la convocation d'urgence du comité de liaison de la majorité, dans le but de « clarifier » la situation.

Est-ce vraiment nécessaire ? L'objectif des formations non gaullistes n'est-il pas des plus transparents ? Il s'agit d'isoler le R.P.R. et de lui ravir, le 19 mars, sa position prépondérante au sein de la majorité

Cette volonté de rééquilibrage de la majorité apparaît clairement dans les propos qu'a tenus le Premier ministre au Club de la presse : « On raisonne toujours comme si le R.P.R. pouvait faire la loi, mais il existe d'autres formations qui elles aussi ont des aspirations. »

Le 11 janvier, à la réunion du comité de liaison de la majorité, le R.P.R. prend acte de la rupture des accords électoraux passés avec ses alliés centristes et giscardiens.

Jacques Chirac pouvait-il procéder autrement ? La constitution d'un front anti-R.P.R., idée lancée par son adversaire Jean-Jacques Servan-Schreiber — qui n'a jamais paraphé le « pacte majoritaire » — lui laissait peu d'issues. Encerclés, harcelés par la famille giscardo-centriste, les chiraquiens se devaient de donner un coup d'arrêt à cette tentative de rééquilibrage. L'occasion était bonne : présenté en toute occasion comme l'agresseur, le R.P.R. s'érige cette fois en victime. Parti dominant de la majorité, ayant concédé à ses alliés la signature d'un « pacte » électoral, le mouvement de Jacques Chirac a vu peu à peu ses rivaux s'organiser à ses dépens. Mais comment le leader du R.P.R. et son « entourage », d'habitude si habiles à déjouer les pièges, se sont-ils laissé prendre ?

Dans sa préface à l'édition en livre de poche de *Démocratie française,* V. G. E. rappelle son dessein : gouverner la France au centre, précisant que « la croissance a favorisé le développement d'un vaste groupe central déjà majoritaire ». Cette ambition, il l'a répétée mille fois. Jacques Chirac n'a jamais cru qu'elle pourrait le mener un jour à « organiser le centre ». Au fond, V. G. E. n'a guère, sur ce terrain, menti au R.P.R. Il a appliqué la règle bismarckienne : Dites la vérité, on ne vous croira pas...

Ce n'est plus désormais qu'une question de jours. « Deux courants » de la majorité iront à la bataille. Le « pacte » est rompu. Et, comme pour couronner d'une touche à la fois « dédramatisante » et surréaliste la discorde dans son propre camp, le président de la République reçoit à déjeuner, le lundi 16 janvier, quatre-vingts responsables de la majorité... Raymond Barre, Jacques Chaban-Delmas, Jacques Chirac, Jean-Jacques Servan-Schreiber, Jean-Pierre Soisson, Jean Lecanuet, Michel Poniatowski, etc. vont se côtoyer deux heures durant... Les invitations étaient lancées bien avant la « rupture » du 11 janvier. La réunion de famille en prendra d'autant un tour savoureux, piquant et sans surprise. Sinon que Jean-Pierre Soisson et Jacques Chirac s'interpelleront assez violemment, obligeant V. G. E. à intervenir sèchement.

C'est la guerre ouverte. Dans l'attente du discours de Verdun-sur-le-Doubs, normalement la dernière intervention du chef de l'Etat avant les élections, le président du R.P.R. a réuni ses cadres et ses candidats.

Un seul « événement » a marqué cette manifestation à huis clos : le retour de Chaban au R.P.R. Le maire de Bordeaux veut surtout « driver » son collègue de Paris afin de dégonfler la polémique et de le convaincre d'éviter certaines outrances. Il va obtenir, en février, que Chirac ne prononce plus le mot de « recours » pendant la campagne. En effet, pour le leader du R.P.R., la tactique des giscardiens-centristes conduit à l'échec, ce qui l'autorise à placer son Rassemblement en marge de la majorité. A le considérer « comme un recours, comme une espérance », pour reprendre les termes de sa déclaration du 26 janvier, la veille de l'intervention de Giscard.

Le vendredi 27, à Verdun-sur-le-Doubs, sous les deux chapiteaux dressés à l'orée du village, vingt mille personnes ont répondu à l'invitation du chef de l'Etat. Il est 19 heures. V. G. E. fait son entrée sur la musique du *Chant du départ*. Le rituel est bien observé. Au premier rang du parterre, le Premier ministre, le président de l'Assemblée nationale, Edgar Faure, le ministre de l'Intérieur Christian Bonnet, le ministre de l'Agriculture Pierre Méhaignerie, le ministre du Travail Christian Beullac, et le ministre de la Santé Simone Veil. Enfin, Jean-Pierre Soisson, secrétaire général du P.R. venu écouter de tout près le passage qui sonnera si agréablement à ses oreilles et qu'il sera pratiquement le seul à remarquer : « La majorité... comprend à l'heure actuelle deux tendances principales. Ce qui est naturel dans un aussi vaste ensemble et ce qui répond au tempérament politique des Français... Chacune de ces tendances met l'accent sur ses préférences et exprime son message... Que toutes deux cherchent dans l'histoire récente de notre pays des motifs de s'unir et non de se diviser. J'ajoute que pour que l'actuelle majorité puisse l'emporter il est nécessaire que chacune de ces tendances enregistre une sensible progression. Aucune ne peut prétendre obtenir ce résultat toute seule. »

Pour le reste, un discours prévisible, assorti de réactions sans surprise, qui mène jusqu'à son terme le raisonnement amorcé dans les déclarations précédentes : « L'application en France d'un programme d'inspiration collectiviste plongerait la France dans le désordre économique. Non pas seulement, comme on veut le faire croire, la France des possédants et des riches, mais la France où vous vivez, la vôtre... Vous pouvez choisir l'application du Programme commun. C'est votre droit. Mais si vous le choisissez, il sera appliqué. Ne croyez pas que le président de la République ait dans la Constitution des moyens de s'y opposer. Et j'aurais manqué à mon devoir si je ne vous avais pas mis en garde. »

Enfin, invitant les citoyens à se poser des questions simples afin de « dissiper le brouillard des promesses, des faux-fuyants, des équivoques », le président de la République conclut : « Comme vous l'avez toujours fait, vous ferez le bon choix pour la France. »

Pour tous les observateurs, du *Figaro* à *l'Humanité,* du *Matin* au *Quotidien de Paris,* les « choses sont claires » : si la gauche l'emporte, V. G. E. restera à l'Elysée. Il n'échappe à personne qu'il a utilisé cette proclamation de respect envers la loi suprême comme un argument électoral au profit de sa majorité. Il a voulu faire savoir aux électeurs encore hésitants — c'est à eux qu'il s'est adressé particulièrement car ils peuvent faire la décision — qu'ils ne devaient pas s'attendre à un quelconque arrangement entre lui et François Mitterrand pour mettre le Programme commun au rancart et gouverner gentiment au centre gauche sans déranger personne.

En fait, le débat des législatives de 1978 ressemble comme un frère à celui de 1973. La majorité aux abois, emmenée par le président de la République, brandit le Programme commun comme un épouvantail. L'engagement de V. G. E. est total. C'est un « arbitre » partisan, conformément à ce que furent tous ses prédécesseurs sous la Ve République.

C'est simplement à travers le style, le vocabulaire, le ton de ses propos qu'il s'en éloigne. « Ainsi Valéry Giscard d'Estaing, explique Philippe Tesson[16], a-t-il montré une nouvelle fois hier soir, avec beaucoup de talent et de sincérité, qu'il préférait et préférera toujours épouser l'histoire plutôt que de l'affronter, attendre les occasions plutôt que de les susciter, compter sur le temps plutôt que de le défier. Sans doute est-il entré de plain-pied dans le combat électoral, comme il en a le droit, mais il semble que c'était moins pour conjurer le proche avenir que pour préparer un avenir plus lointain. »

3

LA VICTOIRE « FORTE ET AMBIGUË »

Si l'engagement du chef de l'Etat dans la bataille électorale est conforme à l'usage du général de Gaulle et de Georges Pompidou, il ne s'inscrit pas dans l'orthodoxie du comportement gaullien. V. G. E. ne partira pas s'il est désavoué par les résultats du scrutin législatif. Il y a seulement un an, une telle attitude — qui n'était alors que subodorée par les responsables du R.P.R. — soulevait bien des critiques. Il est remarquable qu'aucune personnalité incarnant le gaullisme historique ne se soit élevée contre la proclamation de Verdun-sur-le-Doubs.

En accentuant la présidentialisation de la Ve République, Giscard accepte conjointement de respecter la représentation partisane. Pierre Mendès France, dans *le Nouvel Observateur,* estime qu'il « vient de faire un coup d'Etat ». Mais, une fois n'est pas coutume, ce « coup d'Etat » va dans le sens de la démocratie. C'est là un retour indéniable, non pas au « régime des partis », mais à un système qui les réintroduit, par la grande porte, dans le jeu institutionnel.

V. G. E. refuse le fameux « moi ou le chaos », un défi qui, en 1978, n'est plus évident. Quand le général de Gaulle jetait ainsi le poids de sa personne et de sa fonction dans la bataille électorale, des millions de citoyens en tenaient compte. Valéry Giscard d'Estaing n'ignore pas que les temps ont bien changé et que, en usant du chantage au désordre, il prend le risque d'être désavoué, le 12 mars, de façon cinglante. Au fond, il est condamné à répéter son point de vue que tous les citoyens connaissent déjà : que le « bon choix » est celui de son camp politique ; que la gauche présente des dangers pour la France.

Après avoir noté l'approbation sans réserve de Jacques Chirac, « comme s'il voulait donner à croire que M. Giscard d'Estaing l'a écouté », André Laurens[17] écrit : « La logique de la démonstration entraîne pourtant M. Giscard d'Estaing à traiter du rôle des partis d'une manière inhabituelle sous la Ve République. Après avoir averti ses concitoyens — pour les inquiéter — qu'il ne pourrait pas s'opposer à l'application du Programme commun, ce qui répond à une interrogation permanente de la gauche, il interroge à son tour les partis de l'opposition sur leurs intentions en cas de succès, qu'il s'agisse de la composition du gouvernement ou de son programme. Est-ce à dire que le président de la République se pliera exactement aux exigences de ces partis pour désigner le Premier ministre et nommer les ministres ? »

Une logique qui trouve un prolongement immédiat dans la création de l'U.D.F., l'Union pour la Démocratie française.

Enfin, ça y est ! Le 1er février 1978, le président a « son parti » qui réunit le P.R. de Jean-Pierre Soisson, le C.D.S. de Jean Lecanuet et les radicaux de Jean-Jacques Servan-Shreiber. Cela se passe sans tambour ni trompette.

Le 26 octobre 1977, Michel Pinton, dans une note confidentielle, avait indiqué qu'il serait bon que « l'organisation en cours » adopte un nom qui fasse référence à un thème giscardien connu, par exemple « Union pour la Démocratie française ». Prévenu par Jean Lecanuet, Jean Riolacci de l'Elysée dit que le président ne s'oppose pas à ce label. Si le mot « rassemblement » n'avait pas été pris, c'est vers celui-là qu'allaient les faveurs des « conjurés » — comme les appellera plus tard Jacques Chirac.

Quant aux candidats, ils auraient préféré une appellation passe-partout, telle que « Pour le soutien à V. G. E. ». Sur le terrain, beaucoup d'entre eux sont, en effet, en liaison avec des élus R.P.R. et redoutent une démarcation trop nette. « Si vous devez faire quelque chose, a tranché Riolacci, ne le faites pas à moitié. » L'A.F.P. signale, sans autre commentaire et sans détacher le sigle, qu'une deuxième liste de candidats d'union présentés par les républicains, les démocrates sociaux et les radicaux a été mise au point. « Cet accord porte à 405 le nombre des candidats qui se référeront à l'Union pour la démocratie française. »

On se fait discret. L'Elysée l'a explicitement demandé. Il faut attendre les réactions du R.P.R. Elle mettront du temps à s'exprimer publiquement. Chez les proches de Jacques Chirac, l'U.D.F. tient du « dérisoire ».

Il faut attendre que l'U.D.F. ait un leader. Or, Raymond Barre se refuse à assumer ce titre. Il estime que son rôle est de répartir équitablement son temps entre les « deux tendances » et d'appuyer, par-delà les étiquettes partisanes, tous les candidats qui soutiennent le « Programme de Blois ».

Il faut enfin que les rivalités s'émoussent entre le C.D.S. et « les autres », c'est à dire le P.R. et les radicaux. Dès sa naissance, l'U.D.F. apparaît comme une entreprise orchestrée par le tandem Soisson-

Le sursaut

J. J. S. S. Ce qui n'a pas l'heur de plaire à Jean Lecanuet. « Soisson plus J. J. S. S., cela ne fait pas un leader, dit-on au C.D.S. Le côté impérialiste du P.R. nous fatigue... On nous traite par-dessus la jambe. Qu'allons-nous devenir ? Pour nous, l'U.D.F. est une seringue qu'on nous a plantée dans le dos et dont on ne sait si le liquide injecté est un stimulant ou un poison [18]. »

Tant que toutes ces conditions ne seront pas réunies, V. G. E. se gardera de s'avancer et l'U.D.F. apparaîtra surtout comme un moyen de simplifier les enjeux. L'U.D.F. aura-t-elle ses affiches ? Aura-t-elle son « groupe » à l'Assemblée nationale après les élections ? Des questions qui resteront longtemps sans réponse. Ce n'est qu'entre les deux tours que l'Elysée réclamera la constitution d'un groupe au Palais-Bourbon

Entre une U.D.F. qui existe sans existence réelle ; entre un Premier ministre qui s'engage sur tous les fronts tout en refusant de s'engager pour l'une ou l'autre « tendance » ; entre Jacques Chirac qui appelle le pays à une levée en masse contre le Programme commun, qui évoque « la chape de plomb du collectivisme... le martèlement des chenilles de chars... » ; entre Georges Marchais qui veut renouer le dialogue avec le P.S., pour « négocier d'abord » et juger ensuite de l'utilité de se désister ; entre François Mitterrand qui estime qu'il n'y a pas lieu de discuter, la « discipline républicaine » en faveur du candidat de gauche le mieux placé au premier tour devant être respectée ; bref, prise dans le feu de toutes ces déclarations qui s'entrechoquent, se contredisent ou se juxtaposent, la campagne électorale s'enlise. S'il en a toujours été ainsi, le scrutin de mars 1978 — parce qu'il s'annonce très serré, parce que l'Union de la gauche s'est brisée, parce que la majorité se déchire — dramatise à souhait le choix que le pays devra faire.

A cette nervosité croissante, s'ajoute un vent de panique qui affecte le franc et la Bourse, dans les premiers jours de février, et qui rejaillit aussitôt sur la bataille électorale. « Si le franc va mal, c'est à cause des sinistres perspectives de l'après-mars » proclament les ministres et les dirigeants de la majorité. Cette mauvaise querelle du franc sera vite démentie puisque notre monnaie va se ressaisir dès le 8 février. Ce qui offrira au chef de l'Etat une occasion de rappeler qu'il « avait donné au Premier ministre la directive de mettre en œuvre tous les moyens techniques pour s'opposer à la dépréciation du franc ». Paul Fabra souligne [19] : « Le moment était bien choisi par M. Giscard d'Estaing pour intervenir personnellement car dans les affaires monétaires comme dans les affaires militaires, il est conseillé d'attendre le premier essoufflement de l'ennemi avant de contre-attaquer. »

Le tumulte qui grandit au fur et à mesure que s'approche la date du 12 mars — le premier tour — ne prend pas toutefois la même signification dans les deux camps. Un constat qui est essentiel pour l'Elysée.

A gauche, la rupture P.S.-P.C.F. fait éclater l'espoir d'un projet global. Si les tensions continuent de s'aggraver, il n'est plus impossible que les communistes adoptent une attitude de refus pur et simple de coopération avec les socialistes. Même si les effets sont lents à se faire sentir, la dynamique de la désunion pourrait bien réserver des surprises.

Dans la majorité sortante, on règle également ses comptes sur la place publique. Les conséquences sont très différentes. La coalition gouvernementale n'a jamais eu vocation à programmer sa politique ; sa pratique est de naviguer à vue. D'autre part, les dissensions au sein de la majorité restent dans l'épure des querelles de personnes, des ambitions déçues, et ne remettent pas en question le choix de société. On reste dans le cadre d'un jeu politique classique.

A travers ce prisme d'analyse, le refus de Raymond Barre de prendre la direction de l'U.D.F. est une péripétie mineure. Contrairement à ce qui a été écrit à l'époque, le chef de l'Etat n'a jamais souhaité que son Premier ministre s'engageât clairement sur ce point. Tactiquement, c'eût été une erreur grossière. Dans la mesure où un courant « giscardien » — le chef de l'Etat n'aime pas ce qualificatif — se détache et se solidifie lentement, le Premier ministre qui sera, quoi qu'il arrive, tributaire d'une « coalition parlementaire », ne peut, à l'évidence, négliger aucune des deux grandes tendances.

En dépit de ses accrochages avec Jacques Chirac, Raymond Barre remplit d'ailleurs très bien ce rôle de « passerelle » entre les rives de l'U.D.F. et celles du R.P.R. En tout cas, c'est ainsi que les candidats le comprennent si l'on en juge par le « paquet » de lettres qu'il reçoit, lui le « mal aimé » du microcosme, des solliciteurs de tout bord...

Pour l'Elysée, l'ordre de bataille s'inscrit également dans ce schéma : il y a le symbole de « l'unité » incarné par Barre et le « programme de Blois » ; il y a le R.P.R. ; il y a l'U.D.F. Jusqu'au premier tour cet édifice, dont la clef de voûte est Matignon, doit rester intact. A chacun de tirer le meilleur profit de l'attelage.

Et comment se comportent les différents protagonistes ?

Jean-Jacques Servan-Schreiber se coule. On l'entend, à l'émission « l'Evénement » sur TF1, déclarer sans s'énerver que les communistes « traitent les Français comme des bougnoules... »

Jean-Pierre Soisson pousse son dernier-né, l'U.D.F., et en affine la physionomie : « L'U.D.F., l'Union pour la démocratie française, se présente, pour moi, tout à la fois comme une récompense et comme un point de départ. A Fréjus, nous avions fait, mes amis Républicains et moi, le pari de constituer un mouvement nouveau, fort et structuré par ses militants... Aujourd'hui, la création de l'Union pour la démocratie française répond très profondément à notre objectif fondamental : rassembler ceux qui veulent soutenir l'action de progrès et de réforme, réunir ceux qui partagent la vision de l'évolution de notre société exprimée dans *Démocratie française*[20]. »

Jacques Chirac répète : « La création de l'U.D.F. est une erreur sur le plan stratégique. »

Raymond Barre s'en prend avec vigueur à l'opposition en général et à François Mitterrand en particulier. Il glisse sur les divisions de sa majorité sortante dont il se considère « le chef naturel ».

Dans cette répartition des rôles, Valéry Giscard d'Estaing s'efforce de se tenir au-dessus de la mêlée. Le jeudi 9, dans un entretien dirigé par Alain Duhamel, et diffusé par TF 1 et Antenne 2, il évoque la diplomatie de la France, affirmant : « Le choix que feront les Français aura des conséquences importantes sur la poursuite de la politique extérieure et sur l'action de la France. » C'est au cours de cette émission qu'il précisera sa conception des rapports franco-algériens : « Le cadre théorique des rapports franco-algériens, c'est-à-dire les accords d'Évian*, ne correspond plus aujourd'hui à la réalité de ces rapports et je crois que c'est là une situation préjudiciable et qu'elle doit être corrigée. »

Et à gauche, que se passe-t-il ?

Georges Marchais, le 21 février : « De Reims, ce soir, au nom du Parti communiste français, je propose au Parti socialiste et au Mouvement des radicaux de gauche de reprendre, sans délai et sans préalable, dans n'importe quel lieu et à n'importe quelle heure, la discussion interrompue le 23 septembre afin d'aboutir avant le 12 mars à un accord politique sur le programme, le gouvernement, les désistements. »

François Mitterrand, dans une interview au journal *le Monde* : « Maintenant, c'est trop tard, du moins jusqu'au 19 mars. De toute façon, je veux ici le répéter, nous ne discuterons pas d'un deuxième Programme commun avant d'avoir appliqué le premier. Et nous accepterons encore moins de substituer le programme communiste au Programme commun. »

La juxtaposition de ces deux citations met un terme, on l'aura compris, aux supputations qui entourent une rencontre des partenaires de la gauche avant le 12 mars. Celle-ci n'aura pas lieu.

On est ramené plusieurs mois en arrière, et l'on découvre que le scénario qui conduisit à la rupture du 23 septembre se répète sur la

---

* Signés le 19 mars 1962 et organisant les rapports entre la France et la future nation algérienne.

scène politique : hier, il s'agissait pour le P.S. et le P.C.F. de se renvoyer mutuellement la responsabilité de l'échec des négociations d'actualisation du Programme commun ; aujourd'hui, on a de plus en plus l'impression que les deux partenaires cherchent à dégager leur responsabilité dans l'éventualité d'une défaite de la gauche aux élections. Il se développe entre François Mitterrand et Georges Marchais une stratégie de la tension, comme si l'un voulait prendre la mesure exacte du défi que lui lance l'autre.

Le dernier sondage en date — celui du *Figaro*-SOFRES —, à deux semaines du scrutin, est le plus défavorable à la gauche depuis novembre 1977. Surtout si on l'analyse du point de vue des transferts de voix au second tour : les chiffres démontrent une très nette détérioration des intentions de vote des électeurs communistes en faveur du candidat socialiste, comme dans le sens inverse. Un signe ?

A la veille de l'ouverture officielle de la campagne sur les ondes et à la télévision, le lundi 27 février, le chef de l'Etat s'est retiré au Fort de Brégançon. Prenant la parole dans ce « lieu de silence propice à la réflexion », il a souhaité que « le tumulte électoral ne détourne pas les Françaises et les Français de l'essentiel », c'est-à-dire du « bon choix » défini à Verdun-sur-le-Doubs.

Le « tumulte » ? une façon d'indiquer les risques d'un ras-le-bol des Français au terme de cette rude et longue bataille ? Les sondages démentent ce risque. L'étonnant, c'est l'exceptionnelle mobilisation du pays et le taux de plus en plus faible des indécis : 11 %, ce qui est sans précédent.

Les leaders de la majorité en sont si conscients qu'ils souhaitent une ultime intervention du président de la République à la télévision. Les conseillers de l'Elysée sont partagés.

Alors, parlera ? Parlera pas ? La double question peut faire sourire si l'on considère qu'il ne se passe guère de jour sans que le président de la République lance quelques petites phrases pour rappeler sa conviction qu'une victoire de la gauche, le 19 mars, entraînerait mille désagréments pour les Français et une série de catastrophes pour l'économie nationale. Il a profité du Conseil des ministres pour répéter à peu de chose près ce qu'il avait dit la veille aux présidents des conseils économiques et sociaux des régions : « Qu'on ne s'y trompe pas, l'économie est encore fragile. J'ai le devoir de vous le dire, elle ne résisterait pas longtemps, ni dans ses prix ni dans sa monnaie, à l'ouragan des promesses. »

Mais il est évident que les chefs des formations politiques de la majorité attendent davantage de Valéry Giscard d'Estaing que ces avertissements. Ce qu'ils veulent, c'est une belle et bonne dramatisation, dans le style de celles auxquelles ses prédécesseurs, Charles de

Gaulle et Georges Pompidou, n'hésitaient pas à se livrer à la veille des échéances électorales décisives.

Depuis le discours de Verdun-sur-le-Doubs, néanmoins, il est clair que le président de la République refuse de recourir à la dramatisation suprême qui le conduirait à mettre en jeu son mandat, dans la tradition de la Ve République. Comme l'a fait remarquer Michel Poniatowski, Valéry Giscard d'Estaing ne peut rien dire de plus. Une intervention télévisée ne pourrait avoir d'autre objet que de donner un peu plus de solennité à ses mises en garde. Le risque serait pour lui doublement grand.

D'une part, que les électeurs encore hésitants ne soient pas plus impressionnés par ce nouveau discours que par le premier.

D'autre part, que son engagement personnel plus marqué compromette la position « au-dessus des partis » dans laquelle il tente de se maintenir, et que sa marge de manœuvre, après une victoire électorale de la gauche, en soit diminuée.

Prendre la parole à la télévision avant le premier tour est délicat ; le président de la République ne connaît pas les données exactes de la situation politique. Y aura-t-il accord politique et accord de désistement pour le second tour entre les partis de gauche ? Selon le cas, la tactique de Valéry Giscard d'Estaing serait nécessairement différente. Attendre la veille du second tour, c'est prendre le risque que l'écart en voix entre la gauche et la majorité sortante soit tel au premier tour qu'il ne puisse plus être comblé. Entre ces deux dangers, lequel choisir ?

C'est le jeudi 9 mars qu'il s'est décidé : il parlera le samedi 11. « A ma manière, à mon niveau, à mon ton. Il y aura des déçus... Une analyse plus électorale que politique, mettant très vigoureusement en garde les Français contre le Programme commun de la gauche [21]. »

A 20 heures, le samedi, rejoignant ainsi dans l'engagement personnel Charles de Gaulle et Georges Pompidou, il s'adresse aux Français, de sa propriété de Chanonat dans le Puy-de-Dôme. C'est un avertissement. Très sévère. Nullement contre les socialistes ou les communistes, mais contre les mesures contenues dans leur programme de gouvernement. Un programme qui mènerait la France au « désastre ». Mais ce n'est pas « moi ou le chaos »...

Raymond Barre a jugé « normal que, dans les grandes circonstances », le président fasse connaître « son point de vue — qui est le point de vue du lointain, du continu, du long terme ».

François Mitterrand, qui rencontre à Perpignan des élus socialistes espagnols venus lui rendre une visite de courtoisie, a une tout autre opinion : « Le président se comporte de plus en plus comme le chef d'une majorité sortante. Qu'il s'exprime, cela se conçoit. Mais il y a des règles disant que la campagne s'achève vendredi... Qu'il ne s'exprime que samedi soir montre l'état de décomposition des partis conservateurs. »

Le président est rentré de Chanonat dans la journée du dimanche 12, pour rejoindre le Château de Rambouillet où il a décidé de passer la « nuit des élections », seul avec sa famille.

A 19 h 30, le téléphone sonne. Au bout du fil, Jean Serisé qui l'appelle de l'Elysée pour lui donner les premières estimations : ce n'est pas le « raz de marée » de la gauche et l'on voisine à 50-50. « C'est à peu près ce que j'attendais. Je n'ai pas parlé samedi soir pour rien [22]. »

Il faut se rendre à l'évidence : si l'opposition est majoritaire (51,6 %), la gauche du Programme commun ne l'est pas et recueille 49,5 % des voix. La France s'est réveillée, le lundi matin, sans surprise, puisque voilà des années qu'on lui explique qu'elle est coupée en deux. Les résultats confirment et accentuent ce phénomène de la bipolarisation, en y ajoutant une nouvelle donnée : à droite comme à gauche, deux partis se partagent à peu près également les suffrages. Dans cette France du quatre-quarts, il n'y a plus de formation politique dominante. C'est la première fois depuis l'avènement de la Ve République.

Ce rééquilibrage a toujours été l'un des objectifs du chef de l'Etat et, de ce point de vue, il a tout lieu d'être satisfait du premier tour du scrutin.

Avec un taux de 83,37 %, la participation a été la plus massive depuis la seconde guerre mondiale, dans une consultation législative.

Le R.P.R. détient 22,77 % des suffrages, l'U.D.F. 20,23 %, un résultat jugé très encourageant par l'Elysée.

« Rien n'est perdu, mais rien n'est gagné », déclare Raymond Barre, une appréciation qui vaut aussi bien pour l'opposition que pour la majorité.

A gauche, cependant, la déception est grande. Et ce n'est pas le navrant spectacle de la « réconciliation » du lundi 13 mars entre communistes, socialistes et radicaux de gauche qui ranime les cœurs. En trois heures et demie, à peine, Georges Marchais, François Mitterrand et Robert Fabre mettent fin à six mois de querelles...

« L'opposition, écrit Raymond Barrillon [23], peut se féliciter d'un succès global, mais elle n'atteint pas le niveau que lui avaient promis depuis l'automne de nombreux sondages qui concordaient tous. Elle n'est donc pas assurée du tout, lorsque se joueront les 426 sièges qui demeurent en ballottage, de transformer son succès en victoire, ni de stopper le redressement que la majorité a amorcé. »

Dans les deux camps, on s'affaire et l'on joue la même pièce : *Embrassons-nous, Folleville.*

Ainsi va le scrutin majoritaire à deux tours.

Le sursaut

Remerciant les électrices et les électeurs qui ont voté en faveur des candidats de la majorité, le président de la République goûte ce qu'il considère déjà comme « son succès ». Le « péril » du Programme commun paraît écarté ; le R.P.R. perd le leadership de la majorité. Sans doute le Rassemblement de Jacques Chirac devance l'U.D.F., mais, pour la première fois depuis 1962, la formation gaulliste — ou néo-gaulliste — n'est plus la majorité absolue de la majorité. En 1973, l'U.D.R. représentait encore sept électeurs sur dix de la majorité ; en 1978, le R.P.R. en compte un peu moins de un sur deux [24].

L'U.D.F. peut désormais se constituer en « confédération », en « coalition » des centres. Giscard ne veut pas d'un parti structuré. Qui le souhaite, d'ailleurs ? Personne, sinon peut-être Michel Pinton et, quand il rêve tout haut, Jean-Pierre Soisson.

Le chef de l'Etat entend, on l'a dit, que l'U.D.F. forme un groupe à l'Assemblée et soit représentée par une « figure nationale ».

Il a reçu, dès le mercredi 1er mars, Jean Lecanuet auquel il songe pour cette fonction de leader de l'U.D.F. Seul le président du C.D.S., dégagé de toute préoccupation électorale, est apte à parler au nom de tous. C'est lui, d'ailleurs, qui a représenté l'U.D.F. face à Jacques Chirac, dans les tractations préparatoires au second tour.

Rien ne viendra troubler, dans la majorité comme dans l'opposition, les accords de désistement : le 19 mars, on compte 409 duels et une seule élection triangulaire...

La bipolarisation devient la règle d'or, après les rudes affrontements du premier tour au sein des coalitions de « gauche » et de « droite ».

La mobilisation dans l'opinion semble toujours aussi forte et un seul événement va la détourner un moment de la « fête électorale » : l'enlèvement à Rome, le 16 mars, de l'ancien président du Conseil, Aldo Moro, leader de la démocratie chrétienne, et la mort de cinq membres de son escorte ramènent, une fois de plus, le terrorisme sur le devant de l'actualité. En revendiquant cette opération, les Brigades rouges ont précisé : « Nous avons enlevé le valet de l'Etat. »

Lors du premier tour, Valéry Giscard d'Estaing était à Rambouillet. Au soir du second tour, il est dans son appartement privé parisien. Dès 19 h 20, par la grâce des ordinateurs, le verdict est tombé : la majorité conserve la majorité. La participation est encore plus élevée qu'au premier tour. A l'Hôtel de Ville de Paris, Jacques Chirac reçoit un message identique. Depuis deux mois, il s'est démené comme un diable, battant les villes et les campagnes. Ce soir-là, il attend un coup de fil du chef de l'Etat ; un geste de gratitude. En vain.

Quelques heures plus tard, on sait que la majorité l'emporte avec 290 sièges contre 201 à l'opposition. Nuit amère pour la gauche. Ajoutée à la mobilisation des modérés, l'indiscipline des socialistes entre les deux tours transforme la défaite de l'opposition en un désastre parlementaire. Avec 201 députés, la gauche ne gagne que 18 sièges et demeure très loin de la majorité absolue à l'Assemblée nationale.

« Une époque s'est close, écrit Jean-Louis Péninou dans *Libération*, au milieu des accents de triomphe incrédules de ceux qui sont au pouvoir depuis vingt ans. La gauche vaincue ne pourra plus attendre le prochain round, le neuvième, sans transformations majeures de sa nature même. »

Non, point de « triomphe » ! La victoire est discrète en cette soirée du 19 mars 1978, à l'U.D.F. comme au R.P.R. et à Matignon. Une victoire pourtant très nette. Pourquoi cette discrétion ? Comme le souligne Jacques Fauvet, avec beaucoup d'autres éditorialistes, « il n'y a qu'un seul vainqueur : le président de la République »[25]. N'est-ce pas, quelque peu, oublier Barre qui ne s'est laissé aller à aucune démagogie sociale ?

Il croit depuis dix mois que la majorité resterait la majorité. Il a refusé de dissoudre. Il s'est déterminé sur une stratégie de primaires — laissant l'U.D.F. affronter le R.P.R. — qui s'est révélée très payante : avec 137 élus, l'U.D.F. se rapproche du R.P.R. qui compte 153 députés, soit 20 de moins que dans la précédente législature. Enfin, il a refusé la dramatisation du scrutin.

Triomphe discret aussi, pour des raisons plus profondes. « L'opposition, écrit Raymond Barrillon, toutes les tendances additionnées (extrême gauche, P.C.F., P.S. et M.R.G.), avait recueilli le 12 mars 13 878 573 voix contre 13 276 296 aux formations se réclamant de la majorité ; et celle-ci l'emporte une semaine plus tard avec une marge de sécurité très confortable (290 sièges contre 201). C'est une autre donnée, et plus importante encore, que cinquante-sept députés élus ou réélus dimanche l'ont emporté sur leurs adversaires respectifs avec un avantage de moins qu'un point de pourcentage, ce qui donne, dans plus de 13 % des circonscriptions à pourvoir, l'image d'un pays hésitant. »

Oui, le pays hésite et sur cela aussi, chacun s'accorde. La victoire est à la fois « forte et ambiguë », admet Serge Maffert dans *le Figaro*. « Qu'on ne s'y trompe pas, ajoute Philippe Tesson dans *le Quotidien de Paris*, c'est moins la majorité qui a été reconduite que le refus de la gauche qui s'est exprimé. La majorité élue en 1973 est morte. Elle n'avait plus d'idées, plus d'hommes, plus d'énergies. C'est le devoir de Valéry Giscard d'Estaing d'animer à ces trois niveaux la majorité nouvelle. »

Un peu stupéfaite de son succès, la majorité est également perplexe sur son avenir. En effet, s'il s'agit pour elle d'une « ère nouvelle », comme on l'a dit et écrit ici ou là, on ne voit pas pour l'instant sur quelle volonté de changement, sur quelles nouveautés va s'ouvrir le printemps giscardien. Quel contraste avec ce lendemain de l'élection

Le sursaut

présidentielle, où Valéry Giscard d'Estaing remontait à pied, dans l'allégresse des siens, les Champs-Elysées !

Et quelle sera la conduite du R.P.R. ? Pierre Juillet, dès le 20 mars, a dit à Michel Pinton : « Si l'U.D.F. est une force, on vous traitera d'égal à égal, sinon on vous écrase [26]. » Pour Jean Riolacci et Jean Serisé, les deux conseillers politiques de l'Elysée, l'U.D.F. doit avancer comme le fit jadis la F.G.D.S. de François Mitterrand : partir d'un cartel électoral, puis élaborer une « convention », donc éviter de passer par les canaux naturels aux partis.

Une voie étroite face à un R.P.R. de plus en plus pugnace et virulent. Entre le jour où il a quitté l'Hôtel Matignon, le 25 août 1976, et le 12 mars 1978, Jacques Chirac s'est employé, à travers un constant harcèlement, à dénaturer l'image du chef de l'Etat et du Premier ministre, essayant ainsi de ramener sous sa seule houlette le gros de la famille majoritaire. Il a perdu son pari.

Dès lors, la polémique entre le maire de Paris et le président de la République ne va-t-elle pas prendre un tour plus vigoureux ? Deux raisons, au moins, peuvent inciter le leader du R.P.R. à développer une nouvelle tactique offensive et chercher à reprendre l'avantage ; d'une part les gaullistes, tels les amis de Jacques Chaban-Delmas, tentés de se rapprocher ouvertement de l'Elysée, auront moins de scrupules à le faire ; d'autre part, les députés R.P.R., qui viennent après une rude bataille de s'installer au Palais-Bourbon, y réfléchiront à deux fois avant de menacer le futur gouvernement.

Peut-on, dès lors, parler de victoire, même pour V. G. E. ? Plus encore, est-ce une « victoire » que d'avoir à gouverner une France divisée en quatre grandes tendances politiques, dont aucune ne dispose d'une représentation au moins égale à 30 % ? Qu'adviendra-t-il de son rêve d'unité ?

Le chef de l'Etat est-il conscient des difficultés qui l'attendent en se présentant le mercredi soir 22 mars devant les téléspectateurs, pour tirer les conclusions des élections législatives ? On le voit qui lit son texte, ce qui est inhabituel, comme s'il voulait en souligner toute l'importance.

Et que dit-il ? « ... Dans notre pays qui a trop souffert de l'instabilité politique, qui vient de connaître cinq élections en cinq ans, et dans une époque où l'action exige partout la durée, je demande à chacun de permettre à la France de reprendre son souffle et de consacrer désormais ses efforts à la gestion du pays...

« Concernant les rapports entre la majorité et l'opposition, j'indique qu'il est temps d'en venir à ce que j'appellerai une cohabitation raisonnable. Il y a eu des torts de part et d'autre. Je suis prêt à en parler avec les responsables. Je ne demande à personne de renoncer à ses convictions, mais d'apporter un peu de sagesse mutuelle pour franchir une étape. Quant à la participation, à l'action gouvernementale et parlementaire, je souhaite qu'elle puisse s'élargir... »

Qui ne souscrirait à ce désir de respecter l'opposition, à cette volonté de l'écouter ?

« Ainsi, c'est moi qui conduirai le changement », déclarait Valéry Giscard d'Estaing le 27 mai 1974, alors qu'il prenait ses fonctions à l'Elysée. Aujourd'hui, en annonçant : « Je donnerai au prochain gouvernement la mission de préparer la voie d'une large union nationale », il privilégie d'emblée les problèmes politiques et oublie, en partie, ses ambitions de changement. D'ailleurs, ce dernier mot n'a pas été prononcé une seule fois et le chef de l'Etat a demandé « à la France de reprendre son souffle », formule qui montre bien où vont ses intentions.

Pris au pied de la lettre, le discours du président de la République contient un possible renouvellement de la vie politique du pays. Les conséquences pourraient être considérables tant, sous l'effet des querelles de la majorité comme de l'opposition, cet appel à l'union rencontre une attente dans l'opinion. Qu'enfin le dialogue entre la majorité et l'opposition nourrisse, sans préjugés, la vie politique nationale.

Le régime français n'a jamais pu, depuis 1958, respecter ce principe et a enfermé le pays dans un affrontement quotidien entre les deux camps. L'un des objectifs affirmés par le chef de l'Etat depuis son installation à l'Elysée était de décrisper ce face-à-face, non pour déboucher sur une réconciliation idéaliste, mais pour essayer d'introduire un peu d'huile dans des rouages bloqués.

Jusqu'à ce 22 mars, cette volonté de Valéry Giscard d'Estaing relevait davantage des bonnes intentions que de la réalité. Jamais, de façon formelle, le chef de l'Etat n'avait lancé une invitation en direction des deux principaux leaders de l'opposition. Il avait simplement affirmé, à plusieurs reprises, qu'il souhaitait s'entretenir avec eux.

En proposant, par lettre, à François Mitterrand, à Georges Marchais et à Robert Fabre de le rencontrer, V. G. E. prend une initiative sans précédent depuis le début de son septennat. C'est, peut-être, son premier geste politique audacieux. Il marque, en tout cas, de façon précise et officielle, les frontières qui séparent désormais les conceptions de l'Elysée de celles du R.P.R. dans la conduite des affaires de l'Etat.

Jacques Chirac a réaffirmé, lors de la dernière réunion du comité central de son parti : « En aucun cas nous ne devons faire la politique de nos adversaires. Le seul vainqueur de ces élections, c'est le général de Gaulle. »

Le chemin qu'a choisi Valéry Giscard d'Estaing pour apporter « un long printemps » à la France ou pour tenter une « ouverture » est étroit. Le contexte est si lourd, tant il y a de déceptions et de graves difficultés provoquées par la crise économique, que l'idée même d'une « cohabitation raisonnable » paraît irréaliste.

Néanmoins, si le régime doit prendre un virage, c'est maintenant ou jamais.

La seconde partie du septennat s'est ouverte. « Giscard, acte II », titre *le Point*. « Le second sacre de Giscard », annonce *le Nouvel Observateur*. « Giscard, maître du jeu », affirme *l'Express*.

Au sondage de popularité I.F.O.P.-*France-Soir,* le chef de l'Etat atteint 59 %. C'est son meilleur résultat depuis son entrée à l'Elysée.

Qui peut-il redouter ?

NOTES

PREMIÈRE PARTIE

1. René Sédillot, in *Universalia 1974*.
2. Emmanuel d'Astier, *Portraits*, Ed. Gallimard, 1969.
3. Michel Antoine, in *Revue des Deux Mondes*, Août 1961.
4. Emmanuel d'Astier, *Portraits, op. cit.*
5. Pierre Viansson-Ponté, in *Histoire de la République gaullienne*, tome I, Ed. Fayard, 1971.
6. In « Préface » au livre d'André Pautard, *Valéry Giscard d'Estaing*, Ed. Edipa.
7. Archives de l'auteur.
8. Ed. Flammarion 1982.
9. Interview au *Nouveau Tintin*, décembre 1976.
10. Pierre Viansson-Ponté, *Lettre ouverte aux hommes politiques*, Ed. Albin Michel, 1976.
11. Raymond Marcellin, in « L'importune vérité », Ed. Plon 1978.
12. *Le Monde* du 8 avril 1974.
13. Conversation avec l'auteur.
14. *Le Monde* du 17 avril 1974.
15. *Le Point* du 19 novembre 1973.
16. *L'Express* du 11-18 février 1974.
17. Conversation avec l'auteur.
18. *Le Grand Tournoi. Naissance de la Ve République*, Ed. Grasset, 1974.
19. *Giscard d'Estaing-Mitterrand. 54774 mots pour convaincre*, de J.-M. Cotteret, C. Emeri. J Gerstlé, R. Moreau, Ed. P.U.F., 1976.
20. *Les Giscardiens*, de Bernard Lecomte et Christian Sauvage, Ed. Albin Michel, 1978.
21. La formule est d'André Laurens, *le Monde* du 21-22 avril 1974.
22. *Le Monde* du 7 mai 1974.
23. Conversation avec l'auteur.

DEUXIÈME PARTIE

1. *La Double Méprise*, Ed. Grasset, 1981.
2. *Le Nouvel Observateur*, 21 mai 1974.

3. Déclaration de Valéry Giscard d'Estaing, le 8 janvier 1975, à France Inter.
4. Conversation avec l'auteur.
5. *La Vie,* 11 décembre 1974.
6. 26 juillet 1974.
7. *La Vie,* 31 juillet 1974.
8. Allocution du 27 août 1974.
9. C'est le 30 janvier 1875, par le biais du fameux amendement Wallon, mentionnant « le président de la République » — et non seulement le nom de Mac-Mahon — dans le texte des lois constitutionnelles, que la république s'inscrit dans les faits. Les lois constitutionnelles dans leur ensemble seront votées en juillet 1875.
10. Propos rapporté par Raymond Tournoux dans sa préface à *Giscard d'Estaing et nous,* de Xavier de la Fournière, Ed. Plon, 1976.
11. Conversation avec l'auteur.
12. *Le Quotidien de Paris.*
13. Jean-Pierre Fourcade, *Et si nous parlions de demain,* Ed. Fayard, 1979.
14. Conversation avec l'auteur.
15. Conversation avec l'auteur.
16. Conversation de l'auteur avec Michel d'Ornano.
17. On lira, sur cette période, *Chirac ou la fringale du pouvoir,* d'Henri Deligny, Ed. Alain Moreau, 1976. En particulier le chapitre III de la 4e partie.
18. *France-Soir,* 4 septembre 1974.
19. *L'Alsace,* 5 septembre 1974.
20. Le 19 septembre 1974 à France Inter.
21. André Laurens, *le Monde* du 25 février 1975.
22. Catherine Nay confirme cette rumeur dans *la Double Méprise, op. cit.*
23. Entretien dans *le Monde,* avril 1974.
24. *le Monde* du 8 novembre 1974.
25. Conversation avec l'auteur.
26. Devant le Conseil national de l'U.D.R. le 14 décembre 1974.
27. Conversation avec l'auteur.
28. Le concept de « majorité présidentielle » est une invention de Georges Pompidou.
29. Le 16 octobre 1974.

TROISIEME PARTIE

1. *Pierre Mendès France,* de Jean Lacouture, Ed. du Seuil, 1980.
2. Les lois organiques sont obligatoirement soumises à son examen.
3. *Pouvoirs,* n° 9, année 1979 : « Ce qui a changé dans la Ve République. »
4. Entretien avec l'auteur.
5. *Le Mal français,* Ed. Plon, 1976.
6. 3 février 1975.
7. Au comité central de l'U.D.R., les 11 et 12 octobre 1975.
8. Cité par Henri Deligny, *op. cit.*
9. *La Croix* du 2 mars 1975.
10. 22 mars 1975.
11. 1er avril 1975.
12. *Le Monde* du 24 mai.
13. 19 mai 1975.

14. 16 mai 1975.
15. Conversation avec l'auteur.
16. 4 août 1974.
17. Déposition devant la Commission sénatoriale d'enquête.
18. *L'Express* du 7 février 1977.
19. 31 octobre 1975.
20. 5 octobre 1975.
21. Le Programme commun de la gauche avait été signé dans la nuit du 26-27 juin 1972 par le Parti communiste, le Parti socialiste et le Mouvement des radicaux de gauche.
22. Conversation avec l'auteur.
23. Sur les antennes d'Europe 1.
24. *L'avenir n'est écrit nulle part,* Ed. Albin Michel.
25. *Universalia 1975.*
26. Philippe Rondot, *Le Proche-Orient à la recherche de la paix, 1973-1982,* Ed. P.U.F., 1982.
27. Cité par Philippe Rondot, *op. cit.*
28. Conversation avec l'auteur.

QUATRIÈME PARTIE

1. Jacques Robert dans *le Monde* du 8 mai 1975. L'article fut écrit après la prestation officielle de Mme Giscard d'Estaing à Orléans. Il correspond bien aux réflexions qui avaient cours sur le rôle de la présidente.
2. 28 février 1976.
3. Conversation avec l'auteur.
4. Conversation avec l'auteur.
5. 5 avril 1976.
6. 27 mars 1976.
7. Conversation avec l'auteur.
8. Conversation avec l'auteur.
9. Dirigée par M. Monguilan, alors président de la section financière de la Cour de cassation.
10. *Le Quotidien de Paris* du 24 avril 1976.
11. *L'Express.*
12. Dans *le Point,* mai 1976.
13. *Universalia 1977.*
14. *Le Monde* du 25-26 avril 1976.
15. Conversation avec l'auteur.
16. *La Lettre de la Nation* du 24 mai 1974.
17. *Cf. les Nouveaux Giscardiens,* de Daniel Seguin, Ed. Calmann-Lévy, 1979.
18. Conversation avec l'auteur.
19. Conversation avec l'auteur.
20. L'expression est de Michel Poniatowski.
21. Dans *le Point.*
22. André Chambraud dans *le Point* du 21 juin 1976.
23. Il est intéressant de souligner que dès 1979, Jacques Chirac confiait à Catherine Nay dans *la Double Méprise* cette même version des faits, aujourd'hui confirmée par Valéry Giscard d'Estaing.
24. La formule est de l'historien Jules Michelet.

25. Conversation avec l'auteur.
26. Cité par Catherine Nay, *la Double Méprise, op. cit.*
27. Conversation avec l'auteur.
28. Entretien avec Jean Boissonat dans *l'Expansion,* septembre 1976.
29. Conversation avec l'auteur.
30. Rapportée par Albert Lebacqz, *le Septennat,* Ed. France Empire, 1981.
31. *La Lettre de la Nation,* 1er octobre 1976.
32. La formule est d'André Chambraud du *Point.*
33. *Le Quotidien de Paris,* 26 octobre 1976.
34. *La Croix,* 16 janvier 1977.

CINQUIÈME PARTIE

1. Pour cette affaire, nous nous sommes reportés au livre de Jacques Derogy et de Jean-Marie Pontaut, *Enquête sur les affaires d'un septennat,* Ed. Robert Laffont, 1980. Cet ouvrage qui se lit comme un roman policier est remarquablement documenté.
2. Alfred Fabre-Luce le raconte dans son livre, *les Cent Premiers Jours de Giscard,* Ed. Laffont, 1974.
3. 12 janvier 1977.
4. Conversation avec l'auteur.
5. Conversation avec l'auteur.
6. Changements, paradoxe et psychothérapie, de P. Watzlawick, J. Weakland, R. Fisch, Ed. du Seuil, 1976.
7. *Le Monde* du 19-20 janvier 1977.
8. *Le Figaro* du 18 janvier 1977.
9. *L'Humanité* du 18 janvier 1977.
10. 21 janvier 1977.
11. Conversation avec l'auteur.
12. Pierre Viansson-Ponté dans sa chronique hebdomadaire, *le Monde* du 6-7 février 1977.
13. *Le Quotidien de Paris* du 9 février 1977.
14. Aux vœux de Matignon, le 5 janvier 1977.
15. *La Vie française-l'Opinion,* 17 janvier 1977.
16. 78,8 % au premier tour et 77,6 % au second tour.
17. Le 18 janvier 1977.
18. *Cf.* Robert Erbes : « Retour au protectionnisme ? », *Universalia 1978.*
19. *Cf.* Robert Erbes, *op. cit.*
20. La formule est de Pierre Desgraupes.
21. *International Herald Tribune* du 23 mai.
22. Dans *le Monde,* dans *le Nouvel Observateur,* dans *le Matin,* plusieurs articles laissaient pressentir une rupture de la gauche.
23. Déclaration à douze quotidiens régionaux.
24. Déclaration à douze quotidiens régionaux.
25. *Le Nouvel Observateur* du 2 mai 1977.

SIXIÈME PARTIE

1. Propos confiés à Jean-Marie de Morant, *le Matin de Paris,* 21 avril 1977.
2. On se reportera au livre de Daniel Seguin, *les Nouveaux Giscardiens, op. cit.*

3. Daniel Seguin, *op. cit.*
4. *Le Matin de Paris* du 20 novembre 1977 publia de larges extraits de la « note confidentielle » de Michel Pinton du 4 août. Daniel Seguin, dans son livre déjà cité, en fait une analyse détaillée.
5. Entretien avec Arnaud de Borchgrave, dans *Newsweek* du 15 juillet 1977.
6. Le 16 septembre 1977.
7. Archives personnelles de l'auteur.
8. A Lyon le 9 octobre 1977.
9. *Le Matin de Paris* du 15 octobre 1977.
10. *L'Express* du 17 octobre.
11. *Op. cit.*
12. Archives personnelles de l'auteur.
13. Archives personnelles de l'auteur.
14. Archives personnelles de l'auteur.
15. *Cf.* Daniel Seguin, *op. cit.*
16. *Le Quotidien de Paris* du 28 janvier 1978.
17. *Le Monde* du 29-30 janvier 1978.
18. Propos rapportés par Jean-Marie de Morant, *le Matin de Paris*, 18 février 1978.
19. *Le Monde* du 9 février 1978.
20. *Le Monde* du 25 février 1978.
21. Conversation avec l'auteur.
22. Rapporté par Georges Suffert dans *le Point* du 13 mars 1978.
23. *Le Monde* du mardi 14 mars.
24. Jérôme Jaffré, in *Universalia 1979*.
25. *Le Monde* du 21 mars 1978.
26. Archives personnelles de l'auteur.

CHRONOLOGIE POLITIQUE

1974

Mars.

8. Hôte à déjeuner de *la Revue des Deux Mondes,* V. Giscard d'Estaing déclare : « Je lis parfois dans la presse, et notamment récemment, que je nourris telle ou telle ambition, (...) ma véritable ambition ce serait une ambition littéraire. »

Avril.

2. Décès de Georges Pompidou à 21 heures.
4. Obsèques du président défunt. Déclaration de candidature de J. Chaban-Delmas.
8. V. G. E. annonce sa candidature.
10. Jean Lecanuet annonce son soutien à V. G. E.
11. Jean Royer annonce sa candidature.
13. Jacques Chirac, ministre de l'Intérieur U.D.R., lance l'appel dit « des 43 ».
21. Michel Poniatowski : « Il convient d'opposer un candidat sans fragilité à M. Mitterrand. »
25. Face à face Giscard d'Estaing-Mitterrand sur les ondes d'Europe 1.

Mai.

5. Premier tour des élections présidentielles. Il n'y a que 15,67 % d'abstentions. Sur 25 321 685 suffrages exprimés, les résultats sont les suivants :

Candidats	Suffrages exprimés	% des suffrages exprimés
F. Mitterrand	10 979 612	43,36
V. Giscard d'Estaing	8 296 883	32,76
J. Chaban-Delmas	3 739 895	14,76
J. Royer	810 142	3,20
A. Laguillier	594 120	2,35
R. Dumont	337 190	1,33
J.-M. Le Pen	190 326	0,75
E. Muller	176 025	0,69
A. Krivine	93 662	0,37
B. Renouvin	43 344	0,17
J.-C. Sebag	41 578	0,16
G. Héraud	18 908	0,07

14. Jean-Jacques Servan-Schreiber se rallie à la candidature de V. G. E.
19. Valéry Giscard d'Estaing est élu président de la République par 50,81 % des suffrages exprimés (13 396 203 voix), contre 49,19 % (12 971 604 voix) pour F. Mitterrand. Il n'y a que 12,66 % d'abstentions.
27. Installation de Valéry Giscard d'Estaing à l'Elysée : « De ce jour date une ère nouvelle de la politique française... » Jacques Chirac est nommé Premier ministre.
28. Formation du gouvernement Chirac :
— Premier ministre : J. Chirac (U.D.R.).
— Ministre d'Etat et ministre de l'Intérieur : M. Poniatowski (R.I.).
— Ministres : *Justice* : J. Lecanuet (Réformateur) ; *Défense nationale* : J. Soufflet (U.D.R.) ; *Affaires étrangères* : J. Sauvagnargues ; *Economie et Finances* : J.-P. Fourcade ; *Education* : R. Haby ; *Coopération* : P. Abelin (Réformateur) ; *Equipement* : R. Galley (U.D.R.) ; *Agriculture* : Ch. Bonnet (R.I.) ; *Qualité de la vie* : A. Jarrot (U.D.R.) ; *Travail* : M. Durafour (Réformateur) ; *Santé* : Mme S. Veil ; *Industrie* : M. d'Ornano (R.I.) ; *Commerce et Artisanat* : V. Ansquer (U.D.R.) ; *Réformes* : J.-J. Servan-Schreiber (Réformateur).
— Secrétaires d'Etat autonomes : *Anciens combattants* : A. Bord (U.D.R.) ; *P.T.T.* : P. Lelong (C.D.P.) ; *Transports* : M. Cavaillet (apparenté R.I.) ; *Culture* : M. Guy ; *Commerce extérieur* : N. Segard (apparenté U.D.R.) ; *Universités* : J.-P. Soisson (R.I.) ; *Tom-Dom* : O. Stirn (U.D.R.).
— Secrétaires d'Etat auprès du Premier ministre : *Relations avec le Parlement* : R. Tomasini (U.D.R.) ; *Fonction publique* : R. Poudonson (Réformateur) ; *Formation professionnelle* : P. Granet (apparenté U.D.R.) ; *Porte-parole du gouvernement* : A. Rossi (Réformateur).
— Secrétaires d'Etat auprès d'un ministre : *Auprès du garde des sceaux, chargé de la condition pénitentiaire* : Mme H. Dorlhac ; *Auprès du ministre de l'Education, chargée de l'enseignement pré-scolaire* : Mme A. Lesur ; *Auprès du ministre des Affaires étrangères* : B. Destremau (R.I.) ; *Auprès du ministre de l'Economie et des Finances, chargé du budget* : Ch. Poncelet (U.D.R.) ; *Auprès du ministre de l'Equipement, chargé du logement* : J. Barrot (P.D.M.) ; *Auprès du ministre du Travail, chargé des travailleurs immigrés* : A. Postel-Vinay ; *Auprès du ministre de la Santé, chargé de l'action sociale* : R. Lenoir ; *Auprès du ministre de la Qualité de la vie, chargé de l'environnement* : G. Perronet (Réformateur) ; *chargé de la jeunesse et des sports* : P. Mazeaud (U.D.R.) ; *chargé du tourisme* : G. Ducray (R.I.).

Juin.

6. Le gouvernement Chirac obtient la confiance par 297 voix contre 181.
10. Le Conseil des ministres se prononce pour l'abaissement à dix-huit ans de la majorité électorale.
12. J. Chirac **reçoit** G. Séguy et E. Maire.

Juillet.

3. La réforme de l'O.R.T.F. est décidée en Conseil des ministres.
12. Les signataires de « l'appel des 100 » (demandant une amélioration des conditions de vie des soldats du contingent) sont mutés ou mis aux arrêts.
25. L'Assemblée, réunie en session extraordinaire, adopte par 290 voix contre 183 le projet de loi réorganisant la radiodiffusion et la télévision.

Chronologie politique

Août.

10. V. G. E. effectue une visite surprise dans deux prisons de Lyon.

Septembre.

22. Elections sénatoriales portant sur 88 sièges : P.C.F. +2 ; P.S. +2 ; Radicaux de gauche − 1 ; divers gauche + 1 ; Réformateurs + 4 ; C.D.P. + 2 ; U.D.R. − 3 ; R.I. − 4 ; modérés apparentés à la majorité − 3.
30. Elections législatives partielles : P. Messmer et O. Guichard sont réélus, mais quatre anciens ministres du gouvernement Messmer sont en ballottage : H. Torre, Y. Guéna, J.-Ph. Lecat, J. Fontanet.

Octobre.

21. Approbation par le Congrès réuni à Versailles (Assemblée nationale et Sénat), par 488 voix contre 273, du projet de réforme du Conseil constitutionnel.
29. Adoption sur la loi de l'interruption volontaire de grossesse par l'Assemblée nationale : 284 voix contre 189.

Décembre.

4-7. Rencontre Brejnev-Giscard à Rambouillet.
15. Election surprise de Jacques Chirac comme secrétaire général de l'U.D.R.
31. Vœux de Giscard. Il ira périodiquement dîner dans une famille française.

1975

Janvier.

13. Manifestation de soldats du contingent dans les rues de Karlsruhe.
22. Le général Bigeard : « Ce sont essentiellement les enfants de la bourgeoisie qui font profession d'antimilitarisme. »
31. Remaniement ministériel :
J. Soufflet est remplacé par Y. Bourges (U.D.R.) au ministère de la Défense ; P. Lelong est remplacé par A. Achille-Fould (C.D.P.) au secrétariat d'Etat aux P.T.T. ; N. Segard (apparenté U.D.R.), de secrétaire d'Etat devient ministre du Commerce extérieur ; le général M. Bigeard est nommé secrétaire d'Etat à la Défense nationale, chargé de la condition militaire et du service national ; J.-F. Deniau est nommé au secrétariat d'Etat à l'Agriculture.

Février.

27. Visite de V. G. E. à Marseille.

Mars.

25. Causerie au coin du feu : « La France est en train de gagner la bataille contre l'inflation », déclare V. G. E.

Avril.

10. V. G. E., à Alger, se félicite de la « réconciliation entre Paris et Alger ».
30. Chute de Saigon, qui devient la « ville Hô Chi Minh ».

Mai.

3. V. G. E. au Maroc.
6. Loi Neuwirth. La pilule est libre pour les mineures.
8. V. G. E. supprime les cérémonies de commémoration du 8 mai 1945
20-21. Dix attentats par explosifs en Corse.

Juin.

2. Soixante prostituées de Lyon occupent l'église Saint-Nizier.
4. L'Assemblée adopte le projet de loi réformant le divorce.
28. André Bord remplace Jacques Chirac au secrétariat général de l'U.D.R.
30. V. G. E. à la télévision : « Il n'y a pas lieu d'éprouver d'inquiétude en France à l'heure actuelle. »

Août.

22. Affrontements meurtriers à Aléria, en Corse.
28. Nuit d'émeute à Bastia.

Septembre.

12. L'Assemblée approuve le plan de soutien de l'économie.
30. Sur sa demande, Robert Fabre est reçu par V. G. E.

Octobre.

4. Des dizaines de milliers de jeunes manifestent à Paris, à l'instigation de la C.G.T. et de la C.F.D.T.
12. Elections législatives partielles dans la Vienne : Pierre Abelin, ministre de la Coopération, est mis en ballottage par Edith Cresson (P.S.).

Novembre.

6-8. V. G. E. en Tunisie.
20. Décès du général Franco.

Décembre.

4. V. G. E. à la télévision : la France sera gouvernée au centre, « la main tient la barre ».

1976

Janvier.

2. V. G. E. annonce quatre trains de réformes concernant l'entreprise, la taxation des plus-values, l'aide au logement et l'accroissement des responsabilités communales et locales.
12. Sixième remaniement du gouvernement Chirac :
— Premier ministre : J. Chirac (U.D.R.).
— Ministres d'Etat : *Justice* : J. Lecanuet (Réformateur) ; *Intérieur* : M. Poniatowski (R.I.).
— Ministres : *Affaires étrangères* : J. Sauvagnargues ; *Economie et Finances* : J.-P. Fourcade (R.I.) ; *Défense* : Y. Bourges (U.D.R.) ; *Education* : R. Haby ;

Coopération : J. de Lipkowski (U.D.R.) ; *Equipement :* R. Galley (U.D.R.) ; *Agriculture :* Ch. Bonnet (R.I.) ; *Travail :* M. Durafour (Réformateur) ; *Santé :* S. Veil ; *Industrie et Recherche :* M. d'Ornano (R.I.) ; *Qualité de la vie :* A. Fosset (Réformateur) ; *Commerce et Artisanat :* V. Ansquer (U.D.R.) ; *Commerce extérieur :* R. Barre.
— Secrétaires d'Etat autonomes : *Postes et Télécommunications :* N. Segard (U.D.R.) ; *Anciens combattants :* A. Bord (U.D.R.) ; *Transports :* M. Cavaillé (R.I.) ; *Culture :* M. Guy ; *Universités :* A. Saunier-Séité ; *Tom-Dom :* O. Stirn (U.D.R.).
— Secrétaires d'Etat auprès du Premier ministre : *Relations avec le Parlement :* R. Tomasini (U.D.R.) ; *Fonction publique :* G. Peronnet (Réformateur) ; *Formation professionnelle :* J.-P. Soisson (R.I.) ; *Porte-parole du gouvernement :* A. Rossi (Réformateur) ; *Condition féminine :* F. Giroud (Réformateur).
— Secrétaires d'Etat auprès d'un ministre : *auprès du ministre de l'Intérieur :* P.-C. Taittinger (R.I.) ; *auprès du ministre de la Justice, chargée de la condition pénitentiaire :* H. Dorlhac (R.I.) ; *auprès du ministre des Affaires étrangères :* R. Destremau (R.I.) ; *auprès du ministre de l'Economie et des Finances :* C. Poncelet (U.D.R.) ; *chargée de la consommation :* C. Scrivener (R.I.) ; *auprès du ministre de la Défense :* M. Bigeard ; *auprès du ministre de l'Equipement, chargé du logement :* J. Barrot (Réformateur) ; *auprès du ministre de l'Agriculture :* P. Méhaignerie (Réformateur) ; *auprès du ministre de la Qualité de la vie :* P. Mazeaud (U.D.R.) ; *chargé de la jeunesse et des sports :* P. Granet (U.D.R.) ; *chargé de l'environnement :* J. Médecin (R.I.) ; *chargé du tourisme, auprès du ministre du Travail :* P. Dijoud (R.I.) ; *chargé des travailleurs immigrés :* L. Stoleru ; *chargé des travailleurs manuels ; auprès du ministre de la Santé :* R. Lenoir, *chargé de l'action sociale ; auprès du ministre de l'Agriculture et du ministre de l'Industrie et de la Recherche, chargé des industries alimentaires :* J. Tiberi (U.D.R.).
20. V. G. E. au Conseil central de planification : « Le seul objectif du plan est le plein emploi, et le plein emploi suppose une croissance forte. »

Février.
21. Ouverture de la campagne pour les élections cantonales.

Mars.
1. Poniatowski et Lecanuet prennent publiquement position pour la peine de mort à propos de Patrick Henry.
2. Mitterrand et Fourcade à « A armes égales ».
7-14. Elections cantonales qui confirment la poussée socialiste.
25. Allocution présidentielle. Jacques Chirac se voit confier le rôle de « coordonnateur » de la majorité.

Avril.
12. Jacques Chirac devant l'Association de la presse ministérielle : « Il ne peut y avoir l'ombre d'une divergence entre le chef de l'Etat et le Premier ministre. »
16. Expulsion d'une quinzaine de dirigeants de travailleurs émigrés des foyers de la SONACOTRA. Indignation des syndicats.
22. Conférence de presse de V. G. E. En cas de victoire de la gauche aux législatives, « j'appliquerai le texte de la Constitution ».
24. Yves Guéna est élu secrétaire général de l'U.D.R.

Mai.

4. Pierre Goldman est acquitté par les assises de la Somme.
9. Législatives partielles. Jean Royer retrouve son siège dès le premier tour, en Indre-et-Loire.
17. V. G. E. s'envole à bord de Concorde pour les Etats-Unis.
31. Article du général Méry qui suscite de vives réactions chez les gaullistes.

Juin.

6. Rencontre Giscard-Chirac à Brégançon.
23. V. G. E. en Grande-Bretagne.

Juillet.

9.10. Adoption du projet de loi sur la taxation des plus-values.
28. Exécution de Christian Ranucci, condamné à mort le 10 mars 76 pour avoir tué une fillette de huit ans qu'il avait enlevée

Août.

3. V. G. E. gracie Moussa Ben Zahra. Relance du débat sur la peine de mort.
10. Manifestation des paysans. C'est l'été caniculaire.
25. Démission de Jacques Chirac.
28. Constitution du gouvernement Barre :
— Premier ministre, ministre de l'Economie et des Finances : R. Barre (majorité présidentielle).
— Ministres d'Etat : *garde des sceaux, Justice :* O. Guichard (U.D.R.) ; *Intérieur :* M. Poniatowski (R.I.) ; *chargé du Plan et de l'Aménagement du territoire :* J. Lecanuet (C.D.S.).
— Ministres : *Affaires étrangères :* L. de Guiringaud (maj. prés.) ; *délégué auprès du Premier ministre, chargé de l'Economie et des Finances :* M. Durafour (Rad.) ; *Défense :* Y. Bourges (U.D.R.) — *Education :* R. Haby (maj. prés.) ; *Coopération :* R. Galley (U.D.R.) ; *Equipement :* J.-P. Fourcade (R.I.) ; *chargé des relations avec le Parlement :* R. Boulin (U.D.R.) ; *Agriculture :* C. Bonnet (R.I.) ; *Travail :* C. Beullac (maj. prés.) ; *Santé :* S. Veil (maj. prés.) ; *Industrie et recherche :* M. d'Ornano (R.I.) ; *Qualité de la vie :* V. Ansquer (U.D.R.) ; *Commerce et Artisanat :* P. Brousse (Rad.) ; *Commerce extérieur :* A. Rossi (Rad.).
— Secrétaires d'Etat autonomes : *Postes et Télécommunications :* N. Segard (maj. prés.) ; *Anciens Combattants :* A. Bord (U.D.R.) ; *Culture :* F. Giroud (Rad.) ; *Universités :* A. Saunier-Séité (maj. prés.).
— Secrétaires d'Etat auprès du Premier ministre, chargés de la Fonction publique : M. Ligot (maj. prés.) ; A. Ruffenacht (U.D.R.).
— Secrétaires d'Etat auprès d'un ministre : *auprès du ministre de l'Intérieur, chargé des départements et territoires d'outre-mer :* O. Stirn (U.D.R.) ; *auprès du ministre des Affaires étrangères :* P. C. Taittinger (R.I.) ; *auprès du ministre délégué à l'Economie et aux Finances : chargé du budget :* C. Poncelet (U.D.R.), *Chargé des transports :* M. Cavaillé (R.I.), *chargé du logement :* J. Barrot (C.D.S.) ; *auprès du ministre de l'Agriculture :* P. Méhaignerie (C.D.S.) ; *auprès du ministre du Travail, chargé des travailleurs immigrés :* P. Dijoud (R.I.), *chargé de la condition des travailleurs manuels :* L. Stoléru (maj. prés.) ; *auprès du ministre de la Santé, chargé de l'action sociale :* R. Lenoir (maj. prés.) ; *auprès du ministre de la Qualité de la vie, chargé de la*

Chronologie politique 333

jeunesse et des sports : J.-P. Soisson (R.I.), *chargé du tourisme* : J. Médecin (R.I.).

Septembre.

3. Raymond Barre : « Il n'y a pas le feu à la maison, même si l'inflation est préoccupante. »
7. Georges Séguy : « M. Barre va tout droit à l'échec intégral. »
22. Barre présente son plan de lutte contre l'inflation.
29. V. G. E. intervient à la télévision pour soutenir le Plan Barre.

Octobre.

3. A Egletons en Corrèze, J. Chirac préconise la constitution d'un vaste mouvement populaire.
11. V. G. E. publie *Démocratie française.*
20. V. G. E. à la Réunion.

Novembre.

12. Michel d'Ornano va conduire la liste de la majorité présidentielle aux élections municipales de Paris.
14-21. Sept élections législatives partielles qui confirment la poussée du P.S.
28. Publication du Manifeste du futur R.P.R. (Rassemblement pour la République).

Décembre.

5. Jacques Chirac fonde le R.P.R.
19. Georges Sarre candidat socialiste à la mairie de Paris.
21. V. G. E. parle de Chamalières.
24. Jean de Broglie est assassiné à Paris.

1977

Janvier.

3. V. G. E. : « 1977 doit être l'année du redressement économique. »
17. Conférence de presse de V. G. E. qui entend prendre de la distance par rapport aux élections.
19. Jacques Chirac annonce sa candidature à la mairie de Paris.
30. Libération de Françoise Claustre.

Février.

1er. A la télévision, V. G. E. juge sévèrement J. Chirac.
7-9. Voyage de V. G. E. en Bretagne. « Discours de Ploërmel ».

Mars.

2. Les ministres R.P.R. demandent à Raymond Barre de faire respecter la neutralité du gouvernement dans la « bataille de Paris ».
13-20. Elections municipales. Forte poussée de la gauche.
25. J. Chirac devient maire de Paris.

30. Formation du deuxième gouvernement Barre :
— Premier ministre, ministre de l'Economie et des Finances : R. Barre (maj. prés.).
— Ministres : *garde des sceaux, Justice :* A. Peyrefitte (R.P.R.) ; *Affaires étrangères :* L. de Guiringaud (maj. prés.) ; *Intérieur :* Ch. Bonnet (R.I.) ; *Défense :* Y. Bourges (R.P.R.) ; *Coopération :* R. Galley (R.P.R.) ; *Culture et Environnement :* M. d'Ornano (R.I.) ; *Délégué à l'Economie et aux Finances :* R. Boulin (R.P.R.) ; *Equipement et Aménagement du territoire :* J.-P. Fourcade (R.I.) ; *Education :* R. Haby (maj. prés.) ; *Agriculture :* P. Méhaignerie (C.D.S.) ; *Industrie, Commerce et Artisanat :* R. Monory (C.D.S.) ; *Travail :* Ch. Beullac (maj. prés.) ; *Santé et Sécurité sociale :* S. Veil (maj. prés.) ; *Commerce extérieur :* A. Rossi (Rad.).
— Secrétaires d'Etat autonomes : *Postes et Télécommunications :* N. Segard (maj. prés.) ; *Anciens Combattants :* A. Bord (R.P.R.) ; *Universités :* A. Saunier-Séité (maj. prés.) ; *Jeunesse et Sports :* J.-P. Soisson (R.I.).
— Secrétaires d'Etat auprès du Premier ministre : *Relations avec le Parlement :* Ch. Poncelet (R.P.R.) ; *Fonction publique :* M. Ligot (maj. prés.) ; *Recherche :* J. Sourdille (R.P.R.) ; *Sans affectation :* J. Dominati (R.I.).
— Secrétaires d'Etat auprès d'un ministre : *auprès du ministre des Affaires étrangères :* P.-Ch. Taittinger ; *auprès du ministre de l'Intérieur : chargé des départements et territoires d'outre-mer :* O. Stirn (M.S.L.) et *chargé des collectivités locales :* M. Becam (R.P.R.) ; *auprès du ministre de la Défense :* J.-J. Beucler (C.D.S.) ; *auprès du ministre de la Culture et de l'Environnement, chargé du tourisme :* J. Médecin (R.I.) ; *auprès du ministre délégué à l'Economie et aux Finances, chargé du budget :* P. Bernard-Reymond (C.D.S.) et *chargé de la consommation :* Ch. Scrivener (R.I.) ; *auprès du ministre de l'Equipement et de l'Aménagement du territoire, chargé du logement :* J. Barrot (C.D.S.), *chargé des transports :* M. Cavaillé (R.I.) et *chargé de l'aménagement du territoire :* P. Dijoud (R.I.) ; *auprès du ministre de l'Agriculture :* J. Blanc (R.I.) ; *auprès du ministre de l'Industrie, du Commerce et de l'Artisanat :* A. Ruffenacht (R.P.R.) et Cl. Coulais (R.I.) ; *auprès du ministre du Travail :* L. Stoléru (maj. prés.) et J. Legendre (R.P.R.) ; *auprès du ministre de la Santé et de la Sécurité sociale :* R. Lenoir (maj. prés.) et H. Missoffe (R.P.R.).

Avril.

15-16. Séminaire gouvernemental de réflexion à Rambouillet.
20. Jean-Pierre Soisson devient secrétaire général des R.I.
26. Raymond Barre présente « son » pacte pour l'emploi.
29. V. G. E. lance, à la télévision, un appel à l'union de la majorité.

Mai.

6. Jacques Chirac appelle à résister « à la pseudo-fatalité des abandons ».
8. 98 % des votants se prononcent pour l'indépendance de Djibouti.
12. Face à face télévisé Barre-Mitterrand.
18. Le Conseil des ministres approuve l'élection des membres du Parlement européen à la représentation proportionnelle.
19. Le Parti républicain (P.R.) succède aux Républicains indépendants (R.I.).

Juin.

8. Sur Antenne 2, V. G. E. débat avec vingt-cinq lycéens lyonnais.

Chronologie politique

15-24. Vif débat à l'Assemblée nationale à propos de l'élection des parlementaires européens. Le texte du gouvernement est adopté.
20-22. Visite officielle de Leonid Brejnev en France.

Juillet.

10. Discours de V. G. E. à Carpentras.
19. Rencontre entre J. Chirac, J. Lecanuet et J.-P. Soisson pour mettre au point la campagne législative.
30. Manifestation antinucléaire à Creys-Malville, dans la Drôme. Un mort, et une centaine de blessés.

Août.

8. La controverse rebondit au sein de la gauche à propos de la réactualisation du Programme commun.
23. Raymond Barre à Colmar : « Les jeunes en 1977 doivent comprendre qu'ils doivent aller vers les emplois disponibles et non pas se borner à attendre l'emploi qu'ils souhaitent. »

Septembre.

5. Publication du « Manifeste de la majorité ».
14-23. Rupture de l'Union de la gauche.

Octobre.

14. A Melun, J. Chirac définit la position du R.P.R. dans les composantes de la majorité : « Il y a un mouvement traditionnel, le C.N.I. ; il y a un courant conservateur moderne et libéral, le Parti républicain ; il y a la tendance issue de la démocratie chrétienne, le C.D.S. ; il y a le courant radical qui, pour des raisons internes, n'a pas participé à nos réunions. Quant au courant national populaire de ceux qui aspirent à plus de justice et de responsabilité, il est représenté par nous. »

Décembre.

7. Au Conseil des ministres, V. G. E. félicite Raymond Barre « pour son courage et son activité au service de l'économie française ».
10. J. Chirac se déclare opposé au programme du gouvernement de Raymond Barre.
20. Raymond Barre : « Il nous faudra encore au moins deux ans pour pouvoir, au prix d'un effort soutenu, rétablir, sur des bases solides, notre économie.

1978

Janvier.

6. Gaston Defferre met en cause le président de la République et le Premier ministre à propos de l'inscription des Français à l'étranger sur les listes électorales.
7. Présentation à Blois du programme du gouvernement par Raymond Barre.
11. Rupture du pacte majoritaire. Le R.P.R. remet en cause les négociations avec le P.R., le C.D.S. et le C.N.I.

26-27. Voyage en Bourgogne de V. G. E., discours de Verdun sur le Doubs : « Le bon choix pour la France. »

Février.

1. Création de l'Union pour la Démocratie Française (U.D.F.), qui réunit le C.D.S., le P.R., et le parti radical schreibérien.
20. Ouverture officielle de la campagne électorale.

Mars.

4. Raymond Barre devant le mouvement des jeunes giscardiens : « Le spectre de la dépression et de la décadence ne s'abattra pas sur la France. »
11. Ultime intervention de V. G. E. à la télévision alors que la campagne officielle est close.
12-19. Elections législatives.
Au premier tour des législatives, il y a 4 285 candidats pour 491 sièges. La poussée de la gauche, qui totalise 49,5 % des suffrages exprimés, ne paraît pas suffisante pour garantir un changement de majorité au second tour. D'après le ministère de l'Intérieur, la répartition des voix est la suivante (en % des suffrages exprimés, il y a 16,63 % d'abstention) : P.C. : 20,55 % ; P.S. : 22,58 % ; M.R.G. : 2,11 % ; extrême gauche : 3,3 % ; diverses « oppositions » : 1,1 % ; R.P.R. : 22,62 % ; U.D.F. : 21,45 % ; majorité présidentielle et divers majorité : 3,39 % ; écologistes : 2,14 %. 68 sièges sont pourvus dès ce premier tour : 56 en métropole, 12 outre-mer.
Au second tour, pour 423 sièges qui restent à pourvoir, il y a 408 duels majorité-opposition. La majorité l'emporte avec 290 sièges contre 201 à la gauche. P.C. : 86 députés (+ 12) ; P.S. : 104 (+ 9) ; M.R.G. : 10 (− 3) ; R.P.R. : 153 (− 20) ; U.D.F. : 130. Dans son ensemble, la majorité ne perd que 10 circonscriptions.
22. Raymond Barre remet la démission de son gouvernement. V. G. E. invite les leaders de l'opposition à le rencontrer à l'Elysée.

Nous remercions les éditions Masson qui ont bien voulu que l'on reproduise dans les pages 327 à 336 des extraits de *Chronologie et structures d'une société* de Gérard Vincent, ouvrage en deux volumes : « Les Français 1945-1975 », « Les Français 1976-1979 ».

INDEX DES NOMS CITÉS

A

ABELIN Pierre 76. 132. 150. 153. 155.
ABOU DAOUD 228 à 230.
AGRET Roland 183.
ALAIN 213.
ALLENET Patrick 226. 227.
ALLON Ygal 229.
AMALRIK Andréi 285.
ANDREOTTI Giulio 260. 261.
ANDRIEU René 243. 302.
ANSQUER Vincent 75.
ARAFAT Yasser 164. 165.
ARANDA Gabriel 27.
ARON Raymond 163. 207. 210. 214. 225. 264. 276.
ARPAILLANGE Pierre 91.
ASTIER DE LA VIGERIE Emmanuel d' 20.
AUCOUTURIER Philippe 283.
AVRIL Pierre 128.

B

BAKR (président) 165.
BALLADUR Edouard 38.
BARDOUX Agénor 21.
BARDOUX Jacques 20. 21.
BARIANI Didier 282.
BARRE Raymond 12. 71. 127. 135. 144. 156. 193. 194. 198. 199. 200 à 209. 210. 214. 215. 217. 218. 219. 220. 225. 230. 232. 233. 234. 235. 238. 239. 240. 244. 245. 246. 247. 248. 253. 254. 256. 257. 258. 259. 264. 266. 267. 269. 270. 272. 274.
275. 285. 286. 287. 288. 289. 293. 294. 295. 296. 298. 300. 303. 304. 308. 309. 310. 311. 313. 314. 316.
BARRE René 201.
BARRILLON Raymond 242. 246. 314. 316.
BARROT Jacques 51. 290.
BAS Pierre 96. 231. 233. 234. 235. 236. 237.
BASSI Michel 56.
BASSOT Hubert 30. 58.
BASTIDE François-Régis 128.
BAUDINAT Charles 198.
BAUDOIN Denis 85.
BEGIN Menahem 167. 297.
BENOIT 150.
BERGERON André 202. 274.
BERNASCONI René 103.
BEULLAC Christian 204. 218. 295. 305.
BIGEARD (général) 130. 131.
BIGNON Charles 182. 226.
BLIER Bertrand 80.
BLUM Léon 20. 34. 55.
BOISSONNAT Jean 77. 134.
BONAPARTE Louis Napoléon 67.
BONNET Christian 76. 130. 139. 234. 266. 291. 305.
BORD André 143. 144. 182. 258.
BOROWSCYK 80.
BOULIN Robert 118. 248.
BOUMEDIENE Houari 184. 292.
BOURGES Yvon 130. 248.
BOUTTIER Jean-Claude 67.
BRANDT Willy 160.
BREJNEV Leonid 284.
BROGLIE Jean de 225 à 228. 258.
BROUSSE Pierre 258. 266. 282.

C

CAILLAUX Joseph 19.
CALLAGHAN James 260. 261.
CAMPANA André 56.
CANNAC Yves 78. 79. 193. 219. 220.
CAPITANT René 110.
CARAMANLIS Constantin 161.
CARTER Jimmy 129. 261. 263.
CASANOVA Jean-Claude 244. 283.
CECCALDI Etienne 183.
CESAIRE Aimé 119.
CEYRAC François 239.
CHABAN-DELMAS Jacques 17. 27. 28. 31. 34 36. 39. 40. 41. 43. 44. 45. 46. 48. 49. 53. 54. 57. 58. 59. 60. 62. 69. 73. 77. 78. 115. 117. 118. 198. 266. 298. 304. 317.
CHALANDON Albin 27.
CHAMBRAUD André 153. 182. 214.
CHANCEL Jacques 126. 136. 137. 187. 189.
CHAPOT Victor 78.
CHAPRON Jean 152.
CHARBONNEL Jean 34. 115. 116.
CHARETTE DE LA CONTRIE (juge) 152.
CHARLES (prince) 174.
CHARLES VI 19.
CHARPY Pierre 129. 184. 207. 242. 251.
CHERIOUX Jean 234.
CHEVRILLON Olivier 250.
CHINAUD Roger 26. 28. 30. 84. 130. 132. 178. 207. 226. 232. 234. 247. 248. 267. 282.
CHIRAC Bernadette 196. 210.
CHIRAC Jacques 12. 28. 31 à 47. 54. 61. 71 à 74. 76 à 78. 79. 80. 81. 85. 89. 91. 94. 97. 98. 101. 103. 105. 106. 107 à 122. 127. 130. 131. 132. 133. 136. 138. 139. 143. 144. 145. 146. 148. 149. 153. 154. 155. 156. 157. 161. 163. 173. 175. 176. 177. 178. 179. 180. 182. 185. 186. 188 à 199. 204. 205. 208. 209. 215. 220. 231. 233. 235. 237. 238. 242 à 244. 245. 246. 247. 248. 249. 250. 253. 254. 255. 256. 257. 259. 265. 269. 270. 272. 275. 283. 284. 285. 286. 288. 289. 290. 293. 294. 296. 297. 298. 304. 305. 307. 308. 309. 310. 311. 315. 317.
CHURCHILL Winston 126.
CLAUDIUS-PETIT Eugène 103.
CLAUSTRE Françoise 149 à 152. 153. 154. 252.
CLAUSTRE Pierre 150.
CLAVEL Maurice 250.
CLOS Max 230.
COMBE Marc 149. 150.
COPIN Noël 219.
COTTERET Jean-Marie 56.
COUVE DE MURVILLE Maurice 28. 44. 81. 117. 154. 164. 182. 231. 233.
CRESSON Edith 153.
CUCCHIARINI (famille) 128.

D

DANIEL Jean 83. 98. 251. 277. 297.
DANNAUD Jean-Pierre 34.
DASSAULT Marcel 33.
DEBATISSE Michel 102.
DEBRE Michel 22. 23. 27. 30. 31. 33. 44. 45. 54. 57. 97. 103. 115. 116. 117. 119. 184. 246. 254. 269. 285. 286. 297.
DECKER Marie-Laure de 150.
DEFFERRE Gaston 44. 57. 129. 242.
DE GAULLE Charles 22. 23. 25. 27. 29. 32. 33. 52. 57. 74. 89. 98. 114. 119. 120. 126. 132. 133. 158. 161. 162. 186. 191. 208. 211. 219. 220. 226. 253. 307. 313.
DELARUE Maurice 261.
DELORS Jacques 276.
DELOUVRIER Paul 71.
DENIAU Jean-François 108. 130.
DENUYL 261.
DEPARDON Raymond 150.
DEPEILLE 147.
DERAMOND Octave 200 et 201.
DEROGY Jacques 227.
DESTREMAU Bernard 226.
DIJOUD Paul 129.
DILIGENT André 51. 289.
DISRAELI Benjamin 89.
DOMENACH Jean-Marie 92.
DOMINATI Jacques 30. 132. 193. 215. 232. 233. 234. 257. 266.
DORLHAC Hélène 91.
DOUBLET Pierre 151.
DOUSTIN Daniel 244. 283.
DREYFUS Pierre 294.
DROUIN Pierre 180.
DUCRET Jean 226. 227.
DUHAMEL Alain 274. 311.
DUHAMEL Jacques 26. 48. 51. 54. 61. 185.
DUHAMEL Patrice 73.
DURAFOUR Michel 51. 132. 133. 173. 204. 225. 257. 268.

Index

DURIEU Jean 226.
DUVERGER Maurice 173.

E

ELKABBACH Jean-Pierre 219. 274. 277.
EMMANUEL Pierre 128.
ESTAING (famille d') 19.
ESTIER Claude 129. 246.

F

FABRA Paul 309.
FABRE Jean 110.
FABRE Robert 144. 153. 244. 290. 314. 318.
FANTON André 45. 82. 231. 269.
FAURE Edgar 21. 27. 41. 48. 57. 61. 68. 182. 238. 285. 305.
FAURE Maurice 77.
FAUVET Jacques 60. 189. 316.
FEIT René 96.
FERRY Jules 59.
FIZBIN Henri 236.
FOCCARD Jacques 44. 45. 117.
FONTANET Joseph 51. 94. 95.
FORD Gerald 129. 160. 161. 183.
FOSSET André 282.
FOUCAULT Michel 285.
FOUCHET Christian 41. 46. 158.
FOULD Aymar-Achille 130.
FOURCADE Jean-Pierre 76. 99 à 102. 104. 106. 108. 110. 136. 138. 139. 143. 146. 176. 179. 182. 203. 204. 234. 241. 293. 298.
FOURNIÈRE Xavier de La 24. 232.
FOYER Jean 94. 96. 97. 152. 231.
FRANÇOIS-PONCET Jean 156. 165. 193. 198. 220. 258.
FRECHE Georges 302.
FRIEDMANN Jacques 186.
FREY Roger 44. 68. 225. 238. 239.

G

GALEY Geneviève 195.
GALLEY Robert 72. 75. 191. 248.
GALOPIN (commandant) 149.
GARCIA François 282.
GARAUD Marie-France 12. 31 à 47. 54. 71 à 74. 77. 101. 103. 104. 107 à 122. 138. 153. 155. 175. 176. 177. 179. 183. 186. 189. 215. 236. 237. 294. 297.
GAXOTTE Pierre 92.
GERBET Pierre 160.
GIMGEMBRE Léon 152.
GIRAUD Michel 231. 233.
GIROUD Françoise 132. 204. 234. 257. 258. 266.
GISCARD D'ESTAING Anne-Aymone 21. 171. 195.
GISCARD D'ESTAING Edmond 19. 20.
GISCARD D'ESTAING Henri 196.
GISCARD D'ESTAING Jacinte 21. 57.
GISCARD D'ESTAING Valérie-Anne 21. 57.
GOLDMAN Pierre 183.
GOLDSBOROUGH James 163.
GOUKOUNI (président) 252.
GOUYOU-BEAUCHAMP Xavier 79.
GREGOIRE Ménie 80.
GREVY Jules 69. 130.
GRIOTTERAY Alain 282.
GUENA Yves 77. 182. 183. 186. 208. 220. 236. 237. 269. 275. 297. 298.
GUIBERT Edouard 88.
GUICHARD Olivier 28. 31. 42. 57. 62. 71. 115. 117. 154. 191. 203. 209. 210. 225. 226. 234. 238. 248. 258. 266.
GUILBERT Paul 90. 108.
GUIRINGAUD Louis de 204.
GULDNER Erwin 88.

H

HABRE Hissène 149. 150. 152.
HABY René 77. 134. 176.
HALIMI Gisèle 80.
HAMIEL Emmanuel 96.
HARGROVE Charles 277.
HAUTECLOCQUE Nicole de 234. 257.
HEATH Edward 160.
HERSANT Robert 292.
HINSTIN Jérôme 150.
HO CHI MINH 271.
HOVEIDA Amir 188.
HUSSEIN Saddam 163.

I

IONESCO Eugène 285.

J

JAMET Dominique 230.
JAMMOT Armand 250.
JARROT André 76.
JEACKIN Just 80.
JEANNENEY Jean-Marcel 203.
JOBERT Michel 28. 31. 35. 61. 71. 109. 162.
JOURNIAC René 79.
JOXE Louis 61.
JUILLET Pierre 12. 31 à 47. 54. 71 à 74. 101. 103. 104. 107 à 122. 153. 155. 175. 176. 177. 178. 183. 186. 189. 208. 220. 237. 245. 317.

K

KADHAFI (colonel) 165. 252.
KAHN Jean-François 181. 215.
KASPEREIT Gabriel 231. 235.
KENNEDY John 67.
KISSINGER Henry 161. 162. 163. 164.
KOUNTCHE (général) 151.
KRAFT Joseph 275.
KRASUCKI Henri 273.
KRIEG Pierre-Charles 231.

L

LABBE Claude 28. 54. 111. 116. 182. 183. 187. 267. 274. 275. 294.
LACOUTURE Jean 125.
LAFAY Bernard 231. 237. 247.
LAFAY Philippe 247.
LALLY-TOLLENDAL 19.
LA MALENE Christian de 231. 233. 235. 236. 237.
LANCELOT Alain 299. 300.
LANIER Lucien 58.
LA TOUR FONDUE de 19.
LAURENS André 41. 307.
LAVAU Annick 282.
LE BON Gustave 25.
LECANUET Jean 23. 27. 49. 50. 51. 54. 55. 57. 71. 76. 91. 94. 111. 132. 133. 135. 149. 152. 156. 173. 183. 185. 187. 188. 197. 203. 210. 225. 226. 238. 245. 256. 258. 266. 270. 282. 283. 287. 288. 294. 295. 298. 303. 304. 308. 309. 315.
LECAT Jean-Philippe 44-46. 54-87. 204. 210. 248. 272. 292.
LEFEBVRE (Mgr) 205.
LEGROS Auguste 201.
LEJEUNE Max 51. 288.
LEGENDRE Jacques 118.
LELONG Pierre 105. 130. 131.
LEON Raoul de 226.
LENINE 211.
LE PEN Jean-Marie 61.
LEVAI Yvan 246.
LE TAC Joël 247.
LISCIA Richard 230.
LOUIS XV 195. 215.
LONG Marceau 89. 191. 193.

M

MAC MAHON 21. 130.
MAFFERT Serge 316.
MALFATI Francesco 203.
MALINVAUD Edmond 141.
MALLOUM Félix 151.
MAIRE Edmond 268.
MALRAUX André 32. 59.
MAMY. Georges 131.
MAO TSE-TOUNG 205.
MANSHOLT Sicco 203.
MARCELLIN Raymond 38. 39. 40. 42. 71. 182.
MARCHAIS Georges 57. 88. 128. 144. 215. 243. 253. 255. 284. 290. 309. 311. 312. 314. 318.
MARCILHACY Pierre 276.
MARETTE Jacques 22. 182. 231. 234. 238.
MARIN Jean 191.
MARQUE Henri 198.
MASSIGNON Louis 297.
MASSON Loÿs 201.
MAUROY Pierre 57. 221.
MAZEAUD Pierre 34.
MEHAIGNERIE Pierre 51. 305.
MENDES FRANCE Pierre 20. 26. 58. 90. 125 et 126. 199. 202. 307.
MERY (général) 185. 186. 188.
MESSMER Pierre 28. 34. 37. 38. 39. 40. 41 à 47. 48. 61. 68. 71. 78. 93. 116. 117. 153. 154. 186. 237. 290.
MICHALON Vital 291.
MICHELET Yves 301.
MITTERRAND Jacques 131.
MITTERRAND François 11. 12. 20. 29. 40. 41. 46. 51. 52. 53. 54. 55. 57. 58. 59. 60.

Index

61. 62. 69. 83. 89. 98. 107. 128. 195. 214. 215. 247. 252. 253. 255. 283. 290. 306. 309. 311. 312. 313. 314. 317. 318.
MITTERRAND Robert 33.
MOLLET Guy 33.
MONACO Grace de 174.
MONOD Jérôme 121. 220. 246.
MONORY René 266.
MOREL Louis 151.
MORO Aldo 195. 315.
MOTTE Bertrand 225. 288.
MULLER Emile 52. 61.

N

NAY Catherine 77.
NICOUD Gérard 102.
NIXON Richard 17. 160. 174.

O

ORMESSON Jean d' 177. 181. 243.
ORNANO Anne d' 58.
ORNANO Michel d' 26. 28. 30. 58. 76. 104. 132. 226. 234. 235. 236. 237. 244. 245. 246. 247. 248. 256. 257. 258. 266. 296.
OTTAVIOLI Pierre 227.
OULD SALEH Mahmoud 229.

P

PANDRAUD Roger 244.
PARTURIER Françoise 80.
PASOLINI Pier Paolo 80.
PASQUA Charles 28. 109. 112. 115. 116. 183. 257. 297.
PASSERON André 46. 182.
PAYE Lucien 85.
PEGUY Charles 24.
PELLETIER Jacques 51.
PENINOU Jean-Louis 316.
PERETTI Edgar 282.
PERON 211.
PERONNET Gabriel 51. 270.
PEYREFITTE Alain 12. 28. 31. 45. 57. 58. 109. 115. 116. 130. 154. 173. 191. 192. 193. 210. 225. 265. 266. 294.
PHAM VAN DONG 271.
PIERRE-BROSSOLETTE Claude 71. 78. 79. 119. 121. 189. 191. 193. 208.
PINAY Antoine 22. 37. 57. 101. 199. 215.
PINTON Michel 25. 249. 282. 283. 288. 289. 294. 296. 298. 308. 315. 317.
PLANCHAIS Jean 229.
PLASAIS Bernard 58.
POHER Alain 49. 68. 94. 95. 127.
POINCARE Raymond 101.
POIVRE D'ARVOR Patrick 73.
POMPIDOU Claude 70.
POMPIDOU Georges 17. 18. 23. 25. 26. 27. 28. 30 à 41. 42. 43. 47. 48. 52. 53. 69. 70. 74. 77. 80. 86. 89. 98. 109. 115. 116. 120. 121. 132. 153. 158. 161. 162. 177. 186. 191. 203. 204. 219. 307. 313.
PONCELET Christian 237.
PONIATOWSKI Michel 12. 24. 26. 27. 30. 43. 49. 57. 58. 59. 71. 72. 73. 74. 75. 76. 78. 79. 97. 108. 110. 111. 113. 116. 117. 119. 120. 130. 131. 132. 133. 139. 154. 156. 159. 179. 187. 189. 191. 197. 203. 215. 220. 225. 226. 227 à 230. 232. 233. 234. 238-242. 256. 258. 266. 267. 281. 301. 304.
PONTAUT Jean-Marie 227.
PONS Bernard 96.
PRESLEY Elvis 291.
PRIOURET Roger 178.

R

RABIN Itzhak 160. 165. 166.
RESTON James 93.
REGNIER Etienne 102.
REY Jean 203.
RIDEAU Bernard 175. 219. 292.
RIOLACCI Jean 149. 244. 283. 302. 308. 317.
ROBERT Jacques 173.
ROCARD Michel 32. 294.
ROLLAND Hector 45. 96. 116. 182.
RONTEX Jean-Pierre 283.
ROUX Ambroise 49.
ROSSI André 51.
ROYER Jean 61. 102. 103.
RUFFENACH Antoine 226.
RUDOLPH Marcel 151.

S

SADATE Anouar El 162. 163. 167. 297.
SAID MOUSSA Mohamed 136.
SANGUINETTI Alexandre 28. 31. 41. 45. 57. 109. 111. 112. 114. 115. 116. 117. 118. 122. 155. 173. 175.

SALAZAR 211.
SARKIS Elias 184.
SARRE Georges 236.
SARTRE Jean-Paul 285.
SAUNIER-SEITE Alice 155.
SAUVAGNARGUES Jean 76. 158. 161. 165. 204.
SCHAEFFER Pierre 58.
SCHLEYER Hans Joseph 292.
SCHLOESING Edouard 96.
SCHMELK Robert 91.
SCHMIDT Helmut 129. 143. 159. 160. 194. 195. 229. 260.
SCHNEIGER Otto 226.
SCHWARTZ Julien 237.
SCRIVENER Christiane 156.
SEGARD Norbert 258.
SEGUY Georges 154. 200. 205. 268.
SERISE Jean 58. 78. 79. 121. 176. 177. 179. 190. 191. 193. 219. 220. 234. 258. 292. 298. 314. 317.
SERVAN-SCHREIBER Jean-Jacques 25. 26. 37. 49. 50. 51. 54. 61. 62. 75. 76. 103. 112. 113. 114. 115. 149. 154. 181. 213. 215. 220. 237. 242. 277. 282. 283. 287. 288. 289. 296. 299. 303. 304. 308. 309. 310. 315.
SIMEONI Edmond 148. 183.
SIMEONI Max 148.
SOISSON Jean-Pierre 26. 156. 281. 282. 283. 287. 288. 289. 296. 298. 299. 303. 304. 305. 308. 309. 310.
SOLJENITSYNE Alexandre 80.
SOMVEILLE Pierre 226.
SOUFFLET Jacques 75. 76. 130.
SPINASSE Charles 34.
STAEWEN Christopher 149.
STALINE 211.
STASI Bernard 48.
STEG Ady 166.
STELHIN Paul 113. 114.
STIRN Olivier 44. 245.
STOLERU Lionel 78. 156. 165.
SUDREAU Pierre 134. 135.

T

TAITTINGER Jean 42. 44. 71. 93. 94.
TAITTINGER Pierre-Christian 231. 232. 233.
TEITGEN Pierre-Henri 94.
TAYLOR Liz 174.
TESSON Philippe 172. 253. 272. 306. 316.
THIBON Pierre 172.
THIRY Raymond 150. 151.
TIBERI Jean 231. 235.
THOMAS Jean-Charles 148.
TINDEMANS Léo 157. 158. 261.
TITO (maréchal) 292.
TOCQUEVILLE Alexis de 266.
TOMASINI René 109. 118. 226.
TORRE Henri 77.

U

URI Pierre 182.

V

VALENCE Georges 142.
VAN DEN ESCH José 172.
VANDEUVRE Philippe de 21.
VANLERENDERGHE Jean-Marie 282.
VARGA Pierre de 225 à 228.
VEIL Antoine 94.
VEIL Simone 93 à 97. 108. 166. 183. 234. 238. 239.
VIANSSON-PONTE Pierre 32. 35. 98. 136. 214.
VIVIEN Robert-André 45. 87. 118.

W

WEIL Pierre 299. 300. 301.
WALDHEIM Kurt 152.
WILSON Harold 129. 160. 161.

TABLE

Préface 11

I. UN HOMME SEUL. 31 mai 1973-19 mai 1974

1. L'héritier résolu 17
2. Les diaboliques manœuvres 30
3. La victoire 48

II. « UNE ÈRE NOUVELLE ». 20 mai 1974-14 décembre 1974

1. Un si jeune tandem 67
2. Il y a du Mendès dans ce Giscard 83
3. « Je vous apporte l'U.D.R. sur un plateau » 107

III. LE TOURNANT DU SEPTENNAT. 15 décembre 1974-12 janvier 1976

1. L'euphorie dans la tempête 125
2. Flottement autour de la « relance » 138
3. De « l'été corse » à « l'affaire Claustre » 147
4. Changement de cap sur l'Europe, continuité ailleurs ... 157

IV. LA RÉPUBLIQUE DE LA DUPLICITÉ. 13 janvier 1976-16 janvier 1977

1. Officiellement, il garde Jacques Chirac 171
2. Un grand maître du secret 189
3. Le meilleur économiste de France 200
4. De « Démocratie française » à la « clarification » 210

V. IL Y A PÉRIL EN LA DEMEURE. 17 janvier 1977-8 juin 1977

1. La bataille de Paris 225
2. Son secret c'est le temps 240

3. La secousse des municipales	250
4. « Voici le temps de l'épreuve »	260
5. « Le prince maudit »	269

VI. LE SURSAUT. 9 juin 1977-22 mars 1978

1. Drôle d'été ou l'été des dupes	281
2. « Le bon choix pour la France »	292
2. La victoire « forte et ambiguë »	307

Notes	321
Chronologie politique	327
Index des noms cités	337

*Achevé d'imprimer en juin 1983
sur presse CAMERON
dans les ateliers de la S.E.P.C.
à Saint-Amand-Montrond (Cher)
pour le compte des éditions Grasset
61, rue des Saints-Pères, 75006 Paris*

N° d'Édition : 6153. N° d'Impression : 1045.
Première édition : dépôt légal : avril 1983.
Nouvelle édition : dépôt légal : juin 1983.

Imprimé en France

ISBN 2-246-28781-2

N° d'Edition : 6133. N° d'Impression : 1045.
Première édition : dépôt légal : avril 1983.
Nouvelle édition : dépôt légal : juin 1983.

Imprimé en France

ISBN 2-246-28781-2